一
步
万
里
阔

一部美国文化史

[美] 格伦·亚当森 著 杨盛翔 译

# 铁砧与剪刀

CRAFT
AN AMERICAN HISTORY

GLENN ADAMSON

中国工人出版社

图书在版编目（CIP）数据

铁砧与剪刀：一部美国文化史 /（美）格伦·亚当森著；杨盛翔译. —北京：中国工人出版社，2023.9
书名原文：Craft: An American History
ISBN 978-7-5008-7848-3

Ⅰ.①铁… Ⅱ.①格…②杨… Ⅲ.①文化史–美国 Ⅳ.①K712.03

中国国家版本馆CIP数据核字（2023）第179218号

著作权合同登记号：图字01-2021-6112
Copyright © Glenn Adamson, 2020 together with the following acknowledgment: 'This translation of CRAFT: An American History is published by China Worker Publishing House by arrangement with Bloomsbury Publishing Plc.' All rights reserved.

**铁砧与剪刀：一部美国文化史**

| | |
|---|---|
| 出 版 人 | 董　宽 |
| 责任编辑 | 杨　轶 |
| 责任校对 | 张　彦 |
| 责任印制 | 黄　丽 |
| 出版发行 | 中国工人出版社 |
| 地　　址 | 北京市东城区鼓楼外大街45号　邮编：100120 |
| 网　　址 | http://www.wp-china.com |
| 电　　话 | （010）62005043（总编室）　（010）62005039（印制管理中心）<br>（010）62001780（万川文化项目组） |
| 发行热线 | （010）82029051　62383056 |
| 经　　销 | 各地书店 |
| 印　　刷 | 北京盛通印刷股份有限公司 |
| 开　　本 | 880毫米×1230毫米　1/32 |
| 印　　张 | 15.875 |
| 插　　页 | 4 |
| 字　　数 | 350千字 |
| 版　　次 | 2023年11月第1版　2023年11月第1次印刷 |
| 定　　价 | 98.00元 |

本书如有破损、缺页、装订错误，请与本社印制管理中心联系更换
版权所有　侵权必究

献给我的兄弟彼得

# 目录

**序言** 001

| 第一章 | 工匠共和国 | 005 |
|---|---|---|
| 第二章 | 白手起家的国家 | 055 |
| 第三章 | 要么学手艺,要么死 | 109 |
| 第四章 | 一个日趋完美的联盟 | 160 |
| 第五章 | 美式工艺 | 207 |
| 第六章 | 制造战争 | 265 |
| 第七章 | 独立宣言 | 315 |
| 第八章 | 剪切加粘贴 | 373 |
| 第九章 | 手工艺能拯救美国吗? | 424 |

**致谢** 449
**注释** 452

# 序言

在美国，手工艺一词意味良多：它是谋生之道，是表现创造力的方式，还是推动技术进步的方式。它拥有强大的象征地位，这种地位是如此根深蒂固，以至于锚定了我们的日常用语。我们谈话时，会说建立纽带、筑牢根基、千锤百炼、生拼硬凑等。在概念的层面上，我们把东西编织起来，又把它们切割开来。正因如此，手艺人常常被视为美国的最佳代表。他们能干、可靠、自食其力，在有关我们国家的故事中，他们是默默无闻的英雄。

然而，如果说手工艺仍然在我们的语言、想象力中占据重要地位的话，它在我们日常生活中发挥的作用却变得越来越小。相对而言，我们中很少有人真正会做手工，在谈及手艺人如何工作时，甚至没有多少人真正懂得技术方面的基础知识。于是美国已经与自己创造的历史脱钩了，这一过程是缓慢却不可阻挡的。伴随着手工艺在经济结构中日益边缘化，社会的整体凝聚力也是每况愈下,而这并非巧合。曾经由铁匠和"制篮人"① 扮演的关键角色,至今依然无人能够取代。手工艺在我们的文化中太重要了,重要到不可能被彻底移除;它太关键了,关键到不可能被批量生产。可是如今,它最引人注目的地方,却是它的缺席。这本书的目标之一就是描述那些失去的东西。除此之外,本书也许还将提出一些建议,以寻回那些失去的东西。

这个故事的关键是手工艺在一场漫长而痛苦的斗争中发挥的作用,斗争的对象是困扰平等主义的各种问题。一个国家,生而平等——那不过是神话罢了。但事实上,我们从未意识到这一点。美国建国时所依据的那些令人鼓舞的原则,丝毫无助于阻止奴隶制度的实施、对原住民的种族灭绝、对女性公民权的剥夺,以及时而发生的针对女性的残酷压迫。可是,手工艺却是化解上述根本矛盾的重要方式,因为它几乎是以一种独一无二的方式,促成了人的自立,并且满足了不同社区的需要。非裔美国人、女性、印第安人、移民都曾依靠手工艺谋生,同时又把它作为群体认同的一种手段。同样,要理解美国的工人阶级,却不考虑工匠在机械化的工业之手面前节节败退的情形,也是不可能的。这本书写满了被卷入这场力量转移的男男女女的故事。对于他们中的许多人来说,手工艺是为他们自己和他们所爱之人建立安全感的最好的方法——也许是唯一可能的。凭借生存技能,他们帮助创立了这个国家,塑造了一段历史,而正如詹姆斯·鲍德温(James Baldwin)那段令人难忘的描述,这段历史"要比任何人曾经说过

---

① 制篮人指阿那萨吉人,或称古普韦洛人,是美国西南地区的古代印第安文化,以其制篮手艺而著称。——译者注

的任何事情都更漫长,更宏大,更丰富,更美丽,更可怕"[1]。

20世纪90年代,当时我还是一名研究生,几乎见不到什么手工艺史之类的著作。围绕这一题目写作的学者寥寥无几,并且大多聚焦于该题目之下的各个狭窄的分支。装饰艺术专家可能会研究18世纪的家具匠人或者银匠。劳工历史学家关注工会的兴衰及其对美式生活的影响。人类学家对"民间艺术家"展开田野调查,以了解当地的传统。还有少数历史学家和博物馆馆长致力于分析美国手工艺的两大改革计划:工艺美术运动(Arts and Crafts movement)和工作室工艺运动(studio craft movement),二者分别发生在20世纪初和1945年之后。凭借这种分门别类的研究方法,许多了不起的学术成果得以产生,我在写作本书时就依靠了这些成果。不过,这种方法也掩盖了形形色色的美国工匠们共同的经历和面临的挑战。

如今,一个越发成熟的手工艺研究领域正在兴起。围绕这一主题,每年都有更多的著作可供阅读,其中的很多作品具备了广阔的视角。虽则如此,关于美国的手工艺,却依然没有形成统一的概念。本书的目标就是讲述手工艺的大历史。写这本书的时候,我的脑海里浮现了两个互补的目标:首先,要将五光十色的手工艺著述整合成统一的叙事;其次,要透过工匠的视角去讲述美国的故事。当然,本书并未涵盖所有的内容——事实上,离这一点还相去甚远。这是因为手工艺是一种广阔而多样的景观,它难以绘制,而越接近它的边缘,绘制就会难上加难。这个词的含义本身就备受争议。我试着在一种简单且契合常识的层面上使用它:一个技艺娴熟的人使用自己的手去制作物品,那就是手工艺了。我相信,这也是大多数美国人使用这个词的方式。他们并不把这一概念局限于制陶、编织等特定工艺。他们知道,在钉牢铆钉的大梁、精雕细刻的雕像和自家制作的衣裳中,都有手工艺存在;无论是专业人士,还是业余爱好者,都在从事这项工作;它可以是粗糙的,也可以是精美的。诚然,个中的界限有时会略显模糊,特别是在涉及艺术和技术领域的时候。手工巧妙绘制的一幅优秀的画作,可以被视为手工艺品吗?19世纪一座纺织厂里的技术工人,可以算作工匠吗?那些使用3D打印机的人,又该得到怎样的定位呢?[2]

显然,这里存在容纳不同观点的空间。但如果你问我,我认为最重要的视角应该是手工制作者本人的视角。职是之故,在本书中,我一直试图将工匠们的文字、作品当作路标,它们已经在书中牢牢生根。毕竟手工艺是具体化的、经验性的。如果对结果漠不关心或者并不引以为豪,就不可能当行出色。学习一门手艺需要时间,这足以耗去一个人的大半生。鉴于这种献身的程度,难怪手工艺是一座仓库,藏满了深沉且偶尔自相矛盾的情愫。它是美国文化赖以稳定的压舱石,是一种铭刻过往记忆的方式;然而,它也曾经一次次地被那些希冀改变世界的活动家们借用。如果说,手工艺代表了美国能够提供的最美好的事物的话,那么它还是一条与不公正作斗争,进而向至善继续迈进的道路。作坊和工厂、造船厂和建筑工地、客厅和车库——此类场所向来是必争之地。于是在关于美国手工艺的这个故事中,我们看到,这个国家的建国原则已然遭遇了危及根本的难题。与此同时,我们还看到,美国之所以成为美国的理念也在渐渐成形,正原原本本、一字一句地向我们娓娓道来。

# 第一章　工匠共和国

　　他可能拿着一本书、一块头骨，或者一个奖励的甜瓜。但事实上，他手里拿着的是一把银制茶壶。我们正与一位工匠和他的作品面对面，我们见证的不是一个手工制作的行为，而是他对这一行为的省思，这种省思既是字面意义的，也是修辞意义的。只见他用一只灵巧的手紧握住打磨光滑的金属，用另一只手托着刮得干干净净的下巴颏儿，摆出一副不慌不忙、深思熟虑的姿态。[1]

　　走进波士顿美术博物馆（Museum of Fine Arts）的美国展区，你立刻会看到这幅画，它占据了最显眼的地方，悬挂在第一面墙的正中央：那是约翰·辛格尔顿·科普利（John Singleton Copley）为保罗·里维尔（Paul Revere）绘制的肖像画。策展人还在画的周围放置了现存的这位铁匠的手工制品样本，其中包括他那件著名的"自由之子碗"（Sons of Liberty Bowl），那是对当年马萨诸塞州众议院议员的致敬——所谓的"光荣的九十二人"，他们曾就惩罚性税款问题与英国王室对峙。同样，科普利还给里维尔配备了干他这一行的工具：两把錾刀、一根雕刻用的针，以及一块填充了沙子的皮垫，在他工作时用来固定茶壶。这些玩意儿与贵族、圣人画像中可能出现的寓言性质的道具判然不同，它们是证据，证明了他的营生是实实在在的，是不假矫饰的。甚至里维尔的羊毛背心上赫然在目的两颗金纽扣，很可能也出自他本人之手。不过，他倒是坐在了一张抛光的桌子旁，桌子或许是用桃花心木打造的。以工作台而论，这是一种奇怪的选择，它被解读为得到了艺术想象的特许，从而为整幅画中最激动人心的细节提供了展示的机会——里维尔刚洗过的衬衫袖子呈现的柔和的反光。

事实上，我们不知道科普利为什么要创作这幅画，也不知道这幅画是不是由里维尔本人委托创作的，尽管这看起来很有可能。许多代人以来，这幅画一直被解读为体现了即将独立的美国的美德：目标清晰、实用主义、自食其力。毫无疑问，这幅画绘制得颇为精美。科普利的画艺极其了得，与里维尔的技艺不分伯仲，从而为这幅画增添了坚定、率直的观感，而这常常被视为对美利坚民族性格的定义。

但是，直截了当可能是一件令人惊讶的复杂之事，科普利为里维尔创作的肖像画，不偏不倚地充当了探究美国手工艺史的理想切入点，因为这幅画并不简单。里维尔将在茶壶上镂刻的图案，大概是盾形纹章，那是贵族的象征。1768 年，当科普利为他绘制肖像画时，画家和铁匠不仅同为英国的臣民，而且还都依赖于精英的赞助。他们谁也不可能想到，一场革命已经是山雨欲来风满楼；他们谁也不可能知道，二人将在革命中扮演完全对立的角色。科普利通过婚姻，成为一个富有的亲英派家族的成员，尔后去了伦敦。在接受了同为侨民艺术家的本杰明·韦斯特（Benjamin West）的建议后，他放弃了自己早期的风格，转向了更加国际化、专业化的新风格。至于里维尔，当然了，他用午夜骑行来提醒市民们——英国人来了,并由此成为传奇人物。那时他已停下双手,不再制作盛放英国进口茶叶的容器了——停泊在港口的货船里装着342箱这样的茶叶,它们被装扮成印第安人的反抗者扔进了大海。他转而做起了咖啡壶。[2]

革命期间,里维尔没有时间从事他的手艺。战后的数十年中,他又改变了职业方向,成为工业技术领域的一位改革家。他充分利用了自己在金属加工方面的知识,不仅批量生产简单的物件,例如马具配件和带扣,而且大规模铸造火炮和铃铛。最后,他还经营起了熔炉和轧钢厂,为船舶装配铜制的包覆材料。就这样,两个人都渴望以不同的方式超越自己的工匠身份。科普利重新看了看自己早期的绘画,画得如此一丝不苟、细致入微,却又偏狭到了令人尴尬的地步。搬去伦敦后,他一度想要摆脱在美国时的画家身份——"这一行比不上其他有用的行当(他们有时这样称呼后者),比如木匠、裁缝或者鞋匠的营生,更不是什么世界上最高贵的技艺之一"。在摆脱画家身份方面,他基本成功了。[3]同样,里维尔也抬高了自己,至少在他看起来是这样的。1781年,他形容自己"作为一个小商贩,可谓非常富有"。但与之不同的是,他还想成为一位企业家、商人,此后不久,他便开始在官方文件中如此描述自己了。[4]

至于美国手艺人引以为豪的自食其力,也是一个复杂的问题。科普利的工具(猪毛刷、预先切割好的画布、用来储存颜料的尿脬)和颜料(铅白、普鲁士蓝、朱砂红等颜色)都要从英国进口。里维尔身上的西装背心的毛料和衬衫的亚麻布,很可能也有一样的来头。(到目前为止,关于这些纺织品是手工纺成的,还是在机器的协助下手工编织的，仍然是一个五五开的赌注。）用来制作茶壶的银，如今很可能已经被制成货币，四处流通了，它的故乡是波托西（当时隶属西班牙的秘鲁总督辖区，现属玻利维亚）的矿山，画中制作桌子的桃花心木则主要采自洪都拉斯。对于奴隶工人来说，波托西和洪都拉斯都是残酷的地方，他们中的一些人是从非洲被强行带去那些地方的，另一些人则是本土的原住民。

与殖民时期美国的一切事物一样，这幅画和它的主题都处在一个相互依存的劳工网络之中，其中的劳工有具备技艺的，也有不具备技艺的，有自由的，也有不自由的。这幅肖像画也可以被视为手工艺在美国文化中的双重地位的象征——请注意科普利是如何将里维尔的左手画了不止一次，他画了两次，一次是真切的实体，另一次是反射的映象。虽然这幅画很能说明问题，但它其实是一个罕见的例外。绝大多数工匠之所以与里维尔不同，仅仅是因为他们已经被遗忘了，并且即使出自他们之手的作品得以保存，他们的面孔、名字也已然无法再现。工匠中的一半人是女性，很多人是非裔美国人或者印第安人的后裔。其他人来自亚洲或者拉丁美洲，他们带着自己的技术（除此之外通常一无所有），移民到了美国。美国手工艺的故事，与他们中的每个人息息相关。

历史学家加里·科恩布利斯（Gary Kornblith）曾经指出："对于亲身经历过手工业生产时代的人们来说，那似乎并不是什么黄金时代。"[5] 殖民地的工匠们面临着大大小小的困难。大多数人在职业生涯中至少破产过一次。他们被大规模生产的经济趋势所支配。他们常常拼了命地劳作,只为了获得和留住材料、工具,甚至是自己的学徒资格。事实上,尽管这件事常常被浪漫化,但我们最好把 18 世纪的学徒制理解为一种强制性的贫困救济制度。大多数人发现自己被丢给师傅——都是孤儿或者贫困家庭的孩子——不得已才走上了这条路。根据法律,他们被勒令留下来工作,工资很低,通常工作 7 年,有时工作到 21 岁。但是,这种欧洲模式被移植到美国这个劳动力匮乏的开放国家之后,开始变得摇摇欲坠。没有了手工业对培训和标准的把控,信息、人员都可以自由流动。为了满足需求,作坊主不得不向学徒和契约佣工传授商业秘密。一旦年轻的手艺人掌握了一套基本技能,他们就会发现,远走高飞要比完成自己的服务期限更容易。他们处于一个典型的卖方市场:殖民地总是缺少能干的人手。[6]

特别是在农村地区,灵活应对才是王道,工匠可以将自己的技能用于任何需要做的事情。例如,多明尼商店(Dominy Shop)——它在纽约长岛的东汉普顿(East Hampton),历经了四代人的经营,它的店铺设备、工具、手稿现在都保存在特拉华州的温特图尔博物馆(Winterthur Museum)——简直是一系列手工艺的荟萃之地,在这里能看到钟表制造、枪械制造、细木工、家具制造、工具制造、车轮加工、蹄铁安装和五花八门的修理工作。[7] 乡村工匠的生活更加多样化,因为一年当中,他们只会把一部分时间花费在作坊里。播种和收获的时候,他们与邻居、亲戚们一道在地里劳动。诺亚·韦伯斯特(Noah Webster)——第一本美国词典的编纂者——对比过美国和欧洲的情况:

> 在人口众多的国家，技艺已臻完美，劳工们不得不在一件物品上持续劳作。每种技艺都有几个分支，一个人总要用一生的时光从事其中的一种。一个制作针头或者表簧的人，整日做这门手艺，从来不把眼光放远。这种为了生活用度和方便而制作东西的方式，的确是完善技艺的手段；但它限制了人的头脑，把其所有的能力限制在一个点上。
>
> 反之，在人烟稀少的国家，或者以农业为主的国家，比如美国，每个人在某种程度上都是一位大师——他制作各种各样的器皿，东西虽然粗糙，却足以满足他的需要。[8]

工业化之前的工匠往往是一位无所不通的大师，这是属于他们的一种强有力的形象，在美国历史上，无所不通一直被用作检验他们技艺成色的试金石。然而，这也是一种夸张，因为在每一位工匠的生活中，都有大量的重复性工作要做。站在铁砧前工作时，乡村铁匠把大部分时间花在了一些基本的差事上：制作钉子，打磨犁铧，修理链条，给马钉蹄铁，一遍又一遍。极少有人会被要求完成偶一为之的杰作。实际上，铁匠在做什么物品方面几乎没有选择。很少有人——据估计只有20%——拥有自己的铁匠铺，而不是为拥有土地的农场主打工。在城市里，一些铁匠有机会从事需要匠心的装饰工作，但仍然有许多人在造船厂、磨坊的一隅之地劳碌，制作链条、船锚或者齿轮。这当然是一项要求很高的工作，需要高超的技术，但不一定具有创造性。重复劳动在其他行业也是司空见惯的。木匠通常会制作成套的椅子，每套有8把、12把，乃至更多，所有椅子的款式都相同，可能是依据某种进口的模型，也可能模仿自"最近从伦敦"印刷的图案。车工飞快地在脚踏式车床上制作大量样式相同的碗、楼梯栏杆或者桌腿。锡匠中的许多人是漂泊不定的流动工人，更是缺乏创新的空间。他们带在身上的工具是坩埚和模具，用来熔化磨损或者损坏了的部件，再铸造成新的金属器皿。[9]

因此，尽管有日后附着的想象，工业化前的手工艺却很难称得上是源源不断的创造力源泉。工匠的价值不在于他们的创造力，而在于他们的可靠，在于他们的"勤劳"。这个术语最初并不用来指代工厂，而是指个人的职业道德。1712年，波士顿银匠约翰·科尼［John Coney，就是他训练了保罗·里维尔的父亲——法国移民阿波罗·里瓦尔（Apollos Rivoire）］去世时，被盛赞为"勤劳的罕见典范，是那个时代的伟大救赎者。他不仅小心地利用了每一天，甚至小心地利用了每一个小时，孜孜不倦地投身于自己的事业"。在这里，《圣经》中的典故（《以弗所书》5：15—16）——"你们要谨慎行事，不要像愚昧人，当像智慧人/要爱惜光阴，因为现今的时代邪恶"——提醒我们要注意早期美国手工艺的宗教背景。一位好工匠，一名好基督徒，应该是兢兢业业的。一位好工匠可以在工作中证明自己的品格：就算制作材料缺乏标准、工作条件变化多端，他也能在时限的压力之下，取得始终如一的成果。后来的评论家喜欢把殖民地时代想象成一个洋溢着"劳动之欢愉"的时代，安息日、全部的宗教节日、传统的"神圣星期一",被认为是神圣不可侵犯的。但工匠们并没有那么欢愉,他们不着急停下工作。[10]

因此,手工艺生产并不是田园牧歌般的,可是它又是必不可少的。无论何时何地,但凡建立了一座新城镇,都需要工匠。今天的宾夕法尼亚州艾伦镇(Allentown)在1762年举行了第一次税务评估,只有13名纳税人,其中就包括两位木匠、两位裁缝、一位铁匠和一位马车夫。两年后,又加入了两位裁缝、一位家具匠、一位泥瓦匠、一位屠夫和一位鞋匠,这位鞋匠还开了一家小旅馆。[11] 由于金属货币(硬通货)的数量总是有限的,特别是在农村地区,这些工匠便通过物物交换制,以交换服务的方式,与其他城镇的居民做生意。他们的工作可能是为了换取食物,为了得到其他工匠的服务,或者是为了交易获得旧铁之类的原材料。延长的赊购时限可能会持续数个月,甚至数年。所有这些非正式、面对面的安排,都有助于把社区联结为一体。

这种模式的形成由来已久。早在1608年,也就是英国人在詹姆斯敦建立第一处永久定居点的那一年,詹姆斯敦的财政支持者们就曾派出8名德国和波兰的手艺人(他们是制作松脂、碳酸钾、玻璃的行家),以及1名瑞士矿工,进行了一场提供补给的航行。他们希望这些人在当地建立各行各业,并且培训其他没有技能的殖民者,带动他们从事各项工作。这反映了时人的一种假设,即殖民地将通过开采资源,迅速获得回报,这极大地低估了在新世界生活所面临的困难。轻松致富的美梦很快就破灭了。许多移民死于疾病和饥饿。幸存者只得把全部精力用于养活自己(尽管值得注意的是,有考古证据表明,他们曾经尝试制作玻璃)。约翰·史密斯,那位自命不凡的船长,接管了殖民地的管理委员会,他把大陆上的工匠看作这个无能社区的中坚力量:"只有荷兰人和波兰人,以及其他十来个人……知道这一天要忙活些什么。"[12]

十年后,"五月花"号抵达了今天的普利茅斯附近。由于此行是受宗教热忱而非商业机会主义的驱使,这些英国、荷兰的"朝圣者"们的穿越大洋之旅被耽搁了,直到当年晚些时候,他们才抵达目的地。等到他们确定了上岸的地点,已经是十二月了,他们中的大多数人不得不留在船上,等待冬天过去。威廉·布拉德福德(William Bradford),此行的记录者和普利茅斯殖民地的总督(同时也是一位丝绸编织工),后来写道:"穿越了浩瀚的汪洋之后,他们发现,前方依然存在着如同汪洋一般的重重困难,没有朋友来欢迎他们,没有客栈可以招待他们,为他们饱经风霜的身体重新注入活力,没有房子住,更没有什么城镇可以去投奔,去寻求帮助。"春天来了,"五月花"号才扬帆起航,殖民者们才开始动手建造永久的庇护所——只有泥地面、护墙板和茅草顶的房子。木工活计成了一桩生死攸关的大事,但直到1623年,一位移民还在寄回英格兰的信中报告,他们只建好了20座房子,其中只有5座是"漂亮且舒适的"。

对殖民者来说,幸运的是,这个地区有出色的制造者。在殖民者发起的最早的陆地探险中,有一次他们获得了新发现。用布拉德福德的话说,只见"各式各样美丽的印第安篮子里装满了玉米,有些还带着穗儿,颜色各异,漂亮极了,在他们眼中,这是一派极其美好的景象"。印第安人还有一个金属水壶,是与更早之前来到此地的欧洲商人交易得到的。清教徒们可以随便取用他们找到的任何东西，他们打算把谷物中的一部分用作种子。在接下来长达几个世纪的剥削模式中，这是他们的第一次小偷小摸。

玉米之所以出现在那里，是因为在这片土地上居住了数千年之久的万帕诺亚格（Wampanoag）印第安人［属于东北林地中更广泛的阿尔冈昆（Algonquian）文化的一个部落］，近来被感染自早期欧洲移民的疾病毁灭了（更确切地说是移民船上的老鼠）。当地的大多数印第安人都已死于那场流行病，主要集中在 1615 年到 1619 年之间。这是一场悲剧。无论在哪里，但凡欧洲人和印第安人之间发生文化接触，这场悲剧就会一再上演。布拉德福德和他的同胞到达的时候，万帕诺亚格人已经撤离了沿海地带，留下的不仅是手工制作的盛满玉米的篮子，还有开垦过的土地，甚至是墓葬坑，在那里，殖民者埋葬了大量死去的同伴。印第安人人口减少的另一个结果是，即使是在与原住民初次接触的时候，欧洲人已经有可能把他们视为未开化之人。这种混合了恐惧、蔑视和理想化的心态，使得定居者能够心安理得地为自身的行径辩护。今天，我们不应该再犯理想化地认识原住民文化的错误，野蛮的暴力恐怕不是由欧洲殖民者引入美洲的。原住民族群林立，相互敌视，几千年来一直在从事贸易，发动战争。然而殖民者对这段复杂的历史几乎一无所知。他们倾向于简单地把原住民看作未开化的野兽、"大自然的绅士"，既可怜，又纯洁——但无论如何，他们注定将要消失。[13]

手工艺在塑造这种种族主义——实际上是种族灭绝——心态的过程中，扮演了重要角色。有关原住民的最常见的评论主题之一，就是认为他们缺乏理性的理解力。正如亚历山大·蒲柏（Alexander Pope）在 1734 年创作的《人论》（*Essay on Man*）中所写的那样："瞧，可怜的印第安人！无知的心灵/在云中看见上帝，或者在风中听到上帝吧；/他的灵魂是骄傲的科学，从不教他迷失方向。"可是现在，每一个欧洲定居者在这片似乎充满敌意的荒野中挣扎求生时，原住民的实用技能都会令他震惊。万帕诺亚格族的成年人被认为应当自给自足，自行解决衣食住行的问题。这意味着，他要掌握狩猎、捕鱼、鞣皮、制篮、木雕、石刻、陶艺等技艺。取火是一项关键技术，火可以用来取暖和做饭，还可以用来挖空独木舟，砍伐高大的古树（远比殖民者使用金属斧头容易得多）。[14]

然而，欧洲人却没有将这种全方位的能力视为值得效仿的东西，他们倾向于将这种能力与所谓的真正理解力区分开来。18 世纪 20 年代，法国耶稣会神父皮埃尔-弗朗索瓦·沙勒瓦（Pierre-François Charlevoix）曾经在北美洲广泛游历，在谈到原住民时，他写道："每个人都必须承认，他们拥有机械方面的奇妙天才：他们不需要任何大师的教导，我们每天都能看到，他们中的一些人压根儿没有当过学徒，就成功地掌握了各门手艺。"虽则如此，他们却"不适合学习科学，因为科学需要大量应用和学习的过程"[15]。这种曲解的动力贯穿了美国手工艺的历史——在文化精英中，这是一种公开的偏好，他们更喜欢知其然，而不是知其所以然。上述看法最初就是通过欧洲人对印第安原住民的评论，被引入这个故事的，此后它还将被用以诋毁其他特定类型的人群（黑人、工人阶级、女性、移民），诋毁其技艺的价值，长达几个世纪之久。

一个很好的例子是原住民的珠饰,一直以来它的用途广泛,但最吸引欧洲殖民者的珠饰形式是贝壳串珠(wampum),这是一种交流和交换的媒介。万帕诺亚格人把坚硬易碎的贝壳锤成小块儿,然后用石头把它们磨成想要的形状。每颗珠子内部都有穿线通道,是用弓钻或者泵钻钻出来的,要是在以前,钻头会用磨尖的石头,当万帕诺亚格人接触并且可以弄到金属以后,他们便开始使用加工的铁钉和铁锥,或者索性使用进口的欧洲钻头了。

制作贝壳串珠,要用到两种贝壳材料:白色峨螺的螺旋状壳和圆蛤壳内独特的紫色表皮。这些东西让人产生了丰富的联想。对于向来靠海吃海的人们来说,贝类不仅是主食,而且具有深刻的社会和精神蕴意——它是从人类世界看不见的海洋深处获取的食物。(如今,一些万帕诺亚格人还会在吃完贝肉后,把贝壳放回水中,以示感恩。)贝壳还十分坚硬耐用,从考古学的角度来说,它们在墓葬的贝丘中存留了许多个世纪,因此代表了一种时间维度,既超越了人类生命的跨度,又与之交织在一起。[16]

贝壳串珠采用了二元配色方案,是创造图样的理想选择,人们可以将串珠安在用乳草属植物或者其他植物的纤维串接起来的简易织布机上,用皮革、内脏在串珠上完成图样。这些图样(例如上面会显现出三角形或者人物的轮廓)具有符号意义,被原住民解释为和平与战争、光明与黑暗的象征。在外交会议上,图样的符号意义会被一字一句地宣读出来。一位名叫大卫·泽斯伯格(David Zeisberger)的传教士声称,原住民"已经习惯了这么做,当他们传达信息时,即使只是私人谈话,他们也要握着某件物品,哪怕只是一条带子、一段丝带或者一片草叶"[17]。会议结束时,贝壳串珠通常会被移交给对方,作为达成协议的标记,欧洲人则把这个过程比作签署合同。1613年,易洛魁人(Haudenosaunee)和荷兰人用带有两条紫色平行线的贝壳串珠来标记条约,这意味着两个民族将携手并进,面向未来,就像同一条河流上的两艘船一样,双方都不会试图驾驭对方。很久以后,时间来到1776年这个重要的年份,肖尼人(Shawnee)派了一个代表团来到如今田纳西州的乔塔镇(Chota)。他们随身携带了一条九英尺长的紫色贝壳串珠,用以宣战。如果它的含义还不够清楚的话,一位发言人又解释道(一名在场的英国代理人留下了文字记录),"红人"曾经是"整个国家的主人",但现在他们"几乎没有立足之地"。白人的意思已经很清楚了,"他们怀有消灭红人的意图"[18]。

欧洲人理解了原住民珠饰的外交含义,但是他们仍然主要将它视为一种货币。由于欧洲人有航海的经验,他们倾向于以英寻(6英尺)为单位,来测量贝壳串珠的长度,一英寻差不多有300颗珠子穿起来那么长。这可能需要一位手艺熟练的原住民花上大约一周的时间来制作,更长、更复杂的串珠相应地代表了更多的劳动——在已知的例子中,曾经出现了超过10 000颗珠子的贝壳串珠。欧洲人肯定是把贝壳串珠理解成了货币。当卡尔·林奈(Carl Linnaeus)为圆蛤赋予生物分类学的学名时,他把圆蛤叫作"雇佣兵"。即便如此,他们还是对原住民看待圆蛤价值的态度感到困惑。英国博物学家约翰·劳森(John Lawson)是最早前往卡罗来纳的内陆地区的探险者之一,他在1714年评论过做珠子

("它比烟斗较小的那一端或者较大的麦秆还要小")和钻珠子("非常乏味的差事")的困难程度。多么乏味啊,事实上,当英国人试图制作贝壳串珠时,他们其实是在尝试铸造美洲的钱币,"事实证明,这件事可太难做了,什么也得不到"。"印第安人从来不珍惜自己的时间,"劳森臆断道,"这样他们就有工夫做这些东西,而且永远不用担心英国人会从他们手里夺走这门手艺了。"[19]

收益太少,耗时太多。工业出现之后,相同的模式也成为困扰美国手工艺的一块心病。一旦有了机器,单纯的手工制造就显得不太合理了——至少从狭隘的经济角度来看是这样。但是在1714年,机器还不是问题(在1814年依然不是)。确切地说,那时候的问题在于人们看待劳动的态度。劳森和其他欧洲观察人士认为,原住民的生产被白白滥用了,这是不合理的。那么是什么构成了理性呢?这个问题越发指向了那个唯一的答案:市场。1776年,就在殖民地爆发革命的当年,亚当·斯密出版了《国富论》(The Wealth of Nations),开宗明义地写出了全书的论点:"劳动生产力上最大的改进,以及在劳动生产力指向或应用的任何地方所体现的大部分技能、熟练度和判断力,似乎都是分工的结果。"在书中,斯密用耐心、无情、逻辑严密的文笔解释了为什么"技能、熟练度、判断力"必须受到效率的约束,工作任务又为什么必须被分割得越来越精细。斯密笔下的关于大头针制作的段落被人们广为牢记。他报道过一家工厂,通过劳动分工,厂里只需要雇用 10 名工人,一天就能够生产 48 000 枚大头针。"但是,如果他们所有人都分散工作,没有劳动分工,"斯密写道,

"他们中甚至不可能有任何人每天能够生产出 20 枚大头针。"

斯密强调,工人的熟练度的确会随着生产专业化的发展而提升——一个只负责做钉子的铁匠会做得更好更快——他还特别提到了不用再从一项任务转移到另一项任务,由此节省下来的时间。就像 18 世纪英国和美国的大多数工匠那样,他同时干农活儿必然效率低下。("一个人放下手里的一种工作,转头接手另一种工作,通常会优哉游哉地耽搁一会儿。")在提出这一论点时——这与诺亚·韦伯斯特的论点恰恰相反——斯密绝非对个人技能的重要性置之不理。只不过他完全是从工具的角度来思考个人技能,而没有注意到它背后的心理或者社会因素("消费是所有生产唯一的目的和宗旨")。他相信,为了确保创造最大的价值,技艺应该受到严格的限制。这最好是完全通过不受约束的市场运作来实现。他的著名论断是经济是由一只"看不见的手"来自我引导的。把决定权交到工人和消费者的手上,任由他们自作主张吧,这么一来,"在无意中,在不知不觉的情况下,便促进了社会的利益"。

这正是美洲原住民不曾做过的。实际上,他们成为多面手的活法儿,也就是说,每个人都知道如何去做许多种必要的手工艺,从而为自己和社区中的亲密伙伴服务,这与农村地区的欧洲殖民者的工作方式并不矛盾。从欧洲人的角度来看,原住民的问题是,他们工作时没有考虑供需规律。在《国富论》出版的前一年,爱尔兰商人詹姆斯·阿代尔(James Adair)出版了《美洲印第安人史》(History of the American Indians),他在书中写道:美洲原住民交换贝壳串珠时,采用"一种固定的比率,不会因为时间或者地点的变动,作出哪怕最小的调整。如今,他们既不会耐心地听我们谈论买卖上的赔和赚,也不会允许我们提高货物的价格,这些才是我们最有力的理由"[20]。

这激怒了殖民者。他们竟然想出了一个变通的办法,从意大利和波希米亚进口玻璃珠,来取代本土的贝壳。结果,整个大陆的原住民都采用了这种新的媒介,并取得了辉煌的成就。他们改造了最初用贝壳或豪猪刺做成的图案,也改进了自己的技艺,就像当初他们接受金属工具时所做的那样。本杰明·韦斯特,一位生在美国的画家,就收集了一小批这样的玻璃珠工艺品,用作自己的绘画模型。韦斯特建议科普利追随他去伦敦,以摆脱其囿于地方色彩的绘画技艺。例如,在韦斯特创作于1770年的《沃尔夫将军之死》(The Death of General Wolfe)中,我们就看到了这些工艺品。这幅画还描绘了一名沉思中的文身原住民战士,正平静地凝视着眼前的死亡,他经常被解读为典型的"高贵的野蛮人"[21]。

有趣的是,一位早期的传记作者宣称,本杰明·韦斯特最初的绘画老师就是美洲原住民,是他们教会了韦斯特准备红色和黄色的颜料。这个故事几乎可以肯定是虚构的,可是它抓住了一则殖民者们从第一次踏上美洲大陆时,就不敢承认的事实。尽管欧洲人贬低印第安人是无知的野蛮人,以此为自己施暴、破坏的行径开脱,将之粉饰为一种扩散文明的手段;但事实是,欧洲人从印第安人那里学到的东西要多于他们传授给印第安人的。[22]

本杰明·富兰克林(Benjamin Franklin)向来对国人的想当

然持怀疑态度，1784 年他寓居法国时写作了《关于北美野蛮人的评论》(*Remarks Concerning the Savages of North America*) 一文，其中讲述了一件逸事，抓住了事情的真相。这本薄薄的小册子主张对美洲原住民文化持相对主义的态度："我们称他们为野蛮人，因为他们的礼貌与我们不同，而我们认为自己的礼貌体现了文明的完美，然而他们也有同样的看法。"这种观点在当时几乎是独一无二的。他回忆了四十年前发生在双方之间的一次交流，作为自己观点的佐证。当时由 6 个易洛魁部落的代表组成的代表团与一群白人军人会面，地点选在宾夕法尼亚州的兰开斯特。他们的主要任务是起草一份条约，但是在交换文书的过程中，原住民给出了一个慷慨的提议。"我们那里有几个年轻人，之前是在你们北方诸州的学院里长大的，他们被灌输了你们的所有科学知识。当他们回到我们身边时，他们变成了糟糕的赛跑者，对森林里的各种生活方式一窍不通，他们无法忍受寒冷和饥饿，既不会盖小屋，也不懂得捕鹿，更不会杀死敌人，连我们自己的语言都说得结结巴巴，因此既不适合做猎人和勇士，也不适合当谋臣。他们完完全全是一无是处。"接着，易洛魁人总结道："如果弗吉尼亚的绅士们愿意派他们的儿子来，我们一定会十分关心他们的教育，尽我们所知去教导他们，把他们培养成为真正的人。"[23]

读到这里，富兰克林的忠实读者们——18 世纪 80 年代，这样的读者已经很多了——可能已然意识到了这则故事的讽刺意味。在上面的例子中，富兰克林喜欢提到具有美国风范的那种"白手起家者"，对于这一概念的发明，他厥功至伟。但是在这里，他却正话反说。不过，撇开上述巧妙的修辞不谈，他其实并不提倡通常与原住民联系起来的那种悠闲自在的生活之道。如果还有人比亚当·斯密更相信时间就是金钱，那么这个人就是本·富兰克林。《穷理查年鉴》(*Poor Richard's Almanack*) 是一本出自他笔下的年度畅销书，里面写满了有用的信息和朴素的建议，充斥着关于节俭和勤勉的劝告。[这本书日后被编进了更加畅销的《财富之路》(*Way to Wealth*) 中，对富兰克林来说，这就是一条他自己走过的财富之路。]穷理查的至理名言中有这么几句："勤奋是好运之母"，"有事业的人就有产业"，"你要是向师心自用的人学习，就是找了个蠢师父"，"自助者天助"。[富兰克林践行了最后这句话，它实际上出自阿尔杰农·西德尼 (Algernon Sidney) 写于 1689 年的《论政府》(*Discourses Concerning Government*)。]马克·吐温后来打趣说，这种警句式的当头棒喝给几代人带去了难以言喻的痛苦，"永远被拿来作为男孩们应当模仿的信条，而男孩们本来会很快乐的"。早睡早起能使人健康、富有又聪明？"我父母用这句格言在我身上做实验，我为此痛不欲生，"马克·吐温写道，"那种滋味一言难尽。"²⁴

把马克·吐温的抱怨先放在一边，富兰克林确实成为后世美国人的榜样，是出身卑微的工匠发迹变泰的活生生的例子。1706 年，他出生在波士顿，是家里 17 个孩子中的一个，他的父亲是一位肥皂制造商兼蜡烛销售商，最初打算让这个最小的儿子进入自己的行业。当年轻的富兰克林发现这份工作有害无益（事实的确如此）从而反对这个主意时，他的父亲又来了灵感。他领着孩子，徒步游览了城里的手工艺作坊（作坊主人是木工、砖瓦工、车工或者铜匠），想瞧瞧是否有什么东西可以激发孩子的想象。

看起来，富兰克林对一切都感兴趣。当富兰克林在自传中讲述这个故事时，他评论道："从那以后，我一看到优秀的工匠摆弄他们的工具就很高兴。"

结果，在认识到他身上显而易见的书呆子气后，本被送去他哥哥詹姆斯的作坊里做学徒，当印刷工。印报纸、小册子当然比做肥皂好，社会地位也更高。但它仍然是一种手工工艺。在那个干净的手被视为绅士标志的时代，富兰克林的手总是被墨水弄脏。在这一行中，他学会了两样东西：一是排字工人的排版技艺，这需要灵巧和准确；二是新闻记者的技艺，这需要力量和忍耐。就是在这个时期，他开始撰写具有讽刺色彩的小品文，笔名是"沉默的好汉"（Silence Dogood）。这些文章发表在他哥哥的报纸《新英格兰报》（*New England Courant*）上，报上印有"多面手"（"Jack of All Trades"）的广告短语，暗示着要与工匠读者们结盟。与此相一致的是，富兰克林在文章中嘲笑阶级自负的论调，提出了一种隐含的激进观点——衡量意见的标准应该是意见本身的价值，而不是发表意见者的身份，无论他"是穷汉还是富翁，是老人家还是年轻人，是皓首穷经的学者，还是系着皮围裙的工匠"。

当富兰克林在1722年写下这句话时，现实中的他正是一位贫穷、年轻的手艺人，系了皮围裙——这就是手艺人身上该有的行头。一年后，他开启了一段独立自强的旅程，一段从未真正结束的旅程。还是詹姆斯学徒的他，趁着美国没有公会的时候开溜了。（"我利用了这个漏洞，这是不公平的，在我看来，这是我的人生勘误表中的第一处错误。"他后来在自传中写道，用了一个印刷商的隐喻。）在纽约碰了碰运气之后，十几岁的富兰克林又去了费城，很快他就在塞缪尔·凯默（Samuel Keimer）那里找到了工作——该市为数不多的印刷商之一。显然，这个人对他的新工人学习手艺的方式毫不顾忌，毕竟他开的也不是一家多好的作坊，只不过有一台"破旧不堪的印刷机，以及一副又小又破的英文铅字"。富兰克林在附近一位名叫约翰·里德（John Read）的"普通的木匠"家里寄宿，几年后，木匠的女儿黛博拉（Deborah）成为富兰克林的妻子。找到寄宿之处后，他开始正式工作。

就这样，富兰克林在中等阶层的工匠文化的浸染下，度过了早年岁月。这段成长经历，在他的自传中被刻画成了一则寓言，永远确保了他后来作为美国最彻底的民主的缔造者的身份。他是我们当中一个伟大的白手起家者，是象征我们这个社会的流动性的主要典范。尽管如此，要将他的复杂性格与某种单一的阶级身份，或是任何形式的单一身份对应起来，却并非易事。在富兰克林的写作生涯中，他总共用了一百多个笔名，"沉默的好汉"仅仅是其中最早的一个罢了。他的每一层伪装都与一种特定的观点有关——他可以是平凡的老乡巴佬（plain old Homespun）；饱受批评的丈夫，安东尼·事后诸葛（Anthony Afterwit）；爱搬弄是非的长舌妇，爱丽丝·毒舌（Alice Addertongue）；当然了，还可以是前文提到的穷理查（"Poor" Richard Saunders），那个美国的张三李四，是与富兰克林本人全然不同的凡夫俗子。[25]

1724 年，富兰克林乘船前往伦敦，一开始只是为了获得更好的印刷设备，最终却在那里待了将近两年。这是他第一次在英国逗留，其间，他发现自己与手艺人的传统生活方式产生了冲突，首先是关于酒精的问题。有节制的富兰克林试图说服他的印刷同行不要整天喝啤酒,这样既能省钱,又能让头脑清醒,但最后白费力气。不出所料,这番劝告让他的朋友变得寥寥无几。当他拒绝请大家喝"迎新酒"(*bienvenu*)时,事情变得更糟了。"迎新酒"习惯上由新入职的工人支付酒钱,请所有人喝。"两三个星期后,我就被孤立了,"富兰克林后来回忆道,"我像是被开除了教籍一样,针对我发生了许多私人之间的小恶作剧,他们把我的排字打乱了,把我的书页搞混了,把我印好的东西弄坏了,诸如此类。但凡我走出屋子,这一切就会发生。"最后,他终于还清了债,"我认识到,不和今后要朝夕相处的人搞好关系,是愚蠢的"。

一回到费城,富兰克林就坚定地投身于印刷行业,一开始是在凯默的作坊,后来又另立门户,独立经营。不过随着他的事业日渐成功,他与作坊也渐行渐远。最终,他在42岁的时候关闭了自家的作坊,那是1748年。富兰克林之所以能提前退休,是因为他已经成为一名非常成功的企业家,他卖自家的历书,办造纸厂,还在全国各地创立了新颖的连锁印刷所。至于说富兰克林是希望像科普利、里维尔那样摆脱自己的商人身份,还是依然为他的工匠身份感到自豪,历史学家们尚存在分歧。[26] 理论上,他的观点明确无误:"体力劳动者和手工艺人是人民当中的主要力量和中流砥柱。"[27] 与此同时,关于他的许多传记却暗示了另外一种可能。他曾经成立过一个旨在自我完善和相互辩论的小组,这个小组向成员提出了一些讨论议题,诸如"你最近听说过哪位公民飞黄腾达了吗?他是通过何种途径做到的呢?"刚组建时,小组被命名为皮围裙俱乐部（Leather-Apron Club）。然而等到一位货真价实的绅士加入后，俱乐部就被重新命名为"Junto"（西班牙语中的立法议会）。

随着富兰克林变得富有起来，他还做了许多其他工匠难以想象的事情。他成为一名业余博物学家；他用电完成了科学实验，在世界上赢得了声誉；他还是一名热心的发明家，设计了一种以他的名字命名的高效火炉。他请画家罗伯特·费克（Robert Feke）为自己作画。在这幅画像中，他没有系围裙，而是披上了一件漂亮的天鹅绒外套。他渴望担任公职。他购买奴隶，不是为了作坊的生产（像许多劳工首领那样），而是将他们用作家庭用人——其中包括一对名叫彼得和杰迈玛的夫妇，以及他们的儿子奥赛罗；还有另外三个人，乔治、约翰和金。但是到了晚年，他开始批判奴隶制，甚至成为一个早期废奴主义协会的主席。[28]

富兰克林的社会地位越来越高，但这并没有阻止其他工匠将他视为自己人。1765年，《印花税法案》（Stamp Act）引发了一场危机，纸质印刷品被开征了一项极其不受欢迎的税种，富兰克林来之不易的财产已经处于危险之中。他当时身在英国，被外界广泛认为是一个反对独立者。（这种看法完全正确。直到革命爆发前夕，富兰克林仍旧秉持与英国政府和解的态度。）多亏了一群被称为"白橡树"的造船工人的守卫，他的宅邸才得以免遭暴民的攻击。等到《印花税法案》在第二年被废止后，还是这个工匠团体，特意打造了一艘新渔船来庆祝，还将渔船命名为"富兰克林号"。[29] 这是献给富兰克林的众多此类"颂词"中的第一篇，而工匠们这么做并不是没有回报的。临终之际，富兰克林遗赠了一笔 2000 英镑的巨款,用以设立捐赠基金,向手艺人提供小额商业贷款。日后,这些资金将被用来创立位于波士顿的本杰明·富兰克林理工学院(Benjamin Franklin Institute of Technology),以及位于费城的一座科学博物馆——富兰克林研究所(Franklin Institute)。在遗嘱的附录中,很久以前曾经从哥哥的作坊里逃跑的他解释了自己的善意:"私以为,在工匠中,好的学徒最有可能成为好的公民",归根结底,印刷业"既是我财富的根基,也是我生命中全部事业的根基"。

借助人生中的最后一次慷慨之举,富兰克林重新找回了他的工匠身份,尽管他实际上扮演的是一位慈善家的伟大角色。他鼓励并帮助其他工匠、其他国民,超越他们的卑微地位,一如他本人所做的那样。实际上,他的故事是独一无二的,在娓娓动听方面是如此,在难以复刻方面更是如此。即便如此,在革命之后的几十年间,在美国人的想象中,依然存在着一条从工匠到企业家的发展轨迹。

革命本身构成了一个重要的原因。从一开始,爱国主义的壮举就深深地根植于从事手工艺的各个团体。在矢志于革命的积极分子里面,"劳工"(这是时人对工匠最常见的称呼)是最具组织性、最尽心竭力、最奋不顾身的群体。18 世纪 60 年代到 70 年代,在一轮又一轮的起义浪潮中,造船工人守卫富兰克林的宅邸这样的事情,只是一起例外事件。更常见的情况是,工匠们会把眼前的东西付之一炬。

就以 1773 年 12 月 16 日发生的波士顿倾茶事件为例,它让东印度公司名下的一整船茶叶毁于一旦。(富兰克林再一次拿出了和事佬的态度，他声称，商人们理应得到全额赔偿。）事件的参与者中有铜匠、泥瓦匠、木匠和铁匠。保罗·里维尔正是其中的一员。很可能是一位装饰画家兼油漆匠（说白了，这是一名生产仿制漆器的专家）——又或者我们应该称呼他的大名，托马斯·克拉夫茨（Thomas Crafts）——为这群肇事者制作了"莫霍克"（Mohawk）印第安人的伪装。弗朗西斯·阿克利（Francis Akeley）是数百名涉案人员中唯一不幸入狱的人，他是一位马车轮匠。做小买卖的鞋匠乔治·罗伯特·休斯（George Robert Twelves Hewes）参加了波士顿大屠杀（Boston Massacre），当时他被一把来复枪的枪托击中，而在那之前，他已经从一家铁匠铺弄来煤尘，把自己的脸抹黑了。（他活了足够长的时间，长到成为这起事件的一名幸存的目击者，后人纷纷出于怀旧之情，对他敬畏有加，他一辈子穷困潦倒，却依然受到众人的交口称誉，被认为拥有富兰克林式的"勤奋、正直、节制、节俭的好习惯"。）[30] 盖房子的木匠纳撒尼尔·布拉德利（Nathaniel Bradlee）是此次突袭的主要策划者之一。据说，是他的妹妹萨拉·布拉德利·富尔顿（Sarah Bradlee Fulton）想出了身穿印第安土著服装的主意，为此她还准备了一壶热水，供抗议者们洗脸。

撇开服装不谈，茶党的组建，是一场典型的由工匠们领导和执行的革命暴动。这种抗议的方式，是在1765年令人讨厌的《印花税法案》通过后首次出现的。在波士顿，一个自称"忠诚九人"（Loyal Nine）的组织筹划了抗议活动。托马斯·克拉夫茨便是九人之一，此外还有两位酿酒师、两位珠宝商、两位铜匠、一位印刷工和一位船长。在纽约，一名反对独立者谴责了"鞋匠和裁缝们"接管政治、驱逐民众的方式,认为他们正在赶走"纽约省①和纽约市忠于王室、明晓事理的居民"。[31] 在费城,裁缝约瑟夫·帕克(Joseph Parker)站了出来,竞选公职,由此闯入了公共生活的领域,而这一领域以前是为了比他社会地位更高的上流人士准备的。在上述全部三座城市中,工匠们都竖起了"自由杆"("liberty poles"),他们把殖民地行政官员的肖像画放到火炬上点燃,四处张贴写有"VOX POPULI"(人民之声)字样的标语。[32]

所有这些政治激进主义的行动,都是以富兰克林式的理想信念,即个人主义、个体价值、勤奋工作为前提的。正如历史学家查尔斯·奥尔顿(Charles Olton)观察的:"比起摧毁基于职业的壁垒,工匠们更感兴趣的是跨越这一壁垒。"[33] 事实上,参与行动的独立工匠发现,他们与小商人之间其实有许多共同点。虽然他们也发现,双方在某些政策问题上的态度是对立的——例如,工匠们赞成关税和抵制政策,以保护本地的制造业,可是商人们却反对关税和抵制政策,因为这样做削减了他们的利润——但说到底,双方都渴望看到贸易的繁荣。我们很容易忘记,城市的工匠制造商品,往往是为了出口。甚至波士顿的墓碑雕刻师也把他们的作品装船,从东海岸一路运去查尔斯顿(Charleston),有时甚至远至加勒比海。[34] 同样值得记住的是,革命前的大师级工匠是资本家,至少在某种程度上是这样的。印刷工的工作离不开印刷机和打字机,与之类似,木匠离不开工具和木材储备,玻璃工也离不开熔炉。他们都是财产所有者。手工艺人的财产与技艺,将

---

① 1664 年,英国人从荷兰人手里夺得了对新尼德兰周边地区的控制权,随即建立了纽约省(Province of New York)。——译者注

他们与大批游工、学徒、契约工和奴隶劳工区别开来。在资本化程度较高的手工艺这一行,设备是父母留给子女的一项重要遗产,这有利于在行业内部促进家族血统的繁衍。[35]

共济会是维系商业和手工业精英的最强大的力量之一。这个秘密社团网络是由英国的石匠协会演变而来的。17 世纪,协会的会员数量有所下降,为了提升会员数量,它开始吸收外来人员。1717 年,共济会的第一个大型分会在伦敦成立,当时它的会员中就已经鲜有真正的石匠了。只有少数人具有某种形式的工匠身份(而在殖民地时期的美国,这个数字曾经在 10% 徘徊)。尽管如此,该组织的象征符号却已然浸染了手工艺的意象。共济会为自身编造了一段富有神话色彩的历史,它可以追溯到圣经时代所罗门神殿的建造。在分会的"集会地"(通常设在一处小酒馆或咖啡馆),共济会会员的身上都系着一条用干净的羔羊皮制成的围裙,这条围裙已经不再使用耐磨的皮革来制作,但它仍旧是工匠身份的象征。会员的入会仪式和肖像画颇具特点,用到了石匠的圆规、直角尺、水平仪和铅垂线,这四样东西依次代表教导、诚实、平等和正直。不同的会员称谓,反映了传统行会内部的等级,从"入门学徒"到"同行",最后到"大师"。后来的共济会会员很可能是商人、律师或医生,但他们至少还在继续扮演工匠的角色。[36]

直到今天,美国的国玺上还有共济会的象征符号;把一张一美元的钞票翻过来,你将看到一座修筑完美的石头金字塔,在金字塔顶的上空,有一只窥看一切的全知之眼(all-seeing eye)。这反映了革命一代对兄弟会的热情。富兰克林是美国第一个共济会分会的会员，这个分会是1730年在费城成立的。里维尔是共济会会员，托马斯·克拉夫茨也是。他们和其他"自由之子"在绿龙酒馆（Green Dragon Tavern）密谋，这间酒馆属于圣安德鲁分会，曾经短暂地用过"石匠纹章"（"the Masons' Arms"）的店名。活跃在波士顿的还有普林斯·霍尔（Prince Hall），一位出生于巴巴多斯的自由的黑人牧师。1770年，他的主人威廉·霍尔（William Hall），一位制革匠，将他从奴隶制度的奴役之下解放出来，打那以后，他便以制革为业。五年后，他和另外14名非裔美国人一道，向驻邦克山（Bunker Hill）英军中的爱尔兰人共济会分会发出了入会申请。士兵们显然克服了他们可能怀有的所有种族偏见，当场同意让他们入会——尽管士兵们要求他们每人交纳25几尼，以换取这项入会的特权。霍尔和他的支持者迅速组建了美洲第一个黑人共济会组织——"临时非洲分会1号"（Provisional African Lodge No.1），霍尔成为该分会内部第一位备受崇拜的大师。[37]

普林斯·霍尔领导的分会与美国其他地区的分会一起发展壮大。（1975年分会成立200周年之际，它已经在全国范围内拥有多达30万名会员，在战后的民权运动中，它曾经拥有一段令人自豪的激进的抗争史。）[38] 不过在那之前，尚有一场革命等待打响。随着独立战争的爆发，霍尔开始游说马萨诸塞州的立法机构，试图让他们承诺废除奴隶制，可是他的努力付之东流了。就连霍尔的共济会兄弟也回绝了他的请求，全部由白人组成的马萨诸塞总会拒绝了非洲分会的特许申请。事到如今，对于同胞们的种族态度，他已经不可能再抱有任何幻想。但霍尔依旧乐观。他觉察到，黑人士兵的参战，可能是未来寻求解放黑奴的最有利的证据，于是他发出倡议，请求准许黑人士兵加入爱国者的军队。有人认为，霍尔本人也曾为爱国事业而战，他可能回到了邦克山，参加了在当地爆发的那场著名战役，并且利用自己的手艺，为军队制作战鼓的皮面。后来，他多次在面向非裔美国共济会会员的演讲中，提出了一条与白人的手工艺文化相同的自我完善之路：每当"我们中的某一个成员又出现在酒吧、牌桌或者其他更糟糕的场合，我们的手艺便又一次为此蒙羞"。最重要的是，他建议人们保持耐心，因为他意识到，在美国实现种族平等的道路将会无比漫长，"耐心，这就是我要说的，因为如果我们不具备极大的耐心，就无法忍受每天在波士顿的大街上遭遇的侮辱"[39]。

回望本杰明·富兰克林和普林斯·霍尔的人生经历，其中有一些惊人的相似之处。两位都是工匠出身，家境贫苦，却凭借自己的功绩声名大振，并劝告他人：你们也可以这样做。不过二者的相似之处也就到此为止了，因为在18世纪的美国，白人和黑人手工艺者的经历终究是没有可比性的。如果说，一位白人工匠的社会地位是与他的财产所有权挂钩的话，那么在法律上，被奴役的黑人工匠甚至不能拥有自己的身体，就算是自由的黑人，他们也永远处于不稳定的地位，其生活和工作的权利都在遭受无休止的侵犯。手工艺技能对于任何一个非裔美国人来说，要比其之于白人更加重要。

在南方的种植园经济中，少数被奴役的人（特别是混血儿）会被安排做家仆，这是一种非人化的工作，但好歹是一种相对安全的工作。绝大多数人则被迫从事农业，去田间地头干活儿，这意味着无休止的劳动和不间断的肉体折磨。但即使是在那种残酷的环境下，有时候奴隶们也会因为自身的技艺而得到重视，就像那些把水稻、蓼蓝的培育知识从西非带来的人。如果想逃离田地，最可靠的方法是学习一门手艺，比如锻铁、木工和造船（对男人来说），或者纺纱和织布（对女人来说）。用最直白不过的话说：有手艺的人太值钱了，不能让他们干活儿累死。

购买一位奴隶工匠，或者安排奴隶从小接受训练，所花费的资金不菲。对于奴隶工匠的所有者来说，这笔钱必须物有所值。要赚回这笔钱，既可以通过直截了当的强制劳动，也可以利用劳务租赁，也就是把奴隶工匠外租一天、一周、一季，甚至一年。这通常意味着，那些做奴隶的手工艺者将被送去其他种植园，或是距离最近的某座城镇，在那里他们就要与当地原有的白人和自由黑人一起劳动了。许多奴隶工匠被要求随身携带一枚小小的、有压印的金属徽章，以标明他们的所有人和职业。不过他们很快就意识到，这代表了某种程度的自由：与主人的距离越远，他们的处境就越好。有些人抓住机会逃跑了，并带走了他们的工具（比如迪克，一位"好木匠"，他就在1794年带着"环形锯、千斤顶、长刨"，逃离了里士满附近的一座种植园）。但是在他们当中，还是有许多人出于各种原因留了下来：黑人，无论是自由的，还是背负奴隶身份的，合计占到了美国南方城市建筑工人的1/4~1/2。1785年，查尔斯顿市的律师蒂莫西·福特（Timothy Ford）在日记中写道："我曾看到手艺人穿街过市，身后总是跟着一个携带工具的黑鬼……事实上，许多（白人）劳工和他们的职业无非是个虚名而已。"[40]

奴隶贸易也不仅仅是南方的现象。它产生的利润帮助建立了罗得岛上的新港、布里斯托尔这样的城市,它们是北方主要的奴隶贩运港口,在那里,黑人被强迫制造恰恰用于贩卖人口的船只。在船坞里,黑人制作绳索、桅杆、船帆,或者担任随船出海的木匠、填缝工(负责用大麻纤维、松树焦油的混合物来密封船体)。这些工作都很困难,有时还很危险,而且大部分都是相对不怎么需要技术的工种。但也有不少黑人当上了制桶工人或印刷工人,家具制造商或金属工匠,其中有身份自由的,也有不自由的。在北方,被奴役的人口超过了学徒和契约佣工的人数之和。平日里,当我们参观博物馆,与18世纪的茶壶、高脚衣柜面对面时,我们不太可能知道,它们的背后是否部分地利用了奴役劳动。但是报纸上的广告——贩卖奴隶,而且应允在奴隶逃脱的情况下提供补偿——白纸黑字地证明了,年仅15岁的非裔美国人就能因为他们的技艺而卖出一个高价。工匠大师们的清单也证明了奴隶工匠的存在,因为后者分明被列入了财产一栏。试举一例,制桶工人约翰·巴特勒(John Butler)的店里就有4位奴隶工人。他们当中有一个人的名字叫波士顿,原因是他住在那座城市,此人被估价500英镑,这说明他的确技艺非凡。[41]

此类一鳞半爪的证据——一个又一个的名字,要么出现在某一份逃亡通告中,要么被列在某一份财产清单中——就是我们通常能够找到的关于奴隶工匠的身份、肖像的所有遗物了。同样,正如女性主义的口号"无名氏是一个女人"("Anonymous was a woman"）所暗示的那样，复原 18 世纪女性的生平经历也充满了挑战性。[42] 好在已经有一代学者在这方面做出了开创性的工作，其中的一些历史学家——如罗齐卡·帕克（Rozsika Parker）、劳蕾尔·撒切尔·乌尔里希（Laurel Thatcher Ulrich）、玛拉·米勒（Marla Miller）——尤其关注具备手工艺技能的女性。由于寡居，女性工匠偶尔也会在印刷、橱柜制造等领域独立经营自己的企业。在这种特殊情况下，她们很可能主要从事管理工作。至于说每一位 18 世纪的美国女性都要亲力亲为的领域，非纺织莫属了。基础性质的针线活儿几乎无处不在，年轻女孩儿们理所当然地都会学上几手，而从这门手艺中又可以发展出无数种先进的技艺。当时纺织品极其昂贵——大多数家庭在这上面耗费了最多的财富——制作完毕的成衣当时还不为人所知，因此能够缝补布料，必要时重新加以利用，就变得至关重要了。

从另一重意义上讲，缝纫也是一门学科：学好它需要兼具耐心、耐力和对细节的关注。女孩儿们被教导用字母和数字，有时还有一段额外的铭文，来制作刺绣样本①，诸如：

> 莉迪亚·迪克曼（Lydia Dickman）是我的名字，英格兰是我的国家，波士顿是我的居住地，基督是我的救世主。这是我人生的第 13 年，1735 年。[43]

这些被用作示范的刺绣样本，或者说"成就"，这些形同于

---

① 刺绣样本是一块缝有文字和图案的布，目的是显示制作人的个人信息，展示缝纫技巧。——译者注

书法练习的缝线，不仅证明了其制造者的读写能力，也暗示了她们愿意承担家庭责任——由此也暗示了她们愿意嫁为人妇。如此公式化的表演和题词，反而让人有些灰心丧气，这样的刺绣样本与其说反映了年轻女性的创造力，不如说揭示了摆在她们面前的选择的缺失。不过，一旦她们学会了针法，刺绣就可以像任何绘画艺术那样充满想象力了。普鲁登斯·庞德森（Prudence Punderson）的针线画《死亡的第一幕、第二幕和最后一幕》（*The First, Second, and Last Scenes of Mortality*）就是一则著名的例子，这幅作品是在革命初期完成的，当时她大约 18 岁。从这张令人信服的自我指涉的图画中，我们可以看到，其制作者正坐在茶几旁，施展自己的手艺。在她旁边的桌子上，摆放着一个蓝灰色的墨水瓶和一支钢笔。在房间的一端，庞德森又一次出现了，这回她化身为一个婴儿；而在房间的另一端，是一口为未来的她准备的棺材，上面标注了她名字的首字母简写"pp"。摇晃摇篮的黑人孩子可能是被奴役的女孩们的一名代表，在庞德森父亲的遗嘱中，这个黑人孩子被唤作"丫头珍妮"。画面中的空椅子可能表明，庞德森当时还未结婚，不过我们可以确定，她后来嫁给了自己的表亲。1784 年，她生下了一个女儿叫苏菲，而后不到一个月就香消玉殒了，此时的她不过 26 岁。[44]

在美国女性的针线活儿中，像庞德森的作品这样复杂的寓言故事是很少见的。但是对于许许多多女性而言，缝纫确实提供了一种获得独立生活的手段。其中一条可行的路是开办家庭学校，针对裁缝或其他有市场需求的技艺提供私人辅导。在选择走这条路的女性中，诺福克的阿姆斯顿（Armston）夫人一定是一位技

普鲁登斯·庞德森的针线画《死亡的第一幕、第二幕和最后一幕》，18世纪70年代。1962年4月28日，康涅狄格州历史协会。

艺高超、能力非凡的手工艺行家。因为根据她在《弗吉尼亚州报》(*Virginia Gazette*)上刊登的广告，她有能力教授"斜针绣法，用于制作花卉、水果、风景、雕刻品和修女画；或者刺绣技法，用于制作丝绸、金制品、银制品和珍珠制品；或者所有门类的浮凸、阴影图纹，用于制作各种风格的时尚作品、德累斯顿刺绣和蕾丝；或者制作不同款式的肠线、品位最为时髦的棉布、样式高雅至极的蜡制品，用于刻画人物和水果，花卉和贝壳，以及另一些用于制作水彩画和网线铜版的奇异图样"[45]。女性往往在家庭手工业（织布，编织袜子，纺纱，制作草帽、帽子）或者缝纫行业的某个细分领域做些兼职工作，她们不那么雄心勃勃，却更普遍地参与了劳动。在这个体系的内部，位于光谱下方一端的是救济院。这些机构预示着日后工业化的工厂，雇用贫困的女孩和妇女从事无须高深技能的工作，如梳理羊毛和拣填麻絮（将磨损的绳子解开，分成一绺绺的大麻纤维，用于船舶的填缝防水）。光谱上宽广的中央地带，则是以工匠和农民家庭的家庭工人为代表。来自这类家庭的女性收获了家庭急需的额外收入——劳蕾尔·撒切尔·乌尔里希将她们称为"副丈夫"——她们经常参与家庭生意的某个环节，例如缝制鞋面皮革。至于纺纱，这种技艺很容易拿起来，也很容易放下，它是如此常见，以至于一半的农村家庭都会出于某种目的，转动起纺车的车轮。[46]

位于光谱上方另一端的家庭工作者，是制作套装和礼服的人。对于男女工匠来说，日常服装的制作是一门相对简单的营生，那样的服装通常是由矩形板和竖直缝组成，用拉绳和别针固定在一起。但是经常穿在精英身上，或者在不太富裕的家庭中被用作"周日盛装"的更正式的服装，就需要全面运用各种技艺了。男士的定制西装（包括外套、马甲、马裤）要裁剪得紧身合体，留出大量纽扣孔，还要有点缀的边饰。做长袍的人裁剪时必须小心翼翼，以免糟蹋了昂贵的布料。这么一来，当一个女裁缝进入这个行业，只需要跨过很低的设备门槛的时候——需要的一切只是针、剪刀、顶针和大头针——这一行所需要的高超技艺就会让大多数人敬而远之。[47]

而后，革命来了，女性把她们的手艺奉献给了这项事业。在战前和战争期间，国内都迫切需要增加纺织品的生产供应，而这最初是为了填补爱国主义的进口禁令造成的市场空白。在广为宣传的一起发生在革命早期的事件中，罗得岛州普罗维登斯（Providence）的 18 名年轻女性带着她们的纺车聚集起来，宣告自己是"自由之女"（Daughters of Liberty），以此回应《印花税法案》的出台。她们发誓永不喝茶，不买外国货，抵制来自反对独立者的同情，公开宣布拒绝"接受任何绅士的演说"。此外，她们还致力于纺纱和织布，她们决定织出一块上好的亚麻布，作为对该地最成功的亚麻种植者的奖励：正所谓国内的工业就要用于提振本国的生产。[48]

接下来我们要说说贝琪·罗斯（Betsy Ross），她无疑是美国历史上最知名的女手艺人。关于她，每个人都知道的一件事——她设计了美国的国旗——已被证明最多只是似是而非的猜测，甚至可能出自彻头彻尾的虚构，却借助于热心过头的后代之口流传开来。过去人们教给每个学童的关于这起事件的说法，当然也都是凭空捏造的。在故事里，乔治·华盛顿亲自参观了罗斯的室内装潢店，一同参观的还有杰出的爱国金融家罗伯特·莫里斯（Robert Morris）和贝琪的叔叔乔治·罗斯（George Ross）。人们认为，这个"秘密委员会"委托她为这个新生的国家设计了一面有 13 颗六角星的国旗。罗斯拿出一沓漂亮的折叠纸和一把剪刀，向他们展示了裁剪五角星实际上要容易得多。罗斯给他们留下了深刻的印象，于是让她自行决定该怎么做，余下的就是众所周知的历史了。

故事精彩极了，但不幸的是，我们能确定的只是她在一家室内装潢店工作过。正如她的传记作者玛拉·米勒所评论的那样："贝琪·罗斯的故事常常被视为一个有关设计的问题，然而事实并非如此,这其实是一个有关生产的故事。"罗斯的本名叫伊丽莎白·格里斯科姆(Elizabeth Griscom),出生在一个贵格会的工匠家庭。她的大多数男性亲戚都在建筑行业工作,除此之外,她有一个兄弟成为银匠,有一个姑姑以做紧身胸衣为业,还有一个表亲当上了女装裁缝。从1767年到1773年,罗斯追随约翰·韦伯斯特(John Webster)接受训练,后者刚从伦敦来到美国——这种背景在奢侈品行业是一种优势,因为英国的最新款式在当时大受欢迎。她为韦伯斯特工作了6年,然后不顾家人的反对,与一名学徒同伴私奔了。(她的丈夫是一位爱国者,但不是贵格会教徒。)这对年轻夫妇开了自己的室内装潢店,但没过多久,她的丈夫就去世了,年仅24岁的她成了寡妇。她还将再婚两次,但现在,她还在维持自家的生意。这家店除了制作家具衬垫和覆盖物——我们现在使用的"室内装潢"(upholstery)一词已然包含了这层蕴意——还制作一系列有用的纺织品,如窗帘、床上用品、地毯,甚至还有雨伞。[49]

  罗斯也做各种各样的旗帜。尽管它们是用很重的布料制成的,缝纫时需要保证强度和稳定性,但对于一位受过专业训练的室内装潢师来说,制作这些东西并非难事。考虑到费城是一座港口城市,旗帜在船上被广泛用于识别和发送信号,对这项业务存在大量需求也就不足为奇了。但她当真是第一个制作星条旗的人吗?现存的文件确实表明,她的商店曾经被委托制作旗帜,以满足战争之需,而且连续做了好长一段时间。根据一份账单的记录,早在大陆会议于1777年6月14日通过一项决议的6周前,罗斯就因为"制作船旗"而获得过报酬。这份账单详细提及了新国旗的样子，它将有"红白相间的 13 道条纹"和"蓝色区域中代表一个新的星座的 13 颗白星"。[50] 因此……也许一切果真如此吧。撇开真假不谈，这个故事中更重要的地方在于，那时已经有像罗斯这样的女性，她们不仅专业，而且发现自己正在时代环境的助力之下，以最高超的行业水平独立工作着。她可能参与了美国国旗的创作，也可能没有。但无论如何，在一个对女性创业回报甚微的社会里，她在商界耕耘、沉浮五十余载，直到 76 岁才退休。这是一个属于美国的故事。

亨利·莫泽（Henry Moser）的《国旗的诞生》（*The Birth of the Flag*），1911 年，该画展现了那幅虚构的理想画面，日后它将被附会在名垂青史的室内装潢师贝琪·罗斯身上。
兰伯特（Lambert），档案照片/盖蒂图片社。

美国的工匠发动了这场战争，并且为赢得战争作出了巨大的贡献。但这只是他们发起的无数次胜算渺茫的战斗中的第一次，他们很难再取得这样的成功。美国革命的结束，同时伴随着许多相互关联的事件进程的开启，这些事件被统称为工业革命。谈及这些基础知识，我们已经很熟悉了。首先，以规模经济、大规模生产为基础的工厂体系得以建立。其次，新式工厂成为技术的试验场，原先的手工工艺将被取而代之。再次，一个强大的资产阶级浮出水面，他们起初来自工匠大师的行列，随后日益远离了作坊。从次，生产成本的不断下降，导致廉价消费品的市场份额持续飞涨（最终发展为一场汹涌的洪流）。最后，史无前例的自然资源开采，造成了大范围的环境破坏。今天，这些划时代的变化仍然在全球范围内方兴未艾，其波及的范围如此之广，以至于难以想象，假如它们未曾发生，我们的生活会变成怎样。

最初，工业化对普通美国人的影响很小。可是等到他们真切地体验到了它的影响的时候，大多数人蓦地发现，自己只能被动接受了，他们服从它的命令，就像过去服从英国议会的命令一样。随着19世纪的历史演进，"工业"一词渐渐不再指代一种个人的私德，它变成了一种超越个人的抽象概念，即将彻底地压倒工匠文化。[①] 这是一个缓慢且不平衡的过程，却是不可避免的。工业化是美国手工艺史上最重要的动力，这一发展让一切变得更加迷人，因为事实上，工匠使工业化成为可能。

独立战争既为许多手工艺者提供了就业机会，也为他们带来

---

① 此处指"industry"一词的基本义从"勤奋"向"工业"的过渡。——译者注

了诸多挑战。多年的军事服役、海上封锁和货币贬值,让小作坊主备感压力。城市里的情况更加糟糕。战争期间,工匠对商人的敌意往往周期性地公开化,特别是物资囤积问题,变成了火药桶。在费城,商人囤积货物,希望能高价卖给军方,工匠对此怨声载道。"我们干脆别做生意了,"他们说,"那也好过承受一直以来的糟糕形势所产生的恶果。"他们强调,商人的财富最终要基于劳动人民创造的价值。试想一下吧,如果没有木匠,没有索具工人,没有填缝工人,会怎么样?那就没有船只可言了。为了整个共同体的利益,物价和工资应该固定在允许生意人过上体面生活的水平上,为此,或许可以使用战前的价码作为基准。实际上,这些工匠是在为公平贸易辩护,而不是在为自由贸易发声。这仍然是道德层面的呼吁,美国的手工艺者还会就此多次重申,但他们的声音从来不曾被外界听到。[51]

工匠们还关注着另一个发展动向:美国第一批大型工厂的诞生。集中的批量生产并不是一种新现象。自17世纪以来,水力锯木厂、谷物和面粉磨坊、制革厂、铁厂、铸造厂一直是殖民地城镇的命脉。这些设施代表了集中化的趋势,后来被称为"资本"的资金,越发集中到了其所有者的手中。但是当时他们还没有雇用大量工人,而那些被他们雇用的工人往往具备高超的技能。即使在革命爆发之际,也没有任何一种手工艺受到大规模生产的显著影响,尽管那时候,在英格兰北部的伯明翰、曼彻斯特等城市,工厂体系已经根深蒂固。

小作坊体系的第一次退出发生在战后不久。1790年,一位名叫塞缪尔·斯莱特(Samuel Slater)的英国年轻人,从坐落于德比郡的一家配备了水力纺纱机［这是在大约20年前由理查德·阿克莱特（Richard Arkwright）发明的］的工厂来到了美国。虽然英国法律禁止此类技术的出口，他却公然违反法律，与罗得岛的一群商人做生意，在波塔基特瀑布（Pawtucket Falls）旁边开办了一家棉纺厂。斯莱特是技艺娴熟的机械师，而且他得到了当地一个名叫大卫·威尔金森（David Wilkinson）的铁匠的帮助。但斯莱特并不关心工匠的团结。工厂刚开业，他就故技重施，像在英国时那样雇用了9个孩子，用作廉价、温顺的工厂工人。1801年，已经有100多名儿童在他的波塔基特棉纺厂打工。这只是众多例子中的一个，从中可以看出工匠们如何创造了美国工业的生产工具，而这一点又直接导致了对其他非技术工人的剥削。折射出未来的另一个迹象是，技术高超、知识渊博的斯莱特时常与他的投资商发生冲突，投资商们对技术一窍不通，尽管如此，那些人还是建立了对手公司（他们事先仔细地测量了斯莱特的设备）。即使这样，斯莱特还是成功了，其他模仿者也都成功了。[52]

斯莱特的棉纺厂至今仍屹立不倒，它是工业革命时代早期作坊的典型代表。长长的皮带将动力从倾泻而下的低矮瀑布，传递到工厂里面的黑色的矮胖机器中，这些机器能够连续生产出一轴又一轴的相同棉线。看着这幅景象，你的脑海中会跃出一幅画面：那时的新英格兰到处都是旋转的轮子，人们退休后就住在满是灰尘的阁楼里。不过一开始，机械化的纺纱技术实际上是有利于工匠的。突然出现的廉价纱线——当然多数纱线并非来自罗得岛的那些小公司，而是从英国进口而来——降低了材料成本，促进了手工织造的发展。1815年，一位到访康涅狄格州东部的游客写道，每隔几英里就有一家新工厂，而且"纱线被供应给附近的每一位妇女，供她们织布"[53]。可是好景不长，1814年商人弗朗西斯·卡伯特·洛厄尔（Francis Cabot Lowell）引入了有动力装置的织布机［无独有偶，他也得到了一位名叫保罗·穆迪（Paul Moody）的熟练机械师的帮助］，之后独立织布工的大军就被迅速摧毁了。只有在类似费城这样高度专业化的纺织中心，吃技术饭的织布工们才能继续过上好日子。

值得后人反思的是，这一过程在当时的工匠看来，有些过于蛮不讲理了。机械的逻辑以及由此产生的一门手艺被机械化生产淘汰的可能性，对于大多数人来说，最初都是完全陌生的。这是一种难以预测其影响的现象。在大多数行业仍然完全采用手工生产时，纺纱工和织布工的处境，就已经在十年之间先后遭遇了剧变。进入19世纪以后，只有少数手工艺幸存了下来，要么是因为它们要在特定地点完成（抹灰、砌石），要么是因为它们使用昂贵的原材料（制作银器、裁缝），要么单纯是因为很难实现自动化（制造窗户玻璃、为金属薄片镀金）。而机器制造是所有手工艺中专业程度最高、技术最为密集的。它对精度和灵活性都有要求，只有优秀的工匠才能胜任这份差事。

受困于此类难题，经济变革在美国革命后的几十年间来得很慢，而且主要不是通过机器推动的。工业化的第一次浪潮波及的范围，是新型的劳动力组织方式——这一切正如亚当·斯密所预言的那样。制鞋业就是一则范例。诚然，直到19世纪50年代缝纫机出现之后，这一行才实现了机械化，但其实早在革命后的那段岁月里，这一行就已经经历了戏剧性的转变。1789年通过的对进口鞋子靴子征收高额关税的法案，基本上消除了国际竞争，为富有企业家精神的制造商开辟了通往规模经济的康庄大道。这种依靠定制的手工艺，原先是要被交给流动工人（itinerants）来处理的，或者从字面上说，是在鞋匠的厨房里完成的，然而转瞬之间，它就迎来重组，建立了新的空间架构。这套新系统是在马萨诸塞州的林恩（Lynn）首创的，其建立的基础是切割、装订、精加工的三分法。鞋子不再按照尺寸定制，而是按照固定的样式生产，卖的时候可以即买即穿。过去一直要面对面生产的一门手工艺，如今竟然涉及了大宗商品的远距离运输。

制作鞋子的第一步——裁剪，是由鞋匠们在一个被称为"十英尺"的小棚子里完成的。通常是三人一组，可能包括一位大师和两名熟练工。在此之后，这些男人的妻子，也许还有他们的孩子，负责将鞋面的皮革缝合起来。这种家庭劳动是无偿的，被简单地归入男性主导的家庭经济的范畴。最后，产品将在中心车间等待零件组装和其他精加工的程序。这些工厂由"大师"所有，他们不再接触产品，但要把整个经营活动整合起来，既要向外包工人提供皮革，还要将成品批发到市场销售。每只鞋的每个部件仍然是手工制作的，但数量却变得越来越多，生产速度也变得越来越快。因此，普通工匠的谈判地位也变得越来越弱。这就是劳动分工最初出现时的样子：不是一个拥有平行流水线的工厂，而是一个由分散在城镇各处的计件工人组成的合作系统。1800年，仅林恩一地就可以为每五个美国公民生产一双鞋。而作为工业中心的它，此时才刚刚起步。[54]

有一个人不仅在观察上述发展进程，还对此表示了赞同，他就是来自费城的商人坦奇·考克斯（Tench Coxe）。作为彻头彻尾的机会主义者——革命期间，随着前线传来的消息发生了戏剧性的变化，他的同情对象也从反对独立者换成了爱国者——考克斯在战后摇身一变，成为一名成功的军火商。1790年，他荣升为财政部长的助理，这次晋升使他成为亚历山大·汉密尔顿的得力助手。两人都认识到，制造业对于美国的安全与繁荣至关重要。因此，他们开始穷尽一切办法，鼓励发展大规模工业。考克斯是那种敢于直面历史的逆风，连眼睛都不眨的人。他预言"水火两种机器的结合"，将使美国的制造业迅猛扩张。他还进一步预测，这将为美国吸引来数量空前的欧洲移民。至于这么做对人们可能产生的影响，他一概置之不理。机械化很可能"不利于人们的健康"，可再怎么说，它也没有清理沼泽、栽种稻米、培育蓼蓝（所有此类工作主要由奴隶代劳，这倒是他没有提及的一点事实）那么糟糕。至于童工，在他看来，实际上是一种抑制"懒惰和闲逛"、约束诱惑与恶习的理想方式。在一本颇具影响力的文集《1794年的美国观》（*A View of the United States in 1794*）中，考克斯指出，马萨诸塞州的林恩是一个可以效仿的榜样，他举过一则例子，那里有一个家庭在短短一年之内，就向费城的市场输送了10 000多双鞋。[55]

汉密尔顿和考克斯联起手来，支持企业的合并。在他们设计的政策杠杆中，将建立一座中央银行，它负责向企业家提供贷款，但是会在很大程度上忽视工匠的需求；有前途的实业家将直接得到额外的现金奖励；另外，这套构想中最具创新性的政策，是建立一个叫作"实用制造业建设协会"（Society for Establishing

Useful Manufactures）的公私混合性质的投资机构，其目的是促进新泽西州帕塞伊克河（Passaic River）沿岸地带的工业发展。工匠们很快就对这些措施提出了批评，鞋匠是其中批评最激烈的。1792年，一位名叫沃尔特·布鲁斯特（Walter Brewster）的28岁的康涅狄格州鞋匠，发起了一场反对该州税收制度的请愿活动，共收集到了1400多个签名。署名"关注税收的一位劳工"的作者在多篇文章中抨击了诸如建立"实用制造业建设协会"这样的一连串冒险活动，以及政府对哈特福德的一座羊毛厂的投资。他写道：这相当于"要在我们中间种出一座伯明翰和一座曼彻斯特"。[56]

1794年，费城见证了"熟练鞋匠联合会"（Federal Society of Journeymen Cordwainers）的成立，这是美国历史上最早的工会之一。它的名字暗示了一个重要的转变。独立战争爆发前，熟练工的人数相对较少，而且都在接受正规的训练，以便未来成为大师。对技艺要求较低的工作，则由学徒、契约佣工或者奴隶工人来完成。然而到了18世纪90年代，由于作坊内部的向上流动性下降，熟练工的总人数开始上升。当时，已经很少有人还在指望成为所谓的大师，因为他们缺乏资金去建立拥有众多雇工的大型作坊。他们也绕开了传统的学徒制，开始利用新出现的技术手册来学习技能，或者直接进入作坊，在工作中学习。这些熟练工不停地改换门庭，从一位大师门下换到另一位大师门下，通常按件计酬。他们正在变成美国白人中的一类新群体：掌握技艺的下层阶级。

最终，费城鞋匠发起了一系列抗议低工资的行动。他们在报纸上刊登广告，去街上张贴标语，由此向公众直接宣传他们的状况。他们组建了自己的作坊，由熟练工经营，直面与那些大师作坊的竞争。他们为自己撰写宪章，然后抵制任何违反宪章的大师。到万不得已的时候，他们甚至会罢工。[57]

经过近十年的冲突，这场持续不断的劳资纠纷最终在法庭上尘埃落定。在"联邦诉普利斯"（Commonwealth v. Pullis）一案中，利害攸关的不仅是双方的利益诉求，双方还表达了相互竞争的理想诉求。大师们的呼吁符合传统的观点，即制造业共同体的利益是至高无上的："难道你会允许那些在城里既无恒产亦无恒心的人，那些能把所有家当都塞进一个背包里，甚至能把它们装进口袋里，一转头去往纽约和巴尔的摩的人，毁掉这门生意吗？"熟练工的律师驳斥了这些指控。他们宣称：劳动本身就"构成了这个国家的真正财富"，工人应该有权通过集体谈判，获得公平的价格。事实上，工匠大师们很快就富起来了，而工人们的报酬却依旧很低。这倒是真的，但并不重要。陪审团最终裁定，两名熟练工犯下了"非法合并罪"。这是第一次，但绝不是最后一次，实业家的拇指重重地落在了正义的天平上，工匠的地位随之有了些许下落。[58]

在苦苦挣扎的制鞋工人与新兴的资本家的这场角逐中，我们可以听见一场声浪更大的思潮碰撞的回响，这次碰撞在1800年之前和之后的日子里，定义了美国的政治。历史学家倾向于将其描述为联邦主义和共和主义的斗争，两种思潮分别以亚历山大·汉密尔顿、托马斯·杰斐逊为代表。汉密尔顿认为，美国的财富与城市制造业紧密相连,因而他支持具有创新精神的企业家和商人。在吸收了亚当·斯密关于劳动分工的概念后,汉密尔顿主张监管工作场所,以避免"频繁地从一家公司跳槽到另一家公司"的现象出现。在这一原则之上,他加上了另一则近乎不加掩饰的精英主义信条:他表示,劳动分工会把"更大的空间,赋予将人们彼此区别开来的性格多样性"——他的意思其实是,更适合管理的人将会得到奖励。[59] 他还坚信,对于这个年轻的国家来说,一个强大的中央政府在战略上是必需的。

杰斐逊在每一个细节上都不同意汉密尔顿的观点。他偏爱分散的权力结构:居于优先地位的应当是各州的权利,而不是联邦的权威。古罗马共和国的榜样,在他宽广的胸怀中根深蒂固,他把小农奉为理想的美国人。他不喜欢大城市,将它们视为欧洲式的颓废和腐败的引擎。无论发生什么,他都坦率地怀疑,他的同胞是否会心甘情愿地离开自己的土地,即使他们得到应有尽有的鼓励。"这就是我们对农业的依恋,这就是我们对外国工业品的偏爱,不管这是明智的,还是不明智的,我们的人民必然会竭尽所能,尽快回到生产原材料的时代,用这些原材料换取他们自己无法生产的更好的工业品。"事实上,这种看法不仅明智,更是天意。"我们有广袤无垠的土地向勤劳的农夫们求爱。那么是让我们所有的公民都参与到土地的改进中来,还是只让其中的一半人涉身其中,却让另一半人去从事制造业和手工艺呢?"他诘问道。答案当然是否定的,因为"在地上劳苦的,是神的选民"。[60]

把汉密尔顿、杰斐逊和他们那个时代的其他政治领袖团结在一起的,是他们对"自由"这一概念的热情奉献。他们认为,理想的美国公民应该过着自由自在、自力更生、道德高尚、权利平等的生活。当然，他们也认为这样的理想公民是白人。和其他所谓的建国之父（Founding Fathers）一样，他们都没有充分地考虑过女性的权利，他们的平等主义中也没有种族平等的空间。杰斐逊是一个臭名昭著的奴隶主，而汉密尔顿虽然名义上是一个废奴主义者，却务实地接受了南方在奴隶制问题上的立场。在他们目力所及的狭窄范围内，两个人都是坚定的个人主义者。问题在于他们支持哪一种个人主义。对于那些倾向于汉密尔顿主义的人来说，他们倾向于积极地定义自由，所谓自由就是追求个人创业和期望政府支持的权利。反观杰斐逊，他毕竟是《独立宣言》的起草者，他倾向于强调一种消极定义的自由，自由就是不受干涉和免遭专制的权利。

上述意见分歧导致了美国政治的分裂，至今依然如此。作为上述意见的必然结果，他们也对手工艺持有两种不同的观点——二者不一定互不兼容，但一定关系紧张。汉密尔顿对工匠的关心，仅限于他想要他们努力工作的程度。工匠是危险的，是政治混乱的潜在来源，但是作为经济状况不断改善的辅助贡献者，他们也很重要。相比之下，杰斐逊认为，手工艺主要是农业的一种附属品，在这种背景下，手工艺是美国人保卫自身自由的一种手段。在汉密尔顿自上而下的资本主义的视角中，手工艺是工具性的。工匠要么创造经济价值，要么就是可有可无的。在杰斐逊自下而上的农业本位的世界观中，手工艺是立国之基。它是根植于土地的道德价值体系的一部分，在这方面，它是必不可少的。

两个人都不认为职业工匠会占据美国社会的中心位置，他们把这个位置留给了企业家（汉密尔顿）或者农民（杰斐逊）。但两个人又都需要工匠的选票。汉密尔顿的联邦党人在说服工匠为该党投票方面，面临的困难更大。毕竟，他们的盟友是商人和早期的实业家，这些人已经成为与工匠天然对立的政敌。联邦党人确实赢得了手工艺界的支持，尤其是在纽约和波士顿。许多城市的工匠欣然接受了联邦党人的经济计划，希望国家经济的整体增长能够为自己带来更多的机会，甚至是向上跃迁的阶层流动性。他们远离社会阶梯的底层，即使已经有迹象表明，大型企业可能对工人不利，损失最大的也只是他们当中那些没有技艺的人。

与此同时，杰斐逊的民主共和党人更容易把工匠的对手描绘成阶级敌人。威廉·杜安（William Duane）是这项事业最高效的倡导者之一，他继承了本杰明·富兰克林的衣钵，成为费城最活跃的印刷商兼政治家。杜安出身于纽约北部乡野地区的一个爱尔兰移民家庭，在与富兰克林的孙子本杰明·富兰克林·贝奇（Benjamin Franklin Bache）一起编辑反联邦党人的刊物《曙光女神报》（*Aurora*）时，他作为醉心于激进政治的麻烦制造者的名声，已经传播开来。贝奇去世两年后，杜安迎娶了前任合伙人的妻子——继承了这份报纸的玛格丽特，继续把该报当作共和党的平台，猛烈攻击竞争对手汉密尔顿派——以纽约《晚邮报》（*Evening Post*）为代表的一批出版物（贝奇声称，纽约《晚邮报》不仅在许多问题上持有错误立场，而且是"令人感到厌倦、陈腐和乏味的"）。在 1807 年发表的一组题为《农民和劳工的政治》（"Politics for Farmers and Mechanics"）的系列文章中，杜安支持费城制鞋工人在"联邦诉普利斯"一案中提出的观点，即经济价值源于具备技艺的劳工。杜安慷慨激昂地指出："每一位劳工都应该感到自尊，自尊是社会得以建立的伟大基础的一部分。"他谴责那些"游手好闲、低能愚蠢的"投机者。至于新兴资产阶级使用的机器，他提醒自己的读者，那仍然只是"一种劳动和艺术的机械规则的产物；即使机器处在最完美的状态下，劳动对于机器的运转也是不可或缺的，劳工不仅要设计和制造机器，还要使它有条不紊地发动起来"。他明确表示喜欢小规模的制造业，比如可以只由"一位、两位或者三位大师来操作的简单工具"，那些工具最好由制作者本人负责出售，而不是委托给"第三方来销售"。如此，美国将变成一个工匠共和国，一个没有等级制度的发达经济体——"一个地球上的新事物"[61]。

这个梦想将继续存在，也将继续难以实现。1800年，终将淹没美国手工技艺的变幻无常的滚滚洪流，已经全然释放了。这个新的国度已经完全接受了个人主义、自由至上的意识形态。现在的它需要弄清楚，这些词句在实践中究竟意味着什么。机械化还处于蹒跚学步的婴儿阶段，但劳动分工、资本集中已经迈出了前进的脚步。随之而来的向工资—劳动制度的转变，导致出现了只有男性得到直接补偿的局面，这使得女性比以往任何时候都更加处于经济上的依附地位。

与此同时，1794年，出生于马萨诸塞州的工匠伊莱·惠特尼（Eli Whitney）获得了一项清理短纤维棉花的"引擎"专利。这是一套足够简单的设备：一种木制圆筒，带有去除种子的齿和收集纤维的旋转钢丝刷。任何有能力的工匠都能做出这么一套设备，这对惠特尼来说太糟糕了。尽管他确实投身于商业，开始生产轧棉机，但事实证明，他的专利保护根本无法执行。眼看着轧棉机在美国南部迅猛扩散，他本人却几乎一无所有。尽管如此，在短短几年内，他的发明就与自动化纺纱和织布技术相结合，改变了种植园系统的经济核算。伴随着将棉花加工为成品的成本骤降，种植棉花的利润飙升，这帮助南方进一步巩固了大规模的奴隶制度，继之而来的便是伦理、政治领域的冲突，由此也为数十年后爆发的美国内战埋下了伏笔。就像那个时代中其他具有突破意义的机器一样，第一台轧棉机是手工制作的，制作过程中伴随着精湛的工艺和独运的匠心。当我们回望 18 世纪晚期的美国手工艺时，它可能不是首先浮现在我们脑海中的东西。其实，它应该是。

## 第二章　白手起家的国家

1822年,一位15岁左右的年轻铁匠詹姆斯·彭布罗克(James Pembroke)给自己制作了一支笔。他在鸡场里走来走去,想找一根最好的羽毛来做羽毛笔。他收集浆果,把它们压碎,再制成一种淡墨。每逢安息日,他都会仔细阅读车间的订单簿,并将页面上的标记与他偶然听到的顾客姓名作比对。他将订单簿右边一栏的数字,与他从手边的"普通机械工矩尺"中了解到的数字进行比较。最后,他终于找到一些纸,开始自学写字。彭布罗克必须偷偷地做这一切,因为他是黑人,而且是奴隶。

此后不久,他摆脱了奴役,放弃了主人的姓氏,重新给自己取名为詹姆斯·W. C. 潘宁顿(James W. C. Pennington)。他将成为第一个在耶鲁大学上课的黑人,第一个为美国的有色人种书写历史的人。[1] 他将成为康涅狄格州哈特福德的废奴主义者和广受欢迎的公理会牧师。他还写了一本名为《逃亡的铁匠》(The Fugitive Blacksmith)的回忆录,在书中,他详细讲述了自己悲惨的童年经历和孤注一掷奔向自由的生命历程。最重要的是,他描写了奴隶制的穷凶极恶,他不仅是奴隶制的受害者、目击者,也是它的分析师。在谈到人们口中所谓的"仁慈的主人,信奉基督教的主人，最温和的奴役形式"时，他写道："我的感情总会被怒火灼伤。"当一些人被当作动产对待时，只可能有一个结果："被鞭打，饿死，赤身裸体。""不要再谈论什么善良和信奉基督教的主人了，"潘宁顿写道，"他们不是制度的主人。制度是他们的主人。"[2]

潘宁顿还是个孩子的时候，就学会了几门手艺，一开始是给附近的石匠当雇工。等他学会了用石头盖房子的基本要领，他就被主人安排去建造一座新的铁匠铺，而后他也当上了铁匠，继而又当上了木匠。他学会了打造各种各样的产品，尤其令他感兴趣的是制作工具和武器：枪、小刀、锤子、斧头、剑柄。晚上，在长时间的劳作后，他还要帮父亲做草帽和柳条筐，家里人可以把这些东西卖掉，多少赚一点钱。他为自己不断进步的技艺深感自豪，直到有一天，他身上的某种东西蓦地消失了。他的父亲巴兹尔（Bazil）因为最站不住脚的借口，被种植园的主人用牛皮鞭子抽打。潘宁顿就在现场，离得很近，近到"听得见，甚至数得清那些野蛮的鞭痕"。从那以后，他就在心里说，他再也不会做奴隶了。不久之后，他也挨打了。当时潘宁顿正给马匹钉蹄铁。当他干完活儿，直起腰来的时候，无意中引起了主人的注意，主人"顿时勃然大怒，他认为我在监视他。'你这个懒鬼，对我翻白眼干什么？'他拿着手杖向我扑来，朝我的肩膀、胳膊和腿，重重地打了十几下"[3]。

那件事发生在一个星期二。下一个星期天，潘宁顿走了。这意味着他再也见不到家人了。这意味着被捕和遭到暴力惩罚的风险。但他还是离去了。他一路跟随北极星，从马里兰州华盛顿县的种植园出发，前往费城。一路上，每当有人问他干哪一行时，他便自称是自由人。孰料在巴尔的摩附近，他被一个白人搭讪，对方要求看他的证件。潘宁顿没有武器，但此时此刻，他却认真地考虑了要不要诉诸暴力。"这是一个绝望的计划，可是我再也想不到任何其他办法了。做铁匠的经历，让我的眼神犀利敏锐、手掌灵活有力，我确信，只要手里有一块石头，我就有机会砸碎他的膝盖骨。"但恰在这时，那人突然大声呼救。一位制鞋工人从附近的一座作坊里走出来，"他系着皮围裙，手里拿着刀"。潘宁顿陷入了包围。他试图说服自己不要做接下来的事情——当然了，那样做意味着撒谎，但是他认为，"这件事涉及的事实只是我的私人财产，这些人没有任何权利知道我的实情，就像公路上的强盗没有任何权利得到我的钱包一样"。结果，他宣称自己被一个奴隶贩子绑架，这个奴隶贩子后来死于天花——这真是一条聪明的诡计。这些人很快就得出结论，他们宁愿放他离开。他到达了宾夕法尼亚州，幸运地被一个痛恨奴隶制的贵格会家庭收留。当被问及是否能够阅读时，他展示了已经学会的几个字母：a、b、c、l、g。他的主人回复道："我们很快就会在街上遇见了，詹姆斯。"他终于自由了。[4]

晚年的潘宁顿反思了手工艺在他的身份形成中起到的重要作用。"一种高度的劳工的自豪感，"他回忆道，"一种让我心甘情愿留下来，做了那么久的奴隶的东西。"[5] 不过，也许正是那种自豪感鼓舞了他，使他敢于逃离，并相信自己可以作为自由人生存下来。1844 年，他成为一位杰出的牧师，他给自己以前的主人写了一封非同寻常的信，声明他早先的作品质量一流——"风格出众,是你附近的任何铁匠的作品都无法比拟的",并维护自己的权利。"我从来没把你当作我的主人,"他写道,"上帝赐予我的天性不允许我相信,你对我拥有任何权利,就像我对你拥有任何权利一样,那是根本不存在的。"[6]

与此同时,他在哈特福德的讲道坛上痛斥虚伪的白人至上主义:"从他们当中曾涌现出华盛顿、杰斐逊、麦迪逊、门罗、杰克逊、卡尔霍恩、克莱等英杰,可是再看看剩下的这些人,他们的内心是不是太过黑暗了,以至于见不得光明的审判?"从法律上讲,潘宁顿仍然是一名逃犯。考虑到他的声望,他本可以筹集到钱来换取自由,但他断言,这不是结束奴隶制的办法。在奴隶制被最终摧毁之前,需要有一场巨大的风暴,"我们这个世纪的最后一半时光,将会见证我们为道德而战的伟大日子。我会为此去做准备"[7]。他要看到这些话得到证实。潘宁顿活到了1870年,这足以让他见证南北战争和奴隶解放。

很少有被奴役的工匠,经历过潘宁顿这样的人生,但他们也都有自己的故事,只不过大多数故事都不为我们所知。有些故事,如潘宁顿的一生,被保存在了证明奴隶制邪恶堕落的叙述材料当中,它们连同那些奴隶亡命天涯的传奇事迹,一并激发了赞成废奴主义的读者的同情心。其中最激动人心的故事之一是《为自由奔波千里》(*Running a Thousand Miles for Freedom*),它讲述了一对兄妹的故事,兄妹俩恰如其分地被起名为威廉·克拉夫特(Willaim Craft)和爱伦·克拉夫特(Ellen Craft),一个是木匠,一个是裁缝,他们逃出了佐治亚州梅肯市(Macon)的一座种植园,然后在白天乘坐火车,一路向北逃亡。爱伦的肤色很浅,可以在旅途中冒充白人,她打扮成男人的样子,好像正带着"他"的仆人一同旅行,并且事先已经给自己缝好了一整套男装。[8]

另一些掌握技艺的非裔美国人决心战斗,而不是逃亡。奴隶起义经常由工匠来领导,因为他们在所处社区中被广泛熟知和信任,这一点也是白人手艺人能在革命中发挥关键的战略作用的原因。尤其是那些被从种植园雇用到城市的奴隶,高效地扮演了联络人的角色,用历史学家道格拉斯·埃杰顿(Douglas Egerton)的话说,他们"瞥见了一个连他们的主人都难以理解的流动和繁荣的世界"[9]。埃杰顿对法庭记录的研究显示,被审判的非裔美国人几乎都是手艺人(木匠、铜匠、铁匠、制绳工、油漆工、泥瓦匠、修车匠、船缝工),这表明了工匠身份和积极反抗之间的高度相关性。一个突出的例子是识字的铁匠加布里埃尔,他从原先待的种植园被雇用到里士满的铸造厂。1800年,他策划了一场武装反抗,但遭到了背叛,结果与25名追随者一道被绞死。[10]

同样的命运也发生在船上的木匠兼传教士丹麦·维西(Denmark Vesey)身上,他也被称为武勒马科斯(Telemaque)。1822年,他试图在南卡罗来纳州的查尔斯顿策划一场起义。这是一处理想的起义场所,非裔美国人在该地区的人数是白人的3倍,这是因为查尔斯顿是奴隶贸易中的一座枢纽城市。维西也是一位理想的领袖。所有人都说,他是一个让人望而生畏的人,有着魁梧的身材和完美的衣着,是一个非同寻常的见过世面的大人物。大约在1767年他出生于圣托马斯岛(当时是丹麦的殖民地,因此他后来给自己取了这个名字),十几岁的时候,他在加勒比海的一艘贩奴船上当过翻译。32岁时，维西在查尔斯顿买了一张城市彩票，他交了好运，由此赎回了自由。就是从那时开始，他开始从事木工手艺。他本可以独自去北方，但他的家人仍然是奴隶。因此他留了下来，策划了起义，以该市卫理公会教堂的非裔教众为主力军。他和盟友计划在攻占巴士底狱纪念日当天发动起义，而后占领一艘船，驶向海地，后者早在1791年就成功地发动了起义。孰料，白人当局又一次获知了这个消息。131名被奴役的、自由的黑人被捕，许多人被严刑逼供。维西和其他34个人被处死。白人市民为了复仇，拆毁了非裔教会的教堂。维西的儿子罗伯特也是一位技艺娴熟的木匠，在此之后被奴役了40年。1865年内战结束后，他帮助重建了那座教堂。[11]

除了这些勇敢的抵抗事迹，我们还必须讲述一些其他的故事，或许这些故事更为复杂。在这些故事中，自由的非裔美国人在南北战争爆发前的旧制度下和平地工作。有时候，他们自己也有奴隶。托马斯·布莱克纳尔（Thomas Blacknall）是北卡罗来纳州的一位制钟工人兼铁匠，1820年他的主人去世后，他赎回了自己的自由，而后便着手赎回自己的家人。起初，他还可以顺利地解放他们，但随着法律条文的修改，这么做变得越来越难，最后他只得在法律上"拥有"自己的孩子。[12]詹姆斯·布恩（James Boon）是一位身份自由、漂泊不定的黑人木匠，娶了一个名叫萨拉（Sarah）的有文化的女子，她原本是另一个男人的财产。据我们所知，萨拉从未获得自由。好在布恩非常成功，成功到可以雇用白人、自由黑人、奴隶来协助他建造宅邸。实际上，布恩拿到的工资要低于具备同等技艺的白人工匠，他每天的工作只能换来

1.25 美元，这只比他为奴隶木匠开出的工资多出 25 美分。[13]

美洲原住民也被卷入了奴隶制度的各个层面。切罗基人（Cherokee）酋长詹姆斯·范恩（James Vann）的种植园里有 100 多名黑人干活儿，这既象征着他的地位，也象征着他对文化同化的接受。[14] 当然，这种事非常罕见。多数情况下，非裔美国人和印第安原住民共同遭受白人的压迫。异族通婚是很常见的。由于切罗基人、乔克托人（Choctaw）、契卡索人（Chickasaw）等南方印第安部落的土地被白人一一窃据，他们别无选择，只能为棉花大王的经济体系服务，到地里干活儿，去安装织布机和纺车。1830 年通过的《印第安人迁移法案》（Indian Removal Act），导致被迫离开祖居地的印第安原住民的数量骤增——悲惨的"泪水之路"（"Trail of Tears"）① 事件就出现在这一时期，当时有整整四分之一的切罗基人在这条路上殒命。这场悲剧不太为人所知的部分是，它的受害者中还包括混血和被奴役的非裔美国人，他们也是原住民社区的一部分成员。

更复杂的是约翰·卡拉瑟斯·斯坦利（John Carruthers Stanly）的一生，此人在坊间被称为"理发师杰克"。他的父亲是一名白人地主，母亲是一名伊博族（Igbo）妇女，她在今天的尼日利亚被捉为奴。斯坦利年轻时曾当过理发师学徒，那时的理发业主要由非裔美国人从事。1798 年，他被主人释放了，他的主人就是当年把他母亲带来美国的那艘贩奴船的船长。斯坦利在北卡罗来纳州的纽伯恩（New Bern）开了一家理发店，似乎还在那里当

---

① "泪水之路"指 1830 年北美印第安人被强行驱赶到俄克拉何马州的途经路线，一路上发生了众多悲惨的故事。——译者注

过货币经纪人。他很快就赚到了足够多的钱，买下了两个男性黑奴，一个叫布里斯特，一个叫波士顿，他也训练他们俩从事这门"理发师的艺术"。他积攒了充足的财富和土地，处在他的直接控制之下（拥有所有权或者租用）的奴隶不少于 111 人。让人失望的是，斯坦利甚至曾经把一个孩子从他父母的身边带走并卖掉。[15] 不过，"理发师杰克"也曾动用他的影响力，使纽伯恩变成一块相对欢迎其他自由黑人工匠的乐土。据 19 世纪当地一位历史学家说，这些人中有约翰·C. 格林（John C. Green），"一个聪明的黑白混血儿，总是穿着最时髦的衣裳，利用自己的身材为他娴熟的技艺打广告"；还有一个叫多纳姆·蒙福德（Donum Mumford）的"古铜色皮肤"的砌砖工兼泥瓦匠，他也是一个奴隶主，"每当有一份工作需要迅速完成时，他就会被雇用，因为他总能带来一股子足以迅速完工的力量"。[16]

这种人的成功也总是危如累卵。在南方，丹麦·维西发动的那场失败的起义令白人忧心忡忡，他们对自由黑人的迁徙和权利施加了更多的限制。棉花种植业的繁荣也损害了黑人工匠的自主地位，因为它提高了农业工作的相对价值，侵蚀了掌握技艺的黑人工匠拥有的经济影响力。[17] 想要了解在这狂风恶浪中航行所面临的挑战，可以从托马斯·戴（Thomas Day）的生活中窥见一斑。戴出生于 1801 年，生来自由的他是一个受过贵格会教育的黑人家具制造商的儿子，他长大后子承父业，接过了家里的买卖。19 世纪 20 年代，他已经在北卡罗来纳州米尔顿（Milton）的主街上独立开办了一家作坊，雇用了形形色色的劳力，其中至少包括 3 名奴隶。他的作坊制作的昂贵的红木家具和用于建筑装潢的木制品，主要卖给白人主顾，那些人则是靠着奴隶收获的烟草发了大财。

有一段时间，戴成功地赢得了他的工匠伙伴们的拥护，不管他们是什么肤色。1829年，他娶了一个叫阿奎拉·威尔逊（Aquilla Wilson）的女人，为了她能够获准从弗吉尼亚州搬来北卡罗来纳州与他一起住，戴被迫发起了请愿。戴提交给州议会的文件，把他本人描述为"一个一流的工人，一个异常冷静、稳重、勤奋的人，一个高尚、善良、有价值的公民"，他的客户、生意伙伴以及当地的椅子工匠、银匠、马车制造商、裁缝都签了名，他们全都是白人——这是有关手艺人团结一致的一则非凡的实例。[18] 然而在接下来的几十年里，这种形同学院内部学生互助式的关注，并不足以使戴摆脱困境。戴后来的作品留下了实物证据，它们表明戴的生活已经捉襟见肘，而他却无计可施。他回收包装板条箱的镶板和风化的破旧板材，用于制作家具的背面和内面。也许他正面对的重重困难，可能是来自白人家具制造商的日益激烈的竞争，也可能是白人客户量的逐渐下降。不管原因是什么，戴在1860年宣布破产，又在一年后的南北战争爆发之际去世。这并不能削弱他的基本成就：在随处可见的偏见面前，他建立了一家成功的手工艺企业。对戴来说，他的作品超越了种族这一事实——它们可以脱离制造者的身份，并因其价值而为人珍视，这就是一种力量。[19]

托马斯·戴在很多方面都是卓尔不群的，而同行们向他表现出的发自人性的礼貌和尊重，尤其能够证明这一点。在大多数情况下，非裔美国工匠都遭到了他们的白人竞争对手极度憎恨，特别是在工作机会稀缺的时候。亨利·博伊德（Henry Boyd）深知这一点。他出身于肯塔基州的一个奴隶家庭，在一家盐厂打工期间，他挣到了足够的闲钱来赎回自由。接着他学会了做家具，又在1826年北上辛辛那提，当时的他几乎身无分文。兼具才华和技能的他，竟然被城里的每一位家具制造商拒之门外。有一次，一位初来乍到的英国木匠向他提供了一份工作，可是店里的白人熟练工竟然拒绝与他一同工作，就这样，他被打发走了。

有一段时间，博伊德被迫去做装卸工人，从船舱里往外卸生铁。但就在这时，机会从天而降：一位被雇来修建商展柜台的木匠喝得酩酊大醉，根本无法干活儿。博伊德走上前去，出色地完成了任务，于是通过口耳相传的好名声，他开始接到更多的工作。直到最后，他攒足了钱，开了一家小工厂。在那里，他利用自己的发明来制造床架，用"膨胀的栏杆"和丢在角落的木螺钉提升生产的效率、稳定性以及组装的便利性。他的产品都标有代表自己名字的"H·BOYD"的印记，而且卖得很好。可就算这样，他仍然面临歧视，甚至是更糟的情况。身为非裔美国人，他无法申请专利，因此不得不以他的一名白人合伙人的名义，去注册床架的设计。一份关于他生意的信用报告指出："作为有色人种，[他]不得不屈从于自家白人雇员不寻常的勒索。"这暗示了他作为经理必须面对的困难。最糟糕的是，博伊德的工厂至少发生过三起纵火事件。1860年，他关闭了工厂。[20]

博伊德面对的敌意，在南北战争打响前的日子里比比皆是。白人工匠可能会与非裔美国人肩并肩地在工地脚手架上工作，同

亨利·博伊德制造的床架，1802—1886年。
史密森国家非裔美国人历史和文化博物馆藏品。

时仍旧怀有强烈的种族主义情绪，每当他们自感生计受到威胁，就会毫无保留地参与压迫黑人的政治行动。[21] 试举一例，1851年，一群北卡罗来纳州的劳工向州议会发起请愿，要求当局将税收用于阻止黑人参与建筑行业，"自由的黑人和我们待在一起，他们是一群堕落的家伙，生活在比野蛮人好不了多少的条件之下……他们游手好闲，无所事事，只有当人们动用更不正当的手段致使他们破产，以饥饿压迫他们时，他们才会去劳动，届时，价格就将完全由环境来决定了"。[22] 这种抱怨不能说完全没有道理：非裔美国人的出现，确实让工资面临下行压力。但那只是因为雇主可以少付他们工钱而已。

白人工匠也直接从奴隶制度中受益。威廉·普莱斯·塔尔米奇（William Price Talmage）的职业生涯，是从新泽西州的一名铁匠开始的，当时该州正逐渐转向工业化的冶铁生产。他努力工作，1834年，21岁的他去了南方。从这时起，他开始撰写日记，也许是在以写作自传的本杰明·富兰克林为榜样。在这份手稿中——至今尚未出版，但历史学家米歇尔·吉莱斯皮（Michele Gillespie）已对此做过研究——他记录了亲身经历的各种挫折与成功，以及其他一些值得注意的事件（比如他目睹了一个"黑鬼"被当众绞死）。他首先追随哥哥约翰，一起去了佐治亚州的雅典市，他的哥哥也是一位铁匠，曾经在切罗基人部落做过一段时间的传教士。接下来的几年很艰难。塔尔米奇颠沛流离，试图寻找稳定的工作，他一度返回了北方，但是在那里也没能找到更好的机会。

终于，他把沿途打工时学到的技艺充分地利用了起来，在雅典开了一家机械作坊。那时铁路刚修到城里，随之而来的还有纺织厂。火车和织布机一道，创造了对具备技艺的金属工人的需求，他们要会制造和修理机器零件、锯片、泵、齿轮、蒸汽机和锅炉。塔尔米奇还在产品清单上增加了铁栅栏和大门，其中的一扇门至今依然被用作佐治亚大学的校门。就像南北战争打响前，南方的许多东西一样，大学校门的一部分是由奴隶建造的。1843年，塔尔米奇花费450美元，买下了他的第一个奴隶乔治，十年后，他又拥有了5个人。南北战争爆发时，他已经成为一个富翁。[23] 博伊德和塔尔米奇是一对镜像：一个是去了北方的黑人，一个是去了南方的白人。19世纪早期，这条地理分界线正在变成一场文化战争的前线。这两个男人的故事表明,工匠们在塑造这一切的时候,自己也被卷入其中。

阿历克西斯·德·托克维尔(Alexis de Tocqueville)在伟大的观察性作品《论美国的民主》(Democracy In America)中,描述了自己在1831年游历这个年轻国家的经历。当他沿俄亥俄河顺流而下,接近此河与壮美的密西西比河的汇流处时,他在思考右边的自由之国与左边的奴隶之国的差异。用他自己的话说,他正在"自由和奴役之间"旅行。一边是肯塔基州,那里"不时可以看到一群奴隶,在半是沙漠的田野里游荡;原始森林随处可见;社会似乎尚在沉睡,人们也无所事事,唯独大自然呈现出朝气蓬勃、生机盎然的景象";另一边是俄亥俄州,那里"传来一阵令人困惑的嗡嗡声,显示了工业的存在;田野上满是累累硕果,民宅的优雅风格宣告了劳动者的品位与活力,人们似乎在享受劳动的报酬,那便是财富和满足"[24]。

托克维尔在这个段落中所作的对比虽然不无夸张,却委实反映了仍旧以农业为主的南方和正在进行工业化的北方之间日益扩大的经济差异。1849年,一位到访佐治亚州奥古斯塔市(Augusta)的一家纺织厂的参观者,仍然在给朋友的信中表达了自己的惊讶:"当我抵达那里的时候,我很抱歉没有带上你和卢一道去看我所看过的最棒的一幕。那里雇用了大约100个丫头[女孩]和成年女性,这样的制度我从未见过[原文如此]。"[25]然而那时候的北方早已对儿童和妇女参与劳动的现实习以为常。起初在波塔基特起家的几家作坊,已经发展成为马萨诸塞州洛厄尔市(Lowell)的规模空前的巨型工厂。19世纪30年代,这个新的工业中心有 5000 名工人在工作，其中 80% 以上是年轻女性，也就是所谓的工厂女孩（mill girls）。她们每天工作 12~14 个小时，伴着凌晨四点半的钟声开始上工。[26] 公平地说，干农活儿的时间也是那么久。不过这项工作极其重复乏味，现场噪声不断，尤其在冬天，用蜡烛、油灯为漫长的夜晚提供照明的时候，空气中更是弥漫着棉绒和恶臭。[27] 一些事件被记录下来，比如工厂的时钟总是被故意调慢，以欺骗工人干得更久。[28] 工厂主们宣扬，他们的工厂有道德、有秩序，而且气氛友好。但现实却是另一种样子。

就连具有行业背景、主要面向工人进行宣传的月刊《洛厄尔特送》（Lowell Offering）——鼓吹所谓的先苦后甜、苦尽甘来——也在不经意间暴露了当地可怕的工作环境。[29] 其中有一篇题为《织女的遐想》（"A Weaver's Reverie"）的文章，提出了这样一个问题：“为什么工厂女工们书写了那么多描述大自然之美的文章？”答案是：“为什么沙漠旅行者看到燃烧的荒原时，他灼痛的眼前却浮现出青翠的绿洲？”[30] 很快，这套制度就出现了裂痕。1834 年，女工们的薪水被削减了 15%，她们随即开始罢工。（她们还一致发起了针对当地银行的挤兑，狠狠地打击了银行所有者的痛处。）1836 年，她们又走上街头，开始歌唱了：

噢！像我这样漂亮的姑娘，多么可惜，
难道该被送去工厂憔悴而死？
噢！我不能做奴隶，我也不愿做奴隶，
因为我是如此热爱自由，
我不能做一个奴隶。

两位织布工的锡版摄影照片，1860年。
梅里马克谷纺织博物馆（Merrimack Valley Textile Museum）。

可没过多久，工厂主们"少花钱多办事"的对策在1842年出现了。突然之间，工人们得到命令，他们需要同时看管的不再是通常的两架织机，而是三架甚至四架织机。起初这只是一种临时措施，但很快就变成了一种新常态——具有讽刺意味的是，这导致了对工人经验的更高奖励，因为只有技艺娴熟的老手才能企及如此疯狂的工作效率。属于"美国佬"（Yankee）的"工厂女孩"，通常是一个流动的务工群体，她们逐渐被另一个受剥削的群体取代——来自爱尔兰的新移民，他们的故乡即将遭遇那场大饥荒。[31]

洛厄尔代表了工匠们看到工厂制度背后最恐惧的一切。工厂的工人们经常把自己比作非裔美国奴隶——1836 年的那首罢工歌曲写出了他们的心声，在上述"少花钱多办事"的对策达到顶峰时，有人发表了一篇抱怨的文章，同样表达了类似的情绪："所有在工厂的高墙内做过工的人，一定都很熟悉现行的劳动制度，这种制度可以恰当地被称为奴隶制。"[32] 一些反对雇佣劳动的人甚至声称，雇佣劳动比种植园还要糟糕，理由是种植园的主人至少有义务养活他们的契约工人。这也是南方人乐于抛出的论调。奴隶制的辩护者乔治·菲茨休（George Fitzhugh），在一本名为《全是食人族！》（*Cannibals All！*）的种族主义小册子中写道："比起人类主人对待奴隶的方式，资本对自由劳动者实施了更完美的强迫。因为本来自由自在的劳工，如今每时每刻都必须作出选择，要么工作，要么挨饿；而奴隶无论工作与否，都能吃饱肚子。"[33]

这些论调现在听起来大错特错，但它们与 19 世纪早期劳动生产的总体模式是一致的，在这种模式中，工人阶级的每个梯队都在担心会从社会阶梯上滑落。无论何时何地，每当白人男性工匠面临自己的潜在替代者时，他们就会拿出最激进的架势，摆出一副防御的姿态。他们的替代者并非我们今天通常想象的机器，而是当时薪资较低的非裔美国人、女性、儿童、罪犯劳工，乃至越来越多的移民。以上所有被列入人口统计的成员，通常都掌握了一些手工艺技能。即使是其中最绝望无助的人群，如 19 世纪 40 年代后期大量涌入的爱尔兰人，其中也有超过三分之一的男性从事某种形式的手工生意。可是他们的社会地位只赋予了自身少之又少的影响力。即使是一个卓有成就的移民木工，也不太可能得到类似于船上木匠、家具供应商、马车匠人那样的高薪职位。[34] 这导致了混乱。诸如"技艺娴熟的""技艺不熟练的""不具备技艺的"之类的术语，已脱离了字面原意，主要反映的是当事人的生意地位。这些字眼儿确实仍与经验、专业知识有些关联，但也仅限于近似和主观判断的程度。长期以来，出生于美国的白人成年男性的劳动熟练程度被大大高估，而其他工人的劳动熟练程度却遭到了低估。我们看到那种态势在19世纪早期呈现了现代的形式。[35]

职业工匠想要保持他们作为劳工贵族的地位，这很容易理解。更复杂的问题是他们要如何实现这一目标。当然，美国当时的情况与英国和欧洲大陆都不相同，在英国和欧洲大陆，工人们会定期走上街头，搭建街垒，进而形成了政治化的阶级意识。美国人并没有走这条路。也许有人会认为，他们业已享有了欧洲人不惜以暴动为代价，去争取赢得的宪法赋予的权利。事实的确如此，假若美国人看到自己国家的权力被滥用，他们会迅速向专制主义发出抗议，痛斥欧洲独裁政体的幽灵附体。

此外，另一个降低了工人阶级凝聚力的因素是流动性。威廉·塔尔米奇等人的故事表明，每逢经济不景气，工人们总有机会打起行囊，到别的地方试试运气，他们去了北方、南方，而后越来越多的人去了西部。19世纪90年代，弗雷德里克·杰克逊·特纳（Frederick Jackson Turner）将吸引一波波移民潮，安放他们的进取心的独一无二的美国边疆,与欧洲各地的边疆作了一次著名的对比,他发现,欧洲的每一处边疆都是"一道割裂密集人口的强化的分界线"。在特纳看来,公认的开放的美国西部,起到了社会安全阀的作用,为注重实用的个人主义思潮提供了天然的鼓励。美国的移民发展出了一种"创造性的思维方式,可以迅速找到权宜之计",他们"在驾驭物质方面技艺精湛,尽管缺乏艺术性,却强大到足以实现伟大的目标","与此同时,他们享有的自由又带来了精神的欢快和肉体的健康"。[36] 这种论点无疑具有一定的真实性。托克维尔在旅行中也作过类似的观察,他注意到,美国的农场主"拥有令人惊叹的智慧,他对利益的追求庶几升华为一种英雄主义"[37]。20世纪60年代,这种自食其力的理想依然在边疆得到检验和证明,并且被视为美国手工艺的核心价值观。

在众多因素中,民主、地理和个人主义,有助于解释以阶级为基础的团结意识在美国何以发展缓慢。尽管如此,19世纪早期的历史确实也见证了一种属于工匠的身份政治。这一点从那个时期最著名的工匠形象中就能看出来,那是苏格兰移民铁匠帕特里克·里昂(Patrick Lyon)的肖像画。它包括由前马车夫学徒约翰·尼格尔(John Neagle)绘制的两个极其相似的版本,1827年,它在宾夕法尼亚美术学院(Pennsylvania Academy of the Fine Arts)甫一展出,立刻引起了轰动。[38] 这幅画与科普利绘制的保罗·里维尔的肖像画不同,后一幅画中的保罗·里维尔正在洁净的环境中沉思,而尼格尔的画却将我们陡然带入了里昂面前的锻铁炉的火热氛围。只见他腮帮子通红,手里紧握锤子,一身工匠打扮(身着宽松的白衬衫和长长的皮围裙),旁边陪伴着一名年轻的助手。他骄傲地注视着我们，蓝眼睛闪闪发亮，满面红光。

里昂委托尼格尔绘制了这幅肖像画，作为一场漫长斗争的顶点，以恢复他的荣誉。时间回到1798年，宾夕法尼亚银行被抢劫了超过16万美元，这在当时绝对是一笔天文数字的财富。案件发生时，里昂正在特拉华州，但在此之前，他刚好为这家银行建造了一组铁门，因此以涉嫌从犯的罪名遭到拘留。这项指控毫无根据，但他还是被监禁了3个月。获释后，他愤怒地发现自己无法提起赔偿诉讼，于是这位受了委屈的工匠一怒之下，将他的案子公之于众。按照里昂的说法，他早就通知过银行，银行的锁完全靠不住，那玩意儿更适合用来锁船舱，而不是保险库。他强烈暗示，银行把他关进监狱，只是为了阻止自己举报他们的疏忽。[39] 在自我辩护的基础上，他又补充了几条观察政治的心得，宣称"大人物们手握权柄时，往往会滥用权力，而那些位卑言轻的人，却连获得正义的机会都微乎其微"[40]。30年后，当他委托尼格尔创作这幅画像时，他还在继续忙着案件的起诉。他被关押的监狱出现在画面的左上角，就像处在思想泡沫中。据说他告诉尼格尔："我希望你，先生，画出我生命的全部长度和宽度，我在铁匠铺里面，我的周围是风箱-鼓风机、锤子和作坊里一切该有的其他劳什子……我不希望这幅画里的我变成一位绅士——那不是我该有的样子。"[41] 你可以想象，他说这话时正往地上吐唾沫。

考虑到里昂看待阶级冲突的视角的特殊性，他的肖像画受到欢迎的程度令人震惊，这体现在展览中，体现在对这幅画的复制中，甚至体现在遥远的佐治亚州奥古斯塔市的钞票上。因此，虽然画中呈现的是明白无误的坚定的个人主义形象，但它折射出的自尊，却牢牢地建立在阶级认同的基础上。事实上，这幅肖像画强烈地呼应了那个时代最广为流传的工匠标志———只绷紧的手臂紧握着锤子。这幅画中还写有一句名言："依靠锤子和手，所有技艺都屹立不倒。"这一标志最初是作为伦敦铁匠同业公会的徽章被创造出来的，在革命后的日子里，它已经被成立于美国的行业组织广泛采用。这些"友好组织"与日后的工会不同，它们并不参与集体谈判，但怀有其他的目标，有意在其他方面促成团结。它们提供图书馆，以提升会员的素质。它们鼓励德行，包括戒酒，此举在当时吸引了大量工匠的支持，是禁酒运动的一部分。它们组织成员参加市民游行，高举带图片的横幅，上面印有工匠们的两部神圣经典——《圣经》和本杰明·富兰克林的自传，以及充满自豪的标语，比如 1825 年伊利运河竣工时，一群制绳工人高喊的口号——"我们的线麻百里挑一，我们的绳索整整齐齐/我们会供应美国的舰队"[42]。

然而在兴高采烈的情绪之下，却涌动着一团高涨的怒火。帕特里克·里昂并不是唯一一个谴责"大人物们"错用权力的人。1825 年，人们不仅在街上举行庆祝活动，还鼓动波士顿木匠将他们的工作时间限制在 10 小时以内；纽约的女裁缝发动了罢工——这是美国历史上由女工发起的第一场劳工运动，时间甚至在洛厄尔的罢工之前。由林恩的鞋厂老板开启的"超负荷生产"行动，现已扩展到其他许多行业。"血汗工厂"一词也已经成为美国的生活用语。

这也是建立所谓的美国体系的时代，这套制度是由参议员亨利·克莱（Henry Clay）和他的辉格党盟友在 1812 年英美战争爆发后开始实施的。这一体系由三部分共同组成，分别是保护主义的关税政策、国家银行，以及用于改善道路、运河等国内设施的政府专款。这一战略实质上是对亚历山大·汉密尔顿和坦奇·考克斯所推行的政策方针的重新引入，它产生了类似的结果，极大地促进了工业的发展，但是也将财富集中到了一小部分北方制造商和金融家的手中，令城市工匠和南方种植园主大为不满。交通方面的改进，是美国体系的建设进程中争议最小的方面，然而可能产生了最大的历史影响。随着铁路在 19 世纪 30 年代的引入，农村工匠被迫越来越多地卷入了与集中化的制造业工厂的竞争。[43] 研究这一时期的著名劳工历史学家西恩·韦伦茨（Sean Wilentz）就曾谈道："独立、合作、平等、正直这些主要的'工匠共和主义'的美德，都被新的社会秩序所颠覆，取而代之的是意外事件、竞争、人人自危。"[44]

对于技术工人来说，最紧迫的问题是劳动分工。在某些情况下，分工采取了金字塔的形式，占据顶端的一小群工匠的脚下，是大量工资低廉的外包工人。裁缝行业的情况就是如此：专做定制服装的裁缝与女装裁缝的就业仍然很稳定，而在成衣行业，裁剪师占主导地位。他们在预先做好的铁制模具的指引下，用刀穿过层层布匹，裁出一叠又一叠一模一样的衣料。一个小小的失误就可能毁掉大量织物，因此他们的技能被高度重视，并能换取相应的高昂价码。但大多数服装工人干的都是普通的缝纫、加工工作，他们的工资仅够维持生计而已。

其他行业内部出现了更广泛的分化，通常有一个部门致力于面向大众的标准化生产，而另一个规模小得多的部门致力于面向精英的奢侈品生意,后者采用劳动密集型的生产模式,需要娴熟的操作技术。家具制造就是关于分化的很好的例子。随着计件制度开始在家具行业普及,大多数木工——据估计超过 90%——发现自己沦为了"笨蛋"或者"莽夫",每座作坊可能只专注生产某一种椅子或桌子,而且实行了劳动分工。专业化的分工不仅提高了生产效率,还使得对工人进行全面培训变得不再必要。1853年,《纽约先驱报》(*New York Herald*)在谈到家具制造时指出:"那些拥有家具制造经验的人表示,要想完全掌握家具制造的所有实用知识,几乎是不可能的。"[45]

与此种状况截然相反的是杰出的家具设计师,比如 1792 年来到纽约的苏格兰移民邓肯·法夫(Duncan Phyfe)。十年后,他已经功成名就,有能力在隔断街(Partition Street)买下房产了,那里是哈得孙河码头附近的一片新建的富人住宅区。没过多久,他就拥有了这个街区的大部分土地。他逐步将生产环节集中到室内,最终成立了属于自己的室内装潢部门。法夫标志性的新古典主义风格,在宽大的桃花心木纹饰和窄小的雕饰通道之间达成了平衡,这让他的作品大受欢迎。1816 年,他的一位潜在客户向自己的朋友报告:"如今已经很难见到法夫本人,哪怕只是短短的几分钟。不到一个星期前,我和另外十几个人在他的店里忍着寒冷,等了至少一个小时,最后也没见到那位大人物,不得不回家去了。"[46] 这件事发生时,法夫也许已不再亲手制作任何东西了,尽管他仍然被认为是店里的首席设计师。无疑,与市内其他地方计件生产的低俗作品相比,他的优雅作品俨然处于另一个世界。然而这门生意的两个世界虽然宛如两极,其实依然藕断丝连。在生产高端产品之余,法夫还有一份外包"肉铺"家具制作的副业。在1819年经济衰退期间,他手下的熟练工发动了罢工,抗议工资削减。他们建立了自己的店铺,故意压低法夫的价格。这就是国家独立对他们的意义:他们正站在一起,反对他们认为有悖于公平的行径。

纽约市富尔顿街上的邓肯·法夫的店铺和仓库,1816年前后。
纽约大都会艺术博物馆(Metropolitan Museum of Art)。

不难想象,在这一时期,机械化生产进一步破坏了手工艺劳动的完整性,但这种情况实际上只发生在少数领域,主要是纺织业。新型的木材加工机械对于只是"捯饬木头"的普通作坊来说,有些太过昂贵了。当然它可以帮助像法夫这样的高档家具木工,因为它大大减少了法夫的工人花费在费力重复的工序上的时间,比如切割单板,或是粗略做出相同的椅子腿毛坯,他们可以集中精力去处理更有技术含量的任务。在其他领域,技术带来了更为深刻的变革。一个例子是枪械制造。在整个独立战争期间,这种具有战略意义的必备武器,都是在一个月大概能生产20支火枪的小作坊里生产的;许多爱国士兵使用自己家里打造的武器作战,而不是等待政府发放武器。[47] 枪械倒是可以通过海关贸易不断输入,其中的一些可谓制作精美,但这并不是美国军方想要看到的。

这种窘况在世纪之交开始改变。1798年,伊莱·惠特尼大胆宣布,他有把握在两年内制造10 000支步枪,实现大规模生产枪械的"圣杯"之梦。届时,零部件将可以真正相互替换,这将极大地提高生产效率,并且大大降低后续的维修成本。结果,他在这两件事上均未能兑现承诺,部分原因是他正忙着为自己的轧棉机展开一场不成功的专利斗争。不过,规模性和互换性的目标一旦进入视野,在马萨诸塞州的春田兵工厂(Springfield Armory)和其他地方,人们随即进行了实验,使用改进的量规、夹具来指导后期的手工精整,并且复制了生产木制枪托的车床——这是有关技术取代的一则很好的例证,它不再着眼于成品,而是着眼于自动化的生产工具。[48]

钟表制造业也发生了类似的故事。康涅狄格州的企业家伊莱·特里(Eli Terry)创业时,要挨家挨户地敲门,出售手工制作的黄铜时钟机芯。他在农村客户那里的销售情况并不理想,因为时钟机芯太贵了(尤其是它们需要定制的机箱)。身为一名学徒，他有一些制作廉价机芯的经验，于是他开始集中精力，决定以此为突破口。渐渐地他干出了一番事业，开始经营一家水力磨坊，利用圆锯在樱桃木上切出齿轮。1806 年，他接受了一项制造4000 个木制时钟机芯的委托。与惠特尼不同的是，他顺利完成了任务，而且只用了三年时间——第一步是安装机器，第二步是制造前 1000 个时钟，第三步是彻底完成订单。最终，从 1814 年起，他开始大量出售自家制成的座钟，主要是通过街上的小贩，在他曾经骑马经过的同一条路线上兜售。制造座钟的精度要求，完全无法与制造火枪相提并论，但特里可能是第一个真正制造出可互换零部件的美国人。1983 年，一位历史学家拜访了特里当年建立的销售网络，从不同的商店里采购了一组残存的尚未组装的零部件，并将它们组装到了一起。它们工作得很好。[49]

这一类制造业的发展，不一定会使工匠失业，因为他们的目标客户是那些先前买不起定制手工艺品的消费者。但由于庞大的国家体量和快速改善的交通状况，美国正迅速变成一个大众市场：一片数量大于质量的土地。托克维尔认为，这是国家政治的一种物质化的表达："民主原则促使工匠迅速生产许多不完美的商品，而且消费者也满足于这些商品。"这是好事还是坏事？在这一点上，托克维尔是矛盾的。"当只有富人有手表时，它们几乎都是上好的手表。现在很少能制造出这么有价值的手表了，但是每个人的口袋里都揣着一块自己的手表。"[50]

在一个对这种情况感到沮丧的工匠看来，安德鲁·杰克逊（Andrew Jackson）就像是一个前来驰援的救星。他是第一位来自

伊莱·特里制造的座钟，1816—1825 年。
耶鲁大学美术馆。

西部的总统，也是第一位出生在小木屋里的总统，1812 年爆发的英美战争行将结束之际，他赢得了新奥尔良战役的胜利，这让他在全国范围内声名鹊起。随后他发起了一场针对克里克人（Creek）和塞米诺尔人（Seminole）的血腥战争，这两个印第安人部落居住在现在的亚拉巴马州、佐治亚州和佛罗里达州的部分地区。这是杰克逊第一次，但绝不是最后一次向原住民和他们的土地发动残酷的攻击。他还是一名蓄奴的种植园主，终生反对废奴主义。但对美国白人来说，他的军事成就足以使他成为一个英雄，一个真正属于人民的男人。杰克逊的拥戴者因为他的坚韧，而叫他"老山胡桃"。1824年,他竞选总统,赢得了选民的普选,却没能赢得选举人的大选。亨利·克莱策划的一场腐败交易,让约翰·昆西·亚当斯(John Quincy Adams)取而代之,入主白宫。四年后,他再次竞选,结果毫无争议:在北方的工匠和南方的农民的合力支持下,杰克逊和他新创立的民主党获得了压倒性的胜利。他的就职典礼十分引人注目。只见"粗鲁的"选民们扛着一间小木屋沿街而下,挤进白宫,举杯祝酒,男人们拿着山胡桃木手杖,女人们戴着山胡桃木项链。[51]

如果说杰克逊的时代留下了什么教训的话,那就是小心煽动家。就在他为白宫和自己位于纳什维尔(Nashville)的宅邸——隐士宫(the Hermitage),储备了数量空前的白银(至少对田纳西州的锻工来说是一份好工作)的同时,杰克逊好斗的反精英主义立场,使他否决了国会对国家银行特许权的定期授予,而国家银行是克莱构建美国体系的主要工具。[52]"有钱有势的人,常常使政府的行为屈从于他们的自私目的,"杰克逊在解散银行时表示,"地位低下的社会成员,比如农民、工匠和体力劳动者,既没有时间,也没有办法,为自己争取类似的好处,但好在他们依然有权抱怨。"他还向纸币宣战,因为纸币被视为投机者和资本家的工具。他下令,以后必须用铸币购买边疆的土地。工匠们纷纷为他喝彩。

但是在1837年,杰克逊亲手挑选的继任者马丁·范布伦(Martin Van Buren)上任仅仅几周后,这些政策的愚蠢已经变得显而易见了。英国的利率调整引发了美国的信贷紧缩。新组建的分散管理的银行系统既缺乏现金,又没有一套稳定的运转机制,因而遭受了一连串失败。棉花价格下跌，对北方的商人和整个南方的经济造成了灾难性的后果。政治漫画家亨利·达克（Henry Dacre）嘲笑了那些支持民主党的工匠，在他的画中，一排穿着工作服、拿着自家行业工具的工匠，表达了他们对杰克逊和他的计划的"清醒后的回心转意"（"Sober Second Thoughts"）。其中一个人是这样说的："暴君总是先让人民贫穷，然后才破坏他们的权利和自由。"另一个人则忙于处理自己的问题："我的雇主告诉我，他自己都没有什么事可做，我就这么被解雇了，我真不知道该如何为家人弄到面包。"

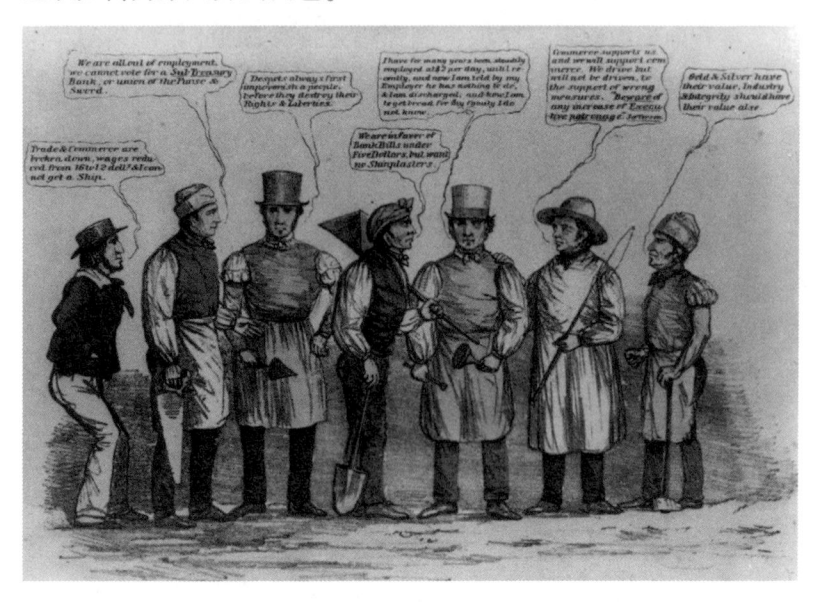

亨利·达克的《清醒后的回心转意》，1838—1839 年。
卡通版画，美国的收藏品，美国国会图书馆印刷品和照片展区，编号 LC-USZ62-19197。

同一个世纪后的大萧条一样，1837 年的恐慌引发了一轮超出经济范围的冲击波。在那个美国社会的向上流动性已经开始衰退的时代，这进一步瓦解了美国作为充满机遇的热土的形象。有一件事充分说明了这是一个怎样的国家：恐慌发生后，人们普遍的反应不是放弃个人主义，而是加倍地强调个人主义。美国人没有寻求面向集体的解决方案，而是继续努力，创造了一个白手起家的神话。危机开始的时候，美国最受欢迎的书籍是前一年出版的托马斯·亨特（Thomas Hunt）牧师的《财富之书》（*The Book of Wealth*）。这本书有整整119页，副标题是"《圣经》证明，致富是每一个人的责任"。全书滔滔不绝、道貌岸然地劝诫游手好闲者。亨特向他的读者们保证，上帝一定会奖励他们的诚实劳动，而且不只是在来世。他特别鼓励那些热爱手工艺的读者——"许多天生优秀的技术工，倘若把自己的才能运用到适当的渠道上，本来既能收获幸福，又能找到用武之地，可是到头来却过着悲惨而无用的生活，当了律师、医生、牧师"。然而实情是，美国各地的工匠们一忙就是一整个白天，甚至是更长的时间，但依然过着贫穷的生活，这些在书中却没有被提及。[53] 这种伪善就像重感冒一样，在一本本书中重演。约翰·弗罗斯特（John Frost）出版于1848年的《美国的白手起家者》（*Self-Made Men of America*）就是又一个例子，书中树立了11位美德模范，好让读者心生钦慕。书中的多数模范都有手工艺的从业渊源，其中便包括约翰·雅各布·阿斯特（John Jacob Astor）——当时美国最富有的人。他的钱主要是靠房地产投机挣来的，但是在弗罗斯特的叙述中，从阿斯特"开始了解自己作为皮货商的神秘手艺"的那一刻起，他的财富就是注定的了。19世纪中叶，已经有许多类似这样的白手起家的故事在坊间流传，其中的代表作之一是出自霍雷肖·阿尔杰（Horatio Alger）笔下，备受欢迎的穷孩子成就事业的故事集，如1868年问世的《衣衫褴褛的迪克》（*Ragged Dick*）。每一篇故事所传达的信息都是一样的：最优秀的人努力工作，"靠他自己的努力"爬到高处。[54]

这种说法缺乏证据，但它还是吸引了许多美国人。它与新教徒的"天职"观念完全吻合。在"天职说"中，尽职尽责地工作被认为是对上帝的服侍。这也与逐渐形成的有关男子气概的刻板印象相一致，这种刻板印象倾向于强调原始的力量和冒险（近来这在某些工业场景中已变得必不可少，例如铸铁厂）。有着"柔软的手"的男人遭到蔑视，西行拓荒者的"阳刚之气"受到赞扬。[55] 社会学家艾娃·巴伦（Ava Baron）指出，男性的理想体型在19世纪发生了变化，"从瘦削结实的身体，变成了粗壮有力的身体"。她举了一个例子，那就是劳工的符号标志中挥舞锤子、肌肉发达的手臂。因此，白手起家者的神话，恰好契合了另一些已经在工人中广为传播的观念。但无论如何，它终究还是上流社会针对底层社会的宣传。[56]

事实上，"白手起家者"一词最早是由亨利·克莱提出并开始流行起来的。他在1832年的一次参议院演讲中谈道："在肯塔基州，我所知道的几乎每一座工厂，都是由富有进取精神和白手起家的人经营的，他们凭借耐心和勤奋的劳动，获得了他们拥有的一切财富。"[57]（具有讽刺意味的是，这篇演讲的发表是为了支持保护性关税，这与政策层面上的自食其力背道而驰。）没过多久，这个词就被政界广泛采用。接下来，杰克逊的民主党人把这个概念收为己用，他们赞美自己那一派出身卑微，为了事业奋不顾身，不惜向命运开战，既不受任何恩惠，也不欠任何人情。而1840年，范布伦灾难性的总统任期结束后，克莱也在争夺辉格党总统候选人的提名中落败，取而代之的是辉格党的新任候选人——67岁的威廉·亨利·哈里森（William Henry Harrison）。当他被嘲笑为年迈的"过气老人"时——也许有人可以说服他"在某一座小木屋里了此残生"，偶尔喝上"一桶烈性苹果酒"——哈里森的政党却巧妙地化用了这两种声音，作为他们的竞选主题。他们在全国各地推着马车，一边走一边分发免费的苹果酒。哈里森就任总统仅31天就去世了，他在发表就职演说时没有穿大衣，最后因罹患肺炎去世，这是出了名的；可是那座小木屋却在美国政坛永远地留下了。在此后的日子里，亚伯拉罕·林肯，当然少不了他，还有尤利西斯·S. 格兰特（Ulysses S. Grant）、詹姆斯·加菲尔德（James Garfield）、卡尔文·柯立芝（Calvin Coolidge），以及后来的吉米·卡特，他们全都自称在简陋的木头建筑中长大，并以此为荣。[58]

碰巧的是，小木屋的建造比这种修辞所暗示的要复杂得多。有些小木屋的确是用圆形的、树皮部分剥落的树木建成的——就像后来的林肯积木（Lincoln Log）玩具让人相信的那样——虽然现实中用到的木材通常是方形的。不管怎样，盖这种房子都需要一支庞大的施工队伍来完成伐木、加工和搭建。室内地板通常是用当地锯木厂切割的木板铺成的。所需的金属工具（刨子、锯子、虎钳、锤子、螺旋钻）则越来越多地由工厂生产。[59] 换句话说，小木屋一般都不是"白手起家"的产物。事实上，从19世纪 30 年代开始，使用轻捷骨架结构的房屋逐渐取代了它们——总是让今人难以置信——新式房屋只需要人数更少、专业技能更低的工人就能造好，因为建造它们使用的是更加轻便、更标准化的木材。

"白手起家"运动还对它的守护神——本杰明·富兰克林——作出了让人啼笑皆非的选择。这位"老爱国者和圣人"从乞丐变成富翁的故事，一直被视为奋发有为的榜样，他的传记被一再传诵，成为人们效仿的典范。当时的企业家，诸如马萨诸塞州的金属商人亨利·里德（Henry Reed）和查尔斯·巴顿（Charles Barton），都曾因为追随富兰克林的脚步而受到赞扬，他俩也从初级学徒做起，经过"不懈的努力"，最终斩获了成功。[60]但未承想，富兰克林的印刷业生意，却被新兴的科技严重破坏。鼓吹个人主义教条的书籍、小册子，如今都是在仿照纺织厂建造的印刷厂中印制的。1855 年，日后出版了 19 世纪最受欢迎的一批杂志的哈珀集团（Harper Establishment），在纽约一座以富兰克林的名字命名的广场上开设了一家新工厂。工厂的一楼摆放着 20 台蒸汽驱动的平板印刷机，它们是由曾经的家具制造商艾萨克·亚当斯（Isaac Adams）于 1830 年引入美国的。这些机器由一组年轻女性操作，一名男性工头负责监督女工们。在楼内的另一层，装订工作也是由女性完成的。唯一的"技术类"工人是排字工，也就是收入颇丰的工人，他们在顶楼工作。然而当时的人们已经觉察到，蒸汽印刷机才是"车间里最好的帮手"[61]。

并不让人惊讶的是，哈珀集团不太在意生产方式与书中内容之间的明显矛盾。新工厂开业三年后，出版了一本简短的传记集,书名被简单地定为《白手起家的人》(*Self-Made Men*)。安德鲁·杰克逊的名字高居目录的第一位,亨利·克莱的名字也在其中。当然,本·富兰克林也名列其中,书中对他的描述充满了溢美之词:"他立志成名,一心行善。他在这两方面都成功了。"该书还为最重要的工业创新者留出了篇幅,如理查德·阿克莱特和伊莱·惠特尼。此外,画家本杰明·韦斯特、边疆拓荒英雄丹尼尔·布恩(Daniel Boone)等杰出人士,也都名列其中。(在所有传主中,七十多个人是白人男性。)但书中至少还有一个名字是世人不太熟悉的:伊莱休·伯里特(Elihu Burritt)。虽然在哈珀集团的这本书中,许多人都不能被合理地解释为白手起家者——亨利·克莱4岁时就已经继承了两个奴隶,但伯里特无疑就是这样的人。1810年,伯里特出生于康涅狄格州的新不列颠市(New Britain),是一位鞋匠的儿子。他惊人的自学能力为自己赢得了"有学识的铁匠"的绰号。《白手起家的人》引用了伯里特的一篇日记:"8月18日。锻铁16个小时,读凯尔特文3个小时,翻译2页冰岛文和3页德文。"在接下来的传记内容中,伯里特表现出了思想和双手的完美结合,能够"同样娴熟地焊接句子和车轮"[62]。

我们无法找来他的车轮作为判断依据,但伯里特的句子的确经受了时间的考验。日后,他不仅以废奴主义者兼和平主义者的身份蜚声海内,还成长为一名敏锐的观察者,他注视着工业大潮的汹涌澎湃,敏感地意识到被困在洪流之中的人类的处境。在题为《铁砧上的火花》(*Sparks from the Anvil*)的散文集中——伯里特表示这本书是"利用我从繁重的体力劳动中挤出的片刻闲暇"

写成的——伯里特生动传神地捕捉到了工人的视角,这在当时的文学作品中是极为罕见的。在一个宛如摄影布景的片段中,他想象了一大片军火库在战争结束之际,被迅速夷为废墟的画面:"他们脚下的土地满是荒凉和破败,那些劳什子仿佛是在太阳出现之前被造出来的,以致无法忍受阳光的直视……至于劳工,那曾经肤色苍白、面容沮丧的劳工,那割破了自己的血管,喂饱了这只怪物的劳工,他们正在沿着绿草如茵的山脊跑上跑下,狂喜地看到诅咒的解除。"在另一篇散文中,他想象了一列火车沿着新英格兰的山腰疾驰而过的情景。他强调,这是自由劳动的产物,而不是奴役劳动的后果。他写道:"我喜欢看到这些巨大的造物,它们有铜的肌腱、铁的肌肉;从烟雾腾腾的牡马厩里昂首阔步地走出来。"但真正激发了伯里特想象力的是"中间那个眼瞳明亮、细嚼烟草的小个子男人……因为,尽管他被油和蒸汽稀释过的煤弄脏了身子,我依然认为他是整座机器背后的天才"[63]。

1847年《铁砧上的火花》出版时,伯里特正在英国的工业地带游览,那里到处都是吞噬燃料的熔炉,"白天是黑色的,夜晚是红色的"。他去了伯明翰,参观该市的轻金属工厂。他去了基德明斯特(Kidderminster),看工人们如何在巨大的织布机上织地毯。他去了奥尔德伯里(Oldbury),见识了布莱兹(Brades)的钢铁工厂。这家工厂从附近的地下挖出了大量的煤,使村庄的位置比原先下陷了11英尺。他记录道:那里的工厂里满是"手巧又敏捷"的铁匠,美国石匠使用的每100把铲子中,就有99把是他们生产的。[64] 在走访了上述所有地方之后,伯里特觉得,他看到了"手工艺品的种种标本……就像一串颜色和质地千变万化的珠子"。换句话说，他看到了当时和以后的许多人没能看到的东西——工业生产和手工技艺在理论上可能是彼此对立的，但在实践中却并非水火不容。[65]

今天的人们之所以记得伯里特，主要是因为他与亨利·沃兹沃斯·朗费罗（Henry Wadsworth Longfellow）的关系。两个人经常互通信函，话题从废奴主义到伯里特在新不列颠市兴办的女子学校，无所不包。[66]1840年，朗费罗邀请伯里特来剑桥与他同住。这位学识渊博的铁匠恭恭敬敬地向对方道谢，却拒绝离开他的锻炉。同年，朗费罗的名诗《乡村铁匠》（"The Village Blacksmith"）问世，他们的友谊很可能对这首诗的酝酿起到了一定的作用。[67]在这首诗中，完全看不到伯里特对现代工业的复杂态度，取而代之的是献给独立手工艺人的终极礼赞：

> 在一棵枝繁叶茂的栗子树下，
> 矗立着村里的铁匠铺；
> 铁匠，一个力大无穷的男人，
> 他有一双粗壮的大手；
> 看看他那双肌肉虬结的手臂，
> 简直像铁箍一样紧实。[68]

朗费罗显然认为，自己所描述的就是生活该有的样子，一切都是那么的简单而稳定。他确实用了一节诗来收尾，将"铮铮作响的铁砧"与富有生命力的"行为和思想"联系起来——这是一种典型的伯里特式的自负。但除了篇末的华丽词句，这首诗用以刻画铁匠的字眼纯粹地围绕身体的本能,而全然不曾谈及智力的倾向。(虽然朗费罗曾有一次把自己比作"会押韵的铁匠",但他很快便补充道:"不要以为我这么说,就把诗人的崇高使命贬低为卑贱的手工艺。")[69]

从某种意义上说,铁匠也生活在历史之外。他的每一天都过得一模一样,"每天早上都有任务开始/每天晚上都有任务结束"。就像当时时兴的白手起家者的文学作品描述的那样,劳动自有其可靠的回报。最重要的是,铁匠是自由且完全自主的:

> 他的额头被诚实的汗水浸湿,
> 他能挣多少就挣多少,
> 他坦坦荡荡地直面整个世界,
> 因为他不曾亏欠任何人。

这种个人主义的理想,恍如被赋予生命的汁液一般,在朗费罗的诗行中流转。这种理想对于他的先验论者同伴同样重要。这群新英格兰人(包括拉尔夫·沃尔多·爱默生、亨利·戴维·梭罗、纳撒尼尔·霍桑和玛格丽特·富勒)把个人主义放在了他们思想的核心位置,并经常以掌握技艺的工匠为榜样。这个群体的名称可能有点误导人,那并不代表对物质世界的蔑视;相反,该群体的共同信念是,物质经验是通往更高的("先验的")真理的唯一途径。他们的逻辑很简单:可感知的世界是上帝赋予的,因此,它就是通往神圣的道路。不过,理解这种联系并不是一个被动的过程,这与传统的基督教启示概念不同。这需要不断的行动。1836 年,爱默生在那篇颇具影响力的长篇散文《自然》(*Nature*) 中写道:"心灵之手"不停地探索和测试现实,由此形成了概念。[70]

第二年,他在一篇名为《手的学说》("Doctrine of the Hands")的演说词中,进一步阐述了这一修辞手法,这也是有关知识的实践基础的一场持续论证。"一个人但凡懂得如何把钉子钉进去,而不把木板弄裂,"爱默生表示,"他就不会比形而上学者更差劲。"他继续写道,缺乏一门手艺不仅是"缺少男子气概"那么简单,它还对真正的理解构成了某种障碍。证据来自工匠们的嘴巴。"木匠、农民、铁匠不会选择他们的辞藻,也不会修改他们的语句;他们的注意力都集中在这件事上,因此他们的言语既简单又有力。"一个只靠耍嘴皮子做买卖的人,可以歪曲事实以迎合自己,可以"假装知道他不知道的事情",但是在手工艺这一行,这样的人却无处可藏。"如果火不曾向正确的地方燃烧,铁就不会熔化;如果锤子没有在正确的时刻落下,铁就不会弯曲,哪怕他说上一年。"

当然,爱默生本人不是木匠,不是农民,也不是铁匠。而这一矛盾之处,正是他的朋友亨利·戴维·梭罗打算解决的问题。梭罗来到爱默生的土地上,自行建造了一座小木屋,在那里生活了两年零两个月的时间。梭罗把他的先验论者同伴们的思想付诸实践,他似乎为自己的头脑里"没有那么多可供交流的或者学究式的思想"感到自豪。有关这段经历,他日后写了一本书,名为《瓦尔登湖,或林中生活散记》(*Walden, or, Life in the Woods*),它于 1854 年付梓,如今已成为美国的传世经典。这是一部描写大自然的杰作,是一部关于"仅凭我双手的劳动",就能与环境和谐共处,完全自食其力的励志之作。它也是了解美国手工艺的基础文本。

与此同时,这本书也是众多矛盾和虚伪的大杂烩。作家凯瑟琳·舒尔茨(Kathryn Schulz)曾指出,梭罗时代的瓦尔登湖"并不比今天的展望公园(Prospect Park)① 更加与世隔绝",梭罗通常是依靠外界的帮助,才度过了他所谓的隐居生活,他甚至会定期去他母亲家,那里距离她的住所只有大约20分钟的路程。[71] 她谴责的矛头尤其指向了梭罗对人类同胞的轻蔑态度,用《瓦尔登湖》中最著名的一句话来概括便是"大多数人生活在平静的绝望中"。为了拥抱自然世界,梭罗感到有必要拒绝人类社会。

这一点很难反驳。不过梭罗的作品需要结合背后的语境来解读,他颠覆了盛行于美国的个人主义的意识形态,这一点仍然意义非凡。在某些方面,《瓦尔登湖》是白手起家者神话的典范。试问:"我们是否应该永远把建造的乐趣让给木匠?"不管怎样,梭罗是用自己的双手建造了他的小木屋。(尽管不可否认的是,他是用借来的斧头做到这一点的,他买下了另一家人的棚屋,把整座棚屋拆了用作木板,还找人帮忙搭建房子的木制框架。)在他最著名的比喻之一中,梭罗没有把自己在树林中建造的栖身之所比作别人的房子,而是把它比作周围的鸟儿筑起的巢穴。"谁又知道,如果人们用自己的双手建造住所,足够简单而诚实地为自己和家人提供食物,那么诗歌的能力会不会在人群中普遍地发

---

① 展望公园位于美国纽约市布鲁克林区的近郊地带,包括森林、湖泊和草甸,公园内建有动物园、博物馆,有时还举办音乐会和烟火表演。——译者注

展,一如鸟儿在如此忙碌时依然普遍地歌唱?"梭罗不仅采纳了自力更生的时代思想,而且还将之夸大为一种表演。他甚至特意选在7月4日美国独立日当天搬进了他的小木屋。

他从来没有承诺《瓦尔登湖》将为人们指出一条"通往财富之路"。事实上,正如他所说的:"我最大的本领是要得极少。"这本书的第一部分被直截了当地命名为"经济",梭罗在此讲述了一则美洲原住民的逸事,那个人挨家挨户推销自己亲手编织的篮子。当那个人卖不出篮子时,他心想:"什么?你们竟然想让我们饿死吗?"——"他以为等篮子做好后,他就完成了自己的任务,然后就轮到白人去买了。"[72] 这则寓言呼应了早期的美国人对原住民的评论,那些印第安人被认为无法理解供给和需求的必然性。但梭罗从中得到的教训却大不相同:"我曾经也编过一种质地精致的篮子,但并没有把它编得让任何人都觉得值得去买。然而就我而言,我一点也不觉得这些篮子不值得编,我心里琢磨的不是如何使人们买我的篮子,恰恰相反,是如何避免篮子编好后非得卖掉不可。"他因节省了时间和金钱而沾沾自喜,对中产阶级的礼节漠然置之。他身边能用来取暖的东西只有一座烹调用的小火灶,以及打了补丁的旧衣服。"我的一些朋友,"他谈道,"说得好像我是故意到树林里来挨冻似的。"梭罗不需要窗帘,这里"没有需要关在门外的窥视者,至于太阳和月亮,我倒乐意让它们看进来"。

梭罗在性情上可能是个厌世者。但他在《瓦尔登湖》中摈弃的不是一般意义上的社会,而是有具体所指的现代社会。他对构成自己潜在读者的19世纪劳动者的贫困状况,有着独特的理解。

他认识到，对于这些男人和女人来说，闲暇的时间是必要的，而这"有的是借来的，有的是偷来的"——读者每花一个小时在他的书上，就有一个小时可以暂时远离债主。他也清楚，并非所有的艰苦劳动都具有同等的价值。按照自己的意愿工作，最能给人带来满足感，但是在工厂制度下，现实却远非如此。"什么时候才能结束这种劳动的分工呢？"他问道。"这么做到底是为了什么？毫无疑问，别人也可以替我思考，但是如果他这样做的同时，却要把我的想法排除在外，那可不是我所希望发生的。"

《瓦尔登湖》没有像富兰克林的自传或者托马斯·亨特的《财富之书》那样成为畅销书。这本书后来只印刷了一次，共2000册，还不到最初售出的一半。几年之内，它就绝版了。[73] 邂逅这本书的读者有时会感到困惑，不知道梭罗是否当真鼓励读者以他本人为榜样，去森林里生活。霍勒斯·葛雷利（Horace Greeley）是《纽约每日论坛报》（*New-York Daily Tribune*）的编辑，就是他创造了"年轻人，去西部吧"这一说法，继而引发了这样一则笑话："是的，他是一个白手起家的人，他崇拜他的造物主。"葛雷利告诫读者，梭罗既不像看起来那样是社交的敌人，也并非对"互帮互助"的美德无动于衷。他只是"向他视为兄弟同道的读者展示了何谓自我提升，他亲自扮演了非常有益的榜样，告诉读者，通过约束肉体欲望，他们可以保持适当的独立性，不会再使灵魂挨饿"[74]。直到20世纪，这一信息才受到读者的关注。然而当这件事真的发生时，其影响是广泛而深刻的。从《瓦尔登湖》中，后人将发现一条思考手工艺的全新路径：那是一种个人主义的表达，它拒绝为现代社会服务，乃至于反其道而行之。

回顾过去，我们可以看到，白手起家者神话的最大问题在于，它忘记了女性——几乎忘得一干二净。在女性可否以他为榜样这件事上，梭罗持开放态度。事实上，梭罗发现了一个有望引为同道的人选，她叫凯特·布雷迪（Kate Brady），是他认识的一位年轻的家庭女裁缝。梭罗在日记中写道，她打算住在自己家的一座"孤独的废墟"里，靠养羊、纺纱、织布来养活自己。"在那里，她认为自己可以'自由自在'地生活。"[75] 与梭罗同为先验论者的玛格丽特·富勒，在与葛雷利一道共事于《每日论坛报》之前，曾担任该群体的同人期刊《钟面》（*Dial*）的编辑，她也曾站在所有女性的立场上，表达过相同的观点。在她具有开创意义的女权主义宣言作品《十九世纪的女人》（*Woman in the Nineteenth Century*）中，她强调，女人和男人一样迫切需要自力更生，甚至更加迫切，"女人必须停止询问［男人］，停止受到他们的影响，女人必须退回自己的内心，探索生活的基础，直到发现自己独特的秘密"[76]。比起梭罗，富勒吸引了更多的读者。但是在倡导男女完全平等的过程中，她对传统智慧的挑战，甚至比梭罗更具有煽动性。珍视个人自由的美国男性很少会想到，女性也拥有同样的权利。男性工人阶级的领导人尤其如此，他们认为自己的工资受到了廉价的女性劳动力的威胁。他们不是通过推动同工同酬来解决这个问题，而是企图阻止女人进入工作场所，把她们描绘成需要保护的无助者。按照他们的说法，家里才是适合淑女待的地方。[77]

在 19 世纪的美国，最后一种说辞从四面八方被灌输给女性，逐渐形成了一种历史学家口中对真正女性的崇拜——这可以说是与白手起家者的神话截然相反的一种不平等现象。对于大多数女性读者来说，她们的"财富之书"是像威廉·奥尔科特（William Alcott）的《年轻的妻子》（The Young Wife）之类的文本，其中吟诵着这样的论调："为了工业所产生的良好的精神和道德效应，让她勤劳起来吧，因为这是上帝的意志。"[78] 与这种迂腐论调相关的一则令人印象特别深刻的例子是凯瑟琳·比彻（Catharine Beecher）的《家庭经济论》（Treatise on Domestic Economy），1841年，这本书由哈珀兄弟出版社（Harper and Brothers）首次出版。比彻是一位牧师的女儿，她于 1800 年出生在纽约的东汉普顿。[哈里特·比彻·斯托（Harriet Beecher Stowe）① 是她的妹妹。][79] 1823 年，比彻在康涅狄格州的哈特福德市开办了一所面向年轻女性的学院，并继续撰写各种各样的文章，文章的主题涉及废奴主义（她反对）、健美操（她支持）、宗教等。但让她声名鹊起的是《家庭经济论》和其他有关家庭经济学的论著。

比彻的这部作品没有留下任何被误解的空间，她以《独立宣言》中的名言开场——"人人生而平等"，然后便立即补充道，为了大众的利益，有必要"维持某些关系，其中就包括服从的义务"。在她看来，这些关系中最重要的是妻子对丈夫的服从。在长篇累牍地引用了一名男性权威人物——不是别人，正是阿历克西斯·德·托克维尔——的观点后，比彻又接着处理手头的问

---

① 哈里特·比彻·斯托（1811—1896），即斯托夫人，19 世纪美国著名作家、废奴主义者，著有《汤姆叔叔的小屋》。——译者注

题，写完了这本厚达 350 页、内容细致复杂的关于持家的书。比彻倡导的"经济"，与梭罗倡导的"经济"是对立的。她的书从头到尾关注的都是表层问题：千万不要买便宜的地毯，尤其是在一个经常使用地毯的房间里；餐桌的摆放应当符合几何学的精度；餐具应该有很重的把手，这样在放下的时候，刀锋和叉尖才不会碰到桌子。理论上说，恰如其分的生活是一种纪律严明的生活，家务劳动应该尽可能高效地完成："提及明智的经济学，最显而易见的一点就是'正确地分配时间'，去从事不同的工作。"关于她这本看似实用的书，最奇怪的是，要遵循书中的所有指令几乎是不可能的——这是它和其他许多成功指南类作品存在的相同问题。[80]

比彻的军事化的行为准则，显然是为了家里的女主人发号施令而制定的——她总是时不时地插入题外话，强调仆人会不可避免地变得懒散——当然她也希望看到读者亲自动手。例如，在关于洗衣的那一章，她就安排了令人印象深刻的篇幅。比彻不厌其烦地列出了衣服的四种类别（"法兰绒的""上色的""粗白的""使用高档衣料的"），掰着手指，一步一步地给出了相应的指导，并补充了如何从头开始制作苏打、碱液、肥皂、淀粉的建议。按照她的建议，打扫客厅需要用到四种工具（粉尘刷、羽毛刷、画家的画笔和一片丝绸）。铺床要从把羽毛床垫布置成某种形状开始，其间要处理床单、被单和枕头，一系列的动作叫人眼花缭乱。最后用以结尾的评论却令人沮丧："一名优秀的管家总是会注意床的布置方式，可是在这个国家的一些地方，却很难看到这项工作被正确地完成。"在关于缝纫的那一章——这是她谈到的唯一一种家庭手工艺——她同样毫不留情，特别叮嘱读者保持针线篮的整洁。翻遍全书，比彻从来没有暗示过，这些劳动在让一个人变得有用之外，还能给她带来快乐。

只看表面就接受文学作品的建议，绝不是一个好主意，手里捧着《家庭经济论》的女性有很多，但这并不意味着，她们会严格按照建议的字面意义或内在精神去做事。比彻本人就是这样一个奇怪的矛盾体，她作为女性名噪全国，但这又是因为她提倡驯顺的服从。在这场"对真正女性的崇拜"中，比彻扮演了一名领班的司仪，这确实是一股强有力的社会思潮，它从少女时代开始着手，旨在塑造女人的一生。自 1830 年开始出版的杂志《歌迪的女士之书》（*Godey's Lady's Book*），是其价值观的另一个传声筒，它是美国内战爆发前发行量最大的杂志，从 1837 年起，由萨拉·约瑟法·黑尔（Sarah Josepha Hale）负责编辑，她还为世界带来了那首叫作《玛丽有只小羊羔》（"Mary Had a Little Lamb"）的儿歌。《歌迪的女士之书》的广告词是"富有教育意义和娱乐性"，它的内容包罗万象，包括散文、诗歌、短篇小说和家庭钢琴乐谱——在录制音乐出现之前的那个时代，这是一项很受女性欢迎的活动。杂志中最具视觉吸引力的是手工着色的时尚版块，它提供了可供家庭参考的服装款式，并附有缝纫说明。对于其他的手工艺门类，杂志也频繁地刊登了专题文章，内容涉及钩针编织、绗缝以及一种被称为梭织的蕾丝制作工艺，后者被描述为一种有益的活动，"黄昏之际，客人来访，在诸如此类的休闲时刻；这是特别适合母亲的工作"。在这样的女性出版物中，手工艺确实占有突出的地位。但它的角色只是符号性的，而绝不是专业性的，至少在《歌迪的女士之书》的字里行间，手工艺被涂抹了厚厚的多愁善感的脂粉，"没有哪个小女孩会记不起她打下的第一块补丁，会记不起对那些补丁的担心，会记不起每一针背后的小心翼翼"[81]。在18世纪及更早的时候，家庭是一个生产性的经济单位，现在的家庭被视为工作场所的对立面。它是一座避难所，并且考虑到资本主义经济崇尚竞争的天性——据说这些东西理应被关在前门外——它还被认为是一处道德救赎的场所。[82]

当然，并不是每一个女人都愿意接受这些条件。艾米莉·狄金森（Emily Dickinson）——一位最富有个人色彩的作家——在她的一节诗歌中，记录了对强制性的女性气质崇拜的微妙而有力的反驳：

> 我被放弃了——我不再属于他们了，
> 他们丢给我的乳名，
> 在洗礼中，在乡间的教堂里，
> 如今终于不再用了，
> 他们可以把它和我的娃娃堆在一起，
> 还有我的童年，我的绕线轮，
> 女孩子们穿针引线的活儿，我做完了。

这幅技巧娴熟的素描，刻画了女性白手起家的一幕，狄金森用放弃缝纫一事，来比喻成年生活的来到，并借助暗示，确认了自己的艺术家身份。在这里，手工艺不是自我实现的手段，而是需要斩断的锁链。

还有一些公开表示反对的面孔,比如弗朗西丝·"范妮"·莱特(Frances "Fanny" Wright)这样的女性。凯瑟琳·比彻 23 岁时,在哈特福德开办了自己的学校,这是颇具野心的举动。而"范妮"·莱特 23 岁时,决定出发去看看美国,最终在将近两年的时间里周游了数千英里,除了她的妹妹卡米拉(Camilla),一路上无人陪伴。在大多数人看来,这只是她做过的许许多多大事中的第一件,这些事都非同寻常,甚至无法想象。1795 年,莱特出生在苏格兰的邓迪,是一位亚麻制造商的女儿。莱特还是个少女的时候,就成了孤儿,她利用继承的遗产接受教育,广泛阅读历史和政治方面的书籍。渐渐地,她遭到了敌人的攻击,被人说成是"男人婆""魔王的女祭司"。她的朋友弗朗西丝·特罗洛普(Frances Trollope)甚至这样描述她:"她的观点让数百万人不寒而栗,又让另外几个人肃然起敬。"[83]

莱特不仅公开指明了这个时代的意识形态冲突,而且选择站在进步的一边。她扮演了废奴主义者、女权主义者、世俗主义者三重角色,她反对死刑,提倡节育。她的游记《美国的社会观和礼仪观》(*Views of Society and Manners in America*)出版后,莱特一举成名,她与法国大革命和美国革命的英雄拉法耶特侯爵(Marquis de Lafayette)也建立了亲密关系。有一次,她写信给拉法耶特说:"我敢说,有时你会对我行走世间的独立方式感到惊奇,就好像大自然把我变成了你的性别,而不是可怜的夏娃。相信我,我亲爱的朋友,头脑不分性别,只有习惯和教育才能赋予它性别。"[84]

在踏访美国西部的旅行中,莱特和托克维尔一样,不仅被移民者的实践能力、聪明才智深深打动,被他们"对所有手工艺术的驾轻就熟"深深打动,还被全家参与生产的景象深深打动:丈夫"挥舞斧头,翻起土地,他的妻子飞针走线,摇动纺车,就连他的孩子也忙着爬上枫树取糖,而后回到织布机上干活儿"[85]。这种边疆地区自给自足的景象显然在她的脑海中留下了深深的烙印。莱特对美国给予了很高的评价,尤其是与她那厉行君主专制的祖国相比。但是在这片自由的新土地上,有一个刺眼的例外。她决心为此做点什么。1825 年,莱特开始购买奴隶,并将他们安置到田纳西州的一个社区。在安德鲁·杰克逊强迫契卡索人离开这片土地之前,这里一直是他们的祖传之地。(事实上,莱特通过拉法耶特联系上了杰克逊,又通过杰克逊买下了这个社区的产权。)她称那里为"纳舒巴"(Nashoba),即契卡索语中的"狼",而灵感来自附近的"狼河"。在那里,她计划对重新安置下来的非裔美国人开展教育。她还希望为他们的工作支付报酬,使他们最终有足够的钱,可以赎回自己和更多的被奴役者的自由。在一篇题为《在不危及南方公民利益的情况下,逐步废除美国奴隶制的计划》("A Plan for the Gradual Abolition of Slavery in the United States, without Danger of Loss to the Citizens of the South")的文章中,莱特敦促美国国会采取相同的行动。如果她的简单计划得到普遍采纳,奴隶制就可以被不流血地根除。她估计大概需要85 年。[86]

很明显,莱特给自己设定了一些不切实际的期望。首先,她说服自己相信,大多数南方白人都在寻找摆脱奴隶制度的出路。她正沉浸在对美国人的钦佩之情中,也许她无法想象,他们中的任何一个人其实就是种族主义者,是灭绝人性的魔鬼。其次,也是更紧迫的一点,她低估了自己的计划将会招致的实际挑战的难度。罗伯特·欧文(Robert Owen)是一个比莱特更疯狂、更乐观的梦想家,他当时在印第安纳州的新哈莫尼(New Harmony)建立了自己的乌托邦式的定居点。在欧文的影响下,莱特认为,纳舒巴的定居者也能在这片土地上自给自足,甚至留有盈余。[87] 但现实情况远非如此。她向一个又一个朋友寻求经济支持,用以购买奴隶和经营社区,却收效甚微。1827年,在将一小批被奴役的非裔美国人带去这个社区后——仅有30人最终留在那里生活——莱特染上了疟疾,回到欧洲疗养。在莱特不在的日子里,社区挣扎着维持了下去。它还因为谣传的跨种族的"自由恋爱"实验(即非婚性行为)而声名狼藉。1830年,实验进行了五年后,莱特终于承认了失败。她解放了纳舒巴的男人、女人、孩子,租了一艘船,把他们送去了海地。

纳舒巴的莱特与瓦尔登湖的梭罗形成了迷人的对比。两人都看到了,他们身处的社会存在一些非常不道德的东西,并开始着手证明,有些事情可以不这么做。梭罗走的是一条完全个人主义的道路,只关心自己的需要和欲望。相比之下,莱特的解决之道是慈善主义和社群主义。诚然,她的成就远低于她的预期。她的成就还是通过使用极其家长式的做法取得的。可以说,她大概就是美国作家泰茱·科尔(Teju Cole)口中"白人救世主的工业复合体"("white-savior industrial complex")的第一个倡导者。[88] 尽管有这些缺点,纳舒巴至少是一次切实的尝试——对于那30个人来说,这是一次改写人生的尝试——试图去干预一件可怕的事情。

不过人们也很容易夸大莱特的不切实际。她很清楚纳舒巴是什么。在 1830 年发表的一篇评论中,她把这个社区描述为"只提供一种努力的生活,而就目前来看,那是一种贫困的生活:简陋的小木屋、简单的食物、积极的工作"。考虑到这一点,尽管她向任何可能提供帮助的人发出了邀请,但只向具备有用技艺和必要工具的人发出了加入的请求:"所有人都必须带上双手和大脑。"至于莱特本人,这个相当富有的女人,甘愿牺牲自己的舒适,她也住进了简陋的小木屋。1827 年,看着这个场景,她的朋友特罗洛普留下了永不磨灭的记录:"雨水穿透了木制的屋顶,烟囱是用木头做的,上面沾了一点泥,一天至少会着火十几次;但弗朗西丝·莱特却站在这片荒凉的土地上,带着一种征服者的神态。"莱特的记录更加简洁。她承认:"理论和实践之间的距离通常就是这么大。"[89]

就在纳舒巴坍毁的同时,莱特已然把注意力转向了另一项新背景下的新事业:城市政治的混战。1829 年,在民粹主义情绪达到沸点之际——杰克逊就任总统的同一年——一个新的劳工党(Working Men's Party)在纽约宣告成立。常常被称为"劳动者"的他们,得到了工匠协会和熟练工组织的支持,放眼政坛,这是一种显著的反常现象。作为狂热的集体主义者,他们试图将具备技艺的工匠和不具备技艺的普通工人联合起来,发动一场改革运动。这使得他们成为比民主党更激进的左翼,而民主党已经迅速蜕化成了一台腐败的纽约政治机器,它由臭名昭著的坦慕尼协会

(Tammany Hall)① 的幕后老板们管理。在教育问题上，两党的政治纲领大相径庭。民主党人支持在男性中普及学校教育，认为这将有助于经济繁荣，并为个人提供发展的机会。对此，"劳动者"也表示支持，但他们的支持却有一个截然不同的原因：他们希望"揭开无知的面纱，因为无知，受苦的穷人无法洞察富人主导立法的奥秘，而穷人的苦难正是由这些奥秘造成的"[90]。

莱特于1829年元旦抵达纽约，很快与其他鼓动者结成了联盟。然而作为一名来自上层社会的局外人和女性，她并没有被视为领导新党的候选人。政权的重心落在了托马斯·斯基德莫尔（Thomas Skidmore）身上，他是一位机械师、业余发明家、政治激进分子。他领导劳工党参加了随后到来的议会选举，其间坚持每天工作10个小时。"锤子和手"的徽章被印在了该党选票的头部。但想要击败坦慕尼协会谈何容易。只有一名劳工党的候选人（一位熟练工出身的木匠）赢得了选举，而这便是该党在选举中取得的最大成功了。

对于许多观察者来说，在"劳动者"短暂的兴衰中，最令人难忘的反倒是莱特本人，她披着一件棉布短袍（这是欧文主义者在新哈莫尼时期采用的一种象征理性主义的装束），向着屋顶声嘶力竭地大叫。"人民的眼睛已经睁开了，"她操着一口苏格兰腔高喊道，"我说的是'人民的'，也就是在总人口中为数众多的那些快快乐乐、最靠得住的人，他们用额头上流下的汗水来养活自己，他们的勤劳既构成了国家的物质力量，也构成了国家的精神

---

① 坦慕尼协会是位于纽约市的民主党组织，1789年建立，19世纪和20世纪初期操纵了纽约政界，因腐败而声名狼藉。——译者注

支柱。"她又说道,这个国家,这个"经过革命洗礼的美国",可能已经脱离了绞刑台和地牢,但它仍然需要战胜"无知的暴政和思想的奴役"。[91] 在现场成千上万的听众中,有贵格会的木匠沃尔特·惠特曼(Walter Whitman),还有他10岁的儿子沃尔特(Walt)。多年以后,这位诗人还记得当年看到莱特演讲时的震惊:"我们都爱她,在她面前五体投地。她的样子让我们心荡神迷。"[92]

与此同时,在西南方向大约200英里外的地方,还有一个大约10岁的男孩正在学习读书写字——他从来不曾知晓自己真正的出生日期。他的名字叫弗雷德里克·奥古斯都·华盛顿·贝利(Frederick Augustus Washington Bailey),他生下来就是奴隶。1829年,他正住在巴尔的摩,但作为一个小孩子,他已经目睹了种植园的生活和邪恶——"血污的大门,奴隶制的地狱入口,我正要穿门而过"[93]。1833年,他最担心的事情还是发生了。他被送回乡下当一名农场工人。在那里,他亲身经历了奴隶制度的所有恐怖之处:持续不断的饥饿,从早到晚的苦役,冬日刺骨的寒冷,严厉至极的鞭打,"我的皮肉上肿起了小指头那么大的血痕"。他就这样苦熬着,没有一丝喘息的机会。1836年,他被外租给了一名城里的造船商,在一群被统一管理的船员中当一名非技术工人。那里的工作进度快得让人发疯——他觉得自己需要再长出十来双手才行——好在工作环境还算平静。直到有一天,突然间,"白人木匠都罢工了,他们表示,不愿意和自由的有色人种工人一起干活儿。他们声称,他们这么做的理由是,如果鼓励自由的有色人种木匠参与劳动,对方很快就会把这一行掌握在自己手中,到那时,贫穷的白人就会失业"。虽然年纪尚轻的弗雷德里克还算不上是技艺娴熟的木匠,但是当矛盾演变成更广泛的暴力冲突后,他还是再次遭到了狠毒的攻击,这一次的袭击者是四个白人学徒。

就在这时,他终于时来运转了。他的主人把他送去了另一座造船厂,在那里,他接受了船体填缝的训练。这意味着他的状况立即改善了。他说道:现如今"我自己找工作,自己签合同,自己挣钱。我的路变得平坦多了"。确实是平坦多了,平坦到他得以脱身了。1838年,在一位名叫安娜·默里(Anna Murray)的自由黑人女性的帮助下,他假扮成了一名驶向北方的蒸汽船上的水手。一到安全的地方,他们俩就结婚了,在捕鲸小镇新贝德福德(New Bedford)定居了。在镇上,当上填缝工的他将有很多工作要做。他用了一个新名字,丢掉了先前主人的名字:从现在到永远,他都会是弗雷德里克·道格拉斯。

没过多久,道格拉斯就成为废奴主义圈子里的一名杰出的演讲家,他开始书写自己的生活故事。这本书于1845年付梓。道格拉斯不断发表演讲,揭露奴隶制的真实面貌、预言它的下场,同时震惊了黑人和白人听众。1852年,他首次向一个反对奴隶制的缝纫工人团体发表演讲,他问道:"7月4日对奴隶来说意味着什么?"他的回答是:"这一天比一年中的其他任何日子都更能揭示出,奴隶作为现行制度的牺牲品,一直以来遭受严重的不公和残酷。对他来说,你们的庆祝是虚伪的;你们所夸耀的自由,是一种邪恶的放纵……此时此刻,世界上没有哪个国家的人民的罪行,比美国人民的所作所为更惊人、更血腥。"

直到今天，这番话仍然很有名气，这是它应得的。但是道格拉斯最著名的一次演讲是在几年后的 1859 年发表的。演讲的题目是"白手起家的人"。不同于其他许多有关这一主题的书籍、小册子和讲座，道格拉斯之所以选择它，就像他曾经选择 7 月 4 日一样，为的是从根本上改变它的含义。"恰当地说，"他由此开场，"世界上没有白手起家的人。这一术语意味着过去和现在的个体独立，这种独立永远不可能存在。我们不是乞讨就是借，要么就是偷。"谈及白手起家的人，在与其有关的众多教训中，通常只有一个是值得牢记的：那就是"工作！工作！！工作！！！不是一时的断断续续的努力，而是耐心地、持久地、诚实地、坚持不懈地、全身心投入地工作"。有那么一会儿，人们俨然看到了本杰明·富兰克林的幽灵再度升起，但几分钟后，它就被驱逐了，因为道格拉斯紧扣演讲主题达到了高潮——"这套理论将如何影响黑人？"富兰克林、杰斐逊、爱默生、梭罗甚至弗朗西丝·莱特，都从未想过要问这个问题。但道格拉斯给出了一个简单的回答："公平地对待他，顺其自然吧。"意思是："向他敞开学校、工厂、作坊和所有机械行业的大门……既然他用稻草做砖做得很好，现在就把稻草给他吧。给他一切便利，让他能诚实而成功地生活。在一切体面的工作上，把他当作平常人中的一员来对待吧。"

历经了五年的流血冲突、长达百年的法律隔离，直到今日，道格拉斯的呼吁依然没有得到充分的回应。与此同时，关于手工艺在黑人生活中的地位的辩论，还将激烈地持续下去。在这个问题上，道格拉斯，这个曾经用最简陋的工具——为船舶填缝的木槌和铁块儿——谋求生计,而后获得自由的人,有一条建议送给他的非裔美国同胞:"别再把这件事隐瞒哪怕是一个小时了,那是无益的,甚至是有害的。每一天的开始和结束,都伴随着一则深刻的教训:自由的黑人要么学手艺,要么死。"[94]

## 第三章　要么学手艺，要么死

这是"裴廓德"号（*Pequod*）上的一个闷热的日子。不可预测的捕鲸之旅，在漫长的单调生活中时而穿插着血腥的暴行，但此刻旅程正处于低潮。海面是铅色的。在甲板上，以实玛利（Ishmael）、季奎格（Queequeg）正"心平气和地"织一条毯子。一旦完工，它将被绑在船上的一艘鱼叉小艇上，用来保护船体的外壳。以实玛利将绳索（一种轻质焦油绳）穿过由经线交替展开而成的梭口。每经过一次，季奎格就用橡木刻的剑把纬线砍倒。他们俩的合作无精打采。以实玛利陷入了形而上学的思考："啊呀，整条船和整个海面都笼罩在如此奇怪的梦幻之中，只有那断断续续的、沉闷无聊的剑声打破了这片宁静，眼前的一切宛如时间的织机，而我自己就是一只梭子，在命运之神的手下机械地织啊织，一刻也不停歇。"他忽然想到，季奎格的木剑在厚实的垫子上不规则地滑动和重击——"砸在纬线上，有时是斜的，有时是弯的，有时重，有时轻，完全随其兴之所至"——简直是对生命之偶然性的一种恰如其分的比喻。"这野蛮人手里的剑，我又想，就这样决定了经线与纬线的形状和式样；这轻巧而冷漠的剑一定就是机遇了——对，机遇、自由意志和必然性——彼此间完全可以兼容，相互交织在一起。"[1]

1851 年，赫尔曼·梅尔维尔（Herman Melville）的《白鲸》（*Moby-Dick*）出版了，就像书中的其他许多段落一样，这段非凡的插曲利用了一个古老的隐喻范式——在这个例子中，纺织品再一次与命运联系起来，与此同时，也在迫切地与自身所处的时代对话。南太平洋岛民和美国白人之间的这段友谊，在小说中每每表现出同性恋的倾向，而且具有政治的意味。身在海洋深处，陆地上盛行的种族分裂在某种程度上被中止了。黑人和白人的手握在了一起，去做该做的事。在某些解读中，这是驱动整部小说的宏大隐喻的一部分："裴廊德"号就像一个与世隔绝的国度。暴君般的亚哈船长（Captain Ahab）摇摇欲坠地站在船头，其他长官和水手则是在他手下忍受暴政、艰苦劳动的臣民。男人们彼此间的友谊，是他们全部的安慰和唯一的快乐。

19 世纪 40 年代初，梅尔维尔曾做过捕鲸者，《白鲸》就是以他的亲身经历为基础写成的，在连篇累牍的华丽描写中，梅尔维尔记录了船上生活的许多附带细节，包括船上的各种手工艺。书中有一个令人难忘的人物，他是一位不知名的木匠，总在不停地抱怨和发怒，但他不仅能胜任木工活儿，对付得了"古老且枝丫斜出的树干"，还能处理"在三四年的航行中，在尚未开化、遥不可及的重洋之上，一艘大船不断发生的数以千计的机械事故"。他甚至用抹香鲸的下颚骨给亚哈船长做了一条假腿。梅尔维尔用一种混杂了敬畏和傲慢的奇怪的笔触，来描绘这名木匠。有一次，他甚至把这位木匠比作一把谢菲尔德小刀，在小刀的刀身里藏有无数的工具和发明，随时可以蹦出来，派上用场。"他是一个纯粹的手艺人,"梅尔维尔写道,"如果他曾经有过大脑的话,一定早就顺着脉络渗入他手指头的肌肉了。"这个人到底是一位工匠,还是一台机器?

许多观察美国的新兴工业制度的人,尤其是那些在这种制度下工作过的人,也曾遇到过类似的问题。《白鲸》出版时正值捕鲸业的鼎盛时期,梅尔维尔很清楚,他所描述的那些船就像一座座漂浮的工厂。捕鲸者要比一般的纺织工人做更多的工作,其中有许多是技术密集型的工种;捕鲸者对手工艺也有个人层面的追求,他们在充足的业余时间里制作的那些有名的雕刻,就是这方面的例子。而每当有鲸鱼被捕获,鲸脂必须被煮成鲸油时,他们又像在铸铁厂中干活儿。梅尔维尔书中最著名的章节之一"炼油间"("The Try-Works"),描述了这个过程:巨大的锅碗瓢盆,经过清洗和手工抛光,直到它们"像银色的潘趣酒碗一样发亮";油滑肥厚的鲸肉被铲进锅里;下方的砖石壁炉里燃起了地狱般的火焰;船身的每一次颠簸,都会让滚烫、散发恶臭、冒着烟的鲸油溅到船边。这一幕与编织毯子的宁静时刻形成了鲜明的对比,它把"裴廓德"号变成了一处海上前哨,在这里爆发的是美国朴素的手工艺与壮丽的现代工业之间的决定性冲突。

《白鲸》中的种族多样性也是基于事实的。"裴廓德"这个名字本身就是指印第安佩科特人(Pequot),他们曾经居住在今天的康涅狄格州和罗得岛州。虽然梅尔维尔在描绘季奎格和他的鱼叉手伙伴"大个儿"(他来自非洲,具体哪里我们就不知道了)以及塔斯蒂哥[一个来自马撒葡萄园岛(Martha's Vineyard)的阿奎纳人(Aquinnah)]时,用笔十分夸张——他们有时是原始的讽刺漫画人物，有时又成了三个超级英雄。但他们的存在的确反映了这个行业的现实。捕鲸是一项艰难且极其危险的工作，一个"新手"第一次航行归来，扣除费用后，几乎赚不到钱。但假如他活下来了，随着他的经验与日俱增，他确实会得到更多的报酬，这是一种学徒制度的降级版本。这些条件显然不算吸引人，许多最终成为捕鲸者的人，仅仅是因为没什么别的可干罢了。早在欧洲人建立殖民地之前，美洲原住民就在新英格兰海岸附近捕鲸，他们在捕鲸业中发挥的作用特别重要，一如日后的非裔美国人和来自佛得角的移民。

梅尔维尔对鱼叉手的种种成见流传甚广，其中有正面的，也有负面的：印第安人以其在观察时的敏锐目光和在攻击时的运动能力而闻名，但是他们在管理方面的突出能力，尽管在原住民长官的日志中有详细的记录，却被一般人忽视了。原住民工人和黑人工人还承担了码头上的大量手艺活儿，以保证船只顺利航行：制作船帆和绳索、木作、箍桶、砌块、船体填缝，不一而足，这些都是弗雷德里克·道格拉斯年轻时干过的差事。"裴廓德"号的母港新贝德福德建满了等待把收获的鲸油加工成灯油（这启发了小镇，遂有了一句格言：Lucem diffundo。意即"我带来了光明"）、润滑油、蜡烛、肥皂的工业配套设施。此外，把鲸须（从鲸鱼嘴里长出的细骨脊）做成伞骨和紧身胸衣的作坊也在那里。城里还有金融机构——银行和保险公司，它们负责管理经过港口流往各地的巨额资本。[2]

在这种生产模式的内部，是环环相扣的手工劳动和工业生产；在这种生产模式的外部，与之紧密相连的，是遭受剥削、文化背景各不相同的劳动力和金钱上的利益勾结。总而言之，捕鲸业着实是这个国家的缩影。而这种生产模式业已在各行各业普及开来。1855 年，当"范妮"·莱特的演讲仍在耳边回响时，沃尔特·惠特曼写了一首《职业之歌》（"Song for Occupations"），罗列了数十种不同的行业，它们像滚落山坡的原木一样，在路面上颠簸着，发出聒耳的声响：

建房、测量、锯木板，
锻铁、吹玻璃、制钉、箍桶、给屋顶镀锡、为墙面贴瓦，
填塞船缝、建造码头、饲养鱼类、给人行道铺设鸢尾花圃，
抽水泵、打桩机、大井架、煤窑、砖窑，
煤矿和下面的一切，黑暗中的一盏盏灯，回音不断，
歌声不绝，何其深邃的沉思，何其寥廓的本土精神。

诸如此类，一节接着一节：填缝和棉花，烟花和面粉，酿造和屠宰，胶水和冰块，丝绸和玻璃，了不起的大阵仗。对惠特曼和那一代人来说，手工艺与工业之间仍然没有绝对的区别。人们只关心生产，越来越高的产量，是它定义了美国。"你也许读过用许多种语言写成的书，却从未读到有关它的任何内容。你也许读过总统的咨文，但在那里，你也读不到有关它的任何消息，"

惠特曼写道，"无论是在人口普查或税收返还的报告中，在物价公告中，还是在任何股票的账目里。"可那又怎样呢？它就在那儿，到处都是。这真是太棒了。

等到内战最终爆发的那一天，这个庞大的生产系统自行发动了攻击，成为世界上有史以来最具破坏性的力量。对阵双方——尤其是拥有技术和绝对数量优势的北方——在战争物资的生产上，实现了前所未有的标准化。标准化商品需求量的激增，以及铁路系统的改善和规模经济的效益，共同鼓励了制造业的集中化。至于工匠们，即使他们能够下场参加较量，大多数成年男性工匠也只能在别的事情上忙活：他们参军了。在部队里，他们的生活在许多方面与工厂的工作相似。士兵们要体验任务分配、军阶分级、时间管理（军号和军鼓取代了工厂的晨钟），最重要的是人类的身体和非人类的技术之间的不平等的竞争。炮兵就是典型的例子。内战爆发之前，它是军队中最依赖手工艺的一个分支，炮兵的军饷通常是最高的，学徒文化在他们当中盛行。大约就是在保罗·里维尔从银器铸造顺利转行到火炮铸造之后，没过多久，炮手们就已经对自己的武器了如指掌了。然而等到内战结束时，野战炮、炮弹都已经是按照工厂的标准统一制造了，杀伤力也比之前大得多。战争初期，使用水雷、鱼雷等大规模杀伤性武器，还被认为是不光彩的行径，用联邦将军乔治·麦克莱伦（George McClellan）的话说就是"最凶残、最野蛮的行为"。到了1864年，双方都在大量生产这些东西。[3]

类似的规模转变，发生在战争物资生产的各个方面，甚至包括不会带来危险的行业，比如缝纫。1851 年，艾萨克·梅里特·辛格（Isaac Merritt Singer）为自己发明的第一台缝纫机申请了专利，随后他取得了一些成绩，他采用的营销方法，与伊莱·特里发明木制时钟后采用的营销方法类似。他的公司上门推销机器，向客户兜售分期付款的购买计划。他们回购旧机型，以此鼓励客户购买新机型。与此同时，就像在制鞋业中发生的情况一样，提前做好的成衣（而不是定制服装），也从 19 世纪 40 年代开始为消费者所接受。男士服装采用了新的"比例量测"的生产制度，允许顾客参照本人的尺码购买服装。这个平价但不完全合身的服装时代，已然拉开了帷幕，当下仍在影响着我们。缝纫机的出现，在某种程度上加快了这一进程，不过它的影响并不是立竿见影的。高昂的单价让许多个人买家望而却步，而且早期的缝纫机使用起来也很困难。一位早期的顾客在日记中写道："我曾经被告知，假如我有一台缝纫机，我将在大部分时间里无所事事。如果我足够富有诗意，能够在很早前想象出这样的现实，我一定会失望透顶。"[4] 早期机器的工业外观，也让潜在买家止步不前，直到制造商通过涂刷油漆、铸造装饰解决了这个问题。1860 年，《歌迪的女士之书》上发表了一篇吹捧文章，它如此描述一个缝纫机模型："如此轻盈优雅，成品又是如此美丽，以至于人们在了解它的其他优点之前，就已经被它的外表吸引。"[5]

然后战争爆发了。缝纫机的需求量激增，人们用它来制造制服、帐篷、毯子、旗帜和其他物资。一位缝纫机操作工——通常是一个女人——可以完成 6 个人的手工工作。作为回应，制造商们大幅提升了缝纫机的产量，采用了大规模生产、零部件可互换的生产方法，后者是由枪械工业首创的。一些统计数据说明了这一点：1853 年，辛格的公司仅仅生产了大约 800 台缝纫机，全部手工制作，每台的零售价是 300 美元。而到了 19 世纪 60 年代末，战争结束后，公司每年可以生产 40 000 多台缝纫机，每台的零售价约为 60 美元。（他们每年花在广告上的钱也超过了 100 万美元。）[6]

这样看来，南北战争是一场由大规模生产推动的大规模屠杀。这是历史上第一场被广泛拍摄记录的战争，它得到了大众媒体的广泛报道。即使这样，它依然是一场由个人经历汇聚而成的战争，战争中的个体必须尽可能地适应环境。军事领袖制定计划，士兵们即兴发挥。每次军队扎营时，照搬自兵法准则的理想布局——由一座座小屋组成整齐的网格，小屋之间要有笔直的小巷——都要根据实际可用的扎营时间、当地地形做出调整。有些晚上，部队也许只是在地上简单搭一座折叠帐篷，便在橡胶垫子上匆匆入睡。如果要建立一处长期使用的营地，他们也许会用圆木或木板搭建一座小屋，甚至是一座圆形的尖顶帐篷。此外，建造防御工事、堡垒垛堞、铁路和其他军事设施，同样也需要现场的发明创造。

指挥官们非常清楚这种不可预测性，并试图确保每个团（通常在 500~800 人）都配有技艺娴熟的木工、砖匠、石匠各一名。这类有所专精的"技术兵"的工资高于普通步兵，他们主要集中在骑兵和炮兵部队中，从事铁匠以及马鞍、马具制造或工程师的工作。其余的工匠驻扎在城市里，被分配到造船厂、货车厂或兵工厂。[7] 但是战斗打响后，每一个士兵都要在需要的时候拿起工具。一名联邦骑兵写道:"突然之间,几乎人人都变成了石匠或木匠,都在用最大的力气挥舞锤子、斧头或泥铲,无论他是否具备最高超的技术。不管怎么说,我们中的许多人都对这个部门展现出的聪明才智感到惊讶。"[8]

回到战争后方,在那里,手工艺同样是战争的一个重要方面。突然出现的劳动力需求带来了高工资,吸引大批移民涌入北方城市。"这是手艺人、工人和士兵的黄金时代。"一位德国家具制造商在 1863 年写给家人的信中说,他的工资已经翻了一番。[9] 母亲们、姐妹们、女儿们,为她们家里的士兵们做好了衣裳。无论在北方还是南方,家家户户都缝制了国旗,看着它在空中飘扬。强烈反对这场战争的发明家塞缪尔·莫尔斯(Samuel Morse)提议悬挂一种"和平旗",旗面沿对角线从左上至右下一分为二。一个三角形飘向北方,另一个三角形飘向南方。一旦停火协议达成,一分为二的旗帜"将会恰如其分地合二为一"。[10] 这个建议没有奏效。相反,国旗被赋予了一种新的民族主义情感,并一直延续至今。1861 年,在里士满,著名作家康斯坦丝·凯里·哈里森(Constance Cary Harrison),也就是所谓的邦联的贝琪·罗斯,与她的两个表兄弟合作缝制了第一版的"星条旗",这面旗帜至今仍是美国生活中最具争议的象征之一。在纽约,萨姆特堡(Fort Sumpter)遇袭后,人们纷纷涌上街道,此时两名在船上工作的索具工人,在三一教堂(Trinity Church)的屋顶上升起了一面巨大无比的星条旗,"百老汇大街几乎笼罩在一片旗帜的云海里。红色、白色和蓝色,红色、白色和蓝色,到处都是这三种颜色映入眼帘,无论向哪个方向看去都是如此"[11]。

1842年，卡洛琳·考尔斯·理查兹（Caroline Cowles Richards）出生在纽约州北部靠近加拿大边境的地方，她从10岁开始写日记。这些文字详细描述了她参与的社区缝纫活动，包括制作"拼布"（"album" quilts）。在这个活动中，她和缝纫小组的其他成员各自贡献一块正方形的贴布，连缀成一块毛毯，送给结婚的同伴。战争爆发后，理查兹陷入了狂热。"暴风雨向我们袭来了，"她写道，"这看起来是多么奇怪和可怕呀。"但是看到男孩子们一边排成方阵开赴前线，一边高唱着"噢，为祖国牺牲是多么甜蜜啊"，又真心叫人激动不已。和镇上其他的女人一样，她为士兵们做衣服，把纸条塞进缝里，好让他们发现。她的缝纫伙伴们一致同意，如果谁的丈夫去打仗了，她们会联合起来为女主人做一床以国旗为主题的被子，每一颗星星上都绣有一位贡献者的名字。[12]

　　有一则长期流传的神话，说的是在战争之前和战争期间，被子被非裔美国人派上了更大的用场——被用作地下铁路（Underground Railroad）①的信号装置。根据这一理论，晾衣绳上如果挂着绣有"小木屋"图案的被子，那么这里就是一处安全的藏身之所；如果挂着绣有"醉汉之路"图案的被子，那么这实际上是一幅供人逃生的路线图。不幸的是，这些说法没有得到任何历史证据的支持（幸存下来的绣有"醉汉之路"图案的被子，其实都是在南北战争之后才出现的）。[13]撇开上述一厢情愿的想法不谈，关于非裔美国人在战争期间的手工艺从业经历，最惊人的一点是它

---

　　① 地下铁路是指美国内战打响前，废奴主义者帮助奴隶逃亡利用的地下交通网。——译者注

与战前模式的一脉相承。直到后来，突然之间一切都变了。起初，黑人中的劳工和工匠将他们在种植园、城市中的劳动角色，直接代入军事供应。在这场战争中，他们构成了对南北双方来说都至关重要的一股力量，他们为士兵制造靴子，为马车制造轮子，为马匹制造马鞍。木匠和铁匠在当时尤其抢手。在这些工人中，有许多人只是简单地继续从事此前长期从事的工作。南方的非裔美国人有过被奴役的经历，他们往往因为在外租制度下学到的灵活应变和多种技能而受到重视。对此，一些军需官做出过评论。在弗吉尼亚州林奇堡（Lynchburg）的一座战略仓库里，一名南方邦联的供应检查员强调了为黑人工匠提供医疗服务的重要意义："每一种手工艺生产都完成得十分精细，所有材料使用起来都很节约，而且发挥了最大的作用……这些黑鬼帮了大忙，他们的健康重要极了。"[14] 也许有些令人惊讶的是，在南方，混血工人——包括被奴役的和自由的黑人——一直到战争结束都很常见。

在北方，同一时期的一份关于自由黑人——无论是作为战斗人员还是手工艺者——所作贡献的军队报告只是简单地写道："他们永远都不够用。"[15] 北方联邦也非常清楚，非裔美国人的劳动对于南方邦联有多么重要，这为解放黑奴提供了一则强有力的现实论据。"反抗者负隅顽抗的力量，来自这些奴隶无回报的辛勤劳动，"一名竞选纽约州州长的候选人在 1862 年这样说道，"它的根基即将被铲除。"[16] 事实证明，他的说法完全正确。在战争的早期阶段，一些逃离南方的非裔美国人越过了北方的防线，而后为北方扮演了侦察兵、间谍的关键角色。其他人则直接报名,参军作战。这一小部分勇敢的男男女女,是一股伟大的变革浪潮的先驱。当北方联邦的军队横扫南方时,他们从种植园、工厂中解放了成千上万的黑人,由此破坏了南方邦联的补给线。也正是在此时,他们提出了这些新近获得自由的美国人的法律和社会地位的问题。然而这个问题在接下来的很长一段时间内都不会得到解决。

一位非裔美国工匠在远离前线的白宫客厅里,亲身经历了这场战争。她就是伊丽莎白·"莉齐"·凯克利(Elizabeth "Lizzie" Keckley),一位女裁缝,她的故事在自传《幕后》(*Behind the Scenes*)中有详细的描述。"我的人生恰逢多事之秋,"她在开篇处写道,"我生来就是一个奴隶——我是奴隶的孩子——因此我虽然怀着上帝的信念,自由地来到这个世界上,却被束缚了行动。"她于1818年出生在弗吉尼亚州,是一个白人种植园主和一个名叫艾格尼丝(Agnes)的识字家奴的女儿。她的成长经历是典型的奴隶女性的经历:家人分离,毒打,持续了四年之久的强迫的性关系。在这段时间里,她一直在做针线活儿,这既是为了养家糊口,也是为了多挣些钱。最后,凯克利被带到了圣路易斯,在那里,拥有她的家庭陷入了困境。"用我的针,"她自豪地回忆道,"我给17个人提供了面包。"1855年,她借助一群白人赞助人的支持,最终成功地赎回了自由,她是在做定制裁缝工作期间,与这些人建立关系的。[17]

获得自由后,凯克利搬回东部,成为华盛顿当地圈子里一位技艺出众的女裁缝。1860年,战争爆发迫在眉睫之际,她担任了时任密西西比州参议员杰斐逊·戴维斯(Jefferson Davis)的妻子——瓦莉娜·戴维斯（Varina Davis）——的私人女装裁缝。据凯克利回忆，她正忙着做试穿服装的那会儿，南方的政客们经常来来往往，在她面前无所顾忌地讨论"战争的前景"，就好像她不存在一样。那年的圣诞节，当午夜钟声敲响时，她完成了一件用"闪光绸"裁成的灰褐色睡袍，这是参议员的妻子准备送给丈夫的礼物。"我毫不怀疑，"凯克利在自传中写道，"在日后的那些风雨飘摇的日子里，出任南方联盟总统的戴维斯先生正穿着它。"在那段时期，瓦莉娜·戴维斯也会穿着凯克利制作的时装出场。另一位客户玛丽·安娜·卡斯蒂斯·李（Mary Anna Custis Lee）也是如此。她是玛莎·华盛顿（Martha Washington）的直系后裔，是罗伯特·E. 李将军（Robert E. Lee）的妻子。也就是说，整个南北战争期间，这两位南方邦联的女主角都穿着由一位曾经被奴役的非裔美国女性制作的长袍。

这一幕因为凯克利与玛丽·托德·林肯（Mary Todd Lincoln）的亲密关系而变得更加与众不同。在 1868 年首次出版后，《幕后》之所以引发了公众的兴趣，不是因为它揭晓了一个黑人女手艺人的故事，而是因为它提供了对白宫，尤其是对林肯夫人的近距离观察。在战争年代，凯克利不仅制作了总统夫人的舞会礼服——其中的一套华丽的紫丝绒白缎礼服，至今仍然作为藏品，保存在史密森博物馆——还是总统夫人的私人助理和密友。在回忆录中，凯克利声称，总统遇刺后，玛丽·托德·林肯想见的只有她一个人。事后，玛丽·托德·林肯送给了她一些林肯的遗物：凯克利为林肯"刷掉身上的胡子茬儿"的梳子、手套，甚至是林肯去福特剧院时，身穿的那件沾着血的斗篷。她将其中的大部分捐赠给了威尔伯福斯学院（Wilberforce College），这座学院刚刚在俄亥俄州成立，旨在为非裔美国人的教育服务。凯克利一直活到了将近90岁，始终靠针线活儿维持生计。出自她手的一床被子被保存在肯特州立大学（Kent State University），据说是在此事过后的最初几年里缝好的，甚至可能用到了玛丽·托德·林肯的衣橱里的零碎面料。被子中心有一个方格，上面展示了一只飞翔的雄鹰，它的翅膀下绣着七个字母：LIBERTY（自由）。

如果说凯克利的被子想要倾诉的隐衷，用"自由"这个词就能说得清清楚楚，那么陶工戴夫（Dave the Potter）的作品又需要用到多少个词呢？如今，他几乎与凯克利一样出名：凯克利的故事已经成为一部小说和一部戏剧的主题，她还作为一个角色，出现在了史蒂文·斯皮尔伯格的电影《林肯》（Lincoln）中，而戴夫的故事也已经成为几座博物馆的展览主题，甚至被写入了一本儿童书籍。然而两个人却迥然相异。戴夫没有留下回忆录，学者们不得不从零散的报纸报道和商业记录中，拼凑出他的传记。这些事迹并没有让他占据政治权力的中心，而是让他辟居在南卡罗来纳州一处被称作埃奇菲尔德（Edgefield）的乡村地区，1800年，他出生在那里，似乎在默默无闻中度过了大半生。

如果他只是一位陶工的话，他会一直待在那里，默默无闻。虽然他制作的陶轮和陶罐都很漂亮，有时候形制巨大（高度超过两英尺），但许多非裔美国人工匠和白人工匠也创造过类似的作品，他们的名字如今都已在历史中湮灭了。在陶罐上釉烧制之前，戴夫会在罐中迅速刻上几节简短的诗句，这才让关于他的记忆得以保存。每件作品都刻有相应的日期和他的名字,是两行刻好的粗体字。现存最早的此种陶罐出现在 1834 年,他用一小段话道出了陶器的容量,上面刻着:把每一个硬币都放进来吧/这个罐子肯定能装 14 个。在创作于 1840 年和 1857 年的两首小诗中,他表达了对金钱的保留态度,认为金钱乃是万恶之源:给我银子或金子吧/尽管它们对我们的灵魂是危险的,我做了这个装钱的罐子/尽管人们都说视金钱如粪土。还有一些小诗会提到阅读《圣经》、储存猪油和肉类、星座和 7 月 4 日的庆祝活动。最值得注意的是,在一个被奴役之人识字是非法之举的时代,他公开了自己被奴役的身份。1840 年,他被卖给了一个新的主人,他记录下了这一事实:戴夫属于迈尔斯先生/这儿的炉子在烤,锅子在煮。1859 年——几年前,迈尔斯老爷家里一个名叫莉蒂(Lidy)的女人和另外两个男孩,被送去了西部的田纳西州,他们仨可能是戴夫的妻儿——他俯身在一个罐子上刻下了这些令人心碎的话:我想知道我的亲人都去哪儿了/所有的人,每个民族,都是朋友。

戴夫在刘易斯·迈尔斯(Lewis Miles)的陶器作坊工作,他们家的生意做得相当大,1860 年美国工业普查数据显示,这家店的产品价值 5000 美元,每年还可以生产容量达到 50 000 加仑的陶器,也许是多达 2000 个陶罐。(烧火是在被称为"土拨鼠"的低矮窑炉中进行的,窑炉部分建在地下,其中一端建有烟囱,以便空气、热量和烟的流通。)在店里的大量产品中,只有不到 150 件被归在戴夫名下,并且流传至今。尽管戴夫作为匠人和作家可谓心灵手巧,但是却像几乎所有生于美国奴隶制下的人们一样,

戴维·德雷克（陶工戴夫）制作的储物罐，1857 年。
纽约大都会艺术博物馆。

他的故事大抵也会被抹去痕迹。但是读过有关他的资料，主要是那些出自他本人之手的资料，我们知道他是一个懂幽默、有尊严的人。1859 年，当地的一份报纸发表文章，谈到了关于埃奇菲尔德的一次怀旧之旅，文章认为戴夫是当地的一个传奇："难道我们已然忘记了这一切吗？孩子们过去常常走到波特斯维尔（Pottersville）老城，去看看它奇特的制造业生产，由此度过一个美好的星期六。他们眼望着老戴夫发动魔法，出神入化地把黏土塑造成他想要的坛坛罐罐。"南北战争爆发，黑奴获得解放后，戴夫继续为刘易斯·迈尔斯工作，但那时的他很少再制作那些让他死后声名远播的大罐子了。这也许是因为他年事已高，也许是因为种植园经济在战争期间的崩溃。他最后的铭文，散发了基督教信仰的浓郁气息，时间是 1862 年：我凭着十字架做出了这个罐子/

如果不忏悔，你将会迷失。在这之后，再没有人听到戴夫的任何消息，虽然我们知道，他在战后接受了他最后的主人德雷克（Drake）的名字作为姓氏。1870年的人口普查就是这样记录他的，那时的他成了一位"车床工"。那就是有关他一生的最后一个词。他是否与莉蒂重聚，我们不得而知。幸好，他的陶罐和文字犹在，依旧是创造、思考和情感的结合。[18]

在戴夫淡出人们视野后的岁月里，我们进入了历史学家口中的重建时期。对于非裔美国人来说，这是一段起初充满乐观主义，却以深深的失望而告终的日子。争论的重点是曾经被奴役的人们的权利，这些权利在战后迅速被写入宪法，却被白人至上主义者实施的恐怖主义运动和政权压迫所侵蚀。黑人代表出现在美国国会和南方各州的立法机构，却再一次因为压制选民的种种伎俩而被驱逐。一旦其他形式的社会控制落败，白人干脆就诉诸私刑，这种做法在随后的几十年间变得越发普遍。[19]

在这一系列悲剧事件中，手工艺始终是争论的中心话题。内战爆发前，弗雷德里克·道格拉斯曾劝告他的兄弟姐妹们："要么学手艺，要么死。"在那种完全漠视非裔美国人的生命、财产的文化氛围中，他认为对自由最好的保护，就是永远不能被剥夺的手工技艺。而1865年以后，随着非裔美国人获得进入"白领"职业的权利，关于这道题目的计算也应当做出重要的调整。实际上，许多改革者最担心的是黑人将永远止步于下层阶级，一直从事体力劳动。

内战打响之前，大约70%的南方奴隶都是种植园工人，只有大约13%的人是具备技艺的工匠（多数是男性）。其余的人从事服务工作，担任司机或者家庭用人，又或是在洗衣店、工厂、仓库做非技术工人。战争刚刚结束时，政府官员很清楚，南方的经济已经崩溃了，他们鼓励所有人继续从事他们以前的工作，以防止进一步的动荡发生。对于少数具备技艺的奴隶工匠来说，这显然意味着自身处境的决定性改观。从外租制度向现在直接偿付报酬的工资制度的转变，在他们那里颇为顺利。可是，以前下地干活儿的工人们就要面临着严峻的经济现实了。他们中的多数人没有财产，或者说没有土地，没有工具，也几乎没有任何物质资源。国会里的激进共和党人想让他们得到某种形式的补偿——比如俗话中所谓的40英亩和一头骡子——但这一目标从未实现。这导致的苦涩结果是，南方的绝大多数黑人被迫分享土地过活。虽然他们不再直接暴露于罪大恶极的奴隶制之下，但他们仍然受到白人的压迫，而这常常是白人借助信贷手段，迫使他们购买设备、种子和牲畜，强加给他们的。上述安排涉及对佃农未来收入的留置权，而土地所有者或者商业贷款人却左右了规定的细则。这便是继续控制黑人工人生活的合法手段。[20]

在寻求更加公正的政治解决的可能性逐渐消失后，就只剩下一种补救办法了：教育。几十年来，在北方和南方，都有人尝试过为非裔美国人建立学校教育制度。1855年，约翰·菲牧师（John Fee）在肯塔基州（当时是一个蓄奴州）开办了一座只有一间教室的校舍，承诺"面向所有肤色、所有阶层，提供廉价而彻底的教育"。这就是伯里亚学院（Berea College）的起源，它是美国第一所种族融合的高等教育机构。长期以来，黑人知识分子也一直将兴办教育视为头号目标。1840 年，"逃亡的铁匠"詹姆斯·潘宁顿就曾敦促各方建立非裔美国人学校："谁能驾轻就熟地把这块石头铺在下面，谁就一定能在上面再铺一块，接着再铺一块，只要如此坚持下去，可不就是万丈高楼平地起吗？一个人不积跬步而至千里，这样的事情可谓闻所未闻。"[21] 但随着奴隶制的结束，新的压力和问题又出现了。教育的重心应该放在职业培训上吗？黑人孩子应该和白人孩子一样接受通识教育吗？第一种方案的支持者强调的是直接的经济利益。但也有人认为，职业教育是个陷阱，只会强化种族等级制度。他们的理由是，美国这片土地上向来都有黑人工匠。美国需要的是身为黑人的商人、律师、牧师、政治家。用当时的术语来说，要在"工业的"和"人文的"教育之间做出恰切的选择；在战略层面，要介于短期思维和长期思维之间，不偏不倚；在哲学层面，要介于实用主义和理想主义之间，不左不右。[22]

围绕眼前进退两难的困境，人们还将继续辩论数十年之久。在战后重建时期——1865 年至 1877 年——自由主义的选择占据了优势地位。战后，由共和党控制的联邦政府立即成立了被解放黑人事务局（Freedmen's Bureau），负责改善南方所有黑人的生活条件。尽管长期短缺资金，该局还是取得了一系列令人印象深刻的成就，特别是在卫生保健和法律援助领域。该局影响最为深远的成就，是监管整个南方的学校网络——截至 1870 年，已建立超过 4000 所学校，为 25 万名学生服务——并支持了费斯克大学、亚特兰大大学、霍华德大学（以被解放黑人事务局局长的名字命名）等大学的相继建立，以上三所大学均成立于 19 世纪 60 年代末。此类高等教育机构最初的工作重点是培训教师。它们的目标是为迅速扩张的学校系统配备教员，学校的课程设计参照了"自由主义"的博雅教育路线——也许有一到两门家政课，但也涵盖了其他学科的全部课程，拉丁文、历史、地理、音乐、数学、政体等。

不出所料，这些努力遭到了白人的强烈反对。杜波依斯（W. E. B. Du Bois）说得简单明了："在南方，人们相信，受过教育的黑鬼是危险的黑鬼。南方也并非完全错了，因为在各种各样的人当中，教育一直存在着，而且将永远存在着危险与革命、不满足与不满意的因子。"[23] 白人社区领导人尤其担心，自由教育会使非裔美国人不愿从事体力劳动。他们找到的解决办法是教给非裔美国人手工艺。1876 年，卢瑟福德·B. 海斯（Rutherford B. Hayes）当选总统（在所谓的腐败交易中当选，这意味着战后重建运动的结束），他也是约翰·F. 斯莱特基金会（John F. Slater Fund）的创始受托人之一，该基金会为南方黑人学校提供了财政支持。"这是有色人种得救的福音，"他在日记中写道，"不要把劳工变得奴颜婢膝，他们应当从事诸如木匠、农民、铁匠这样有男子气概的职业。"[24]

一个名叫塞缪尔·查普曼·阿姆斯特朗（Samuel Chapman Armstrong）的人表示同意。他出生在夏威夷岛上的一个基督教传教士家庭，曾经在内战中为北方联邦而战，在葛底斯堡战役中抵抗了皮克特冲锋，随后负责指挥一支由非裔美国人组成的部队。战后，他加入了被解放黑人事务局，1868 年，他牵头成立了汉普顿师范与农业学院（Hampton Normal and Agricultural Institute）——也就是如今的汉普顿大学——地点选在弗吉尼亚州。像其他在该局庇护下成立的大学一样，汉普顿学院致力于培训师资。不过，阿姆斯特朗也前所未有地重视工业教育。尽管他视自己为"黑人的朋友"，但按照当时的说法，他也被灌输了一种传教士的精神，这导致了强烈的家长式作风。他相信，非裔美国人的社会地位现在还很低，而且在可预见的未来可能仍将如此，"人们对单纯的书本知识期望过高，对这一代人的期望太高了"[25]。在他心中，职业培训似乎是唯一明智的前进道路。它将创造一个繁荣而有道德的黑人群体，他们令人安心地远离政治，专注于农业和手工艺。

因此，汉普顿学院几乎把教学重点完全放在了教授手工技能上。该校的课程表以一所传教士学校的课程表为蓝本。阿姆斯特朗还是个孩子的时候，就对那所传教士学校有所了解，那是一所为夏威夷原住民开设的学校，名叫希洛手工学校（Hilo Manual Labor School）。他赞许地说，那所学校培养出的学生"不如高级学校的学生聪明，但更踏实"[26]。汉普顿学院的所有学生都要在学校的农场工作。男生接受锻造、制鞋、机械制造和木工的培训，女生则学习烹饪和缝纫，后者包括服装裁制。学校还出版了一份名为《南方工人》（*Southern Workman*）的插图月刊。从阿姆斯特朗的角度来看，如此强调手艺的重要性有几个优点：它能塑造学生的品格，使他们尊重劳动，学会自助；这将赋予学校新培养的教师们具体的技能，使他们能立即找到工作；这将为学校开辟收入来源，学校可以出售学生的手工艺品，以支付办学成本。最后，阿姆斯特朗也确实为智力发展创造了空间。例如，基本的几何知识，可以放在服装裁制、家具制作的过程中来教授。学生还有时间阅读《圣经》，学习一些以课本为基础的课程。但如果非要在课堂和作坊之间做出选择的话——那还是选作坊吧。

后来的事情证明，汉普顿学院对非裔美国人的历史影响深远，这主要是因为1872年的一天，一个18岁的煤矿工人出现在了学校门口：他的名字叫布克·T. 华盛顿（Booker T. Washington）。他出生在弗吉尼亚州富兰克林县（Franklin County）的一座种植园里，生来就是奴隶，自然地，他从没有在任何地方接受过任何形式的教育。"打我记事时起，"后来他在自传《从奴隶制开始》（*Up from Slavery*）中写道，"我的生活中几乎每天都被某种形式的劳动占据。"他观察到，与黑人相比，种植园里的白人往往百无一用，这让他大为吃惊。所有的体力劳动都留给了被奴役的黑人，而他们又因为事不关己，对生财之道毫无兴趣。"托这套制度的福，"他写道，"栅栏早已失修，大门的一半挂在铰链上，门吱吱作响，窗玻璃不知去向，抹灰掉了一地，却没有人重新刷墙，院子里杂草丛生。"这幅混乱的画面告诉了我们一些关于作者的事情。对于华盛顿来说，奴隶制不仅是对人类的生命、自由的野蛮侵犯，也是对黑人的种族尊严的侮辱。他试图重新赢得尊严，为此花费了一生。[27]

解放黑奴后，华盛顿一家搬去了新成立的西弗吉尼亚州，他可以进入当地的一所小型学校，主要是在晚间上学。他在盐炉旁做童工，而后又从事艰难、危险的煤矿开采工作。一次，华盛顿无意间听到了两名矿工的交谈，他们说道："在弗吉尼亚州的某个地方，有一所不错的黑人学校。"这是他第一次听到汉普顿学院。华盛顿当即决定，要尽快赶去那里。一年半之后，他终于开始了一段500英里的旅程，大部分路程是步行完成的，一路上他打了几份零工，才赚到足够的钱维持生活。到达的时候，他又累又饿。他已经有相当长的时间没有在屋顶下睡过觉了（就这事多说一句，他一生中从来没有睡过铺有两张床单的床）。难怪汉普顿学院的三层砖砌建筑给他留下了深刻的印象。"这是我见过的最大最漂亮的建筑。"他说道。在通过最初的测试后——华盛顿被要求打扫房间，他怀着澎湃的热情做好了这件事——他顺利被录取为该校的一名学生。

在许多方面，华盛顿从没有失去他刚刚来到汉普顿学院时的理想主义。他特别推崇阿姆斯特朗，称他是近乎超人和基督的人物，"是我有幸遇到的最罕见、最坚强、最美丽的人物"。他也全然接受了白人慈善家视自助自强为虔诚敬神的理解方式。在汉普顿学院，华盛顿先是当上了学校的看门人，后来又做过砖瓦工。"我学会了热爱劳动，"他写道，"不仅仅是因为劳动带来经济回报，更是出于劳动本身的考虑，出于培养独立和自力更生的能力的考虑，要做一些这个世界需要的事，就少不了这种能力。"毕业后，华盛顿去其他地方找到了一份教师的工作，但后来，阿姆斯特朗又邀请他回到汉普顿学院任教。最初，他是受邀回来参与一项实验性任务：帮助"教化"一群在西部被俘，先是被运去佛罗里达州的军事基地，后面又被送来汉普顿学院的印第安人。现在，华盛顿需要克服自己的偏见。在他的自传中，他最初把新来者描述为"野蛮的，大部分都愚昧透顶的印第安人"。没过多久，他开始觉得他们"与其他任何人都差不多"，因为他们也可以从学习手艺中获益。(阿姆斯特朗则将印第安人描述为"成年的孩子",并称"我们在进步的道路上领先他们1000年"。)[28] 仅仅一年后,也就是1879年,把这群印第安人送到汉普顿学院来的理查德·亨利·普拉特(Richard Henry Pratt)上尉,在宾夕法尼亚州建立了卡莱尔印第安工业学校(Carlisle Indian Industrial School)。我们将会看到,它采用了汉普顿开创的办学原则,但是在实施时提升了强制的力度,它将手工艺作为安抚印第安人的手段,而不是社会期望的激励他们自力更生的方式。

与此同时,在亚拉巴马州,一项交易正在达成。刘易斯·亚当斯(Lewis Adams),一位曾被奴役的金属匠人兼皮革工人,作为非裔美国人社区的领袖,与当地的民主党(主张白人至上的政党)达成了一份事关重大的协议。如果他能召集选民,为民主党投票,民主党就将批准拨款,在塔斯基吉(Tuskegee)为非裔美国人建立一所新学校。白人民主党人答应了,他们以微弱的优势赢得了选举,却立马翻脸,从制度上釜底抽薪地剥夺了全州黑人选民的选举权。不过,他们确实兑现了此前达成协议的部分内容:1881年初,他们拨款兴建了一所新学校。[29] 亚当斯请阿姆斯特朗推荐一名校长,阿姆斯特朗就把华盛顿派了过去。华盛顿一到,就迫不及待地想要推广"汉普顿理念"。令人惊讶的是,他声称,在亚拉巴马州的乡村地区,黑人与白人之间的关系"令人愉快"。可是当他发现,给学校的拨款只包括教师的薪资,却没有包括任何建筑或者设备的开销时,他顿时沮丧起来。他表示,这就像是被人要求做"无米之炊"一样——无论有意与否,这构成了对弗雷德里克·道格拉斯的演讲题目"白手起家的人"的某种回应。即便如此,那一年的 7 月 4 日,塔斯基吉学院还是在一座被改为世俗使用的教堂里宣告成立了。

和南方的其他黑人大学一样,塔斯基吉学院的工作重心也是教师培训和手工艺教学。与他的导师阿姆斯特朗相似,华盛顿摒弃了啃书本的自学成才方式,这是他的一部分学生在来到塔斯基吉学院之前,就已经被培养形成的习惯——"书越厚,学科名称越长,他们就越会对自己的成就感到自豪"。他意识到,白人担心接受过教育的黑人,会为了城市中的工作机会而抛弃他们的农场,因此他在课程设置中赋予了农业突出的地位。学生们被发动起来建造学校的屋舍,甚至被要求亲手组装家具,用华盛顿的话说,"在他们躺到床上之前,先自己动手铺床"。(其实他的话并无言外之意;学生们要睡在地板上,直到他们能把床架和手工缝制的床垫做出来。)他们确实建造了一座烧砖的窑炉,成功地烧出了足够多的砖块,学校很快就能生产出足够多的砖块来出售,并筹集到急需的资金。最后,为了取悦华盛顿拉来的白人赞助人,学院还举办了盛大的演出,学生们在演出时尽职地展示各种手工艺技能。[30]

华盛顿成功地获得了那些赞助人的信任,因为他愿意迎合他们的先入之见。他的策略是在个人主义的基础上,运用正面的例子去驳斥种族主义的假设。学院站稳脚跟后,他就加大力度支持各种黑人学校、农场和小型企业。对于像小约翰·D. 洛克菲勒(John D. Rockefeller Jr.)和安德鲁·卡内基(Andrew Carnegie)这样的白人慈善家来说,华盛顿是理想的合作伙伴,因为他愿意让非裔美国人的雄心抱负,止步于白人心中既有的天然界限。华盛顿写道："黑人会比咄咄逼人的北方佬更早让南方人放下偏见。"对于南方人来说，这当然是搔中了痒处。最终，华盛顿建立的政界网络——杜波依斯称之为"塔斯基吉机器"——一直延伸到白宫。在1895年华盛顿发表的一场声名狼藉的演讲中，他的和解态度展现无疑，这场演讲通常被称为"亚特兰大妥协演说"（Atlanta Compromise address）。在演讲中，他明确地否定了与宣扬种族主义的一系列"吉姆·克劳法"（Jim Crow laws）①的斗争，听起来甚至有些支持种族隔离。"在社会平等问题上煽动民意是极其愚蠢的，"他说，黑人必须接受这一事实，"当我们学会尊重和崇拜日常劳动，并将智慧与技艺运用到日常生活中时，相应地我们就会繁荣起来。"面对听众中的白人，他为自己的政治哲学做了一个巧匠般的比喻："在所有只是单纯关乎社交的事情上，我们可以像手指一样相互分开，但是在所有关乎共同进步的至关重要的事情上，我们又要像手掌一样合而为一。"

我们应当如何看待华盛顿的塔斯基吉学院，以及更全面的从自由教育向工业教育的转变？许多观察人士对此持坚决的批评态度，他们认为，对手工艺的拥抱，等同于延续白人至上主义。其中的第一种观点，也可以说是最成熟的观点，来自颇为年轻的杜波依斯，他出生在汉普顿学院建立的同一年。起初，这位知识分子、历史学家非常支持华盛顿的做法，甚至考虑过加入塔斯基吉学院。[31]但是当杜波依斯详细研究了职业培训的问题后，他意识

---

① 在19世纪上半叶的美国南方，"吉姆·克劳"本是一名专门假扮黑人来取悦观众的白人演员的艺名，后演变为受嘲讽的黑人的代名词。19世纪下半叶至20世纪60年代，所有歧视黑人的法律，均被戏称为"吉姆·克劳法"。——译者注

到华盛顿犯了一个巨大的错误。1906年，在发表于汉普顿学院的一场演讲中，他抨击了这种"对待种族问题时的柔和、甜蜜的态度"，几乎不加掩饰地将矛头指向了华盛顿的修辞风格。"如果他们训练我们时不情不愿、满腹狐疑；如果他们训练我们时，不是根据我们能成为什么样的人，而是根据别人希望我们成为什么样的人，"杜波依斯说，"那么我的教师同行们，在把黑人种族培养成健全的人类这条路上，我们将会失败，而且败得丢人现眼。"[32] 在另一些段落中，他更加直接地指责华盛顿在工业教育与"涉及公民权利和政治权利的服从与沉默"之间，伪造了所谓"不可分割的联系"。[33] 日后，民权活动人士接受了这一批评。在1967年出版的《黑人权力》（*Black Power*）一书中，活动人士斯托克利·卡迈克尔（Stokely Carmichael）和查尔斯·V. 汉密尔顿（Charles V. Hamilton）用了整整一章来论述塔斯基吉学院，认为它体现了"顺从的政治"[34]。

近年来，历史学家对这一问题的评判变得愈加复杂。对于一些人来说，"华盛顿和塔斯基吉学院就是黑人面孔的阿姆斯特朗和汉普顿学院，"是家长式作风的化身。[35] 另一些人则更加同情地指出，塔斯基吉学院表达的自助自强的意识形态，在那段时期非常普遍，受到了白人和黑人的一致欢迎。他们还指出，随着战后重建计划的倒退，反非裔美国人的势力也在集结。毕竟在那个时代，只要黑人胆敢反抗，白人照例会对他们处以私刑，而政府对此却无动于衷。在了解了这种严峻的历史背景后，我们也许会更容易理解华盛顿谨慎的保守主义做派。[36] 在《从奴隶制开始》一书中，华盛顿格外自豪地回忆起了当年为学院奠基的情景。那是在废除奴隶制仅仅 16 年后，一群当地白人官员与一群黑人（包括教师、学生和家庭）聚集在一起，共同庆祝这一时刻，其中一些人曾经是另一些人的主人。"在塔斯基吉学院度过的那个春日，是一个非凡的日子，"华盛顿评论道，"我相信，世界上很少有地方能发生这样的事情。"不幸的是，他是对的。

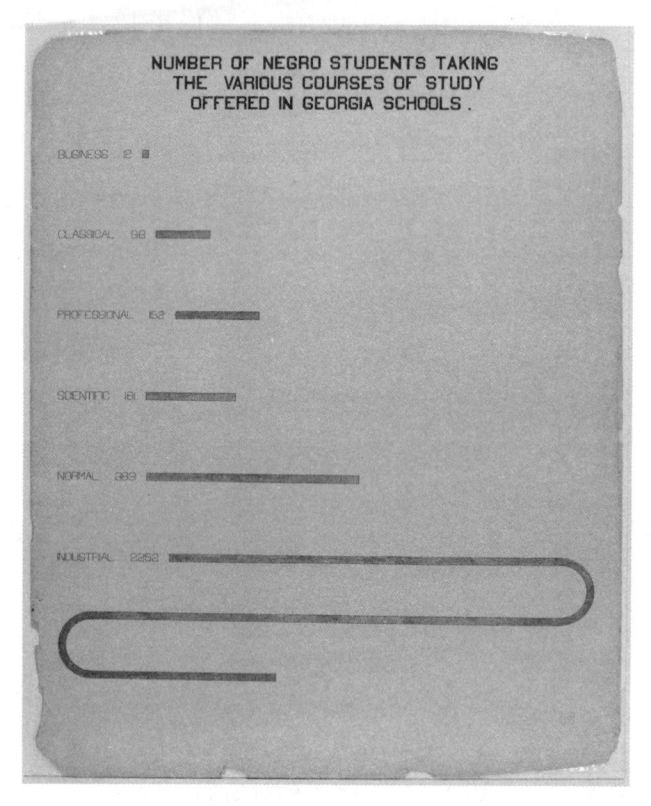

W. E. B. 杜波依斯为 1900 年巴黎世博会准备的信息图，1900 年。
1900 年巴黎世博会非裔美国人摄影作品集。
美国国会图书馆印刷品和照片展区，编号 LC-DIG-ppmsca-33879。

在某种程度上，对塔斯基吉学院和那个时代其他"工业教育"项目最严厉的评判，与种族政治本身无关。确切地说，评判的焦点主要是这些项目还不够工业化。在这方面，杜波依斯又成了先驱。在亚特兰大大学发布的一系列关于"黑人工匠"的报告中，他贡献了大量的研究。报告得出的结论是（正如"范妮"·莱特在19世纪30年代发现的那样），学校的作坊几乎不可能在经济上实现自给自足。虽然学生很可能从这种主观的、旨在塑造性格的训练中受益，但开展职业教育的前提却因此存在内在的冲突："人们发现，机械地教一个男孩一门手艺，而不让他从这个过程中获得教育的全部益处，是可能的；反之亦然，人们可以教一个男孩用他的手和眼睛来完成某些物理过程，这具有显著的教育价值，尽管他实际上并没有学会一门手艺。"[37]

卡特·G. 伍德森（Carter G. Woodson）在1933年出版的《黑人的错误教育》（*The Mis-Education of the Negro*）一书中，进一步发展了这种批判性的评价。伍德森是木匠的儿子，曾经在废止种族隔离的肯塔基州伯里亚学院学习，他全力支持非裔美国人的手工艺创业——事实上，他是最早写到黑人工匠，诸如托马斯·戴和亨利·博伊德的作家之一。然而他却认为，阿姆斯特朗、华盛顿规定的那种工业教育是错误的幻想，因为那些学校提供的作坊完全不合格。即使是像塔斯基吉学院那样拥有外部资金支持的机构，它为黑人学徒提供的教育，也不能被指望"与在工厂接受培训的白人学徒掌握的全部机械经验相媲美"，伍德森写道，"这些黑人接受的所谓工业教育，不过是为了让他们掌握已遭淘汰的陈旧技术；即使是在不那么复杂的产业中，这些学校也缺少相应的教育条件,无法与工厂按照劳动分工计划设置的众多工序相媲美。"教男孩做鞋子,教女孩做衣服,是无意义的徒劳之举,这些行业早已因为机器生产与工资低廉的计件工作的结合而贬值了。即使非裔美国人从学校毕业,具备了适应市场的技能,他们也依然面临着在应聘队伍前方竖立的偏见之墙。这不仅仅是南方的问题。20世纪早期的另一位黑人教育家就曾指出:"到处都能看见一种愈演愈烈的趋势,将黑人排斥在高技术工业的大门之外",哪怕是在北方,"但凡有一大批黑人出身的木匠、石匠、学徒或者任何类型的技艺娴熟的工匠,出现在任何类型的大型工业场所,都会轰动一时"。简言之,虽然基于手工艺的教育具有良好的初衷,却导致几代非裔美国人既没能领略通识教育的好处,又与现实的工作前景失之交臂。伍德森得出的结论,与75年前内战尚未爆发之时,弗雷德里克·道格拉斯做出的判决令人沮丧地相似,"现在黑人面临的考验是,要么学会自食其力,要么在贫民窟等候救济的队伍中一个个死去"[38]。

正如伍德森的分析暗示的那样,19世纪后期,美国的手工制造业进一步被侵蚀,颇具戏剧性。南北战争爆发前,工厂制度仍是一个例外,仅仅能在少数制造业部门看到。可如今,部分由于战争本身的影响,这种制度很快成为一种常态。这使得手工艺扮演了三种迥然不同的角色。手工艺在奢侈品行业中扮演了最成熟的角色。正如伍德森所说,向精英,或者说"特权阶层和富裕阶层"提供物品,长期以来一直是美国工匠的分内之事,现在也依然如此。在这种历史背景下,正是那些使手工艺缺少竞争力的因素,也就是它的低效率和易变性,反而被认为保证了手工艺品的优质和独特。手工艺的第二种角色则与此几乎相反：它还是践行慈善、扶危济困的工具。不过，正如塔斯基吉学院的故事所反映的，这种做法的内在驱动力名义上是民主的，实际上却是家长式的。对于白人主顾来说，手工艺似乎是将黑人、印第安人、移民转变为有生产力的"正常"美国公民的理想方式。最后，手工艺还有第三种角色——业余主义，纯粹出于娱乐而为之的闲差事。这是专属于女性的领地，虽然绝不是唯一的领地。

手工艺的三种角色中的每一种，都因其内在的原因，在经济上处于边缘地位。综合来看，三种角色的处境表明，工匠的劳动已无力在大众市场上参与竞争了。除此之外，三者之间便没有别的共同之处了。手工艺要服务于精英，还是平民？手工艺属于道德，还是美学？手艺人是训练有素、收入丰厚的白人男性，还是收入很少或者没有收入的少数族裔和女性？这些问题引发的争论将持续数十年。形势正变得越发紧迫，因为伴随着工匠阶级的逐步解体，社会等级制度的中心出现了空洞。渐渐地，工匠阶级将被以郊区居民为主的白领中产阶级取代，当然那是几十年后的事了。但归根结底，结局将会是普遍的不平等。1873 年，马克·吐温发明了"镀金时代"（"the Gilded Age"）这个词，这是对"黄金时代"（"Golden Age"）概念的巧妙演绎。[39] 借用这一修辞手法，马克·吐温想要强调美国生活中的某种欺诈，强调表面现象与潜在现实之间的落差——就像某种大规模生产的人造珠宝，用贱金属铸造，上面只尽可能薄地镀了一层珍贵的黄金。这也是一个恰如其分的比喻，在这个社会中，少数富有的资本家站在了大量不太富裕的人口之上。

具有讽刺意味的是，正是在这个阶级冲突十分剧烈，工匠们在象征意义和实际意义上都扮演着关键角色的时代，这个国家却迎来了有史以来最伟大的乐观主义盛会。这便是1876年，为纪念美国的100岁生日而举办的百年博览会（Centennial Exposition）。盛会在费城的费尔芒特公园（Fairmount Park）召开，会场包括多座展馆，占地超过250英亩。《制造商和建设者》（Manufacturer and Builder）杂志指出："轻描淡写地说这场博览会是巨大的，根本不足以反映它的规模。"新闻报道在沉甸甸的统计数据之下步履蹒跚：会场的建筑仅用18个月就建成了，共耗费了近4000吨钢铁、25万平方英尺玻璃，还有超过100万平方英尺的锡屋顶。仅机械展厅就占地14英亩。在农业展厅，一位参展商展示了多达300种土豆。在科罗拉多大厦，业余科学家麦克斯韦尔（Maxwell）夫人展示了不少于500个手工制作的动物标本。《美国农民》（American Farmer）杂志做了一次快速的计算："在百年博览会上，用5分钟参观一件展品，总共需要花费60年的时光。"[40] 在为期6个月的纪念活动中，有近1000万人到馆参观，相当于当时美国总人口的20%。许多参观者来自国外，因为本次博览会涉及27个参展国，其中的大部分是欧洲国家，但也有巴西、中国和日本。虽然说展览的内容丰富多样，博览会着意传达的主要信息却是，在经历了一个世纪的独立和内战落幕后的十年和平后，美国业已迈入了生机勃勃的时代。[41]

与其他世界博览会（最重要的是1851年在伦敦水晶宫举办的万国博览会）一样，百年博览会也见证了激烈的竞争。企业和国家别无二致，都是一有机会就吹嘘自己的优势，同时也对察觉到的自身缺点坦露忧虑。例如，美国的切割玻璃被誉为首屈一指的极品，而它的陶瓷却被视为可悲的残次品——让人震惊却又不得不承认的是，比美国更年轻的巴西竟然制造出了更好的瓷器。[42] 不过，鉴于这是一场对美国工业大刀阔斧的全景式展示，此类局部的欠缺，在很大程度上是情有可原的。许多新发明在博览会上揭开了面纱，其中就有雷明顿（Remington）打字机和亚历山大·格雷厄姆·贝尔（Alexander Graham Bell）的电话。博览会上也有一座因愚蠢而载入史册的建筑，它完全由金属薄片和轧制锌板搭建而成，其赞助者就是前述的《制造商和建设者》杂志。（它的竞争对手《美国建筑师与建筑新闻》（American Architect and Building News）干脆称它是会场上最令人不快的建筑。）[43] 还有那座大瀑布，它构成了农业展厅的水景，由液压泵提供动力。

此外，博览会的中心展品是一台无与伦比的巨型蒸汽机，由罗得岛州普罗维登斯的乔治·科利斯（George Corliss）公司制造，它负责为机械展厅里的无数设备提供动力。蒸汽机的大部分机身由超过 600 吨钢铁铸成，全都是回收的马蹄铁——如果要说点什么的话，这俨然构成了一则有力的技术替代的隐喻。[44] 在一篇被广泛阅读的关于百年博览会的评论中，《大西洋月刊》（Atlantic Monthly）的编辑威廉·迪恩·豪威尔斯（William Dean Howells）表示，他对机械展厅中展出的许多徒有数量的发明感到困惑："整整半英里长的缝纫机，看上去多得让人惊掉下巴。可是它们之间真有多大的区别吗？"然而他却在科利斯蒸汽机的面前感到震惊和不安，称它是"一名钢筋铁骨的运动员，上面没有一盎司的多余金属"。在一篇有种族主义色彩的评论中，豪威尔斯想象这台机器毁灭了它名义上唯一的主人——一位工程师,就像"一个奴隶,只要轻轻一碰,就会被压得血肉模糊"。但他的结论是:"机械展厅不是一个谈论这些事情的地方,老实说,人们在那里是不会想到这些的。人们只会想到技术和发明的辉煌胜利。"[45]

南北战争结束后,这种胜利带有明显的政治意味。虽然加入南方邦联的各州,在百年博览会上都派出了代表——例如,密西西比州用本乡本土的不同木材,建造了一所"乡村小屋"——但南方的共识是,整个事件不过是"北方佬的骗局",是联邦政府资助的为"唯利是图"的北方实业家服务的宣传活动。这些南方评论家也并非完全错了。百年博览会的组织者确实认为,这是一项能立即带来回报的投资。"人民会心潮澎湃,"《斯克里布纳月刊》(*Scribner's Monthly*)的报道写道,"土地会被大量买卖,货币会高速流通,贸易也会大幅飙升。"[46]

在百年博览会上,手工艺确实仍然占据着舞台的前排,但它的外在形式已经暗示了一个事实——它是多余的。最常见的情况是,它以高度加工过的奢侈品的形式出现,作为展品,它除了展现制造者的技艺,不再具备任何真正的内涵。一些批评人士认为,这种安排太过于宽容了,尤其是这些手工艺品可能来自国外。例如,有一件刻画了微型山坡上的微型城市的中国象牙雕刻,就被某份报纸描述为"徒费力气的纪念碑"。[47]但最重要的是,参观者们都被迷住了。《阿普尔顿杂志》(*Appleton's Journal*)的一名作者,面对巴西的羽毛作品、意大利的木雕、日本的瓷器和其他无数精美的手工标本,自感置身于"如诗如画的混乱"之中。他终于锁定目标,发现了一个来自瑞士的首饰盒。打开它之后，从里面蹦出一只一英寸长的机械鸟，它会唱歌，会扑棱翅膀，还会转来转去。这个小小的奇迹让他大吃一惊，他想到了制作它的工匠们——"啊，疼痛的眼睛，麻木的手指，耐心的照看！"[48] 美国的奢侈品制造商也不甘示弱，他们在布满寓言性装饰的纪念物上展示了自家的技术实力。最著名的是戈勒姆银器（Gorham Silver）制造公司带来的"世纪花瓶"，美国的百年历史被浓缩成了 2200 盎司的标准纯银：上面刻有一名拓荒者和一名印第安人，有本·富兰克林和他的印刷机，有一头野牛，为了提醒大家莫忘前事，还刻有一些近来发生的事件，例如，有一位战场上的天才，他的身边是一棵被炮弹击碎的树和一个弹药车的破碎车轮。总部设于布鲁克林（Brooklyn）的联邦陶瓷厂（Union Porcelain Works），也采取了类似的办法。它带来了同名的"世纪花瓶"，上面刻有一层浅浅的浮雕，描述的是威廉·佩恩（William Penn）与印第安特拉华人（Lenape）签订条约、波士顿倾茶事件，以及边境上的一座小木屋。

正如这些气派的展品昭示的那样，百年博览会上展出的工艺品作为一种象征，承载了可以与科技当道的现代并驾齐驱的美国历史。科利斯蒸汽机的对应物，就是那座据说建于 1776 年的"老磨坊"，眼下它就矗立在农业展厅的中心位置。会场中有一间现代厨房，在它的旁边，人们设置了一间让人回想起新英格兰殖民地风格的古老厨房，里面摆了一个 17 世纪的摇篮、一张有活动桌腿的餐桌和其他一些古董。[49] 作为在费城举办的盛会，本·富兰克林用于印刷的手动压机，以及用独立战争和内战时期的大炮熔毁重铸的"自由钟"（Liberty Bell）的复制品，也被展示了出来。这种姿态类似于把利剑铸成犁头。事实上，为了这个目的，策展方曾邀请那位"有学识的铁匠"、著名的和平主义者——现已年逾花甲的伊莱休·伯里特，在一座专门设立的铁匠铺里打造这件展品。但是他拒绝了，他担心这会给人留下"滑稽"的，甚至是非常虚伪的印象："因为那个年代从来不曾像现在这样，有这么多的熔炉、锻炉和兵工厂在运转，生产出最先进的战争机器。那个年代的美国人也从来不曾像现在这样，为了发明和制造这些武器，汇聚了这么多的头脑和巧手。"[50]

业余的手工艺制作也出现在了百年博览会的会场上，准确地说是出现在了"女性大厦"里——这可谓是一场展览中的展览。这件事的起因要追溯到很早之前，当时为了提高参展方的预订费和出席率，纯粹由男性成员组成的百年博览会财务委员会，设立了一个由女性成员组成的辅助委员会。在伊丽莎白·杜安·吉莱斯皮（Elizabeth Duane Gillespie）的领导下——本杰明·富兰克林的曾孙女，（还能有谁？）该组织开始筹集资金，并计划在博览会的主展览大楼举办一场女性的展览。孰料，那处场地后来被腾空，让给了国际参展商，女性委员会虽然愤怒，却没有被吓倒，她们又筹集到更多的资金，建立了自己的独立展馆。女性大厦呈现出十字架的形状，每一扇门前都用镀金的字母连缀成一行铭文——"愿她因门后的作品而受人礼赞"。铭文被写成西班牙文、德文、法文和英文。

正如她们预料的那样，进入建筑的参观者发现了一处独立的女性空间，玻璃柜里陈列的一切都是为了展示女性的成就。[51] 它们传达的信息，可以与布克·T. 华盛顿代表非裔美国人传达的信

费城百年博览会之女性大厦，1876 年。
环球影像集团/盖蒂图片社。

息相提并论：这场展览显现了女性的卓尔不群，但依旧服务于保守的观点，即女性属于家庭。这种想法通过国内制作的大量手工艺品得以体现："精细的针线活儿，轻如蛛丝的蕾丝边，就像阿拉克尼（Arachne）[①] 亲手编织的任何作品一样精巧，纸、蜡花、蜡果，无一不是艺术品，以及令人眼花缭乱的其他佳作，也均出自女人的技艺与天才。"业余爱好者的参展作品从全国各地纷至沓来——波士顿的瓷砖、辛辛那提的木雕，一些作品竟然寄自国外。伦敦皇家艺术刺绣学院（Royal School of Art Needlework）在此举办了一场令人印象深刻的展览，参展作品中甚至有一件由维多利亚女王亲自纺线制成的亚麻锦缎。除了这些手工艺品，展品

---

① 阿拉克尼是古希腊神话中擅长编织的吕底亚少女，曾向雅典娜挑战编织技艺。——译者注

中还包括精选的绘画和雕塑,以及 74 种按比例缩小的发明专利模型。这些精湛技艺的产物,确实向性别刻板印象发起了微妙的挑战。不过这些精美的艺术作品都有与之相称的高雅主题,这些发明几乎都与室内改造有关:摆在那里的是毛毡洗涤机、窗户紧固件和蕾丝窗帘染色框架。[52] 一份名为《女性的新世纪》(*New Century for Women*)的报纸,捕捉到了此次展览的优雅氛围,该报如此描述展馆:"这是认真思考和辛勤劳动的丰硕果实——它们来自勤劳的头脑、温柔的心灵和灵巧的双手。"[53]

事实是,美国各地都有女性的头脑、心灵和双手被禁锢在剥削劳工的"血汗工厂"制度之中,但是这一点在女性大厦中竟然没有被提及,也许这并不令人惊讶,哪怕是在百年博览会上。展览期间最重要的庆祝活动之一是 7 月 4 日举办的纪念活动,只见苏珊·B. 安东尼(Susan B. Anthony)大步走上展台,递给主持会议的官员一份《美利坚合众国妇女宣言》(*Declaration of Rights of the Women of the United States*)。其他活动人士在大厅里分发了同样的文件。然后安东尼离开了展台,登上旁边的一座讲台,宣读了《针对我们的统治者的弹劾条款》("articles of impeachment against our rulers")。文中列举了在一个性别歧视的社会中,女性受到压迫的诸多方面,包括在工作场合,"在大多数情况下,决定工资和职位的是性别,而不是工作的质量或者数量"。安东尼和她的同盟者也抵制了女性大厦的展览。她们辩称,这里的展品既不是工业劳动的产物,也不是反对"政治奴役"的产物,因而"并不是真正的女性艺术展览"。[54]

在百年博览会上,有一个问题把女性分成了两派——女性的抱负应当以何种恰当的形式呈现？我们在女性大厦发现了两位特别的参展商，她们是合适的测试案例，这两位参展商都受到了媒体的高度关注。第一位是工程师艾玛·艾莉森（Emma Allison），第二位是艺术家卡洛琳·肖克·布鲁克斯（Caroline Shawk Brooks）。艾莉森的工作是操作和调试一台小型巴克斯特（Baxter）蒸汽机，用以驱动一台印刷机以及同台展出的其他机器。这台印刷机可以打印出《女性的新世纪》的复制品。然而《女性的新世纪》却在报道中预言，这座展台会被"炸成齑粉，人们将发现，那位女工程师在应该盯着蒸汽计量仪表的时候，却迷失在一本有趣的小说里"。[55] 男记者们则以屈尊俯就的方式赞美了"这台机器完美的整洁程度和美丽的女服务生"，在照料眼前的"铁宠物"时，女服务生都身着节日盛装。不过他们也对艾莉森的机械技术表示了赞赏，偶尔还称赞她在展会上的表现，认为这是向前迈出的重要一步："她能轻松地管理忙碌的机器，而对机器的照料，迄今为止一直被认为是理应由男人来完成的，这标志着女性参与劳动的决定性时刻的到来。"[56]

在女性大厦引发轰动的另一位参展者布鲁克斯，是一名来自阿肯色州农场的 36 岁女子。她是一位才华横溢的雕塑家，但这并不是引起人们注意的原因——在百年博览会上可以看到很多女性艺术家的作品［特别值得注意的是埃德蒙尼亚·刘易斯（Edmonia Lewis）的《克利奥帕特拉之死》（*The Death of Cleopatra*），作者是非裔美国人和印第安奥吉布瓦人（Ojibwa）的混血雕塑家］。[57] 她的作品《梦中的伊奥兰特》（*Dreaming Iolanthe*）的浪漫主题，也并非格外引人注目。人们对布鲁克斯的浅浮雕最感兴趣的地方是它的制作材料：经过精雕细琢的黄油。确切地说是 9 磅黄油，放在了一个锡制的牛奶锅里。在女性大厦里，这位艺术家就站在自己的作品旁边，一边处理着防止作品融化的冰块儿，一边签名和回答提问。消息传开了，10 月，她受邀在鉴定人展厅（Judges Hall）雕刻另一座《梦中的伊奥兰特》，现场涌入了大批观众。黄油是那天早上在集市的牛奶场刚刚搅拌好的。在这次胜利之后，她的作品被搬去了纪念展厅（Memorial Hall），与温斯洛·霍默（Winslow Homer）等著名艺术家的作品放在一起。博览会结束后，布鲁克斯更是开启了一场路演，用黄油雕刻出华盛顿、林肯、狄更斯笔下的一众人物，一路上还有音乐和诗歌朗诵作为伴奏。（她也尝试用大理石雕刻，但不太成功。）作家们自然喜欢这一切。有一位作家认为，布鲁克斯的黄油雕塑"比雪花石膏雕塑的表现力更丰富"。另一位作家则在深思熟虑后表示，"如果纽约市四分之三的公共雕塑也用同样容易腐烂的材料制成，那么在艺术方面，纽约的表现会好得多"[58]。

撇开玩笑话不谈，卡洛琳·肖克·布鲁克斯是艾玛·艾莉森的另一个完美化身。两个人显然都在自己的领域里技艺不凡——艾莉森使用的是机械工具箱，布鲁克斯使用的是刻刀和木槌。她们都超越了通常为女性制定的成就框架，两者都因此同时受到赞扬和贬低。两者都处在受众可接受的范围边缘，立足于一条微妙的分界线上，一边是手工艺（女性的领域），另一边是被认为更严肃的范畴——艺术或者工业。她们的平行故事勾勒了那个时代的女性手工艺的轮廓。在某种程度上，她们受到了屈尊俯就的傲慢对待。但无论如何，也正是通过手工艺，她们和其他许多女性的作品才得以被摆入展厅,被公众看到。这种矛盾的模式还将持续多年。

1877 年,卡洛琳·肖克·布鲁克斯和她的黄油雕塑,摄于兵工厂展厅(Armory Hall)的一次公开展览期间。
纽约公共图书馆米利亚姆(Miriam)和艾拉·D. 瓦拉克(Ira D. Wallach)艺术品、印刷品和照片展区的照片收藏。

在百年博览会上,有一项新发明的影子笼罩了所有新事物:这便是美国本身。建筑师兼工程师亨利·佩蒂特(Henry Pettit)

曾参与设计主展览大楼,并为博览会的许多展厅设计了安装方案。他提出了一个重要的看法:"虽然在各个类别的展览中,都能看到罕见的工艺美术,都能得到稀有的教学机会","但是对于人们来说,最有趣的事情还是人们自己"。[59] 在熙熙攘攘的人群中,参观博览会的人可以告诉自己,他们看到了整个国家,就像看镜子一样。当然这一形象是相当扭曲的:它把北方的工业作为其光辉的中心,而没有认识到工厂制度的相关人力成本。有组织的劳工被边缘化了,女性也是如此,而且参与到工业的滚滚浪潮中的绝大多数都是白人。虽然在主展览大楼的教育展区,确实有一场关于南方黑人学校的展览,但是除此之外,非裔美国人几乎再没有出现在别的地方,唯一的例外只有那些令人担忧的漫画(在一幅漫画中,一个烟草公司雇用了四名雪茄卷烟工,他们一边唱着黑人的灵歌,一边演示工作的过程)。在博览会的工程建设阶段,黑人工人也被特意排除在技术性更强的工作之外,这让一名费城记者不禁哀叹,他们"除了去当卑微的用人、抽水工、帮着取帽子的服务生,再也没法以其他任何角色,参与这场正在举行的跨越种族的盛会"[60]。

然而说到盲点,最明显的一处盲点可能是:在庆祝祖国的百岁生日时,百年博览会几乎忽略了建国之前的原住民的历史。博览会的舞台描绘了美国的欢庆景象,但是在这个广阔的舞台上,土著居民却只是一个配角,他们是其他所有地方的技术进步的陪衬。1876 年,西部仍然是白人和印第安人之间的活跃战场。著名的小巨角河战役(Battle of the Little Bighorn)就发生在那年的 6 月,接着是 11 月的红叉战役(Battle at the Red Fork),白人对拉科塔苏族（Lakota Sioux）、夏安族（Cheyenne）发动了报复性的屠杀。百年博览会上的"印第安"展览只是借助大量的武器，以及一些纸胶糊成的凶神恶煞的印第安战士形象，间接地暗示了这种方兴未艾的暴力残杀。许多参观者看到苏族首领红云（Red Cloud）后激动不已，只见他高擎印第安战斧，腰间挂着作为战利品的头皮；还有夏安族战士高牛（Tall Bull），他还穿着在1869年峰顶泉战役（Battle of Summit Springs）中战死时穿的衣裳。[61] 斯宾塞·F. 贝尔德（Spencer F. Baird）是史密森学会（Smithsonian Institution）的助理部长，负责举办一场关于原住民手工艺品的大型展览。展品被混在一起，丝毫没有考虑不同的民族、地区、传统的多样性。来自西北部太平洋沿岸的经过雕刻的图腾柱，来自中西部平原的彩绘圆锥形帐篷，五花八门的陶器和石制工具，珠饰和篮子——所有这些都被安置在一座单独的展厅里，那里"收藏着数不清的印第安人的珍宝和神像，以及用于战争、狩猎的各种武器，它们全都被雕刻成了奇特的模样，涂上了古怪的颜色"[62]。

这场展览将原住民牢牢地打入了伟大文明阶梯的底层，它极具指向性地向所有被同化的原住民社区关上了大门，而只为那些保留了其"原始风格和形态"的原住民社区提供了展台。只有一个例外：那是一场小型展览，旨在展现在保留地学校的赞助下进行的教育工作。展品包括一些手书样本和若干件手工制品，如棉被、围裙和欧洲风格的褶皱服装等。"你拿在手里的可能是一个阿帕奇（Apache）女孩缝的物件，"一名评论家写道，继而回忆起"一年前，她部落里的女性还深陷于野蛮人的肮脏和冷漠，她们所知道的最精巧的手艺，不过是一手拿着肌腱穿起的兽皮，一手握住骨针，像锥子一样捅进捅出"。[63] 其实制作鹿皮、肠线、骨针也需要非凡的技能，更不用说制作华美的皮衣了，这种服装在百年博览会的其他展览上被展出过：这些全然不曾有人提及。

百年博览会看待原住民手工艺的态度，是一个双面的矛盾体。人们眼中真实的原住民手工艺品，被视为野蛮的标志，而原住民成功接受同化的证据，又只招来了沾沾自喜和屈尊俯就。这种矛盾的心态当然不是什么新鲜事。早在1832年，切罗基人的发言人约翰·里奇（John Ridge）就说过："你们要求我们抛弃猎人和勇士的国度，我们照做了。你们要求我们组建一个共和政府，我们照做了，而且采用了你们的政体模式。你们让我们耕种土地，学习机械艺术，我们也都照做了。"[64] 尽管如此，切罗基人的土地还是被夺走了，他们被驱赶着向西迁徙。他们和其他被限制在保留地的原住民的处境，很快变得让人绝望。贫穷和饥饿日甚一日。那些保留地被故意安排在贫瘠的土地上，很难或者压根儿不可能耕种，当局却很少考虑为原住民提供其他谋生手段。庞大的西部野牛群，曾经是平原文化地带的原住民——如夏安人、克劳人（Crow）、拉科塔人——的主要食物和艺术材料，如今已然灭绝了。有些动物的皮被拿去制作工业机械的传送带，它们的头颅和骨头被压碎，制成肥料，而大多数动物只是被无端地杀死，然后丢弃在太阳下，任其腐烂。那些在军事袭击和强制迁徙中幸存下来的原住民，沦为国家的依附者，靠微薄的政府救济勉强过活。

终于，一个有组织的反对派开始形成。1881年，作家海伦·

亨特·杰克逊（Helen Hunt Jackson）出版了一本书，书名是《百年耻辱》（*A Century of Dishonor*），这是对费城百年博览会胜利叙事的反驳。书中列举了与印第安各族签订的无数条约，其中一些甚至得到了美国最高法院的支持，但随后却可以轻松地置之不理。杰克逊确凿无疑地指出，在稳步进军原住民领地的进程中，每一次经过转角，都伴随着欺骗的发生。她还附上了一份令人感兴趣的证明文件：一位名叫萨拉·温尼姆卡（Sarah Winnemucca）的北派尤特族（Northern Paiute）妇女的证词。她的原名是 Thocmetony（字面意思是"贝壳花"），该地后来被划入了内华达州，她的原生家庭对初来乍到的移民相对友好。她从小就能说一口流利的英语，并且在加利福尼亚州的一所天主教学校接受了教育。派尤特族与白人开战时，她奉命担任美国陆军的翻译和侦察兵。这在一些原住民中引发了争议，他们认为她的行为背叛了民族。但是战争结束后，温尼姆卡成为改革的主要倡导者。在《百年耻辱》收录的一封信（那是她在 1870 年写给一名军官的信）中，她的论点经过精心组织，即使在白人听来也有理有据。如果不是领地受到了侵犯，如果原住民能享受学习的益处，她写道："我保证，那些野蛮人（这就是他们现在的名字）将在 15 年或者 20 年后，变成社区中节俭守法的成员。"[65]

温尼姆卡继续撰写她的原住民权利宣言——《派尤特人的生活：他们的错误和要求》（*Life Among the Paiutes: Their Wrongs and Claims*），该书在波士顿慈善家的支持下，于 1883 年出版。[66]她还到处演讲，穿着传统服装，缀有精致的珠饰，以此来吸引舆论的关注。新闻界称她为"派尤特公主"，这个标题实际上并无根据,但似乎捕捉到了她那纯手工制作的华丽衣装:"她穿着一身中等长度的短袖鹿皮服装,看起来华丽而奇异,上面饰有大量闪闪发光的珠子和贝壳。"[67] 这是一场聪明的表演,它穿针引线地将白人的漠然引向了好奇。温尼姆卡在诉诸传统的同时,也注意操纵媒体来传递她的信息。历史学家称她为"报纸勇士",并非没有原因。[68] 1885 年,在慈善组织的支持下,她创办了皮博迪印第安人学校 [又称皮博迪学院(Peabody's Institute)],该校致力于教授语言,既教授英语,也教授印第安母语。与经营牧场、操持家务有关的手工劳动,也是课程的一部分。她指出,这所学校"不能像一般的学校那样,变成一场闹剧"。它也不会把孩子和父母分开。她敞开校门,接纳了所有家庭和所有年龄的学生。[69]

温尼姆卡的学校规模并不大,而且只持续了几年——1887 年出台的《道斯法案》(Dawes Act)关闭了她的校门,法案规定,原住民儿童只能在白人开办的英语学校上学。这对理查德·亨利·普拉特上尉的支持者来说是一场胜利,他是一位内战老兵,多年来为印第安人的教育事业树立了榜样。普拉特出生于 1840 年,6 岁时随家人移居印第安纳州。不久之后,普拉特的父亲前往更远的西部,加入了淘金大军,他在那里发了财,却遭到了敌对的淘金者的伏击、抢劫和谋杀。为了养家糊口,年轻的理查德来到一家印刷厂工作,而后做了锡匠铺的学徒。如果不是战争促使他走上服兵役的道路,他可能会去做一名商人。内战结束后,普拉特加入了一支由其他白人军官和黑人士兵(其中一些是刚刚才获得解放的)组成的骑兵部队。在大约十年的时间里,他既与印第安人的一些队伍反目为敌，也与一些队伍并肩作战，其间不断变换结盟的对象。正是他把一群原住民囚犯押送到佛罗里达州的一座古老的西班牙堡垒，又花了三年时间，向这些年轻人灌输纪律和文明。最终他与塞缪尔·查普曼·阿姆斯特朗取得了联系，阿姆斯特朗同意将这些囚犯录取为汉普顿学院的学生——在那里，他们的老师将会是年轻的布克·T. 华盛顿。受到阿姆斯特朗工作的启发，普拉特决定追随他的脚步。他将为美洲原住民创建一所学校，就像汉普顿为黑人学生所做的那样——也就是说，通过手工艺教育，使印第安人成为正直的公民。他在宾夕法尼亚州找到了一处废弃的军营，并于1879年开办了卡莱尔印第安工业学校。该校招收的第一届学生约有200人，来自12个印第安部族。

这个机构留下了复杂而痛苦的遗产。卡莱尔学校的学生被强行从家中带离，与家人分别。通过扣留口粮的方式，学校强迫一些父母交出了儿子和女儿。还有一些孩子是被士兵或警察绑架走的。到达学校后，他们的头发被剪成了欧式发型，身体被套上了僵直的制服和坚硬的皮靴。除了英语，其他语言一概不允许使用。就像在汉普顿学院和塔斯基吉学院一样，学生们要学习各种手工艺：铸铁和制锡，打造马车，木工，裁缝，属于男孩们的耕种，以及为女孩们准备的缝纫和烹饪。学校也有自己的印刷机和报纸，名字叫作《红人与帮手》（*Red Man and Helper*）。夏天，学生们没有被送回家中，而是被派往附近的白人农场"远足"。"我是浸礼会教徒，"普拉特写道，"我相信应该让印第安人浸入我们的文明，我们要把他们拖下水，把他们困在那里，直到他们完全湿透。"[70]

卡莱尔学校的学生经历了极度的迷失，有时甚至更糟——天花和其他疾病也在他们中肆虐。这一切正是萨拉·温尼姆卡在创办文化包容的多语言学校时力求避免的，然而普拉特的做法却被广泛模仿。从1880年到1900年，每一年大约就有一所以卡莱尔模式为办学基础的印第安工业学校在国内开办。其中一些学校因为虐待学生而在日后变得臭名昭著。学生自杀的情况颇为常见。但毫不夸张地说，普拉特的愿景正在徐徐展开。1893年，芝加哥举办了哥伦比亚世界博览会（World's Columbian Exposition）。这是继费城举办的百年博览会之后，美国举办的又一届世博会，这次是为了纪念哥伦布神话般地"发现"美洲400周年。会场上，普拉特亲自率领一群卡莱尔学校的学生游行，每个人手里都拿着代表学校手工艺传统的徽章。

普拉特的方法——被概括成了他那句臭名昭著的名言，"杀了那个人心中的印第安人，救活那个人"——与白人慈善事业的国家趋势是步调一致的。从1883年开始，每年都有一群富裕的赞助人在哈得孙河谷的莫霍克湖（Lake Mohonk）聚会，讨论如何解决"印第安人的问题"。会议主席梅里尔·盖茨（Merrill Gates）如此定义了问题的实质："面对这些直到今天仍然对法律、道德、公民和政治统治的理念一无所知的青年人们，我们该如何开展教育，使他们了解这些伟大的理念呢？"这些自封的"倡导者"的举措，比现实中政府的政策开明得多，但他们依然对原住民文化怀有极大的敌意。他们希望废除保留地制度，但绝不会考虑把印第安人的祖居地和传统归还他们。相反，他们提倡彻底的同化，并以手工艺培训作为主要的同化机制。盖茨引用了阿姆斯特朗的格言——"唯有训练有素的右手，能够抵达头脑和心灵"。他主张，对付原住民的方法，是把他们变成美国式的资本家。"破烂帐篷下的不满，以及冬天印第安营地里填不饱肚子的口粮，全都是必要的，只有这样才能让印第安人从毯子里爬出来，穿上裤子，而裤子上有口袋，口袋里装着对塞满美元的渴望！"[71]

这一类修辞标志着白人对待印第安人的态度，与他们对待非裔美国人的态度的差异。当然我们应该记住，在当时的特定背景下，这一类修辞已然是相对进步的了。在某种程度上，这种差异被卡莱尔学校和汉普顿学院的密切联系所掩盖了。几个世纪以来，黑人工人一直是奴隶阶级。他们被迫从事白人不愿意做的工作，要么当奴隶，要么即使自由了，也只能拿着比白人愿意接受的更低的工资。原住民也扮演了这些角色，例如捕鲸业。不过，原住民最初并没有被视为有用的工具，而是成为不断扩大的定居点的障碍。因此，大的趋势是试图把黑人"留在他们的位置上"，与此同时，通过灭绝与同化相结合的方式，彻底抹去原住民文化。[72] 种族隔离与吸收同化之间的差异，对手工艺有着重要的意义。具备技艺的黑人工匠只要不威胁到白人的工作，就能得到容忍，这就是布克·华盛顿强调的顺从态度如此受到白人欢迎的原因，也是直到最近，托马斯·戴、伊丽莎白·凯克利、陶工戴夫等个别工匠，才因其作品的美学成就而受到赞扬的原因。相比之下，美洲原住民的手工艺则被视为抱残守缺的表现，是一个行将就木的种族的遗物——显然它并不构成威胁。

以上都是一些笼统的概述。但它们确实有助于解释随后数十年间的时代趋势，包括 19 世纪晚期日益强大的工会对待黑人工人的方式，以及在工艺美术运动期间，原住民的篮子、陶器、编织和银器受到的欢迎。"站熊"卢瑟（Luther Standing Bear），一个生于 1868 年的拉科塔苏族男孩，是第一个进入卡莱尔学校的拉科塔苏族人。许多年后，他写了一本自传，生动地讲述了他在那里度过的时光。当他被人从父母身边夺走，带去东部时，他以为自己将被杀死。他目睹了小巨角河战役结束后，白人对拉科塔苏族的镇压，他想象不出这群白人还会对他做出些什么。然而他到达卡莱尔学校以后，却被强迫穿上制服和靴子，这让他不无痛苦。"我们渴望赤脚行走，却被告知草地上的露珠会让我们感冒，"他写道，"这对我们来说是一个新的警告……我记得当我还是个孩子的时候，我就是光着脚走进圆锥形帐篷，我把鹿皮鞋褪了下来，里面落满了雪。"尽管他打小就被称为"Ota K'te"（意思是"大开杀戒"），在很小的时候，他就曾经帮人撂倒了一头野牛，但还是被要求从黑板上选了一个新名字：卢瑟。

"站熊"是普拉特一连串同化行动的对象。他在作坊里接受训练，外出远足，上街游行，穿着制服拍照，甚至在费城的沃纳梅克百货公司（Wanamaker）获得了实习机会。但后来，他在写自传的时候却表示："虽然我已经了解了所有我能了解的白人文化，我依然从未忘记我的人民的文化。我继承了他们的语言、部落的礼仪和习俗，唱着歌，跳着舞……我穿过的任何一件外套都不能代替毯袍。"离开卡莱尔学校以后，他成为一名出演默片的主演兼临时演员。他的第一部电影充满了奇怪的巧合，是根据海伦·亨特·杰克逊的小说改编的。杰克逊是前文提到的《百年耻辱》的作者,也是著名的原住民权利的倡导者。"站熊"开始意识到,他的人生是由卡莱尔学校塑造的。但他学到了一个与普拉特的设想极其不同且更为深刻的教训:"我们上学,就是去誊抄,去模仿;我们不去交流语言和思想,也不去培养凝聚了千百年间这片大陆上的无数经历的最美好的品质……白人固然有很多东西要教给我们,但我们也有很多东西要教给他们,本着这个念头,我们其实能建立起一所多么了不起的学校啊!"[73]

# 第四章 一个日趋完美的联盟

艾萨克·牛顿·扬斯（Isaac Newton Youngs）是一个完美主义者中的完美主义者。他出生于1793年，是家里10个孩子中最小的那个，他从小就追随叔叔接受钟表制造的训练。6岁时他就能拼出一个钟表。后来他说："在我能清楚地说话之前"，就"知道一天的时间了"。他的叔叔和父母都是最近才皈依新教震颤派的信徒。少年时期，扬斯在干净整齐的环境中长大。震颤派独立主义者所做的一切都简单而精确。他们用平整的铺路石在村庄的街道上铺路，要知道，当时甚至在城市里也很少有人行道。他们还在社区的锯木厂里把柴火削到标准长度。他们的衣服、花园、家具、建筑物——所有的东西都罕有雕饰，但比例却十分匀称。对此，研究美国乌托邦社区的历史学家克里斯·詹宁斯（Chris Jennings）写道："当他们要造些东西时，震颤派的木匠和石匠相信，他们是在按照天堂的蓝图工作。"[1]

即使是在这种强手如林的环境中，扬斯的工艺也堪称出类拔萃。震颤派是激进的平等主义者，但是他们也都有各自专精的工作，这使得他们的定居点建设，远比当时美国的典型定居点高效得多——这里的劳动分工被认为来自神的启示。然而扬斯却成为一个万事通。在学会钟表制造之后,他又去裁缝铺做学徒,而后又干过石工、锡匠和工具制造者。他造出了大大小小的东西,从衣服夹到纽扣,多达上千个,甚至还建造过一整座校舍。扬斯就像那个自己因其而得名的著名科学家一样,也对发明饱含激情。他做过一支有5个笔尖的黄铜笔,用来画活页乐谱上的五线谱。他还做过一台攻丝机,用来为震颤派房间里用得着的木制螺丝钉雕刻螺纹。

扬斯还擅长写作,称得上著述宏富。他留下了4000页手稿。他的日记是一份极其开诚布公的文件,记录了他与欲望的屡次斗争——震颤派注定是独身主义者——以及他对那些不太符合社区标准的弟兄们的坦率评判。实际上,评判一事,总能在任何时候唤醒他的热情。他精确地记录了自己的身高(身长五英尺八英寸,其中有四分之一英寸来自鞋子)。他在其中一本日记的前后封面上,勾勒了自己手掌的形状(左手在前面,右手在后面)。他还追踪其他震颤派信徒的身高变化,观察他们在变老的同时,身高缩减了多少。他把数字印在彩纸上,剪成小方块,再把它们贴在家具、扫帚和其他物品上——"这有助于把东西固定在它们该在的位置上"。最后又做了一个完美的带有鸠尾榫的松木盒子,用以存放标签。

扬斯知道自己有强迫症的倾向,但他也对自己在机械方面的聪明才智怀有适度的自豪。他那幽默的自传是用打油诗写成的,其中有这样几句:"打铁,补锅,砌石头。我何尝有一日能逃避?没完没了的杂活儿和主意,简直令我永不停歇。"[2] 正如这首小诗的最后一句所暗示的那样,或许最适合他的工作,是他的第一份职业——钟表制造。他甚至记录了调表计所需的时间，仔细地将其中 6 个挂钟的制作用时制成了表格（他总共做了 382 个挂钟，在每个挂钟上花费的时间略少于 64 个小时）。对于一个在千禧年信仰中长大的人来说，这是一个恰当的固定目标。震颤派——官方的叫法是坚信基督将第二次降世的信众联合会——相信宇宙的完美无缺。他们认为第一位弥赛亚（一位木匠的儿子），已经找到了继承人——"教母"安·李（Ann Lee），她是一位铁匠的女儿。安宣扬自己的出世是末日来临的预兆，她于 1784 年故去后，震颤派已经为迎接末日降临做好了准备。眼见这一切没有发生，他们犹自笃定地坚持着，自认为正在接连目睹终极救赎的景象，同时生活在教母安的著名指令之下——"手要工作，心要归向神"。

1865 年扬斯去世时，震颤派已然告别了本派的鼎盛时期。过去的数十年间，随着世界迟迟不曾毁灭，他们对性的禁绝就变成了战略上的一处弱点。这意味着，每个新成员都只能是刚入教门的皈依者。可是在后内战时期工业化经济的浪潮中，他们的本地工业却步履蹒跚。震颤派的各个社区发现，吸引信徒正变得越发艰难。19 世纪 40 年代见证了震颤派的鼎盛时期，当时他们在全国各地拥有大约 6000 名信徒，可是自此之后，这个数字开始迅速下降。社区纷纷陷入债务泥潭。信徒死了，便无人取代他们的位置。活着的人亦放弃了村庄。新来的人似乎更多的是为了投机取巧，而不是出于虔诚的信仰；在一位教会长老的严厉评判中，他们是"流浪汉和遭人嫌弃的创造物"[3]。世纪之交，震颤派竟然只剩下不到 900 名信徒了。

不过在美国这片土地上,建造乌托邦的冲动还在继续。这种冲动与手工艺仍保持密切联系。做工、美德和自制——杂糅了三者的价值观,彻底地体现在了震颤派信徒的身上。19世纪后期,这种价值观被其他许多方面的活动家分享,其中包括工艺美术运动的倡导者、工业"科学家"、工会领导人和教育改革家。尽管上述群体在思想、方法上大相径庭,有时竟形成激烈对立,但他们确实也有许多共同之处。本着进步主义时代(Progressive Era)的精神,他们一致深信,通过贯彻标准化的理念,生活和工作可以大大改善,甚至臻于完善。他们先发展出理论,继而试图将理论付诸实践。19世纪晚期美国手工艺的故事,在很大程度上是这些忠实信众的故事,他们之间的相互冲突、他们与现实之间的轻率碰撞,构成了这个故事的主要部分。

一边是手工艺改革的新轨道正在铺设,一边是旧的乌托邦社区继续以自己的方式静静运转。内战爆发前,除了震颤派,还有许多独立主义组织活跃在美国。乔治·拉普(George Rapp)是一位来自德国的纺织工和神秘主义者,他的追随者于1814年定居在印第安纳州的哈莫尼。十年后,富有远见的慈善家罗伯特·欧文从拉皮特家族(Rappites)手中买下了这座小镇,将其重新命名为新哈莫尼,并试图在那里建设一个理想的社会。不少傅立叶式的"法郎吉"(Fourierist phalanxes)也建立了起来,它们的灵感来自那位古怪的巴黎共产主义者的大量空想著作。宾夕法尼亚州出现了阿曼门诺派(Amish)和门诺派(Mennonite)的社区,以及由约翰·汉弗莱·诺伊斯(John Humphrey Noyes)领导的完全成圣派(在此处,这一术语指的是罪恶的根除)。

一般来说，这些团体把越多的工匠纳入自己的阵营，它们就越成功。欧文是在英格兰北部经营纺织厂起家的，由此积累了财富。但是在印第安纳州，他却颇费了一番力气，才得以维持自己的社区，这主要是因为社区吸引的成员多为脑力劳动者和非技术工人。相比之下，震颤派实现社区繁荣的办法，是制造朴素而漂亮的家具和其他商品，并把它们卖给"外面的世界"，这是他们对社区之外的红尘俗世的称谓。完全成圣派因其"复杂婚姻"的教义而声名狼藉，根据这种教义，社区中的所有男人、女人都可以自由地建立性关系。不过在实践中，他们那种紧密联系、性别平等的社区，起到了经济发电机的作用。他们在纽约奥奈达（Oneida）的集体家庭里，共同经营着一家非常成功的手工企业。最初他们专注于接受定制，为客户制作捕获动物的陷阱，后来他们逐步转型，开始制作银制餐具，这门生意至今还在经营。

　　对于独立主义者的社区而言，手工艺不仅具有重要的商业意义，而且满足了他们的直接需求，这些需求当中既有功利性的方面，也有象征性的方面。一个著名的例子是阿曼门诺派——特别是阿曼门诺妇女——在内战后的几十年里从事的废弃布料的绗缝工作。与普遍的看法相反，这对于她们来说是一门新兴的手工艺，而不是殖民地时代的手工艺遗产。当然她们确实沿用了殖民地时代的部分做法，但这只是为了契合她们对自我的传统想象。同样具有讽刺意味的是，如果不是因为廉价的工业布料唾手可得，在这个以抵制技术而闻名的社区里，被子这东西可能永远不会流行起来。不管怎样，通过缝被子，整个社区被团结在了一起。与许多美国社区一样，大家合作缝被子，从顶部一直缝到被边和衬里（出现了一种经常被称为"拼布嬉戏"的缝被子活动），构成了社交日程表上的一个亮点。通过互赠的礼物和代代相传的床罩，缝被子帮助朋友和家人建立了彼此间的联系。[4]

19 世纪末，美国最繁荣的宗教定居点之一是艾奥瓦州阿马纳（Amana）的"真正的灵感派社区"（"Community of True Inspiration"）。1842 年，该组织由一群逃离德国的宗教异议者建立起来，最初由木匠克里斯蒂安·梅茨（Christian Metz）领导。在社区内部的术语中，他被认为是一个 Werkzeug，意思是"上帝手中的工具"。梅茨于 1867 年辞世后，72 岁的芭芭拉·兰德曼（Barbara Landman）继承了他的职位。兰德曼也是德国移民，在长达 15 年的时间里，她一直负责领导阿马纳定居点，把这里治理得纪律严明。就在震颤派的村庄分崩离析的时候，灵感派的社区却兴盛起来，这在很大程度上要归功于他们的印花羊毛织品、皮革制品和其他产品。他们的内部交易采用共产主义的方式，外界称赞他们"交易公平，支付现金"，而且非常擅长自己的手艺。旧金山的一家报纸报道称："无法在任何地方"找到比阿马纳更熟练、更聪明的技工。[5]

在某些方面，这个社区就像一座仅仅依靠自我约束运行的工厂。社区里的钟声标示了每天的工作制度。每个男人都穿戴着一模一样的宽边帽和白胡桃色牛仔裤，每个女人也都穿戴着别无二致的遮阳帽和格子围裙。对于局外人来说，阿马纳是一个谜，也是一项挑战。那里的生活似乎完全缺乏个人主义。"轻浮无聊似乎被钉上了十字架，雄心壮志似乎被禁锢在了坟墓里，"一位芝加哥记者写道，"这里没有对雄心壮志的鞭策，没有对奋发图强的鼓舞，也没有对埋头苦干的激励。"然而不知何故，社区兀自享受了和平与繁荣。在经济上，灵感派的社区恐怕是任何一个美国城镇羡慕的对象；在意识形态上，他们也拥有其他美国人所没有的一切。[6]

1890 年，一位 20 岁的捷克移民的女儿，第一次来到阿马纳定居点。她拖来了一台大大的箱式照相机，那是别人当作生日礼物送给她的，她还拖来了一些 5 英寸×8 英寸的玻璃板。这是她第一次造访阿马纳。在接下来的十年里，伯莎·霍拉克·香博（Bertha Horack Shambaugh）一次又一次地返回，为灵感派信徒拍照，最终在 1908 年出版了一本书，书中对他们的社区进行了摹绘。她完美地捕捉到了他们对手工艺的毕生奉献——孩子们学习如何编织，一位八九十岁的钟表匠"仍然有规律地工作，一如太阳照常升起"。她对阿马纳的日常生活肃然起敬：磨坊里配有带垫子的椅子，供工人"间或"休息；纺织机的周围装饰了鲜切花；长老们工作时哼唱着赞美诗；两轮牛车的嘎吱声与远处火车的汽笛声，形成了鲜明的对比；所有人都能得到平等的对待，不论经验或技能如何。"把分配的劳动当作痛苦，这不是灵感派信徒的工作方式，"香博写道，"在这个世界上，他比其他地方的兄弟干得慢，但是他活得更长。"女工们正在操纵纺车，这让她想起了"前辈清教徒移民的祖先"。她总结道，阿马纳的人们已经明白了生活的本质———些美国人久已遗忘的东西。

香博在关于灵感派的书中，做了另一次更具有现代气息的比较："阿马纳作坊的产品，与威廉·莫里斯（William Morris）所说的，在任何地方都能发现的'人们在工作中的快乐表现'相

伯莎·香博的《阿马纳的男孩学习编织》（*Boys Learning to Knit at Amana*），1898 年前后。
阿马纳遗产协会提供。

比，庶几近之。"[7] 毋庸置疑，她指的是引领英国工艺美术运动的那位伟大人物。她提到莫里斯的名字是对的。看看阿马纳的共产主义，看看阿马纳人民坚定不移的职业道德和与时俱进的生存方式，这里活像是莫里斯的乌托邦小说《乌有乡消息》（*News from Nowhere*）中的某一个场景被注入了生命。美国人在阅读这本书以及莫里斯的其他著作时（很多人都读过），他们肯定想象不到，一个宗教派别竟然会去经营一家纺织作坊。他们甚至不肯接受莫里斯对社会主义的承诺，这是他挑战社会现状的激进一面。他们只从中吸取了那些不怎么具有挑衅意味的教训。

同意莫里斯对这个问题的诊断，再容易不过了。现代劳动已经变得让人无法忍受。生命和灵魂都在工厂制度的齿轮之间被磨成灰。即使是相对幸运的白领，也要面对毫无意义的文山会海。这种背离人性的经济模式所产出的商品，在任何意义上都是廉价的：人们负担得起，但这种商品本质上毫无价值，因为它们缺少人类创造力的火花。莫里斯借鉴了早期作者托马斯·卡莱尔（Thomas Carlyle）、约翰·拉斯金（John Ruskin）的观点，指出了现代生活中的一个核心矛盾，这个矛盾在美国表现得尤为明显。在这里，一种被认为专注于个人主义的文化，实际上产生了完全相反的结果。宣传者可能会兜售自助自强的教条，但真正生活着的劳动者却被囚禁在一座巨大的机械结构中，而机器的运转远非他们所能控制。日常的万物，曾经因工匠的触摸而生机盎然，现在却退化为呆板的千篇一律的状态。莫里斯给出的答案是"手工艺的复兴"。这意味着要对18世纪的错误进程进行正本清源。劳动分工必须重新整合。机器，无疑对死记硬背的机械化工作很有用处，但只要它们妨碍了创造的过程，就应该被摒弃。美——古代万物的有机的、无意识的美，以及古老的制作手法——必须被寻回，不是为了它本身，而是因为但凡要建设一个更好的世界，美就是不可或缺的伴生物。

这些强有力的思想，像活跃的藤蔓一样蔓延，不仅传遍了英国和美国，还传遍了整个欧洲，最终传到了日本和印度。[8] 不过要完整地接受莫里斯的思想，会有很多困难。诚然，许多左翼政治人士同意他的观点，认为现代工业正导致人们相互疏远，丧失人性。一个规模较小但仍然举足轻重的团体响应了他的号召，发起了一场致力于恢复"劳动乐趣"的手工艺运动。虽则如此，愿意拥抱社会主义，并将此作为实现这一目标的方法的人，就相对较少了。莫里斯曾明确警告过那些"试图从商业经济中抽离出来的优雅的小妙计"，认为"它们都只能取得暂时的、极其有限的成功"。[9] 然而这正是大多数工艺美术运动的发起者所倡导的：优雅的小妙计。说句公道话，莫里斯本人也应该受到同样的指责。他俨然把无穷无尽的精力投入了社会主义事业，在工人阶级听众面前广泛发言。但他真的在呼吁一场革命吗？如果是这样，他为何要在绣帷编织、凸版印刷等奢侈的手工艺项目上花费那么多时间？出自莫里斯之手的手工艺品洋溢着精英气息和古风雅趣，在当时（现在也仍然如此）便很难与他的民主冲动协调一致。

  整个工艺美术运动也是如此。尤其是在美国，这是一场自上而下发起的运动，由教授而不是鼓动者指引，由社会名流而不是社会主义者指挥。运动的领袖包括艾琳·萨金特（Irene Sargent）和奥斯卡·洛维尔·特里格斯（Oscar Lovell Triggs），他们分别在锡拉丘兹（Syracuse）和芝加哥的大学教授艺术史，还包括辛辛那提卢克伍德陶器公司（Rookwood Pottery Company）的创始人玛丽亚·朗沃斯·尼科尔斯（Maria Longworth Nichols）这样的富有女性。他们都受到了莫里斯思想的启发，但没有一个人是社会激进分子。相反，萨金特担心重复性的劳动会导致头脑空洞，而大脑本应是"一个为破坏性的想法和混乱的主意提供休息的地方"。在芝加哥帮助建立了威廉·莫里斯协会的特里格斯，将那位伟人的理念诠释为"现在是时候通过控制物质的能力，来评估一个人或者一个民族的天才了"。但是在他看来，这意味着先进的技术和发明（如电力）可以屈从于人类的意志。萨金特和特里格斯坚信，手工艺具有提升道德的潜力，但他们都只愿意从非政治的角度看待这个问题。

此类原则在一些作坊被付诸实践，其中就包括1880年由尼科尔斯创立的卢克伍德陶器公司。起初，她的目标相当适中："我的主要目的是满足自己，但我希望利用陶器来支付开销。"她所做的远远不止这些，她将卢克伍德建成了模范之地，这里出产的陶器成为日后所谓的美术陶器的原型。尼科尔斯刚接触制陶艺术时，尚且是一名瓷器画家，这是一门业余性质的手工艺（木雕也是如此），在辛辛那提的精英女性中大受欢迎。它通常涉及装饰一处现成的"空白"，那指的是在某家商业瓷厂烧制的未上釉的陶瓷土坯上作画，就像一名业余画家在预先准备的空白画布上作画。鉴于此前的经验，她可能很自然地把卢克伍德视为一家装饰企业，而不是一座制造厂。即便是在公司凭借其"标准陶器"产品系列的威力——它出产的深褐色调色板和产品外观的明暗对比效果，让人多多少少联想起了早期工匠大师的绘画作品——收获了越来越大的名气之后，卢克伍德的营销依然在强调每一件作品的独特笔法。装饰它们的画家"在设计的选择和个性上享有最大的自由"。这么做的结果是，这里的陶器完全不同于机械装饰的陶器。[10]作为突显个人色彩和独创性的方式，该公司还邀请了许多独树一帜的艺术家，尤其是日本训练出来的大师白山谷浩太郎（Kataro Shirayamadani）。一些出色的作品进军世界范围内的博览会场，进一步提升了卢克伍德的形象。与此同时，公司继续推出了一个更商业化的产品系列，就像一个时尚潮牌，既生产定制时

第四章 一个日趋完美的联盟　171

装，又生产立等可取的成衣。

美术陶器找到了它最雄心勃勃的倡导者——阿德莱德·奥尔索普·罗比诺（Adelaide Alsop Robineau），她出生于1865年，是一位工程师的女儿。起初，罗比诺也是一名瓷器画家，通过查阅手册自学。1899年，她与收藏中国瓷器的法国丈夫一道创办了名为《陶瓷工作室》（Keramic Studio）的新杂志，主要面向业余室内装潢师发行。不久后，她开始在陶轮上塑造自己的风格，从绘制瓷器画，转向了制作耐高温的粗陶器和瓷器，而且在技术上取得了巨大的飞跃。"这已经是一种尽可能理性的职业转变了，"她的朋友兼同事弗雷德里克·赫滕·海德（Frederick Hurten Rhead）如是说道，就像是"从牙科转向大提琴演奏"[11]。她尝试制作过水晶釉和火焰釉，还试图达到其他壮观的效果。在纽约州北部的阿尔弗雷德大学（Alfred University）上完陶艺课程后，她搬到了锡拉丘兹附近。正是在那里，她做出了"圣甲虫花瓶"（Scarab Vase），也被称为"劳动者的神化"（The Apotheosis of the Toiler），这件作品完成于1910年，是美国手工艺史上最非凡的杰作之一。罗比诺花费了1000多个小时制作这个雕花瓷花瓶，结果它却在最初的烧制过程中出现了裂缝。罗比诺选择了坚持，她用瓷泥填满那些细小的裂缝，又烧了一次，这次成功了。她还选择性地给作品上釉，以突出花瓶精致的镂空结构。此前，罗比诺已经尝试过各种古典复兴风格，这一次，她选用了一种极不寻常的埃及风格，这种风格在当时的建筑中偶尔会出现，但是在陶瓷方面却几乎不为人知。花瓶的名字来源于古埃及圣甲虫意象，这也解释了瓶盖上宛如加冕的古怪主题。正如这些昆虫逐渐将粪便滚成完美的球体，用作食物的来源。罗比诺也将一个雕刻过的球体固定在瓶盖上，球体便对应着粪球。就像她的副标题暗示的那样，她希望借此来象征耐心的劳动。

就其干脆利落的线条细节而言，圣甲虫花瓶与卢克伍德生产的彩绘陶罐大异其趣。但仅凭投入的时间和技巧，它就理应拥有更高的艺术地位。罗比诺在阿尔弗雷德大学的老师查尔斯·费格斯·宾斯（Charles Fergus Binns）写道："只有曾经直面'大明火'（grand feu，也就是高温窑烧）的种种难题的人，才能理解这一切意味着什么。你需要在这样的工作环境中抱定耐心、热情和不屈不挠的毅力，哪怕接二连三地遭遇令人沮丧的失败，也仍旧不为所动。即使有技艺娴熟的工人坐镇，制造商在尝试精细的工作之前，也往往会踌躇不决，然而罗比诺太太却成功地克服了上述困难。"面对如此出神入化的技艺，宾斯毫不犹豫地断言，罗比诺的作品"应当在每一座艺术博物馆中找到一席之地"[12]。

很明显，圣甲虫花瓶与单纯的"劳动乐趣"毫不相干。更确切地说，罗比诺为圣甲虫花瓶投入的时间和技艺，使得花瓶仿佛被炼金术士转化为某种近乎完美的事物。她在花瓶的另一个名字中使用了宗教术语"羽化登仙"（apotheosis），这恰如其分。花瓶俨然飘了起来，越飘越高，直至飘离了粗糙的商业世界。日后，她在《陶瓷工作室》的一篇文章中写道："我们的行动表明，我们已向远远高出此地的境界稳稳地迈出了前进的一步。"[13] 从这个意义上说，罗比诺的例子证实了工艺美术运动的内在特征：它代表了一种渴望升华到纯粹、觉醒的唯美主义，从而逃避经济学描绘的残酷现实的典型欲望。事实很简单：工艺越精致，物品就越昂贵。每一名制造商都必须在迎合大众和追求品质之间艰难地讨价还价，罗比诺则带着崇高的冷漠俯视着进退维谷的众生。

工艺美术运动的拥护者们想尽了一切办法，试图摆脱这一逻辑的束缚，但到头来，他们总是感到自己反而被束缚得更紧了。在这方面，坎迪斯·惠勒（Candace Wheeler）和古斯塔夫·斯蒂克利（Gustav Stickley）的职业生涯是两则典型的例证，两人都是这场运动最著名的倡导者。1827年，惠勒出生于纽约的一座农场，在农村自给自足的风气中长大。她的祖母是裁缝，父母都是做帽子的，全家人还制作奶酪、黄油、蜡烛和各种腌制食品，赚些额外收入。她的父亲是一名坚定的废奴主义者，他安排家里的所有人纺纱和织布，这样他们就不用穿奴隶做的衣服了。后来惠勒回忆道，在那种家庭中长大的感觉，就像"落后了时代一百年"[14]。在当地的一所学院完成学业后，惠勒嫁进了高门大户，搬到了纽约市。在那里，她融入了一个艺术家的圈子，其中的成员包括当时一些主要的风景画家。1876年，她是亲临费城百年博览会的数百万人之一。

在会场的纪念展厅里，惠勒参观了皇家艺术刺绣学院举办的刺绣展览，但并没有留下多少深刻的印象。现场的展品让惠勒觉得，刺绣是"一种非常简单的工作"，"几乎每个女人都能轻易掌握其中的门道。这比在瓷器上作画需要的本事要小得多"。但她也发现，手工艺可以被用作一种帮助人们的方式。实际上，多年以来，她一直在帮助朋友们——她们都是些"陷入困境的淑女"，其中有很多是战争寡妇。她的办法就是悄悄地售卖她们的针线活计。［追随惠勒的新成员之一是伊丽莎白·卡斯特（Elizabeth

Custer），她的丈夫刚刚在小巨角河战役中阵亡。」现在她发现了一个机会，她们可以凭借精湛的手艺，走出家门做同样的事情。在她的想法中，有一种微妙而重要的女性主义思想在起作用。"没错，不成文的习惯法规定，女性不应该成为工资收入者或工资受益人，"她说，"但需求比法律更强大。"[15]

因此在路易斯·康福特·蒂芙尼（Louis Comfort Tiffany）和洛克伍德·德·福雷斯特（Lockwood de Forest）等一批杰出人物的支持下，惠勒成立了装饰艺术协会（Society of Decorative Arts）。她的计划很简单：接受婚礼、教堂和家庭装潢的刺绣工作，同时在协会的陈列室里寄售协会成员的作品。1877年12月，协会还举办了一场借用私人作品举办的展览，以提供有关手工艺的正面范例。一个设计委员会——委员全是男性，就连惠勒也被排除在外——负责评审参赛作品。刺绣是比赛的焦点，但协会也面向家庭给予了关于其他艺术品和手工艺品的指导意见，如瓷器和瓷砖绘画，木雕和板面油画。惠勒旋即意识到，慈善意图和艺术抱负之间免不了要有一场冲突。她的同事们主要感兴趣的是提升公众的品位，她本人则仍然渴望帮助处于困境中的女性。

最后，两件事她都做到了。她与蒂芙尼、德·福雷斯特共同创办了一家装潢公司，承包了美国一些最豪华的室内装潢工程，包括马克·吐温在哈特福德的宅邸、白宫的若干房间，以及纽约公园大道军械库（Park Avenue Armory）的退伍军人室（Veterans Room），后者一开放便得到盛赞，被认为"无疑是这个国家最宏伟的公寓"，至今依然保持了原样。[16] 惠勒还创建了一处展示和出售手工艺品的新场所——纽约女性作品交易所（New York Exchange for Woman's Work）。在这里，所有独特性的伪装都被抛弃了。商品主要是实用的亚麻布和服装，而不是装饰性的刺绣。只有那些有财务需要的人，才会获邀去交易所售卖作品；在申请参展的 17 566 件商品中，只有 37 件遭到拒绝。[17]

惠勒清楚地意识到了她的许多同行没有意识到的东西：美和实用性并不总能和谐共处，相反，两者常常发生冲突。与那个时代的许多人一样，她确实谈到了"自助自强的责任"。但让她显得最与众不同的是，她采取了实事求是的措施，使实现自助变得更加可能。1883 年，惠勒成立了自己的纺织品和室内装潢公司，取名为"联合艺术家"（Associated Artists），只雇用女性。又过了十年，继费城百年博览会之后，芝加哥也举办了哥伦比亚世博会，惠勒为新一届世博会的女性大厦设计了室内装潢。女性大厦里面摆满了地道的国内手工艺品（这一次，展品经过了仔细的筛选），内部的装潢颇具特色，在位于大厦中央的名人堂（Hall of Honor）的穹顶下，镌刻了一行雕带，其上赫然写着"许多金灿灿的名字，它们的主人是那些在古往今来的多个世纪里，给全人类带来过荣耀的女性"[18]。

在那个世纪之交的年代，惠勒关于室内装潢的活泼并鼓舞人心的作品，对于取代凯瑟琳·比彻的《家庭经济论》等书籍宣扬的严酷戒律，起到了一些作用。在认识到工厂，甚至是"血汗工厂"的时代带来的挑战的同时，她继续倡导家庭式工业，就像她还是个农场女孩时所做的那样。她在 1900 年出版的《如何制作地毯》（*How to Make Rugs*）一书中写道："把纺车推到阁楼屋檐下雪藏起来，把庞大的织布机砍成柴火，已经变成了人们眼中正面的节俭之举。"这让她由衷地感到遗憾。[19] 就像《美丽屋》(*House Beautiful*)杂志的一名评论员指出的那样,这本书蛮可以设置一个副标题,叫作"如何创造幸福,如何唤醒社会意识"。[20] 惠勒仍然相信,手工艺是一门可以赚钱的行当,美学也不只是狭隘的精英阶级关心的问题,而是每个家庭的问题。尽管她参与装潢了那个时代的一些最豪华的房间,但她依然坚持,最简单的村舍可能比最宏伟的宫殿更令人愉快——"美,一如教育,可以让任何一处地方高贵起来,从最逼仄的陋室,变为最奢华的豪宅"[21]。

如果说惠勒帮助开创了工艺美术运动,古斯塔夫·斯蒂克利则是它臻于极盛,盛极而衰的主导者。1858年,他出生在威斯康星州的一座小镇,虽然比惠勒晚出生了30年,仍然是家中六兄弟中的老大。他的父母都是德国移民,他出生时的名字是古斯塔夫斯·施托克尔(Gustavus Stoeckel),他自小就跟着父亲学习石匠手艺。就是在这种最平凡不过的背景之下,斯蒂克利在工艺美术运动期间,成长为一位卓越的美国家具制造商,并且在短时间内崛起,成为一个商业帝国的掌门人,旗下拥有出版物、百货商店,甚至还提供房屋建造的服务项目。起初,他是通过一个在宾夕法尼亚州经营椅子工厂的叔叔,进入这一行的。后来斯蒂克利搬到了纽约州北部,开始独立经营生意,最早是和他的两个兄弟合作。他们的第一件产品是一把基于震颤派模型制作的椅子,为了打磨椅子的形状,他们从一个扫帚柄制造商那里买来了车床。至于驱动车床和其他简单机器的动力,是通过一条绳索从隔壁的另一间作坊传送过来的。

后来,斯蒂克利在回忆中把这个简陋的开场理想化了:"设备虽然极其简陋，但对于缺乏生产手段的我们来说仍旧是必要的，这让我们挣脱了单调的商业形式，切切实实地为自己争取到了一个黄金机会。"[22] 这是他表达思想的典型方式。与惠勒相似，他也珍视质朴的风格，认为这提供了一种解决之道，可以将手工艺从令人不安的难题中解救出来，化解产品质量与价格负担之间的矛盾。在花了几年时间制作复兴主义风格和实用主义风格的家具之后——他最大的客户之一是当地的一座监狱——斯蒂克利于1895年和1896年两度前往英格兰。他在那里遇到了工艺美术运动的领军人物，在此之后，他怀着奇思妙想和一身干劲回到了美国，决心为现代生活面临的问题找到理想的解决方案。

他只花了五年时间就做到了。1901年，他已经打造了一种庄严肃穆的家具：形制极为对称，完全不加装饰，通常用白橡木制作，这种木材经常用于中世纪的细木工，但是在斯蒂克利的时代，它更多地用于建造房屋，而不是制作精美的家具。木板被锯成了四等分，这是一种切割原木的方法，可以显露出引人注目的线条和斑点，呈现出浑然天成的装饰。他懂得利用建筑细节上的夸张之处，比如凸榫（从它们的榫眼穿进来，从另一边穿出去），有时还用上了额外的楔子，把它们固定在合适的地方。室内装饰用的是皮革制品以及特大号的铜钉。他还采用了长皮带铰链和琢面铁制把手。这些金属配件的表面兀自保留了粗糙的锤痕。放眼历史上的传奇锻工，比如保罗·里维尔，但凡他们不是无知无识，一定会觉得这么做匪夷所思，但斯蒂克利却想剑走偏锋，以此来确认工匠对作品的触摸。事实上，他的家具在各个方面都存在隐隐的矛盾之处：一种精心设计的真情流露。

也是在 1901 年，斯蒂克利开始出版他的著名杂志《工匠》（*Craftsman*），这可以说是美国工艺美术运动中最具影响力的出版物。杂志的设计，以威廉·莫里斯创办的凯姆斯科特出版社（Kelmscott Press）出版的作品系列为线索，第一期的主要内容由艾琳·萨金特执笔，是对莫里斯的生活、工作、影响，包括其社会主义思想的影响的研究。在斯蒂克利的事业早期，当他还处于理想主义的状态时，他与这位英国理论家的政治学说并肩战斗。1902 年 3 月出版的《工匠》第 6 期，刊登了一篇由《国际社会主义评论》（*International Socialist Review*）的编辑阿尔吉·M. 西蒙斯（Algie M. Simons）撰写的评论文章。"任何旨在复兴美丽、愉快和善良——简言之就是艺术——的运动，如果与伟大的无产阶级革命运动没有联系，"西蒙斯宣称，"就等于切断了实现自身理想的任何希望。"[23] 1904 年，斯蒂克利发表了一篇社论，在文章的开篇，他似乎支持这种政治纲领。他宣称，20 世纪是"人民的时代"，强调国家的拯救"取决于工人，而不是占有世袭文化，或者是手握巨大财富和随之而来的权力的人"。可是随着文章的深入，他立即软化了这些听起来铿锵有力的革命话语。他在莫里斯身上看到的是"一种启示，在这种启示之下，改革家的社会主义披上了温和慈悲的外衣"。这将是"一种艺术的社会主义——把艺术变得平易近人，让所有人都能触碰得到"[24]。就是在这里，模棱两可的口吻出现了，借助巧妙的戏法，手工艺的复兴被他从彻底的阶级斗争中排除了。仅仅几年后，斯蒂克利发出了更加温和的声音，他写道，《工匠》"在任何意义上都不代表社会主义者，它甚至不是一本社会学杂志"[25]。在此之后，斯蒂克利开始主要从美学和个人道德的角度，而不是从政治的角度展开思考。可以说，这使他对现实中的"简单生活"——贫穷——视而不见，但又帮助他接触到了中产阶级读者，斯蒂克利鼓励他们把自己的家视为道德的讲台。

假如我们认为，惠勒把精力集中在了女性身上，斯蒂克利则选取了一条性别平等的路径，让自己越来越多地投入男人和男孩的道德改善。[26] 在那个时代，男子气概在美国人心中占据着重要地位。在整个政治生涯中，西奥多·罗斯福总统塑造了一种吃苦耐劳、自立自强的形象，这是由于他曾经有过一段身为"狂野骑手"（"Rough Rider"）的军旅生涯，并享有无畏的户外运动家的声誉。他协助宣扬的男子汉气概，在其发表于 1899 年的演讲《奋发的生活》（"The Strenuous Life"）中，找到了自己的圣典。罗斯福对鼓吹平静的生活尽善尽美的想法充满了敌意。相反，他认为美国的男子必须发愤图强，散发阳刚之气，度过"辛勤和努力，劳动和斗争"的人生。如果他们不这么做，这个国家就会陷入柔弱与衰败。

斯蒂克利在《工匠》杂志上转载了《奋发的生活》的部分内容，并且在自己的生活中，越来越多地践行了演讲中提出的信条。杂志的一位作者甚至将罗斯福的"公平交易"（承诺每个美国人都应当有同样的机会提升自我），与斯蒂克利的家具生产线进行比较。1910 年，随着杂志发行量达到顶峰（超过 22 000 份），他宣布了新的倡议，将会兴建一所"公民学校"，通过"运用大脑和双手做有用之事的实践"，在现实而非书本中教育男孩。在某种程度上，这个项目呼应了布克·T. 华盛顿在塔斯基吉学院,以及理查德·普拉特在卡莱尔学校所采取的方法。但斯蒂克利的重点完全放在了性格塑造,而非职业培训上。只要有可能,教学就在室外进行,并致力于唯一的目标——向学生们灌输男子汉气概和自立自强的美德。"我希望男孩子们在这里学会自立,"斯蒂克利写道,"培养独立的思想和敢于创造的主动性。"[27]《工匠》上一篇表示赞成斯蒂克利的文章写得更加直白:"一个12岁的孩子,能背诵《荷马史诗》,能讨论哲学,他对社会的用处其实与哈雷彗星无异。"[28]

斯蒂克利终究未能实现他的教育梦想。1913年,在规划学校的时候,他在曼哈顿开设了一家名为匠人大厦(Craftsman Building)的机构。这是一个更加雄心勃勃的项目,楼内有多个销售楼层、一座可供参观的手工艺作坊,以及一间供应农场新鲜产品的食品大厅。该机构非常具有前瞻性,预见了当今风行的体验式的零售文化和有机餐饮。不幸的是,它也被证明是一个拿钱打了水漂的地方。匠人大厦开业仅仅三年就倒闭了,它的家具库存被运去了附近的(传统得多的)金贝尔斯百货商店(Gimbels Department Store),以低价贱卖。[29] 这次失败的零售冒险,是对斯蒂克利哲学的最终裁决吗?是对手工艺被理解为自身的奖励时,会发生什么的有力证明吗?那些至今仍然具有影响力的标志性家具,应该被认为是其想法的真实佐证吗?

美国工艺美术运动的主角们也问过自己类似的问题,他们的观点相去甚远。其中一种极端观点的提出者,是自吹自擂却讨人喜欢的埃尔伯特·哈伯德(Elbert Hubbard),他的职业生涯始于纽约州布法罗市(Buffalo)的肥皂销售员一职,而后他开始了作家生涯，定居在邻近的东奥罗拉镇（East Aurora）。1894年，他去了英国，他可能没有遇到威廉·莫里斯——尽管他喜欢这样说——但沿途的所见所闻确实让他熟悉了工艺美术运动的思想纲领。回国后，他直接模仿莫里斯的凯姆斯科特出版社，也创立了一家出版社，取名为"罗伊克罗夫特"（Roycroft，这个名字是中世纪英语中"国王的手工艺"的意思）。"罗伊克罗夫特起初就像是个玩笑，"他说道，"但是这种情况并没有持续多久。它很快变成了一家商业机构。"[30] 1899年，哈伯德写出了一本名为《致加西亚的信》（A Message to Garcia）的小册子，一经出版，便一举成名。这是一则罗斯福式的故事，讲的是一名勇敢的美国士兵无畏地穿行古巴丛林，将麦金利总统的秘密信件转交给反抗军领袖。这个故事完全是虚构的，但是却卖出了数百万册。凭借这本书的威力和其他一些媚俗的运作，他把自己包装成了一名鼓吹自助自强的大祭司，成了"艾尔伯图斯修士"（"Fra Elbertus"），继而在1900年成立了罗伊克罗夫特实业公司，该公司不仅生产室内家具，还制作了大量打着工艺美术运动旗号的低俗艺术作品，包括莫里斯、沃尔特·惠特曼以及哈伯德本人的半身像。

哈伯德生产的橡木家具系列，在风格上模仿了斯蒂克利的产品，哈伯德谎称，他旗下的每件家具都是通过定制由单个工匠制作完成的，而实际上，公司的生产靠的是劳动分工和机械化生产。[31] 他还在小型金属制品、灯具和皮革制品上取得了成功，这些产品全都打上了独特的罗伊克罗夫特商标（这是他从中世纪的一份泥金装饰手抄本上剽窃的）。他挥舞着匠人的大旗，眼看去东奥罗拉镇参观工厂的游客络绎不绝，他又开了一家客栈来接待他们。他确实也雇用了几位富有才华的工匠，其中尤其值得一提的是投资银行家出身的铜匠卡尔·基普（Karl Kipp）和年轻的设计师达德·亨特（Dard Hunter）。哈伯德在自己的万神殿里，也为梭罗的《瓦尔登湖》和布克·T. 华盛顿的塔斯基吉学院（他称之为"砖块和灰土的狂喜"）腾出了空间。[32] 归根结底，他还是对自己最感兴趣。1915年，他在皇家邮轮卢西塔尼亚号（RMS Lusitania）上去世，当时这艘远洋客轮遭到了一艘尚处在试验中的德国潜艇的袭击。根据留下的传说，船身下沉之际，哈伯德转向他的妻子说："想想吧，爱丽丝——明天的头条新闻将会这么写：埃尔伯特·哈伯德在卢西塔尼亚号上被杀害了！"

就在这些事情上演的同时，在加利福尼亚州的帕萨迪纳（Pasadena），查尔斯·格林（Charles Greene）和亨利·格林（Henry Greene）兄弟俩，也正在斯蒂克利的《工匠》杂志的影响下制作家具。与哈伯德和斯蒂克利一样，查尔斯也对英国的工艺美术运动有直接的经验体会，1901年，他去那里度过了蜜月。格林兄弟建筑公司最初依托当地的几家加工公司，随后便与另一对兄弟，瑞典移民彼得·霍尔（Peter Hall）和约翰·霍尔（John Hall）联起手来。这几位经过高度训练的细工木匠运用他们的技能，开发了一种独一无二的设计风格，这在格林兄弟为布莱克家（Blacker）和甘布勒家（Gamble）设计的别墅中，充分地体现了出来，两件作品分别设计于1907年和1908年。在这些工程项目中，家具和室内木制品的柔化轮廓，印证了霍尔兄弟接受的斯堪的纳维亚式训练，以及他们受到的日式细木工和建筑理念的影响。豪华的材料（红木和乌木）与定制的工艺遍及建筑的每一英寸，也暗示了格林兄弟的主顾的财富。如今，这些别墅被视为西海岸工艺美术运动的流风余韵的典型代表，但它们与民主之风毫无关系：它们是纽约和罗得岛新港的镀金时代宅邸的加利福尼亚版。[33]

私人赞助也使得一项工艺美术运动的实验成为可能，该实验名为"伯德克里夫"（Byrdcliffe），由英国一家纺织厂老板的儿子拉尔夫·雷德克里夫·怀特海德（Ralph Radcliffe Whitehead）和他的妻子简·伯德·麦考尔（Jane Byrd McCall）共同创立。怀特海德曾师从拉斯金，和他的前辈罗伯特·欧文一样，怀特海德也萌生了把自己从工厂赚来的财富，投资到美国的一座乌托邦社区的想法。这对夫妇在距离纽约伍德斯托克（Woodstock）不远的卡茨基尔山（Catskill Mountains）购买了一大片土地，将之改造成了一座艺术圣地。与欧文的新哈莫尼一样，这个项目宛似一首稍纵即逝的田园诗，吸引了多位知识分子、工匠和艺术家。那里有一间陶艺作坊、一间金属作坊和一座木工车间。伯德克里夫对女性特别有吸引力，她们在那里发现了创作的自由，这在当时的美国大部分地区是难以想象的。祖玛·斯蒂尔（Zulma Steele）是一位富有创造力的博学多才者，精通绘画、陶艺、版画绘制和家具制作，她与自己的长期同性伴侣埃德娜·沃克（Edna Walker）合作，共同推出了陶瓷产品系列泽德维尔（"Zedware"，泽德维尔的名字源于她俩的名字，就像伯德克里夫的名字源于创始人的中间名一样）。她们在怀特海德设计的简单的橱柜和椅子上，插入经过雕刻和彩绘的面板——这种方法与卢克伍德公司生产造型传统但色彩丰富的花瓶的方案如出一辙，是名副其实的"应用美术"。不幸的是，这座艺术圣地的寿命很短。怀特海德和麦考尔缺乏哈伯德在营造声势方面的天赋。由于只有这对夫妇解囊相助，从 1907 年开始，伯德克里夫在激烈的相互指责中渐次分崩离析。然而还是有几位艺术家选择留在该地，他们那种波希米亚风格的印记一直延续到了 20 世纪 60 年代，届时，伍德斯托克将成为反主流文化的代名词。[34]

所有这些工艺美术运动的表现——哈伯德的精心设计的商业主义，格林兄弟的定制的优雅，伯德克里夫的精品店式的实验主义——其结果就是今天被陈列在博物馆中展出的依然受人珍视的历史文物，就是鼓舞了一代又一代手工艺人的建筑遗址。可是在当时，一些人恰恰认为这些物品证明了理想主义的错位。玛丽·威尔·丹尼特（Mary Ware Dennett）是这些怀疑论者中最善于表达的一位，她是成立于波士顿的工艺美术运动协会（Society of Arts and Crafts）的领军人物。在工艺美术运动的光谱中，她站在与哈伯德截然相反的一端：如果说哈伯德把这场运动当成了一次营销的机会，那么对于丹尼特而言，这至少也是一笔极其严肃的生意。1897 年成立的工艺美术运动协会至今依然存在，它是最早组建且最具雄心的与该运动有关的组织之一。该协会的主要活动是跟随伦敦的工艺美术运动展览协会（Arts and Crafts Exhibition Society）的脚步，以团体展览的形式展示协会成员们的作品。此外这个协会还出版了一本名为《手工艺》（*Handicraft*）的杂志，它可以与丹尼特经常投稿的斯蒂克利的《工匠》相提并论。虽然丹尼特支持协会的总体目标，但她却对协会强调展览的做法感到失望。她写道："当成员们主要忙于生活的琐事和旁枝，而不是重要的生活必需品时，就有点不对劲了。"丹尼特指出，在以手工艺为基础的整体经济制度下，制造商也必须成为消费者。然而在现实中，协会成员却往往买不起别人的作品，非但如此，还要把自己的作品卖给上层社会。在她看来，这显然是一种站不住脚的模式，因为它永远无法扩展到少数慈善家之外的整个社会。

让丹尼特感到疑虑的，还有协会宣称的另一个目标：提高公众品位，希望这能创造出对精品好物的更广泛的需求。正如她正确指出的："有进取心的制造商或商人"可以轻而易举地模仿工匠打造的产品，进而以区区半价对外出售。她很怀疑公众能否学会辨别真伪。即使这是可能的，一个局限于美学改革的计划，也只能产生"一种被动、消极、仅仅满足于无害的艺术，这种艺术绝不能被称为艺术，因为它不过是对丑的省略"。最根本的问题是，工艺美术运动沉迷于"事物——它们的美，它们的销售，它们的增长"，而它首要关心的对象理应是"人——他的自由，他的生产和经济独立"。最终，丹尼特放弃了说服她的同事们。相反，第一次世界大战爆发后，她着重关注女性的权利问题，主张节育，反对卖淫，还参加了"女性和平党"（Woman's Peace Party）。[35]

丹尼特对工艺美术运动的批评，得到了其他观察人士的呼应，其中就包括著名的芝加哥社会学家、炫耀性消费理论的创始人托尔斯坦·凡勃伦（Thorstein Veblen），他嘲笑复兴手工艺的举动，是一种感情用事的"浪漫主义，脸上抹着萎靡不振的唯美主义色彩"[36]。丹尼特在强调产品和生产过程之间的紧张关系时，尤其目光如炬——一方面，"事物"在美学上令人满意，但在政治上毫无生气；另一方面，政治改革却会把我们引向一个更加公正的社会。工艺美术运动以其多样化的面貌和时断时续的辉煌，主要聚焦于上述第一个方面。然而在把权力赋予技术工人这方面，它却口惠而实不至。所幸在那个进步主义时代，在美国之外，还有另一场运动就是这样做的——工会运动。

他们称她为"全美国最危险的女人"。1837 年，玛丽·哈里斯·琼斯（Mary Harris Jones）出生在爱尔兰的科克郡（County Cork），在肆虐农村的爱尔兰大饥荒期间，她和家人移居国外。安全抵达北美后，她和亲戚们过着漂泊不定的生活，先是在加拿大，继而在密歇根，然后又在孟菲斯。哈里斯靠当裁缝养活自己，她在一所女修道院的学校里学过这门手艺。哈里斯嫁给了一个叫乔治·琼斯（George Jones）的男人，他是技艺娴熟的金属工人，也是国际铸铁工人联盟（International Union of Iron Molders）的组织者（联盟的座右铭是"不论国家或信仰如何，平等和公正属于所有人"）。而后悲剧发生了。这家人住在河口分岔处的低洼地带，这里是黄热病传播的理想环境。1867 年，这种疾病夺去了哈里斯的丈夫和 4 个孩子的生命。她幸免于难，事后搬去了芝加哥，在那里开了一家裁缝店。未承想，四年之后，另一场不可思议的灾难降临在了她的身上。这座城市被芝加哥大火（Great Fire of Chicago）烧毁了，她的生意也随着城市一起毁于一旦。不过，琼斯比其他一些人幸运，她的技能使她得以在芝加哥一些最富有的家庭重新找到工作。"我有足够的机会观察他们生活的奢侈和放纵，"她在自传中回忆道，"当我为住在湖滨大道（Lake Shore Drive）的高门大院里的贵族爵爷们做针线活儿时，我常常会透过厚玻璃窗,看到贫苦的百姓,看到瑟瑟发抖的可怜人、失业者和饿汉,沿着结冰的湖滨跟跄前行。他们的处境,与我为之做针线活儿的那些人在热带地区度假的舒适生活,形成了鲜明的对比,这让我备感痛苦。"有感于眼前的不公,她接替了已故丈夫的工作,成为工会的组织者,加入了"劳动骑士团"(Knights of Labor)。就这样,她开始了激进的政治生涯,变成了一名全职的鼓动者,这一职业渐渐为她赢得了"琼斯妈妈"(Mother Jones)的绰号。[37]

1903年,琼斯上演了她作为活动家的最伟大的一次壮举。一场有75 000名工人参加的大规模罢工,在当时美国的纺织业中心——费城的肯辛顿(Kensington)——上演,参加者中男女比例大致相等。令他们不满的原因包括使用未成年劳工和异常危险的工作环境——这真是可怕的组合。"每一天,"琼斯表示,"都有小孩子来到联盟总部,他们有的没了整只手,有的没了拇指,有的没了指关节。"琼斯从他们当中召集了一群人,一起去工业区游行。无论他们走到哪里,都有大批群众前来支持。琼斯把年轻的工厂工人带到平台上,展示他们受到残害的四肢。"费城的高楼大厦,"她高喊道,"是建立在这些孩子们折断的骨头、悸动的心脏和低垂的头颅上的。"接着,琼斯把他们带去纽约市,在科尼岛(Coney Island),她甚至把他们关在动物笼子里展示,以此来比喻他们在雇主手下的待遇。然后她继续前往长岛,前往西奥多·罗斯福的避暑别墅。她要让总统看看,"奋发的生活"究竟是什么样子。[38]

说得委婉些,"琼斯妈妈"的策略与工艺美术运动的改革家们的策略，形成了有趣的对比。按照玛丽·威尔·丹尼特的说法，她关注的重点完全在"生产和经济独立"上，是劳动的质量，而不是产品。她还试图对抗恶劣至极的剥削，这意味着与最受压迫的工人站在一起，对精英工匠毫不关心。不过，她和她的劳工活动家伙伴们确实认真地考虑过技艺的问题。这可是棘手的难题。而劳动骑士团作为早期的工会和琼斯早年活动的历史背景，就像它的名字一样，是早年间的各种兄弟会的后裔。它成立于1869年，最初就是一个秘密的兄弟会，后来才发展成为遍及全国的组织，它代表了各种各样的"生产者"，把他们的利益与银行家、律师等非生产者的利益等量齐观。劳动骑士团的目标是惠及组织内的所有成员，无论他是否具备技艺；它寻求推动八小时工作日的立法，结束童工制度，出台更严格的安全法规。劳动骑士团还主张男女同工同酬，并允许非裔美国人加入他们的队伍。然而这种团结没能维系下去。劳工运动遭受了一系列挫折，包括1886年5月4日，发生在芝加哥干草市场广场（Haymarket Square）的那起戏剧性事件。那天，工会的抗议者在当地的麦考密克收割机厂（McCormick Reaper）发动罢工，其间他们与警察发生冲突，双方都有人员伤亡。以此为转折点，公众舆论开始反对那些投掷炸弹的"无政府主义者"，人们相信他们也犯了错，管理层与工会之间的口水战出现了战局的反转。

同年12月，一个与之竞争的工人协会——美国劳工联合会（American Federation of Labor，即AFL）——也宣告成立，它的组建是为了追求一种不同的斗争策略，这种策略最后得名"手工艺工会主义"（"craft unionism"）。劳工联合会的方法未必比劳动骑士团的方法更加和缓——19 世纪 90 年代，劳动骑士团在全国范围内发动的罢工次数几乎翻了 3 倍，这在一定程度上是由 19 世纪 50 年代中期席卷全国的经济萧条造成的。[39] 不过，劳工联合会并没有像劳动骑士团那样，采取集权之下的"大帐篷政策"①，而是被构建成了一个由若干特定行业的工会组成的联合体，而且这些工会根据技能标准，对成员资格作出了限制。事实证明，这种方式对受到联合会保护的工人很有效，却使其他工人暴露在危险中。试举一例，1889 年，劳工联合会下属的美国熟练工裁缝工会（Journeymen Tailors' Union of America）举行了一次成功的罢工，抗议工人薪资的削减和国内产业的外包。该工会的立场是，裁缝应该"坐在男人中间干活儿"，而且家庭不应该被用作作坊。他们的胜利维持了男性工人的收入，却使得女性计件工人的地位被显著地边缘化了。非但如此，由于劳工联合会的干预，非裔美国人、华裔美国人也遭到了相似的排挤。1901 年，铁路行业工人已经按照具体的工作方向，被细致地组织起来，共成立了 13 个独立的工会（涵盖了电工、铁匠、加油工、锅炉工、地毯铺设工等）。这些技术工人拥有很大的影响力，他们可以通过罢工，迫使很多经济活动陷入停滞。然而他们并没有利用自己的力量，帮助所在行业内的体力劳动者，因为那些人更有可能是黑人或者中国人。相反，他们恶毒地攻击后者，指责他们破坏了手工艺这一行的"职业操守"。这是一个典型的"劳工贵族"群体，他们看不起非技术工人，把他们视作需要镇压的威胁，而不是可以支持

---

① "大帐篷政策"被用来比喻政治组织允许、鼓励成员提出不同观点的政策。——译者注

的同盟。[40]

在某种程度上,手工艺工会主义的斗争策略只有一位建筑师,他就是劳工联合会的创始人主席塞缪尔·冈珀斯(Samuel Gompers),他几乎连续领导了工会近40年,直到1924年去世。1850年,他出生在伦敦一个贫穷的犹太家庭,13岁时随家人移民到纽约,从此开始以雪茄卷烟工的身份做父亲的帮手。这是一个臭名昭著的行业,主要在这座城市的廉租公寓里开办。制造商通常拥有整栋房子,然后把它们分租给工人,这样他们就可以完全控制员工的生活。不过冈珀斯后来回忆早年岁月时,却总是满心欢喜。"雪茄卷烟工的手艺,"他写道,"体现在他能充分利用包装纸,把不能用的部分分毫不差地削掉,体现在他卷好烟后,正好盖住烟叶上的洞,还体现在他能用双手卷出形状完美的产品。一个好的雪茄卷烟工多多少少都是机械地学会这些事情的,这使得我们可以一边工作,一边自由自在地思考、交谈、倾听或者唱歌。"冈珀斯的一个工友经常被挑选出来,大声朗读给其他工友听,工友们给他一份雪茄作为某种形式的报酬。冈珀斯说:"作为工匠,我在掌握技艺的同时,也获得了随之而来的思想自由。"[41]

雪茄行业也让冈珀斯结识了劳工组织。1869年,纽约市的雪茄卷烟工成立了工会,以抵制使用打捆机和模具,因为这些机器和模具可以让不具备技艺的工人,取代训练有素的工匠。机械化的生产模式催生了一种档次较低但仍然畅销的雪茄,而工会也无法阻止这种雪茄被市场接纳。1873年,冈珀斯还在戴维·赫希雪茄公司(David Hirsch and Company)工作,这是仅存的几家高档雪茄生产商之一。巧合的是,这也是该市仅有的几家拥有工会的雪茄公司之一。这些工匠中的许多人是移民,对当前欧洲风行的政治理论了如指掌,按照冈珀斯的描述,"他们比我以前见过的任何一个人,都有更敏锐的思维和广阔的思想"。他听取了他们的意见,甚至拿到了一份翻译好了的马克思、恩格斯起草的《共产党宣言》。但最终他还是与这些想法划清了界限。特别是在干草市场广场事件发生后,他相信中间派的政治立场会带来更好的结果。在这个意义上,他为技术工人这个阶级做了布克·T. 华盛顿为非裔美国人做的事,也就是说,既迫切地争取利益,又保持方式的克制,同时试图抓住幕后的权力杠杆。对于社会主义者,他是这样回应的:"在经济方面,你们摇摇欲坠;在社交方面,你们误入迷津;在工业方面,你们绝无可能。"对此,美国最知名的社会主义者尤金·德布斯(Eugene Debs),以眼还眼地作出了回应:"没错,我们必须在工业上和政治上教育和组织工人,但绝不是要沿着冈珀斯主张的曲折的手工艺路线,他在整个职业生涯中都偏向于工匠大师的阶级。如今,资本主义媒体对他的报道,除了赞美和奉承,什么也没有。"[42]

这场辩论并不是在风平浪静的背景下进行的。进步主义时代不仅是美国前所未有的阶级冲突的时代,也是迅速工业化和企业大发展的时代。美国劳工联合会试图强制推行以技艺为基础的工作标准,也就是冈珀斯所说的"手艺自主权",这遭到了日益壮大的管理者阶层的强烈反对,他们对于什么才是正确的工作标准,有自己的看法。这一套原则后来被称为"科学管理",更准确地说是"关于时间和动作的研究",又或者简单地称为"泰勒主义"（"Taylorism"），这是以其主要推动者弗雷德里克·温斯洛·泰勒（Frederick Winslow Taylor）的名字命名的。当然，这充其量是一门伪科学。泰勒于1856年出生于费城的一个富裕家庭，在美国手工艺史上，他扮演了卡通片里的大反派的角色。他也是一种类型的手工艺活动家，不过是在相反的意义上，因为他把一生都奉献给了对身体和思想的无情控制：在他的劳动中毫无快乐可言。具有讽刺意味的是，泰勒的职业生涯是从一名技艺娴熟的工匠开始的，他在一家泵厂当机械师学徒和制模师。（他还代表一家机床制造商，参加了1876年的费城百年博览会，为期6个月。）然而不管出于什么原因，这段早期的经历并没有使他认识到在作坊内部实现团结的重要性。相反，他认为大多数工人都在浪费时间，因此也就浪费了雇主的钱。

泰勒第一次有机会检验自己的怀疑是否正确，是在为费城的一家高质量金属产品生产商米德维尔钢铁公司（Midvale Steel）工作期间，当时他被提拔为一群车床操作工的工头儿。他是众所周知的地狱般的工头儿。泰勒认为，这些人的产出理应是现状的3倍，他们是在"当兵"（意思是磨洋工），以降低公司对他们的期望。工人们则称泰勒为"该死的猪"。随后的两三年见证了双方之间的激烈冲突，最后泰勒雇用了全新的团队，训练他们按照自己的要求工作。如果他们跟不上，他表示："我是不会怜悯你们的。"作为进一步提升控制程度的手段，他开始精确地跟踪工人的每个动作。这种精确的跟踪，可能会让秉持完美主义的震颤派信徒艾萨克·牛顿·扬斯高兴，但却让那些不得不忍受控制的人们愤怒。在泰勒的制度中，组成模块化单元的是具体的"任务"——它"不应该是模棱两可或者期限不定的,应该是经过仔细而完整的限定的,是不容易完成的"。管理者应该在测量中观察,为各项任务分配一定的时间。按时并持续完成任务的工人,将获得丰厚的报酬;未能做到这一点的人,将会受到惩罚,甚至遭到解雇。[43]

任何做过工作的人,都能立即发现这个逻辑的内在缺陷。首先,从没有什么工作可以在真空中完成。即使是在大型工厂,工人也必须与原材料、工具、工作流程以及其他许多可变因素中的不规则变化作斗争。在生产过程的某一个步骤中节省时间,会拉低产品的成品质量,进而会拉低工作的整体效率。对此,泰勒给出了简单的答案:使一切标准化。每一台机床、每一件原材料,最重要的是制造过程中的每一个步骤的每一次重复,都必须一模一样。就连工人本身也必须经过仔细的分类。实行泰勒主义的第一步便是"挑选",也就是为工作挑选出合适的工人(根据耐力、力量和技艺水平把他们分类),然后使他们维持最高限度的产出。(接下来的步骤则是"重复、服从和奖励"。)即使这个雄心勃勃的设想能够实现,也还有另一个显而易见的问题。缩短"任务"的耗时,有效地降低成本,符合管理层的既得利益,可是员工却有相反的动机。那么应当由谁来决定一项任务需要多长时间呢?泰勒再次给出了现成的回答:应当由管理层来决定。他们会怀着"科学的"态度对待此事。通过公平地制定目标,毫无偏差地贯彻落实,他们将提升工作场所的生产效率和盈利能力。由此产生的意外之财,可以由业主和工人分享。[44]

泰勒和他的支持者坚信,工会将拥抱他的原则,并认识到这一原则符合所有人的利益。可事实上，工会得出的结论截然相反。矿工联合会（United Mine Workers）的威廉·B. 威尔逊（William B. Wilson）就揶揄道，这种试图在劳资双方之间实现"和平与合作的新理念"，"就像让狮子和羔羊躺在一起，而且是让羔羊躺在里面"。[45] 正如历史学家哈里·布雷弗曼（Harry Braverman）所指出的，泰勒在计算一天的工作产出时，"倾向于按照极端的上限来定义工作活动的水平，他选择的是只有少数人才能维持，而且是在压力之下勉力维持的工作速度"[46]。泰勒在其畅销书《科学管理原理》（*Principles of Scientific Management*）中，描述了一个臭名昭著的例子，那件事发生时，他还在伯利恒钢铁厂（Bethlehem Steel works）担任顾问。在研究那里的生铁铸工期间，泰勒得出的结论是，工人们只做了他们应该做的三分之一的工作；按照泰勒的估算，厂里每天产出47吨钢铁才是合理的。为了证明这一点，泰勒选择了一个叫施密特（Schmidt）的人，他形容此人"心智迟钝……愚笨如牛"，面对这么一个人，泰勒开始向他口述工作的各个方面：他的铲子大小，他从一地走到另一地的步数，每一铲铁矿石的重量，甚至他倾倒铲子时应该采用的弧度。施密特被交给一个手持秒表的人监视，秒表会告诉他什么时候该工作，什么时候该休息。泰勒声称，通过这种方法，施密特确实完成了"一天的正常工作"。就事论事地说，泰勒可能编造了"施密特"这个人和关于他的一切。但即使是在这个思想实验中，天平也倒向了对劳动力不利的一边：泰勒的报告声称，"施密特"的工资上涨了一半，同时工作量提升为原先的三倍。

与许多疯狂、危险的想法一样，泰勒主义确实也蕴含着某些真正的洞察力。人们甚至可以说，泰勒走在了时代的前面。他所信奉的超理性主义、量化的制造方法，甚至他对劳动力完全顺从管理的幻想，最终都将在机器自动化的未来实现。但是在他的时代，在有血有肉的被管理者看来，泰勒主义不过是为残酷地行使权力提供了一个极其空洞的理由。在纸面上，施密特和他的铲子可以很容易地转化为一则数学公式，然而这在复杂的手工艺生产过程中是不可能的。非专业人员（例如一名管理顾问）既无法彻底理解一份工作的方方面面，更无法把工作拆分为分离的、可衡量的一项项"任务"，这就是问题所在。泰勒主义也站在了美国劳工联合会倡导的手工艺工会主义的对立面。更换训练有素的工人既困难，又花钱，因而别无选择，只能与他们谈判。然而与工人谈判，就像潜伏在制造体系中的其他低效率行为一样，是管理者们决心根除的东西。这就是隐藏在泰勒的标准化理念背后的真正逻辑，是与工艺美术运动的理想相矛盾的反乌托邦构想：它完全服从于利润动机，将技艺排除在考虑之外。在泰勒看来，不可替代的工匠，是一个公司所能拥有的最糟糕的工人。

在大众的想象中，泰勒主义在1913年迎来了胜利，当时第一辆T型车在一条完全集成化的流水线上下线。五年前，亨利·福特（Henry Ford）曾经依靠传统的客车制造技术生产这辆车。有了流水线后，他将完成生产的时间压缩了大约90%。事实证明，这种成本效益带来了商业上的巨大优势，几年之内，美国生产的整整一半新车都成了T型车。福特的竞争对手纷纷引入了流水线，除此之外，他们唯一的选择就是关门大吉（许多人就是这么做的）。福特成功的原因，通常被解释为泰勒思想的直接应用。

事实上,泰勒主义和福特主义的所有共同点,仅限于对效率的痴迷和对工人生活质量的完全无视。福特汽车公司的员工身旁,没有一名手掐秒表的经理,因为没有必要多此一举。劳动的速度是由流水线控制的,并没有什么"科学"的依据可言。用布雷弗曼的另一句话来说就是,那"只是一种原始的设备,用来把工作送到工人的手边"[47]。福特没有沉迷于泰勒主义的错觉,他并不认为只有一种执行任务的最佳方法,而且这种方法可以被研究、教授和实施。他只是将亚当·斯密的古老思想——劳动分工,运用到了人类所能达到的最大限度而已。

生产线上的雪佛兰汽车,1920 年前后。
影像遗产,赫尔顿收藏档案/盖蒂图片社。

或许会有很多人说,这不人道。芝加哥作家朱利安·斯特里特（Julian Street）就在他1914年出版的《家里国外》(*Abroad at Home*) 一书中，向外界灌输了一种难以磨灭的印象，那就是全新的福特工厂带给世人的彻底的陌生感："那里当然有秩序，当然有制度——残酷无情的制度、骇人的'效率'。但是在我看来，没人会看得惯这些劳什子，整个场景不外如此，永远走不到尽头的走廊、旋转的轴杆和转轮，状如森林的支撑屋顶的柱子，扑扇翅膀、被剥了皮的传送带，一排排无休止地旋转着的机器，尖叫声、锤击声和撞击声，油烟的气息，秋日的烟霾，看起来恍如野蛮人的外国劳工；在我看来，眼前的一切只表达了一件事，那就是精神错乱。"[48]建立流水线后的第一年，很多工人愤愤地离开了福特工厂，以至于厂里不得不先后雇用了52 000多名工人，来维持14 000人的固定劳动力。虽然公司已经大幅降低了装配过程的技术需求，但每位新员工仍然需要接受培训。由此造成的效率低下是福特始料未及的。面对这种情形，福特的应对方案颇为有名，他把工人的工资提高到每天5美元，远远高于行业标准，以此来确保工人愿意继续工作。后来这被认为是绝妙的策略，它让福特的工人也买得起T型车了，从而把自家的工人变成了消费者。这实际上是应对他自己造成的管理危机的无奈之举。不管怎么说，好在福特不必长期支付如此高昂的工资。随着整个行业都转向流水线的生产模式——而后其他经济部门也都随之转向——工人们别无他法，只能接受新的制造技术。

从泰勒主义的诞生，到福特主义的执行，两者之间的岁月，标志着美国历史上的工匠自治遭到了最明确、最一致的一次打击。令人吃惊的是，此事就发生在工艺美术运动蓬勃发展的同时；同样值得注意的是，大规模生产的新技术本身，就是工匠们的杰作。就像社会学家托尔斯坦·凡勃伦在 1914 年观察到的那样，正是工匠们"对自身技术的精通，反过来毁灭了他们自己"[49]。福特和泰勒一样，年轻的时候也当过机械师学徒，他在底特律的干船坞发动机厂（Dry Dock Engine Works）工作过，后来还为了挣点外快，去珠宝店当过修理工。他甚至考虑过成为全职钟表匠。后来他表示，这些经历促成了他的技术发展："机器之于机械师，犹如书籍之于作家。他从机器那里获得灵感，如果他有脑子的话，他就会把这些灵感付诸实践。"[50] 福特的流水线是由威廉·"帕"·克兰（William "Pa" Klann）、C. 哈罗德·威尔斯（C. Harold Wills）这样的机械师、工具制造商打造的。就连厂里的汽车工人上下班打卡的装置，也是由一位工匠发明的。这个人就是威廉·勒格朗·邦迪（William Legrand Bundy），他最初是纽约卡尤加县（Cayuga）的一名珠宝商兼钟表匠。19 世纪 80 年代，他造出了由 3100 个零部件组成的机械奇迹——"千年钟"（"Thousand Year Clock"），用作店铺的展示品。之后他又发明了一种更适合日常使用的计时设备，并申请了专利，这种设备可以记录员工到达和离开工作地点的情况。成立于 1889 年的邦迪制造公司（Bundy Manufacturing Company）大获成功，20 世纪初，它已经在全国各地设立了办事处。随着时间的推移，它先是把自己的业务与计时记录器行业的其他业务结合起来，而后更是把业务范围扩展到了计算器和其他穿孔卡片的技术领域。最终它被重新命名为国际商业机器公司（International Business Machines），其更广为人知的名字是 IBM。

除了这些工业巨子，大规模生产的许多特定工具还依赖普通工匠的劳动。一个完美的例子是炼钢厂的搅炼工。这是一项要求极高的手艺，需要精细的判断、必要的智慧和充沛的体力、耐力，并且所有这些素质都需要在炼狱般的金属熔池边上施展。搅炼工的工作，是用高炉将生铁（大概是由施密特那样的生铁铸工运送过来的）提炼成可供加工的熟铁。每一头"猪"① （之所以这么命名，是因为生铁的形状是圆形的，如果有足够的想象力，就可以作如是观），也就是未经精炼的生铁，都要被置于熔炉中冶炼。接着，用一根长铁棒搅拌铁水，随着搅炼工将提取出来的少量纯铁推至底部，它们会在那里逐渐聚成一团。析出的杂质便是废渣，将废渣倒出，余下的生铁被做成粗糙的球形体，用钳子吊出。然后其他工人会用轧辊进一步精炼生铁，去除更多的废渣，做成可供使用的扁钢。这听起来很困难。詹姆斯·J. 戴维斯（James J. Davis）是一名威尔士移民，十几岁时在匹兹堡当过搅炼工助理，由此开始了自己的职业生涯。他曾经这样回忆隐性知识在他接受的培训中的重要性："我们全都没有上过学，也都没有从书本上学习过化学。我们通过实干，掌握了其中的窍门，就像这样站在那里，脸被高温灼烤，手在刺眼的熔炉里搅炼铁水。"[51] 戴维斯后来当上了工会的组织者，而后又担任了哈丁、柯立芝两届政府的劳工部部长。即使是在那时，他也依然以"搅炼工吉姆"的称号为人所知。

戴维斯在政治上的崛起并不寻常，但他的起步却很典型：他

---

① "生铁"（pig iron）含有"猪"（pig）字，故作者拿此字打趣。——译者注

是一名移民,从事着一份艰难且危险的工作,在作坊里学到了技能。这种投身于工业的工匠,无论来自世界的何方,都很清楚自己的生活与泰勒主义的讽刺漫画之间的距离。这不仅体现在他们越来越多地参与工会活动,不同的移民群体之间建立了跨越语言、宗教界限的行业团结,也体现在了工厂工人内部产生的民间传说。有这么一则引人入胜的传说,说的是一位虚构的名叫乔·马加拉克(Joe Magarac)的匹兹堡钢铁工人,他的英雄形象和功绩,呼应了 19 世纪工人神话中的伐木工人保罗·班扬(Paul Bunyan)和"钢铁司机"("steel-driving man")约翰·亨利(John Henry)的传奇故事。虽然直到 1931 年,《斯克里布纳杂志》(Scribner's Magazine)才刊登了有关乔·马加拉克的传说,但这一传说似乎早在多年之前,就已然在东欧移民中流传开来了。主人公当真是用钢铁做的,有 7 英尺高,手臂有烟囱那么大,他可以徒手将熔化的生铁矿石捏成完美的铁轨。但到头来,他还是被自己的生产效率折腾垮了。在更加努力工作的冲动的驱使下,他最终造成了铁路的供应过剩,他的工厂也因此倒闭了。他的人生目标消失了,他把自己投入熔炉,生产出了能想象到的最高等级的钢铁。奇怪的是,20 世纪 40 年代,这个故事受到多家钢铁公司的欢迎,被当成了激励工人的工具——历史学家称他们的版本为"伪民俗"。然而很明显,它自打一开始就是讽刺作品,是一则关于过度工作以至于毁灭灵魂的寓言,即使是最勤恳的人,如果相信了这套鼓舞人心的鬼话,也会毁了自己。事实上,主人公的名字"马加拉克",在克罗地亚语中的意思是"蠢驴"。[52]

"当所有的困难都被排除之后,你就不知道生活有何意义了!我只是在养尊处优中窒息和生病了。就像早晨起来的第一件事是吃甜点。"[53] 这是简·亚当斯(Jane Addams)在回顾这一生的慈善事业时,对自己的少女时光的描画。1860年,她出生在伊利诺伊州北部,父亲是一名富商——她父亲是该州共和党的创始人(因此也是亚伯拉罕·林肯的亲密盟友),曾投资于铁路、木材和羊毛贸易。在意识到年轻时的安逸后,亚当斯决心将自己的财富用于一些有利于社会的正途。她在伦敦东区的汤因比馆(Toynbee Hall)找到了自己的榜样,那是一座早期的颇具影响力的"社区服务所"("settlement house")。这个词指的是,大学生和其他中产阶级志愿者将暂时居住在那里,同时在穷人中间开展慈善工作。亚当斯称他们为"城市传教士"。亚当斯曾与爱伦·盖茨·斯塔尔(Ellen Gates Starr)一道前往欧洲,同为积极分子的她俩成了同事,并一度结为同性伴侣。1889年,她们回到芝加哥后,建立了赫尔学院[以百万富翁查尔斯·J. 赫尔(Charles J. Hull)的名字命名,他将自己的豪宅遗赠给了这个慈善机构]。从一开始亚当斯就认为,她的冒险是为了打破英国的先例。汤因比馆是由"男大学生"组织起来的,而赫尔学院则是由女性负责运营,以平等的精神来管理。在反思了自己在英国旅行中感受到的阶级意识和阶级优越感之后,亚当斯想知道,"既然每年春天,美国所有的乡村道路都会迎来有自尊心的公民们的自发修葺,那么为什么一个美国人会对修了一条废弃道路的一群牛津学生倾慕不已呢?这些学生听了拉斯金关于改善日常生活的教导,进而受到了启发"[54]。

1900 年前后的简·亚当斯。
贝恩（Bain）的收藏品，美国国会图书馆印刷品和照片展区，编号 LC-DIG-ggbain-12065。

　　这种民主的冲动，遍见于赫尔学院的各种行动之中。这栋建筑位于一个人口密集的意大利裔美国人社区的中心地带，但随着组织的项目范围扩大，它已经接触到了来自希腊、波兰、俄国、德国、爱尔兰等地的移民。20 世纪 20 年代，随着更多的移民陶工来到赫尔学院的窑炉前工作，这里也将成为一个以手工艺为基础的墨西哥身份政治的北方前哨（*mexicanidad*）。[55] 对于这个多语言社区来说，它是一座集多功能学校、健身中心、孤儿院、剧院、医院等多重角色于一体的机构，会根据不同的需要提供相应的服务。而手工艺占据了它的舞台中央。进步主义时代的改革家们在帮助移民时，往往会坚持同化政策，但亚当斯丝毫没有这样做，相反，亚当斯担心，她的委托人的孩子们会因为继承了故国故土的生活方式而感到尴尬，会因此断绝与身后的文化遗产的联系。在她眼中，传统的手工技术——尤其是她所说的"女性的原始活动"——构成了一种宝贵的矫正方法。1900年，一座劳动博物馆在赫尔学院开放，对外提供纺织、装订、金属加工方面的课程和公开演示。展厅里陈列着各种各样的设备：许多纺车，有来自美洲殖民地的，也有来自叙利亚的；不仅有用于工业生产的织布设备，还有纳瓦霍人（Narajo）、印度人、日本人的手动织布机。移民妇女受邀参加了展览，她们不是被强迫灌输美国精神的学生，而是作为教师来传授自己的知识与技能。

劳动博物馆史无前例的多样性，是亚当斯和斯塔尔坚定信念的结果。"艺术若要成为艺术，就必须是人民的艺术，"斯塔尔写道，"只有当一个人在做他希望做的、喜欢做的、可以自由做的工作时，他的工作才会成为他的语言。"这些话可能出现在任何一份工艺美术运动的宣言中，在某种程度上，斯塔尔确实与这场运动中的许多改革家有相似之处。她曾接受过书籍装饰装订的训练，坚决反对机器生产，并与另一些富裕的芝加哥人共同组建了一个工艺美术运动协会。她还是该市服装工人中的一名积极的劳工组织者。事实上，刚才引用的那句话，出自1895年赫尔学院出版的一卷引人入胜的书，书中还收录了一份芝加哥的"工资地图"，反映了该市的贫困程度。

同样是在这本书中,还能看到对廉租公寓的深入调查,由玛丽·肯尼·奥沙利文(Mary Kenney O'Sullivan)和弗洛伦斯·凯利(Florence Kelley)筹备,她们也是赫尔学院的参与者和工运积极分子。(肯尼是塞缪尔·冈珀斯在美国劳工联合会的盟友,凯利后来成为女性参政论者的领袖,也是全国有色人种促进会的联合创始人。)值得注意的是,斯塔尔为该书贡献了"艺术与劳动"这个书名,这是她和亚当斯一直在思考的两个概念。在赫尔学院,纯粹的唯美主义被认为是空洞的,手工艺改革得到了政治行动的支持。斯塔尔曾说过一句令人难忘的话:"把被束缚的双手伸向他们无法触及的美好事物,是一种软弱而狭隘的想象——倘若他们是自由的,他们就可以为自己设计那些事物。"[56]

赫尔学院的故事固然鼓舞人心,但它也暗示了,要为手工艺的发展绘制愿景,还要充分兼顾整合与进步的难度。毕竟,多亏了亚当斯继承的财富和其他芝加哥富人的慈善捐助,才使这一切成为可能。尽管也有其他类似的尝试,想要利用手工作坊作为社会改革的工具。波士顿的保罗·里维尔陶器就是一个很好的例子,它是由一门名为"周六晚女孩"的每周移民妇女培训课程发展而来的。但是这些努力都带有一种家长式的作风。当然与福特主义的强大力量相比,他们的经济影响力可谓微乎其微。[57]20世纪初席卷美国的手工艺改革潮流都有各自的盲点。劳工联合会试图建立某种技术堡垒,可是一旦这样做,就会将女性、非裔美国人、移民拒之门外。工艺美术运动创造了具备非凡的构思与决心的作品,但通常这些作品最后要么被用来装饰富人的宅邸,要么被人在商业利益的驱使下，以拙劣的形式加以复制。古斯塔夫·斯蒂克利的兄弟们就利用高效的大规模生产技术，批量制作了他设计的不同作品版本，并且自豪地宣布了泰勒也会认可的事实："L. 斯蒂克利和 J. G. 斯蒂克利以科学的方式打造作品，他们不愿意在过往的传统下抱残守缺。"[58]

在伯莎·香博看来，即使是完全实现了威廉·莫里斯理想的阿马纳的乌托邦社区，在结构上也是脆弱的。大萧条来袭时，年轻的灵感派信徒开始迁离定居点，他们不相信阿马纳还能继续为自己提供生计。1932 年，上了年纪的定居点领导人作出了艰难的决定，放弃了他们的社区生活方式。他们称之为"大变革"。虽然教会得以保留，当地的产业现在却被重整为一家名为阿马纳协会的私人公司。第二年，禁酒令被废除了，一个名叫乔治·C. 福斯特纳（George C. Foerstner）的人瞄准了机会，开始在当地的一家家具店的角落里制造饮料冷柜。阿马纳协会收购了他的公司，他将公司打造成了美国最成功的家电制造商之一。1965 年，该公司被雷神公司（Raytheon）收购，今天它是惠而浦公司的一部分。不用说，它的电器都是在流水线上生产的。流水线员工的反馈描述了工厂在阿马纳的发展经历，一切就像一个世纪以前的汽车工人已经熟悉的那样："节奏异常快速的环境。重复的工作，一遍又一遍地做同样的事情。对身体的要求很高。"不过多亏了工会的支持，这里的福利待遇显然很好。[59]

手工艺经常充当理想主义的盔甲，在 19 世纪末的美国尤其如此——无论是阿德莱德·奥尔索普·罗比诺的唯美主义，还是"琼斯妈妈"的激进愿景，甚至是弗雷德里克·温斯洛·泰勒的机械的超理性论，莫不如是。他们都是属于那个时代的人，从他们的成就和失败中，我们可以学到很多东西。但是如果说进步主义时代手工艺改革的复杂叙事，曾经留下过一个简单的教训，那就是我们生活在一个并不完美的世界。工匠比任何人都更清楚这一点：每一个手工艺项目，都是一场通盘考虑时间与成本、工具与材料、技艺与发明的复杂运算。正是这种追求极致平衡的做法，使它成为如此主观臆断的人类的努力方向。手工艺事关给予和索取，一如政治，一如生活。

# 第五章　美式工艺

　　首先上场的是中部平原地带的印第安人，他们被两颗灯泡发出的蓝光朦胧地照亮着。其后是西班牙探险者，"全副武装，冷酷无情"。接下来是法国传教士、弗吉尼亚骑士，以及穿灰色斗篷、戴尖顶帽子的清教徒。一些革命士兵列队出战了。最后登场的是一群吃苦耐劳的先驱。当所有人聚集在一起时，他们用诗歌互致问候：

> 感谢所有在我们之前已扬帆出海的先人，
> 很高兴与新英格兰的高贵名字带故沾亲。
> 轮到我们继承祖业，建起了内陆的神殿，
> 希望面对你的火焰，经受得住你的挑战。

　　这一奇怪事件的背景是芝加哥，整部美国历史被浓缩进了一场化装舞会。时间是 1909 年 1 月，这一天是"悬崖居民俱乐部"（Cliff Dwellers Club）举办首次会议的日子。事实上，他们当中没有印第安人，也没有清教徒和拓荒者。出席的都是白人，都是男性。这是一群作家、艺术家、收藏家，他们组成了该市首屈一指

的艺术俱乐部。成员中包括芝加哥艺术学院的创始主席查尔斯·L. 哈钦森（Charles L. Hutchinson），以及建筑师路易斯·沙利文（Louis Sullivan）、弗兰克·劳埃德·赖特（Frank Lloyd Wright）和丹尼尔·伯纳姆（Daniel Burnham）。[1]

他们聚首的地方是伯纳姆设计的管弦乐厅，那里比外面的街道高出十层左右，让人头晕目眩。但这并不是他们被戏称为"悬崖居民"的原因。同样，原因也不是成员们居住在这座城市的摩天大楼办公室和顶层公寓里。实际上，该组织的名字是对美国西南部古老的普韦布洛人［Puebloan，当时常常被称为阿纳萨齐人（Anasazi）］的一种致敬，他们以岩石建筑为家。在1893年的芝加哥世博会上，普韦布洛人的手工艺品被重点展示，激发了人们的极大兴趣。俱乐部将位于管弦乐厅顶层的会议室命名为"ki-va"，那是普韦布洛文化中举办典礼的中心会堂的名字。

"悬崖居民"喜爱壮观的场面。俱乐部开办一年之后，他们委托一位投身于工艺美术运动的银匠罗伯特·里德尔·贾维（Robert Riddle Jarvie），为俱乐部制作了一个潘趣酒碗。碗身上水平地镌刻了内凹的菱形图案，看上去非常接近普韦布洛陶器上的"波纹"，而后者又模仿自手工编织篮上的图案。酒碗弯曲的基座抬高了圆润的碗底，就像伯纳姆的高楼抬高了"悬崖居民"的聚会。为了向贾维的酒碗致敬，人们还吟诵了另一首诗，这首诗奇怪地将这位现代手艺人比作勇敢的普韦布洛人：

我们是勇士，不过是以另一种方式，
我们竞逐的，是财富、快乐和名声。

在城市的深处，我们以野蛮人的方式相遇，

尽我们所能，去玩这个自私又肮脏的游戏。

诸如此类的表演，人物和物品都采用过去的装扮，曾在1910年风靡一时。这个国家虽然在某些方面变得比以前更加外向，但也开始对自己的起源痴迷起来。1918年，文学评论家范·威克·布鲁克斯（Van Wyck Brooks）面对美国文化的现状，发出了哀叹。"现在，"他声称，"是一种空虚。"在他看来，唯一的解决办法就是回头看。"去发现和创造一个适用于现在的过去吧，我们当然可以做到这一点，"布鲁克斯写道，"这才是重要的评论一直以来该做的事。"[2] 这也正是该时期的手工艺复兴所展现的精神：一种自我意识的生产，在此过程中混合了多种历史材料。手工艺越发被视为过去的遗物，成为美国人表现自我意识的重要支柱。

这种对真实性的崇拜，使人们对印第安人的态度发生了戏剧性的转变。同一年，贾维制作了阿纳萨齐酒碗的复制品，古斯塔夫·斯蒂克利的杂志《工匠》宣称："这个国家唯一知道的手工艺属于印第安人。"美国文化的各个方面都是从别处引入的。只有原住民的传统起源于这块沃壤，这片大地。而且只有在不受工业和其他现代事物影响的原住民社区，工艺才依旧是日常生活的内在组成部分。早在1904年，斯蒂克利就访问了加利福尼亚州尤马堡（Fort Yuma）的一所印第安学校，他敦促该校的教师不要把"白人的做派"强加给孩子，要尊重原住民的传统技艺，如编织和制陶。[3]

这种价值上的重新评估，伴随着一阵紧迫感，因为就像《工匠》解释的那样,"快速消失的种族"很容易被外部影响所腐蚀。这种担忧直接导致了双重标准的出现:"白人手工艺者几无可能逃脱二手思想的暗示,而印第安人如果也受到了二手思想的影响,一定是因为受到文明的影响而可悲地堕落了,倘若如此,他虽然做着匠人的工作,却不配被称为匠人。"这种态度上的反转,也具有苦涩的讽刺意味,因为事到如今,在竭尽全力摧毁、取代原住民的文化世界之后,白人才又把它当作了一种迷信。达科他州的作家兼医生奥西耶萨(Ohiyesa),又名查尔斯·伊斯曼(Charles Eastman),在 1902 年写道,一切都为时已晚。那些寻找生活在"自然和自由"状态下的美洲原住民的人,永远也找不到他们,"那些如今还居住在保留地的幸存者,只不过呈现了虚构的场景———一种对往日时光的复刻"。[4]

然而原住民工匠们却在估量形势之后,有策略地接受了正统概念,将之作为表达自己的身份并且在新市场上为自己的作品定位的方式。陶工侬贝永(Nampeyo,读作 Nung-beh-yong,可译为"沙蛇"或"无害的蛇")是最早且最著名的采取这种复杂立场的制造者之一。1860 年,她出生于现在的亚利桑那州,父亲是霍皮人(Hopi),母亲是特瓦人(Tewa)。霍皮人与祖尼人(Zuni)、阿科马人(Acoma)一道,将古老的普韦布洛人视为本族的祖先。侬贝永确实是一位传统的继承者。她从祖母那里学会了制陶,15岁时,她在位于第一方山(First Mesa)的家中,被来访的地理测量师拍下了照片。这是第一次她的形象被人捕捉和复制,此后这样的事还将多次发生,以至于她的形象成为霍皮文化的象征。

大约在同一时间,一个叫托马斯·金姆(Thomas Keam)的英国康沃尔郡人来到了这片地区。与卡莱尔学校的创始人理查德·亨利·普拉特一样,他也是一名参加过内战——他曾为北方联邦而战——并且随后与平原印第安人战斗的老兵。尽管如此,金姆还是印第安原住民文化的崇拜者。他娶了一位纳瓦霍女子,学会了霍皮语和纳瓦霍语,为原住民儿童建立了一所寄宿学校,还在 1879 年开设了他的第一座贸易站。[5] 他请附近的霍皮工匠制作用于商业之用的提图(*tithu*)娃娃,这种娃娃在白人中往往被称为"卡奇纳娃娃"("kachina dolls"),用三叶杨树的树根雕刻而成,代表当地的神灵卡奇纳姆(*katsinam*)。[6] 这些物品以前只在宗教仪式上使用,被认为是来自超自然领域的象征性礼物。然而金姆却将它们当作古董出售,与侬贝永和其他霍皮工匠的罐子一道售卖。

　　金姆的生意具有剥削性质,至少以今天的标准来看是这样。但他挑选了一个绝佳的时机。当时圣达菲铁路刚刚修好通往西南部的第一条线路,随之而来的是成千上万的观光客。弗雷德·哈维公司(Fred Harvey Company)——一家连锁性质的餐厅兼酒店——之所以在 1876 年成立,就是为了接待这些顾客。出于商业利益的考量,他们开始在广告中构建有关西南部的独特的刻板印象,而宣传原住民也是打造自家品牌的一部分。原住民不再是不共戴天的敌人,他们被重新塑造成了古色古香的幸存者。他们的手工艺品是完美的纪念品:篮子制作得如此精致(几乎每一名写过这方面文章的记者都这么形容),竟然真的可以用来打水;带条纹的纳瓦霍毯子,用来装饰工艺美术运动风格的小屋,简直是理想之选。我们再把目光转向东部的莫霍克湖,湖畔那些自封的

爱德华·柯蒂斯（Edward Curtis）的《侬贝永在装饰陶器》，1900 年前后。
爱德华·S. 柯蒂斯的收藏品，美国国会图书馆印刷品和照片展区，编号 LC-USZ62-48396。

"印第安人之友"也对原住民工匠蕴藏的经济机遇表示乐观。在印第安事务委员会的一名委员的想象中，印第安人聚集的亚利桑那州的尤马市，"就像特伦顿市（Trenton）一样，是一个繁忙的工业蜂箱，那里有状如森林的烟囱冒着烟，生产出富有特色、独一无二、值得称赞的陶器"[7]。

那里从来不曾出现过烟囱，但确实出现过贸易站，通常位于铁路沿线和军事基地附近。金姆是第一个把普韦布洛人和其他原住民的产品卖给观光客的人，后来也依然是早期商人中最有影响力的一个。他和一名助手来到第一方山的山脚下，在一处名为西基亚特基（Sikyátki）的遗址中，发现了古代陶器的碎片。他们发现的碎片可能是十五六世纪留下的，以其多彩的装饰而著称。金姆向包括依贝永在内的普韦布洛陶工展示了陶器，鼓励他们仿制出当代的版本，用以出售。1895 年，在史密森博物馆的赞助下，正式的发掘工作在西基亚特基展开了，依贝永的丈夫就是当时在场的工作人员之一。利用这些关系，她有足够的机会研究古代的陶罐，她把这些陶罐视为自己创新的美学源泉。

在很大程度上，依贝永仍然牢记着年轻时学到的技巧。她做陶罐，用的是泥条盘筑法而非拉坯成型法，外面涂上了一层薄薄的白色高岭土，为了避免表皮开裂，她还会校准黏土条。烧制完成后，她会使用自己创造的视觉语言，用矿物颜料装饰罐身。依贝永从西基亚特基遗址中的碎片以及其他同时代的普韦布洛陶器（如祖尼陶器），借鉴了装饰的主题。随着时间的推移，她的作品从惯用的连环几何图纹转向了传统纹饰。她把艺术化的飞鸟形体绘制在瓶肩上，让轮廓清晰的旋涡浮现在灰白色的背景之上。依贝永还制作了其他在技术上具有挑战性的外形，例如，有一个种子罐被向下压缩，以至于它上方的条纹几乎成了平的，要通过泥条盘筑法做到这一点实属不易。[8]

当其他陶工尚且拘泥于"西基亚特基复兴"风格时，依贝永的创造性方法和纯粹的技巧，使她成为一个独特的人物，并且她表现出了与自己代表的集体传统格格不入的个人主义。在白人收藏家的眼中，西南部的原住民陶工因其工艺被认为处于原始状态而备受重视。用同时代的史密森博物馆馆长奥蒂斯·梅森（Otis Mason）的话来说："我们没有理由相信，他们现在的方法、工具、产品,与一千年前的样子完全不同。"[9] 就在人们认识到依贝永的独特之处时,这种期待也被赋予她和她的作品。1905 年,弗雷德·哈维公司的代表邀请依贝永去科罗拉多大峡谷边缘的一处豪华度假胜地,展示她的技艺。每件陶罐都贴上了一条标签——"由霍皮人依贝永制作"。1910 年,他们还把她带去了芝加哥——就是在这一年,贾维将银色潘趣酒碗送给了芝加哥的悬崖居民俱乐部——让她在一场铁路展览上表演陶器制作。在这些活动中,依贝永变成了一个活生生的隐喻和矛盾体:她既是原住民手工艺的化身,又被置于全然陌生的背景之下。[10]

这便是许多印第安人发现自己正在扮演的角色。这种变化至少从 19 世纪 80 年代就开始了,当时这个国家的首都见证了薇瓦(We'Wha)——一位祖尼人中的"拉哈马纳"(lhamana,双灵人,生为男性,但是以女性的身份生活),在织布机上大显身手。薇瓦生于 1849 年,是技艺娴熟的陶工、织布工。访问华盛顿特区期间,她被当作"祖尼公主",受到隆重的接待,还会见了格罗弗·克利夫兰总统。她在国家广场(National Mall)制作了一系列毯子,而后把它们捐赠给了史密森博物馆。在一张留存至今的照片上,她拿着一个自己亲手编织的篮子,好像要把它送给观众;她身后的幕布强化了她正在扮演某种角色的感觉,这是一场只有一位表演者的生动演出。

往后的日子里,两名讲特瓦语的普韦布洛人,圣伊尔德丰索(San Ildefonso)的著名陶工玛丽亚·马丁内斯(Maria Martinez)和朱利安·马丁内斯(Julian Martinez),成为展示原住民手工艺的热门人物。在 1904 年圣路易斯世界博览会上的路易斯安那采购展上，他们开始了第一次表演。1915 年，他们又带上一袋袋沙子和黏土，来到圣地亚哥的巴拿马-加利福尼亚万国博览会（Panama-California Exposition），两个人在那里度过了整整一年的时间。1934 年，陶瓷制造商黑格陶器公司（Haeger Potteries）带他们参加了芝加哥世纪进步世界博览会（Chicago Century of Progress International Exposition），而且明确地将他们的"原始"手工艺与现代工业技术相提并论。和侬贝永一样，马丁内斯夫妇也从考古发掘的碎片中汲取了灵感。他们最初制作彩色陶器，与其他普韦布洛陶工没有太大的不同，具体来说，玛丽亚为陶器塑形，朱利安为它们装饰。这些在今天已经成为他们的标签的黑陶作品，开始于旨在确定某些历史陶器是如何被创造出来的研究实验。1910 年，他们发现了答案，那是一种形同"窒息"的还原焙烧法，这种焙烧法会将红黏土的表面熏黑。通过向黏土体中加入火山灰，再经过选择性的刮擦抛光，熏黑的效果得到了进一步的改善。[11]

在博览会上，马丁内斯夫妇发现，他们那些装饰较少的陶罐卖得最好，于是调整了自己的作品风格，以适应消费者的口味。他们既是游刃有余的企业家，又是心灵手巧的陶工。20 世纪 20 年代末，他们开始召集家庭成员，按照他们的风格来制作签名作品——实际上，玛丽亚和朱利安的名字总是出现在陶罐的底部，无论是谁亲手做的。[12] 他们在芝加哥期间，平均每天制作 20 个陶罐，而且个个都卖掉了。

在某些方面，马丁内斯家过着与其他美国家庭一样的现代生活。当制造原子弹的曼哈顿计划，在圣伊尔德丰索附近的洛斯阿拉莫斯（Los Alamos）开启时，朱利安和他的儿子波波维·达

(Popovi Da)都在那里当机械师。尽管如此,一种不可战胜的传统主义的光环,继续笼罩着他们。朱利安在 1943 年去世,他的死和坶丽亚的长寿——她活到了 1980 年,享年 93 岁——进一步人为地凸显了玛丽亚作为天才人物的存在。玛丽亚是第一位成为传记主人公的原住民工匠,1948 年,人类学家爱丽丝·李·马里奥特(Alice Lee Marriott)出版了一本以她的事迹为主题的完整传记。书中称赞她是"整体性、连续性和本质性"的现实化身。一位评论家对这本书表示了欢迎,认为"阅读它让我们耳目一新,治愈心灵,尤其是在今天,在我们看到社会业已被我们的聪明才智所摧毁的时候"[13]。在她的生命即将结束的时候,一座涂着明亮油漆的路标,在这位陶工的住宅附近竖立起来,向她致以敬意,上书"MARIA MARTINEZ, PERHAPS THE BEST-KNOWN OF PUEBLO INDIAN POTTERS"(玛丽亚·马丁内斯,也许是普韦布洛印第安人中最负盛名的陶工)。这种声望(以及它最终带来的经济回报)在涌现了许多陶工的普韦布洛人中间引发了争议。那些人难免会想,为什么他们没有得到同样的好评。20 世纪 70 年代,陶艺家苏珊·彼得森(Susan Peterson)曾写过另一本关于玛丽亚·马丁内斯的书,书中记录了她和玛丽亚一道去博物馆,参观一间堆满普韦布洛陶罐的储藏室的经历。两个女人都不能确切地指出,哪些没有署名的作品是由玛丽亚和朱利安做的,哪些是由玛丽亚的家人做的,哪些是由其他陶工做的。[14]

个人主义的冲突——当特定的制作人被视为擎起整个传统的旗手时,这是不可避免的结果——也在邻近的纳瓦霍人,亦名蒂涅人(Diné)中上演。普韦布洛人在西迁时期依然保留了大部分土地，与之不同，纳瓦霍人则遭受了大量的突袭和攻击，这一幕最终在1864年的"远行"期间达到顶峰。这次迁移和随后的强迫拘禁，造成了许多人死亡。一些幸存的纳瓦霍人定居在军事堡垒附近，他们的贸易站可以使用银含量相对较高的墨西哥货币。这些元素的汇聚，直接导致了一种新式手工艺的诞生。19世纪晚期，纳瓦霍人发展出了一整套词汇，来描述珠宝和其他金属制品，那些金属制品是用冷錾和铁砧加工而成的。这与之前几代人采用的宝石雕刻技术（切割、抛光石头和贝壳）有天壤之别。纳瓦霍人甚至发明了一些全新的作品样式，比如康乔皮带（concho belt）——一种由货币金属的铸块锤制而成的扁平圆盘，被穿在皮带上。银匠的必备工具要么是用回收的金属手工制作的，要么是通过贸易获得的；相应地，当地市场也为商品销售提供了一个现成的渠道。

一幅拍摄于1885年前后的富有张力的肖像照片，象征着原住民手工艺的形成时刻。照片展示了一位被称为"苗条的银匠"（Slender Maker of Silver）的工匠。他死死地盯着镜头，在骄傲地展示一条闪闪发光的康乔皮带。他的脖子上挂着有关他的工作的其他物证，他的工具被放入了一个鞍囊，悬在身体的一边。正如策展人亨利埃塔·利齐（Henrietta Lidchi）观察到的，1906年，当著名的自然资源保护主义者查尔斯·弗雷德里克·哈德尔（Charles Frederick Harder）为斯蒂克利的《工匠》杂志撰写一篇关于原住民工匠的文章时，他的头脑中很可能浮现了这张引人注目的照片。文章带着居高临下的赞许，将纳瓦霍人描述为"著名的制作者和'善良的印第安人'"，他们相信"和平的生活比赚钱更重要",“吸引人注意的不是珠宝，而是工人坚毅的面孔——那是一张让人难以忘怀的面孔"。[15]

与此同时，在类似的评论中，原住民工匠还会被挑选出来，作为坚强的性格的象征，被归入一种类型。"苗条的银匠"的肖像照也是如此。他的表演不亚于侬贝永或者马丁内斯夫妇在世界博览会上的表演，他本人看似真实的存在，也与身后的人造背景格格不入。虽然乍看起来，他坐在户外，可能是在向路过的游客兜售他的货物，但实际上，这张照片是在一座军事堡垒的工作室里拍摄的。背景可能是一块彩布。我们大可以推测，他的潜在消费者中几乎没有人会意识到，他精心打造的银器并不是纳瓦霍传统的深刻代表，而是对殖民入侵的创造性回应。

真实性离不开付出。它需要时间和精力来构建，需要持之以恒地照料，使之岿然不动。人们之所以如此努力，是因为真实性具有潜在的效力，它可以被导向许多目的。"悬崖居民"和普韦布洛的工匠都以各自的方式，声称拥有传统的原住民文化。同一时间，在普韦布洛人聚居地以东1600多英里的地方，在哈姆林公路（Hamlin Road）和美国17号高速公路的交叉口附近，同样的情况也在上演。今天，这个地方矗立着另一处具有历史蕴意的标志，就像圣伊尔德丰索的玛丽亚·马丁内斯家附近的那处标志一样。这处标志上面写着"SWEETGRASS BASKETS"（香草篮子）。标志上还有说明文字："HANDED DOWN IN CERTAIN FAMILIES SINCE THE 1700S"（自18世纪以来就在某些家族中流传下来），"ONE OF THE OLDEST WEST AFRICAN ART FORMS IN AMERI-

CA"（美国最古老的西非艺术形式之一）。这处标志还涉及一段距今更近的历史细节。1930 年，一位名叫洛蒂·莫尔特里·斯文顿（Lottie Moultrie Swinton）的妇女在高速公路边摆了一把椅子，开始把她的篮子卖给过路人。这是一种简单而聪明的营销方式。那时候，一座桥梁刚刚开通，将这片被称为欢喜山（Mount Pleasant）的乡村地区，与附近的查尔斯顿连接起来。就像火车把观光客带给了侬贝永一样，汽车也把潜在的买家带给了洛蒂·斯文顿。社区里的人们纷纷效仿她，设立了更多的固定摊位来展示他们制作的篮子。直至最后，这条公路得名"格勒公路"（Gullah Highway）。[16]

格勒人居住在南卡罗来纳州、佐治亚州的海岸和海岛上，他们以独特而完整的文化遗产著称于世。从历史上看，他们一直都是种植水稻的农民——在这片遍布沼泽、地势低矮的地区，几乎不可能种植其他作物——过着相对与世隔绝的生活，部分原因是疟疾和黄热病的流行，阻止了白人在他们的土地上定居。内战结束后，格勒人获得了极高程度的财产所有权，他们也设法保留了自己的土地，传给一代又一代后人，至今依然如此。这么做的结果是形成了一种与众不同的区域文化，包括他们独有的饮食方式和克里奥尔语（Creole），二者就像制作草篮的基本技术一样，均起源于西非。[17]

然而斯文顿销售的那种格勒香草篮子，其实是非常现代的产品。从本质上说，它们是用十八九世纪从非洲传入该地的相同技术制作的：在制作篮子的过程中，需要不断地缝纫一个盘绕的基座。早些时候，草篮的样式来自实用的农具，例如，有的篮子长得像碾米机，后者有宽而平的形状，用于给谷物簸谷壳。制作草篮的主要材料是芦苇茎，有时是用棕榈叶或拉菲亚树叶纤维绑扎的橡木条——它们是如此耐用，以至于同样的组合可以用来盖屋顶、筑墙壁。

在某个时间点——也许早在 19 世纪 90 年代——欢喜山的格勒人已经开始在制作篮子时使用更优质的材料了：有细长的香草和蒲葵枝条，间或覆盖了颜色深浅不一的松针。在一定程度上，这些篮子仍旧具备实用功能，但它们在当地人口中已经被称为"展示篮"，主要用于装饰了。这就是观光客们从 T 型车上下来购买的东西。等斯文顿摆好货摊的时候，草篮产业已经被查尔斯顿的白人企业家克拉伦斯·勒格顿（Clarence Legerton）商业化了。勒格顿是西南部商人托马斯·金姆在南卡罗来纳州的翻版。1916 年，勒格顿成立了他的海草篮公司（Sea Grass Basket Company），不久之后，公司改名为听起来更时髦的海草实业（Seagrassco）。据报道，他付给一群工匠 12 美元，购买足够覆盖一张床单的篮子，然后加价 90%，把他们的作品卖出去。了解背景之后，再看斯文顿把摊位搬去路边的决定，就会更加感叹她的精明了：通过这种方式，她把白人中间人排除在外了。

与此同时，该地区的另外一种非裔美国人的手工艺正面临着困难。汽车为草篮制造者提供了大好商机，可是它也扰乱了锻造行业。马车和木车的消失，意味着这一行的生意突然下滑：从此没有马蹄铁需要制造，没有马鞍和缰绳配件需要修理，也没有木制轮子的轮辋需要安装。在全国各地，工匠们都经历了一场艰难的转变，他们把锻造厂改造为汽车修理厂——巴斯特·基顿

（Buster Keaton）拍摄于1922年的电影短片《铁匠》（The Blacksmith），捕捉到了这场令人难忘的转变。（有一次，基顿无意中在一匹马干净的侧腹上涂满了机油，这可谓时代变化的标志。）查尔斯顿地区关于这场转变的最佳记录，是内战爆发前，由奴隶工匠盖·西蒙斯（Guy Simmons）建起的一家商店。解放奴隶后，他的儿子彼得·西蒙斯（Peter Simmons）继承了这家店，最终把它搬到了查尔斯顿的市中心。1925年，彼得雇用了一个名叫菲利普·西蒙斯（Philip Simmons）的13岁的学徒（两人没有亲戚关系）。

当菲利普开始学习这门手艺时，它就接近于消失了。他创造性地作出了回应，从马车贸易转向了更需要技术的建筑五金行业，开始装饰门、栏杆和窗框。他自学成才，在技术、风格两方面都成为这座历史名城的业内行家。"你必须研究这个东西，"他在后来的一次采访中表示，"花很多时间研究它。就像得到了关于查尔斯顿的好多本书那样——研究锻铁——我在这里走来走去，就为了看看其他人会些什么。"在美国装饰艺术的历史还处于起步阶段的时候，像西蒙斯这样的修复工匠，是这个研究领域内最专业的行家。回望他的整个职业生涯，他总共为城里的不同建筑设计了数百件金属制品，在很多情况下，是为了替换或修复在过去几代人的时间里，由奴隶工匠打造的手工制品。20世纪50年代，他是唯一一位在城市名录上留名的铁匠。[18]

当一些南方的手艺人，如斯文顿和西蒙斯，找到了延续手艺的方法时，其他许多非裔美国人却认为，他们会在其他地方找到更好的生活。在战后重建时期的南方，白人至上主义卷土重来，私刑和其他形式的暴力屡见不鲜，黑人选举权被剥夺和种族隔离的现象几乎随处可见，这片土地上的经济机会却少之又少。从 19 世纪 90 年代开始，南方也遭受了棉铃象鼻虫引起的棉花枯萎病的侵袭，种植园农业随之凋敝。所有这些压力的结果就是"大移民"（The Great Migration），这是一场规模惊人的人口转移：大约 150 万非裔美国人离开了前南方邦联的各州，前往北部和西部地区。他们中的许多人确实在经济上发迹变泰了，但同时也面临深刻的新挑战。移民离开了农业经济，来到了迅速扩张的大都会。曾经的佃农（很像 19 世纪 40 年代大饥荒时期，在相同的城市定居下来的爱尔兰农村移民）并不具备市场需要的技能。那些从事手工艺的黑人移民，还面临雇主和工会明目张胆的偏见，常常被束缚在低收入的劳动和服务行业中。

即便如此，还是有许多非裔美国移民凭借意志力和手工艺开辟了一条生路。卡西维尔·布拉德（Casiville Bullard），也叫查理·布拉德（Charlie Bullard），生于 1873 年，小时候在田纳西州的棉花地里干活儿，后来住在孟菲斯的姐夫雇用了他，还教会了他石匠手艺。尽管他只在学校上到三年级，但据说他是一个数学天才，能够读懂一整套图纸，计算出建筑工程所需要的砖块、砂浆、沙子和其他材料的数量。当发生在孟菲斯的一系列私刑引发了一场北迁时，布拉德也加入了移民大军，于 1902 年抵达了明尼苏达州的圣保罗。一开始，他只能够找到搬运工的差事，但最终他还是谋得了一份需要技艺的瓦匠的差事。他加入了当地的一家工会，还成为独立经营的承包商，渐渐掌握了木工和石刻的手艺。布拉德以敏捷而闻名。一个曾经见过他工作的人，回想起了他使用锤子的技巧:"他会测量放置砖块的合适位置,'砰',只消把砖角敲掉,一切就成了。单单这么一下,就展示了他的技巧。"[19] 圣保罗城内到处都能看到他参与建造的建筑,从州议会大厦到他自己的房子,都是他自信地在白人社区建造的房子。布拉德在很多方面都很出众。他加入"大移民"的时间相对较早,而且能够发挥自己的技艺和商业头脑,实现了许多人未能实现的飞黄腾达的梦想。与他生平相似的很多故事也说明了,为什么这么多黑人去北方:尽管一路上遍布令人生畏的障碍,但至少还有成功的机会。

这些故事也有助于解释,为什么教育工作者仍然致力于为年轻的非裔美国人提供职业培训。1904 年,肯塔基州通过了一部种族隔离法,规定白人、黑人在一起学习是非法行径。伯里亚学院是在内战爆发前建立的一所多种族学校,此刻被迫向法令投降。非裔美国学生被重新安置到新成立的林肯学院,该学院在受到激烈批评的情况下,采用了塔斯基吉学院的办学模式。《肯塔基标准报》(*Kentucky Standard*)的编辑呼应了杜波依斯的观点,他警告称,该校的黑人学生将注定沦为富有白人的"砍柴工和汲水工"。不过现实情况要更加复杂。尽管在林肯学院,只有 1/5 的学生能够进入大学继续深造——直到 20 世纪 40 年代,肯塔基州还没有一所大学为黑人学生提供专业课程或者研究生课程——但该学院确实有它的成功故事。

惠特尼·摩尔·杨(Whitney Moore Young)是第一批入学的男孩之一。他到达学院时和当初的布克·T. 华盛顿一样,把所有家当都塞在一个麻袋里面。从林肯学院毕业后,他参加了"大移民"运动,去底特律找到了铁路工程师的工作;他还参加了第一次世界大战,在法国战斗了 13 个月。直到那时,他的人生经历还与那个时代的许多非裔美国人别无二致。未承想,服役期限结束后,杨做了一件令人惊讶的事:他返回了南方,回到了林肯学院,做了工程学教师。关于当时的外部环境,我们至少可以用"充满敌意"来形容。"偶尔会有人在林肯学院附近焚烧十字架,"一位研究林肯学院的历史学家写道,"杨睡觉的时候,有时会在枕头下面放一把手枪。"但他还是留下了,最终被提升为林肯学院的第一位非裔美国人校长,杨把该校打造成了一座展现"诚实的手工劳动之尊严"的陈列柜,这一信条如今蕴含了历久弥新的价值。他留下的遗产着实让人印象深刻。第二次世界大战期间,林肯学院成为美国通信兵无线电技术人员训练的重要地点。杨的儿子小惠特尼也曾就读于这所学校,后来成长为美国著名的民权领袖之一。1963 年,他协助组织了"向华盛顿进军"(March on Washington)的运动,运动的正式名称是"为了工作和自由,向华盛顿进军"(March on Washington for Jobs and Freedom),随着马丁·路德·金(Martin Luther King Jr.)在国家广场上发表了那一篇振聋发聩的演讲,这场运动达到了高潮。马丁·路德·金的话,承载了"大移民"期间每一个男人、女人、孩子未竟的愿望:"我依然怀有一个梦想……"

当非裔美国人正努力在新兴的工业化经济浪潮中,确定自己的位置时,一些南方白人却在逆转的奇怪回流中,开始把汉普顿学院和塔斯基吉学院视为自己可以效仿的榜样。他们当中有一群知识分子,被称为南方重农派(Southern Agrarians)。这个由历史学家和文学界人士组成的联盟开始相信,一个现代化的"新南方"背离了该地区的真正价值。在1930年出版的一本颇具影响力的文集《我将表明我的立场》(*I'll Take My Stand*)中,12位与该运动有关的作者集体表达了心中的隐忧,他们担心南方会沦为"普通工业社会的平庸翻版"。他们呼吁重新审视农业传统的重要意义,庆祝农业生活的"无穷的多样性",并宣布他们更喜欢"宗教而不是科学,手工艺品而不是工业制品,悠闲从容而不是神经衰弱"。[20]

惠特尼·杨在林肯学院,20世纪40年代。
考菲尔德和舒克(Caufield & Shook)的收藏品,路易斯维尔大学档案和特别收藏品,编号CS125285。

阿肯色州的诗人约翰·古尔德·弗莱彻（John Gould Fletcher）有一篇文章收录了《我将表明我的立场》一书，在文中，他把南方重农派的思想应用到教育问题上。他对黑人职业学校持有一种居高临下但终归还算积极的态度，认为此类学校"契合了黑人的能力"，"远比我们能够给予他们的所有'高等教育'机构，更能带给学生健康和欢乐"。他还主张为南方白人提供类似的手工艺教育，否则他们在高中课堂上，就会像在大规模生产的工厂里一样，感受到标准化的、欠缺灵魂的生命体验。"传统的学校教育，"他写道，"比最平庸的农场工人更能培养出愚人。农场工人靠着口耳相传，从父辈那里继承了学问，他们准确地知道什么时候会下雨，什么时候要播种和收割，家牛生病时，又该给它们喂点什么。"[21]

当然，重农派的思想中也有卑鄙的一面。尤其是觍颜号称历史学家的弗兰克·劳伦斯·奥斯利（Frank Lawrence Owsley），他是一个丧心病狂的种族主义者，竟然认为奴隶制对非洲人有益，可以使那些"仍然记得人肉味道"[22] 的野蛮人开化。在他看来，战后重建运动是对各州权利的一种可怕的胁迫，而且在重农派成员中，支持种族隔离的他并不孤单。不过，《我将表明我的立场》同时发出了呼应工艺美术运动的改革者的声音："好的劳动的第一原则是，它必须能带来实效，但第二原则是，它还必须能带给人享受。劳动是人类的全部事业中最重大的事业之一。要求它承载幸福，这并非一个过分的要求。"[23]

这种立足于手工艺，对白人身份政治的召唤——这绝不是南方重农派的专利，也绝不是南方人的专利——需要一种纯粹的血统、一种历史的源泉，来佐证它的真实性。这个纯正的源头是在南方高地（Southern Highlands）发现的，那是阿巴拉契亚山脉沿线的一片茂密的森林地区，风景如画，偶或无法通行。从政治立场上来说，该地区是中立地带。它与南方有很强的文化联系，但是在南北战争期间，它的大部分地区仍然忠于北方联邦——"从分裂中分裂出来"，这件事连同其他一些事件，合力导致了西弗吉尼亚州的形成。

时间来到了世纪之交，高地地区的大规模煤矿开采才刚刚开始，这正在改变当地的经济。但工艺美术运动的改革者却在很大程度上忽视了这一新兴工业的发展。相反，他们把这片地区当作一个遍布完好标本的户外博物馆。一位来自北方的旅行作家曾经用令人难忘的笔触，将该地描述为"美国东部的屋顶"，宣称"山区的居民仍然生活在 18 世纪……他们俨然陷入了一座迂曲的迷宫，300 年来，这座迷宫一直在阻挡我们国家的前进步伐"。[24]然而这种世人心中的孤立感，却在工艺美术运动的改革者中间引发了相反的回应，他们立刻被心中的声音驱使，渴望美化当地的手工艺，拯救那些陷入困境的当地人。虽然这个念头会让当时的人们感到震惊，但回想起来，很容易就能在普韦布洛人和格勒人的往事中，发现相似的情形。在每一种情况下，寻回真实的渴望都自相矛盾地导致了创新。

19 世纪晚期，传教士和社会工作者开始为减轻高地地区的贫困而工作。他们中有一位身材娇小的牧师的女儿，名叫弗朗西丝·古德里奇（Frances Goodrich），曾就读于耶鲁大学。1890 年，她第一次来到北卡罗来纳州，几年后，一个慷慨的当地人送给了她一件古色古香的床罩，上面绣着"令人目眩"的图纹。它的深色缝线已经被橡树皮染成了棕色，填充的织物是用浮纬花纹的技术织成的，利用这种技术，补充的纬线活像漂浮在平纹梭织的布料上。从那一刻起，古德里奇就已经做好了打算，要让当地的女性参与这项手工艺生产，以增加她们的收入。尽管带给她启发的床罩，并未采用南方特有的本土样式——类似的纺织品在整个东海岸随处可见——但古德里奇坚信，这就是南方的特产，不仅把它当作典范来接受，还招募女性来重新制作它。古德里奇此举的逻辑依据分为三个方面：第一，提供直接的收入来源；第二，保护所谓的当地传统；第三，塑造供货方的个人性格。正如古德里奇所说："一个懒懒散散的人编织起床罩来，是不会成功的。"[25]

但是这里有一个问题。让当地女性从事纺织品生产，在理论上是可行的，但在实践中，几乎没有人具备相关的技能。早在几十年前，人们刚一从商店里买到便宜的布料，就立即丢弃了织布机。这意味着，与其说古德里奇是在保留传统，不如说她是在开创新风，而这当然需要非同寻常的创造力。她先是找到了一台旧织布机，当时正"存放在谷仓的阁楼里"，而后又骑着一匹名为"切罗基"的小马驹，一路翻山越岭，终于找到了几个懂得使用织布机的老妇人。没过几年，她成立了一家企业，取名为阿兰斯坦德实业公司（Allanstand Industries）。公司按照外包制度组织起来，与工业革命初期的那些公司异常相似。她为织工提供标准化的图案，然后将她们的作品拿去零售，起初是在路边的市场，最后是在阿什维尔（Asheville）的一家商店，通过邮购的方式售出。古德里奇将她的产品当作真正的民间艺术品来营销，并且取得了成功,渐渐地,除了床罩之外,她又往产品名录上补充了被褥、扫帚、篮子、座椅和玩偶。[26]

肯塔基州的伯里亚学院也在进行类似的努力。早在19世纪90年代早期,在法律强制各所学校驱逐黑人学生之前,该校就已经开始以生产乡村服装来重塑自己了。伯里亚学院的新任校长威廉·古德尔·弗罗斯特(William Goodell Frost)是一位来自纽约州北部的福音派牧师。按照当时南方的标准,他不是种族主义者,他童年的家曾是"地下铁路"的一站,他来到伯里亚,完全是想把学院种族融合的教育理念传承下去。不过,面对"吉姆·克劳法"的现实和州议会赤裸裸的敌意,他蓦地改变了主意。此外,他在山区的早期生活经历使他相信,白人同样需要"提升",这也成为他重新定位学校的种族立场的逻辑依据。事实上,弗罗斯特对自己想帮助的当地的阿巴拉契亚山区居民,持有一种讽刺性的看法,在他的描述中,他们"虔信宗教,真诚好客,却又沉迷于互相残杀"。而且重要的是,弗罗斯特把他们看作不合时代潮流的人物,"过着残存下来的生活(原文如此),沿用几个世纪前的方式纺布,保留了许多莎士比亚风格的漂亮的短语和发音。他们可以被称为我们在当代的祖先"。为了与这种刻板印象保持一致,学院发行的许多季刊都是用一种虚构的山区方言写成的。[27]

弗罗斯特还在伯里亚学院开办了一个名为"炉边工业"的手工艺项目。它的公开目的是"尽可能地保留山区的简朴生活,并在他们保存的习俗和传统的基础之上,建立最好的东西"[28]。事实上,就像阿兰斯坦德公司一样,"炉边工业"的产品融入了明显的阿巴拉契亚风格,比如梯状背椅以及更通用的美式工艺。有一次，弗罗斯特以为自己可以像古德里奇那样，把床罩的生产外包出去，于是询问当地的一位女织布工，她能否在一个月内提供6张床罩。"弗罗斯特校长，"她回答道，"那样的话，我们将不得不养更多的羊，剪羊毛，择羊毛，洗羊毛，梳羊毛，纺羊毛，接下来收集树皮，给羊毛上色。然后我们必须把织布机全部装配起来，先固定经线和横杆，继而按我们想要的样式把经线牵伸进去，再把织布机绑好。在这之后，我们就可以开始织布了……我们需要将近一年或者更长的时间，才能织出那么多的床罩。"弗罗斯特很喜欢这个故事，称其是自己的"第一节纺织课"[29]。

许多人受到了阿兰斯坦德公司和伯里亚学院的启发，其中就包括奥利芙·坎贝尔（Olive Campbell）夫人，1925年，她建立了以已故丈夫名字命名的约翰·C. 坎贝尔民俗学校（John C. Campbell Folk School）。这对夫妇最初是以拉塞尔·塞奇基金会（Russell Sage Foundation）研究员的身份参与手工艺复兴的，该基金会是由玛格丽特·奥利维亚·斯洛克姆·塞奇（Margaret Olivia Slocum Sage）——一位富有的金融家、铁路大亨的遗孀——创建的北方慈善机构。该基金会在全国各地开展扶贫工作，它在高地地区的项目让人联想起了战后重建时期，北方慈善家为非裔美国人所作的努力。拉塞尔·塞奇的调查人员在群山之中散开，分头收集信息，发放救援物资。坎贝尔夫妇孜孜不倦地完成了这项工作，他们试图穿过笼罩该地区的迷雾，以确定当地人民真实的生活环境。

1919年约翰·坎贝尔去世后，奥利芙·坎贝尔将他们的研究汇编成了一份信息丰富的报告，并慷慨地以丈夫的名义发表。这是一份富有洞察力的文件，将该地区描述为"一片浪漫之地，关于这片土地，人们不知道的实情，也许比我们国家的任何地方都多"。她统计了文盲率、死亡率和他杀率（她发现这些数据与煤矿开采活动密切相关）。她就该地区臭名昭著的氏族争斗，进行了详尽的、非浪漫化的论述。她讨论了引人入胜的本地音乐，人们如何用小提琴、班卓琴、杜西莫琴演奏民谣和舞曲。她还收录了大量关于手工艺活动的照片和文字资料，包括近来重新流行的绗缝、编篮子和纺纱——女性可以在其他家务和农活儿的间隙做这些工作。显然，坎贝尔被这些名副其实的"炉边工业"的奇特氛围迷住了，但她还是总结道，工作的节奏被连续打断，使得工作的"产出低下且不确定"。在她看来，手工艺在当前的复兴，并不能"确保大量女性独立生活"[30]。

约翰·C.坎贝尔民俗学校是她试图对这种经济现状作出补救的一种尝试。这所学校是另一种形式的混血儿，它的灵感来自阿兰斯坦德公司、伯里亚学院，以及坎贝尔最近访问丹麦时参观的模范民间学校（*folkehojskøler*）。几年后，她发起成立了一个名为"布拉斯敦雕刻师"（Brasstown Carvers）的合作社。她注意到，山区的男孩和男人以削木头为消遣，随即想到，如果组织得当，她也许能把这一行变成一门赚钱的生意。她是对的：布拉斯敦有一对夫妻，邦妮·汉斯莱（Bonnie Hensley）和海登·汉斯莱（Hayden Hensley），夫妻俩的主要收入便来自他们在大萧条时期供应的木雕作品。他们赚的钱足够买一幢新房子了，于是他们把房子称为"雕刻而成的房子"[31]。

坎贝尔的一名亲密盟友是露西·卡利斯塔·摩根（Lucy

Calista Morgan），1889年，她生于北卡罗来纳州的群山之中，她这种在本地土生土长的身份，在高地地区工艺革新的领军人物中是独一无二的。人们总是称呼她"露西小姐"，她最初是在当地的一所圣公会工业学校接触到手工艺的，而后在伯里亚学院的作坊里学会了编织。1929年，就在坎贝尔民俗学校刚刚成立几年后，摩根也创立了彭兰德手工艺学校［Penland School of Handicrafts，即现在的彭兰德工艺学校（Penland School of Craft）］。它开办的暑期项目，逐渐成为全美最具影响力的手工艺暑期项目。起初，她采用了与古德里奇和坎贝尔相同的工作策略，邀请当地女性参加，教会她们编织和其他根植于阿巴拉契亚山脉的手工艺，如自然染色。不过，彭兰德学校还教授另一些没有特定地域联系的技术，例如铸模制锡。

相比于古德里奇和坎贝尔，露西小姐的视野更加开阔。在回忆录中，她表示，自己创办这所学校的灵感来自爱德华·沃斯特（Edward Worst）的一次访问。沃斯特是纺织技术方面的权威，他最早是在洛厄尔的纺织厂里学会了这门手艺。"我最快乐的记忆之一，"露西写道，"就是见到芝加哥的爱德华·F.沃斯特先生——北岸大道、艺术学院，马歇尔·菲尔德（Marshall Field）百货公司，阿尔·卡彭（Al Capone），牲畜围场，政治会议，繁荣的商业，喧闹的交通——他兴致勃勃地和库米·伍迪（Cumi Woody）姨妈交换意见，姨妈穿着紧身上衣和长裙，把头发从中间分开，在脖子后面梳成一个均匀的发髻。这场面似乎总有一种十足的美国范儿，而且正合我意。"[32] 多元世界的碰撞，不同思想的交汇，以工艺为纽带：这是摩根对彭兰德的构想的本质。她没有采取经过前人检验的只与当地人合作的方法，而是把视野扩展到了全国（最终是全世界）。整个 20 世纪 30 年代，学生人数不断上升。沃斯特的纺织课是主要的课程，但学校也提供制篮、制陶、制革和木雕等方面的课程。摩根兴奋地看到，越来越多的"城市居民和乡村居民"正在平等的基础上互相学习。她还把大山带去了城市，在 1934 年举办的芝加哥"世纪进步"世界博览会上，她展出了彭兰德学校的产品。她甚至带来了一间小木屋，从北卡罗来纳州运来，在现场重新组装。世博会的参观者可以在同一天买到彭兰德学校的纺织品和马丁内斯家的黑陶罐。

考虑到山区手工艺的改革者们，正在上演简·亚当斯在赫尔学院的工作的乡村版本，可以说，芝加哥对于彭兰德学校的早期发展，具有意想不到的非凡意义。像亚当斯一样，他们也借鉴了工艺美术运动的理念，来诠释和美化他们的努力。来自俄勒冈州的策展人艾伦·H. 伊顿（Allen H. Eaton）尤其如此，他是高地地区手工艺复兴运动的主要发言人。当弗朗西丝·古德里奇、奥利芙·坎贝尔夫人、露西·摩根小姐等女性开展教学活动，把草根阶层组织起来时，伊顿业已形成了一套知识框架。（民间手工艺就像其他任何科目一样，变成了"男人的说教"。）1926 年，应坎贝尔之邀，伊顿来到北卡罗来纳州，作了一场题为《山区手工艺品：它们对我们的家庭生活和国家生活意味着什么》（"Mountain Handicrafts: What They Mean to Our Home Life and to the Life of Our Country."）的演讲。他引用了威廉·莫里斯提出的在劳动中获得快乐的原则，并挑战了"许多人仍然持有的艺术上的密封舱观念"，这种观念将绘画、雕塑、建筑置于其他学科之上。在他看来，艺术意味着尽可能地以最丰富、最合适的方式做事，而不论结果如何——"与其说是做了什么事，不如说是做这件事的方式"[33]。

在接下来的几年里，山区手工艺的改革者们致力于将当地的组织机构和制造者联系在一起，形成了一种整体之中的合作关系。1930年，南方手工艺行会［Southern Handicrafts Guild，即现在的南方高地手工艺行会（Southern Highland Craft Guild）］宣告成立，它以推广当地的手工制品为宗旨，至今仍然存在。南方手工艺行会的早期重要文件，是由伊顿执笔的《南方高地的手工艺品》（*Handicrafts of the Southern Highlands*），1937年，它由拉塞尔·塞奇基金会出版，摄影师多丽丝·乌尔曼（Doris Ulmann）为之拍摄了熠熠生辉的照片插图。这是一本让人印象深刻、备受感动的书，它不仅留意了制作过程中的精确细节，还关注了当代高地画家的生动个性，比如W. J. 马丁（W. J. Martin），他"喜欢用木头削出家养的和野生的动物的造型。他第一次削的是一只野火鸡。在这里，他和名为'猪群的机会'的作品一道出镜，这份作品是用苹果木削成的"[34]。

伊顿确信，高地地区由于长期与世隔绝得以保存完好的生活方式，正面临消失的威胁，因此他对这种追根溯源的做法表示了最大的赞赏。看似不可避免的是，他的调查从象征着乡村真实性的小木屋开始——他总是声称，自己出生在俄勒冈州的一座小木屋里；伯里亚学院、坎贝尔民俗学校和彭兰德手工艺学校，也都为开展各自的手工艺项目建造过小木屋。在此之后，他开始讨论纺纱、织布、制陶、木工、编织和其他手工艺。自始至终，伊顿

纺车旁的"葛瑞尔奶奶"("Granny Greer"),多丽丝·乌尔曼摄,1932—1933 年。
伯里亚学院提供。

反对任何现代方式对传统的破坏。床罩:"再没有比这一件更不适合多次或者大量展示的纺织品了。"自然染色:"目前可能再没有比这更加趣味盎然的手工艺了……也不会再有哪一种手工艺招致更多的错误观念。"[35]

伊顿的思想和工艺美术运动的早期思潮之间的连续性,清晰地反映在他书中的第一行字中:"将来会有一天,每一种工作都由两种标准来衡量:一种是产品本身,就像现在这样;另一种是工作对生产者的影响。当那个时刻到来时，手工艺品将在我们的生活计划中占据比现在重要得多的地位，因为毫无疑问，手工艺品具有尚且未被普遍承认的价值。"[36] 不过，他将这一信条推广开来的方式，与威廉·莫里斯和古斯塔夫·斯蒂克利的想法截然不同。伊顿意识到，单靠手工艺，难以给高地地区带来繁荣，而且他对解决那里的贫困问题也不抱任何幻想（对于当地的酗酒、家庭暴力等社会弊病，他和乌尔曼都采取了轻描淡写的态度，显然他们并不希望潜在的慈善人士望而却步）。他甚至可能已经意识到——尽管他并没有在文中明确指出——"旧的方式"的延续，虽然古雅别致，却低效浪费，在一定程度上要为该地区的贫困负责。

可以肯定，伊顿并没有像世纪之交的改革者们经常做的那样，自诩高地地区的手工艺复兴可以充当带动经济发展的引擎。相反，他强调的是手工艺复兴的所谓"治愈价值"，即传统管理方式给制作者带去的深刻的满足感。简言之，伊顿认为手工艺本身就是最好的回报。不需要进一步的理由。在这个根本信念的基础上，他提炼了一种更广泛的伦理重要性："从事手工艺的工人会自问，是否有办法将美感从狭窄的艺术领域，扩展到更广阔的人际关系领域。他会逐渐认识到，提出问题在一定程度上也是在回答问题。"这个概念很吸引人，尽管它有些晦涩：根植于传统手工艺的个人成就感，将不可避免地使社会变得更好。

在回顾过去之际，伊顿也在关于美国手工艺的对话中，引入了一些新奇的内容：美国的手工艺正受到威胁，它亟须保护。即使把时间的指针调回到几十年前,这么说似乎也很荒谬。诚然,长期以来,大规模的制造业生产一直在侵蚀工匠们的经济前景,而工艺美术运动早已坚决地做出诊断,手工劳动的逐渐销声匿迹,乃是一种社会危机。但无论如何,手工艺本身并没有被视为濒危物种。然而这种危险正是伊顿所相信的,至少在高地地区是这样。他声称,如果再不采取行动,手工制作的整个传统就会消失,淹没在时间的迷雾之中。此前,这种论调只会在有关美洲原住民的问题上听到,它将原住民描绘成高贵但注定失败的文化的遗迹。然而到了20世纪20年代,一种类似的——同样是刻板的——观点开始普遍出现在关于手工艺的问题上。这是一场意识上的转变,产生了重大的影响。

这种观点最不同寻常、最慷慨激昂的早期捍卫者是亨利·查普曼·默瑟(Henry Chapman Mercer),他是宾夕法尼亚州的一位学者兼收藏家,毕生致力于保护和再创造历史工艺品。默瑟生于1856年,十几岁时就被他富有的父母带去周游欧洲。旅行期间,他们沿着莱茵河河谷前进,沿途遍布城堡的如梦似画的风景,点燃了他遐想的火种。20岁那年,他参观了费城的百年博览会,那场盛会一如当年的旅行,再一次令他浮想联翩。从哈佛毕业后,默瑟返回家乡多伊尔斯敦(Doylestown),在那里帮助成立了一个历史协会,并被任命为宾夕法尼亚大学的教授。从此,他开始追逐毕生的爱好,在考古发掘、学术研究和收购方面忙得不亦乐乎。默瑟最喜欢的学习方法就是买——买下所有他能弄到手的旧东西:美洲原住民的手工艺品,珍贵的书籍和印刷品,任何你能想到的有用的手工艺品。他常常去"一便士大甩卖"的乡村拍卖会上收购物品，在这种拍卖会上，大量派不上用场的物件便宜得像不要钱似的。默瑟特别感兴趣的是装饰瓷砖和古董炉灶板，它们用铸铁打造，有图像和装饰性的浮雕。

1897年，默瑟举办了第一场展览，以展示他迅速增长的藏品库存，当地的法院大楼里面摆满了他的761件古董手工工具。虽然展品的问世年代各不相同，默瑟却把它们与美国的起源联系在一起，并且意味深长地将展览命名为"国家创造者的工具"（*The Tools of the Nation Maker*）。他写道，就是这些卑微的物件曾经塑造了这个国家。但随着20世纪的临近，即使是典型的农民，也可能已经无法认出它们：古老的手工工具"在农民自己的眼里都已经变得稀奇起来，而在城市里的人看来，它们更是未知的东西"。默瑟坚持认为，尽管如此，研究这些幸存的"漂流者"（"castaways"）还是值得的，因为它们仍然可以传授关于美国的经验，"引导我们通过一条人迹罕至的道路，更加深入地了解人民的生活"[37]。默瑟准备的大纲，包括大量历史注释和关于每种工具用途的精确描述，从镰刀（"你用右手拿着镰刀向下斜着收割，左手抓牢麦粒"）到灌肠机（"你用灌香肠的肉塞满它，再把肠衣拉到喷嘴上，然后用你的胸部抵住木制活塞……1830年至1840年停产"），不胜枚举。[38] 打开这本展览大纲读一读，一个不可抗拒的念头也许会出现在你的脑海中：万一世界末日降临，这会是一本非常实用的书。

法院大楼的展览仅仅是个开始。1908年至1912年，他开始着手实现学生时代的梦想——建造一座属于自己的城堡。在考虑了各种选择［极目山（Look Away Hill）、升泉阁（Fontrose）、苹果棴（Appledore）]之后，他最终选定了泉山居（Fonthill）这个名字，灵感来自房产脚下的地下泉水。从远处眺望，这栋建筑宛如一座童话般的宫殿；等走近一些，它又浑似一处军事掩体。它主要是用钢筋混凝土建造的，这不是什么近来的发明，但对于当时的住宅建筑来说，是极不寻常的。

泉山居的荣耀之处是它内部镶嵌的瓷砖，其中包括历史悠久的代尔夫特陶器（Delftware）和马约利卡陶器（majolica），有时还能见到一并贴在墙上的陶瓷作品的"标签"。不过，绝大多数瓷砖都是默瑟自家的摩拉维亚陶器和瓷砖制品公司（Moravian Pottery and Tile Works）的产品，该公司于1899年成功建起了第一座窑炉。这个雄心勃勃的手工艺生产计划，与他的收藏活动相辅相成，目的都是教育大众和保护手工艺。就像他在1925年所说的："如果瓷砖不能诉说故事，不能给任何人带去灵感和教益，只能徒然地产生美感，那我早就不生产这些玩意儿了。"[39] 他的陶瓷作品主要使用红色黏土烧制，将借鉴自古董炉灶板、阿兹特克石雕、中世纪大教堂的装饰图样，或者是默瑟的家族纹章，压印在黏土上面。颜色是通过在凹槽处上釉来呈现的，这么一来，即使将来用瓷砖铺地，釉料也不会磨损。尤其精妙的是默瑟制作的大型陶瓷画，他利用一盏点燃煤油的"魔灯"，将提前设计好的图样投射到一组瓷砖上，而后在瓷砖的表面描出画面的线条。[40]

摩拉维亚公司的瓷砖甫一问世，就大获成功，随即被应用于各种建筑项目，从坐落于哈里斯堡（Harrisburg）的宾夕法尼亚州议会大厦，到收藏家伊莎贝拉·斯图亚特·加德纳（Isabella Stewart Gardner）在波士顿的豪宅。不过，只有亲临泉山居，才能欣赏到它们最辉煌的一面。访客们参观这座迷宫般的建筑时,仿佛正在默瑟的大脑中爬行;周遭空间的每一个表面都铺设了图像。就连头顶上弯曲的天花板也不例外,使用一堆木材和沙子建造结构,再把瓷砖面朝下铺在上面,最后在整个结构上浇筑混凝土。等到混凝土凝固,防护外罩被拆除后,富丽堂皇的房间便映入眼帘了。10 位工人在工作中不断改进这项技术,他们显然也和默瑟一样,为自己的成就感到自豪。天花板上有一块玫瑰花形的雕饰,周围环绕着摩拉维亚公司的首席造型师、瓷砖安装师的签名:JACOB FRANK POSUIT("雅各布·弗兰克安装了我")。

旁边是另一句拉丁语,每个单词都拼写在楼梯的柱子上:FELIX QUI POTUIT RERUM COGNOSCERE CAUSAS("洞悉事物原委的人是幸福的")。对默瑟来说,这句格言再合适不过了。就在默瑟和他的建筑工人在泉山居工作的同时,他们已经开始采掘土方,准备兴建一座博物馆了——一个更好的词也许是"方舟"——新博物馆将以那场名为"国家创造者的工具"的展览为基础,并进一步扩建。它将是一座由混凝土浇筑而成的七层庞然大物,高耸的中庭顶部的天花板上,装饰了满满的篮子和小船。1916 年,它作为雄鹿县历史协会(Bucks County Historical Society)的会址对外开放。今天,人们称它为默瑟博物馆。比泉山居更了不起的地方是,这座建筑在空间上像一部图文并茂的巨著,它不是按照年代或地理位置编纂而成的,而是按照手工艺的样式,分门别类地编纂起来的。每一种手工艺都有专属的画廊空间——篮子编织、木工、钟表制作、箍桶、印刷、制鞋、石刻、轮毂制作等,每一种手工艺都附有本行业的工具、产品以及耐心的解释。默瑟心爱的各种炉灶板,在阁楼上找到了展示空间——那时他已经出版了一本关于炉灶板的书,名叫《铁器圣经》(*The Bible in Iron*)——获得相同待遇的还有印第安人的手工艺品。1930年默瑟去世时,他的藏品库已经存放了超过25 000件物品,它恰如一座坚不可摧的混凝土堡垒,保存着来自美利坚各地的包罗万象的知识和技能。[41]

接下来的一个世纪,证明了默瑟的先见之明。今天来到他的博物馆参观的人,很少有谁还能认得出锤斧、木匠刨、凿槽具、雕刀或者地螺钻(都是箍桶匠的工具)。知道如何使用它们的人就更少了。多亏了默瑟在保存历史方面的不懈努力,任何人都能找到答案。不过,在如此坚定地回望身后的过程中,他也帮助建立了一种新的理解,即手工艺本身就是一种历史遗物。甚至他新制造的瓷砖都有意模仿了古代风情,使用的是中世纪德意志陶器的制作工艺,而不是新泽西州纽瓦克(Newark)附近那些现代陶瓷厂的生产技术。默瑟对手工艺怀有无限的喜爱和尊重。在默瑟眼中,手工艺是美国文化最重要的船锚。然而就像任何现实中用到的锚一样,手工艺已然沉入了文化的深处,几乎不见踪影。

在默瑟博物馆,令人印象最深刻的展品之一是一艘新贝德福德的鱼叉船,旁边陈列着切割鲸脂的各色工具,甚至有一口硕大无朋的鲸油提炼锅,仿佛直接取自梅尔维尔的《白鲸》。就像美国的其他许多行业一样,南北战争也标志着捕鲸业迎来了转折点。随着北方联邦的突袭部队摧毁了从新贝德福德定期出海的50多艘捕鲸船,捕鲸业开始转移到西海岸,以避开军事行动的主战场。更糟糕的是，附近的鲸鱼数量正在大幅下降。为了找到这些动物，船只不得不航行得更远，这意味着投资的回报越来越少。后来，煤油和石油（1859年在宾夕法尼亚州首次发现）开始取代鲸油，用于照明和工业用途。新贝德福德把经济发展方向转向了纺织和煤炭。20世纪早期，捕鲸的黄金时代已经一去不复返。

但它并没有被人们遗忘。在书籍和杂志中，那个时代被理想化了，港口过去的工业色彩被淡化，而它的手工艺品却备受推崇。那段历史被完全粉饰了一遍：故事里没有季奎格，人人都是以实玛利。故事的主要建筑师是克利福德·沃伦·阿什利（Clifford Warren Ashley）。1881年，阿什利出生在新贝德福德，他的血液中天然流淌着鲸油。他的祖父曾是码头上的木匠，他的两个叔叔都是船长。阿什利最初是一名作家，他曾经讲述过自己在一次捕鲸航行中的经历："在所有的人生追求中，这件事最大限度地保留了它原始的美丽。"[42] 他还是一名画家，擅长描绘狩猎的画面和与之相关的贸易场景，如箍桶和帆船制造。历史学家尼克尔·杰里·威廉姆斯（Nicole Jeri Williams）写道，他的后一类绘画契合了工艺美术运动的理想，旨在呈现出富有蕴意、格调高贵的作品，同时它们也表达了对前工业时代的新贝德福德海滨的怀旧之感，那时，这座城市仍旧一心一意地面朝大海。1916年，默瑟在多伊尔斯敦开办了他的博物馆，同年，新贝德福德当地的历史协会也开办了一座捕鲸业博物馆。阿什利积极参与了开馆的计划，他在博物馆大楼里展示了自己的绘画，然后构思了重现往日手工艺的一系列作坊，试图将同样的主题带入现实生活。作坊于1923年面向公众开放，它是美国博物馆中最早开放的时代展室之一。这些过往岁月的立体模型展现了一个净化版的新贝德福德,正如威廉姆斯所说,它不仅涤除了过往岁月"邪恶和粗俗"的全部痕迹,而且也对港口肮脏的工业现状构成了补救:这里看不见"工厂里新堆积的秽物,冒着滚滚煤烟的机械设施,以及蓬头垢面的移民工人"[43]。

虽然阿什利的关切只限于本地,但他的做法实则与全国的潮流步调一致。20世纪20年代早期,当他正忙于打造罗曼蒂克版的新贝德福德时,"过往岁月"也正在全国流行起来。在很大程度上,这种殖民复兴风格(Colonial Revival)是在美国的一座座博物馆中被伪造出来的,在公民的日常生活中,它其实是一种相对晚近的新生现象。更加值得注意的是,它是由这个国家最富有的一些家族精心策划和资助的,他们是现代工厂制度的塑造者和受益者。纽约大都会艺术博物馆的早期主要赞助人之一,是美国最富有的金融家J. 皮尔庞特·摩根(J. Pierpont Morgan)。1924年,大都会艺术博物馆的美国馆大张旗鼓地宣布开放,而美国馆的基础是玛格丽特·奥利维亚·斯洛克姆·塞奇赠送的600件藏品——正是这位女士,曾经把她已故丈夫生前依靠铁路事业积攒的财富,用于减轻南方高地的贫困。在关于美国早期装饰艺术的最好的藏品中,有一部分属于亨利·弗朗西斯·杜邦(Henry Francis du Pont),为了盛放这批宝贝,1928年至1931年,他斥资兴建了一座宏伟的大厦〔今天特拉华州的温特图尔博物馆(Winterthur Museum)〕,他的财富来自家族的火药和化学品生意。

亨利·福特也是美式手工艺品的狂热收藏家。(福特去泉山居拜访过亨利·查普曼·默瑟，有时还和他争着买东西，这让默瑟很恼火。）1933 年，福特向公众开放了一座博物馆，用以展示他的收藏，一同开放的还有位于密歇根州迪尔伯恩（Dearborn）的绿野村（Greenfield Village），那是一处与博物馆相关的历史遗迹。这一切的目的则是重现殖民地时代。该地距离他规模浩大的胭脂河（River Rouge）汽车厂只有几英里之遥。这种毗邻而建令人困惑。《纽约时报》的一位编辑在福特的陪同下参观了村庄，而后若有所思地说道："与一位使它们过时的人一起走过旧马车，真是一种奇怪的感觉。纺车、荷兰式烤箱、有顶的廊桥，以及其他早期美国的历史遗迹，迪尔伯恩的所有收藏，都是一个人的杰作，他的人生使命就是尽快带我们远离过去。"[44] 福特诉诸一种关于进步的叙事，来解释这一看似矛盾的现象。从他的视角出发，早期的手工艺之所以重要，并不是因为手工艺具有内在或者自发的价值，而是因为它凝聚了美国人努力完善自我的道德教训。绿野村建立之初，曾经发行过一份名为《鉴往知来》（Looking Forward Through the Past）的小册子，它建议游客借用过去的手工艺，来衡量当今的技术成就，并且将两者视为同一进化过程的一部分——"看看 75 年前的铁匠铺吧。使用风箱、锻炉、铁砧的铁匠铺，就是今天大型汽车厂的嫡系祖先之一"[45]。

在这场改写美国历史的运动中，与福特同行的主要人物是小约翰·D. 洛克菲勒（John D. Rockefeller Jr.），他是其父亲创立的标准石油公司（Standard Oil）的继承人。他是当时美国最活跃的慈善家之一，与福特一样，他也被看似矛盾的新旧世界的内在张力所激励。他是坐落在曼哈顿的时尚前卫的装饰艺术综合体——洛克菲勒中心——的主要投资人,该建筑群至今仍以他的名字冠名。然而他也花费了大量的时间和金钱,去修复弗吉尼亚州威廉斯堡(Williamsburg)的旧式建筑,把它改造成了一处理想的剧场布景。南北战争结束后,弗吉尼亚州的这个地区经历了经济萧条,因此18世纪的建筑得以在城内相对完整地保存下来。随着现代建筑的拆除和一些历史遗迹的重建,商店里和街道上挤满了穿着戏服的表演者,该城成为美国最受欢迎的旅游景点之一。[46]

与阿什利的新贝德福德相似,洛克菲勒的殖民地时代的威廉斯堡尽管规模大得多,却同样展示了一个很不完整的过去。用一位历史学家的话来说,这里"有计划,有序,整洁,没有尘土,没有气味,也没有一目了然的剥削景象"[47]。它的公共设施实行种族隔离政策,这与当时南方的其他地方一样,非裔美国人不被雇用,只有非常有限的工作岗位存在例外,比如穿制服的马车赶车人。(当地博物馆关于奴隶制的第一个展览项目,直到1979年才准备就绪。)具有讽刺意味的是,遗址的修复工作实际上遵循了历史上的先例,黑人工匠被再一次引入,他们承担了大部分的手工工作。一位名叫贝比·索厄斯(Babe Sowers)的泥瓦匠,是从温斯顿塞勒姆(WinstonSalem)附近的一座农场招募来的,他以飞快的速度和高超的技艺著称,是当地的传奇人物,每天他可以制作4000块砖,大约是常人速度的两倍。

可是一旦公园开放,游客们就不会遇到像索厄斯这样的当地工匠了。相反,他们会遇到像马克斯·里格(Max Rieg)那样的人,里格是一位德国银匠,曾经在包豪斯学院接受训练,后来一

弗吉尼亚州前威廉斯堡殖民地的一名身穿戏服的表演者，1937 年。
F. S. 林肯（F. S. Lincoln）、康德·纳斯特（Condé Nast）的收藏品/盖蒂图片社。

直利用业余时间继续从事现代主义建筑的设计工作，但他身上有足够的游戏精神，乐意穿上古装，向感兴趣的学生展示历史上的手工技艺。[48] 里格在银器店的继任者是意大利移民威廉·德·马特奥（William De Matteo），他在为马萨诸塞州的金属制品制造商里德和巴顿公司（Reed and Barton）工作时，学会了这门手艺。

德·马特奥对威廉斯堡的工作氛围的描述，读起来就像电影导演的剧本——"店里深色的木制品，仿佛被熔炉里的烟熏黑了，银匠师傅用锤子铿锵作响地敲打金属……所有这些景象和声音，都真切地代表了，或者说再现了另一个时代"[49]。这些人的参与表明，威廉斯堡倾向于依靠掌握了现代技术的人，但鼓励他们扮演历史角色。这与高地地区的情况并非全然不同，在那里，受过工业训练的爱德华·沃斯特，也被认为是纺织方面的权威。但威廉斯堡的故事，显然与彭兰德手工艺学校的故事大相径庭。洛克菲勒并未试图将历史上的手工艺作为鲜活的传统保存下来，他只对手工艺的外表感兴趣。出于他的爱国主义目的，洛克菲勒所需要的不过是引人入胜的回忆，以此来缅怀美国在世人想象中曾经质朴的过往岁月。

威廉斯堡的大受欢迎，兼之人们对古董的普遍狂热，创造了不可抗拒的商机。首先意识到这一点的是一家名叫汤姆林森（Tomlinson）的公司，它位于北卡罗来纳州的高点市（High Point），最近刚刚成为大规模家具生产的中心。1936年，汤姆林森未经博物馆许可，就在芝加哥商品市场推出了一套名为"威廉斯堡画廊"的全新家具组合。这些产品完全是用现代的技术和设备打造的，例如，家具的接合处用的是合板钉和胶水，而不是用手工切割的燕尾榫来完成的。未经许可就使用雇主名字的行为，激怒了前威廉斯堡殖民地的工作人员，促使他们采取了行动。他们缺乏足够的资源，去自行打造具有商业可行性的生产线，于是便与纽约州布法罗市的基廷格公司（Kittinger Company）签订合同，将作品原件运去工厂进行复制，由此创作了一批也许可以被称为"正宗复制品"的产品。

1937年1月，基廷格公司的家具复制品推出了广告，广告词采用了准宗教术语来描述家具："无声的布道具有的持久伟力，在于真正的美和真诚。"[50] 广告的细节处理也很丰富。"如果原先的桌面是用12把手工切割的锁来加固的，"一篇广告词写道，"那么12把锁就会悉数出现在复制品中。椅子腿的精确曲线被复制出来。锻铁钉把这件作品钉在一起。五金制品的设计与厚度均与原件如出一辙。换句话说，手工艺的理念在20世纪复活了，就像回到18世纪一样栩栩如生。"假如说，这一切听起来好得令人难以置信，那是因为它本来就不足为信。关注家具的历史学家查尔斯·艾伦·沃特金斯（Charles Alan Watkins）研究过基廷格公司生产线出品的家具，发现这些存世的作品是用带锯和仿形车床打造的。打开接合处，你会发现，是的，里面是借助机器开槽的合板钉。在另一个例子中，基廷格公司甚至从另一家公司弄来了黄铜五金配件，讽刺的是，那家公司曾经为前威廉斯堡殖民地提供过黄铜五金配件的替代品。在这之后，基廷格公司竟然宣传，它们的复制品与原件完全吻合。博物馆的授权团队似乎对手工技艺缺乏了解，因而完全无法注意到类似这样的欺诈行为。他们更关心的是如何削减成本："人们对我们的家具抱有极大的兴趣，但是对下单的消费者形容的'高得离谱'的价格，却怀有明确的抵触情绪……从富人到学校的老师，你会听到他们中的每一个人都这么说。"[51]

现实情况是，下单的消费者对复制的精确程度漠不关心。人们按照威廉斯堡的品位装修自己的家，因为他们欣赏"那些种植

杰弗里·吉布森：《美国历史》（*JB*），2015 年。这是由美国当代杰出的原住民传统艺术家创作的纯手工艺术品，作品的重点乃是詹姆斯·鲍德温的名言——美国历史"要比任何人曾经说过的任何事情都更漫长，更宏大，更丰富，更美丽，更可怕"。

艺术家本人和西柯玛·詹金斯画廊（Sikkema Jenkins Gallery）提供。

伊丽莎白·范·霍恩·克拉克森（Elizabeth Van Horne Clarkson）的蜂巢纹被单，约缝制于 1830 年，很可能是作为结婚礼物送给了制作者的儿子。当时，妇女的手工艺品时常用于送礼或其他用途，很少用来换取经济收益，即使是达到最高标准的手工艺杰作也不例外。

纽约大都会艺术博物馆。

阿德莱德·奥尔索普·罗比诺（1865—1929），美国人，纽约州锡拉丘兹市。"圣甲虫花瓶"，亦名"劳动者的神化"，完成于1910年。这件巧夺天工的瓷器作品代表了工艺美术运动成就的巅峰——它强调的是美，而非实用主义。

艾佛森艺术博物馆（Everson Museum of Art）购入并收藏，编号 PC 30.4.78 a-c。

斯蒂克利的工匠坊（Craftsman Workshops）推出的餐边柜。1902 年设计，1908 年完工。斯蒂克利的那些不朽的橡木家具得到了正确的定位，其风格被认为介于中世纪主义与现代性之间。

蟹树农场（Crab Tree Farm）提供图片，承蒙 DMA 提供版权、布拉德·弗劳尔斯（Brad Flowers）拍摄照片。

《科德角风格的客厅》（Cape Cod Living Room），1750—1850 年。芝加哥贵族詹姆斯·沃德·索恩夫人（Mrs. James Ward Thorne）在投身微型房间创作的那段时期中，留下了众多作品，此为其中之一，她巧用一系列充满魔力的影子盒，重现了美国的往昔岁月。

芝加哥艺术学院（Art Institute of Chicago）。

玛丽·安·希尔德克内克特（Mary Ann Schildknecht）正拿着她的刺绣箍。这是 1974 年，亚历山德拉·雅可皮蒂·哈特（Alexandra Jacopetti Hart）出版的《本土的放克音乐和鲜衣丽服》（*Native Funk and Flash*）一书中的照片，该书是美国反主流文化浪潮中的一部不可磨灭的重要文献。

杰瑞·温赖特（Jerry Wainwright）拍摄图片。

图片中是底特律克里斯·申克（Chris Schanck）工作室的两名成员。在这座城市中，孟加拉移民社区居民与艺术学校的毕业生、工厂的工匠往来密切。

艺术家本人和弗里德曼·本达画廊（Friedman Benda Gallery）提供。

在索尼娅·克拉克（Sonya Clark）的表演艺术作品《解开》上演时，她与博物馆的参观者们肩并肩站在一起，共同解开了一面内战期间南方邦联的旗帜——这是极富张力的一幕，它在暗指过去只是我们自己的创造。

艺术家本人提供。

园绅士们曾经享受的安逸舒适的优雅生活,以及这种生活背后的文化底蕴",建筑师阿尔弗雷德·博瑟姆(Alfred Bossom)如是评价道。[52] 他们的本能是彰显成功,而不是考古研究。就像工艺美术运动一样,它的艺术理想很难付诸实践,却可以用作极好的营销素材,殖民地时代风格的复兴,与其说是一场制造业实践的革命,毋宁说是一种时尚潮流。这让它的一部分倡导者深感困惑。1924年,在大都会博物馆美国馆的开馆仪式上,博物馆馆长罗伯特·德·福雷斯特(Robert de Forest)若有所思地说道:殖民地时期的装饰艺术品"已经挤满了古董店,侵入了拍卖行。它业已变成了一件商业产品。也许是我们帮它创造了市场,导致了我们自己的失败"[53]。可是说归说,1930年,大都会博物馆已经组建了自己的"工业联络人"团队,来协调复制品的生产工作了,德·福雷斯特也改变了论调。"多亏了机器,"他表示,"成千上万的人现在开始欣赏'早期美国'风格的精华了,若非如此,恐怕只有几百人能得到欣赏的机会。"[54]

一位名叫华莱士·纳廷(Wallace Nutting)的古板的新英格兰牧师,在福雷斯特之前就已经行动起来了。作为最早运用殖民地复兴风格的人士之一,早在20世纪的第二个十年,纳廷就收集了大量美式工艺的藏品,这些事都发生在该风格日益流行从而推动价格上涨之前。继而,他开始利用自己收藏的古董,来达到各种营利目的。纳廷出版了多本插画书籍,如《清教徒世纪的家具》(*Furniture of the Pilgrim Century*)和《家具宝库》(*A Furniture Treasury*),这些书颇具影响力,成为其他收藏家的指南手册(尽管它们通篇充斥着伪造和舛错)。纳廷利用他的家具作为道具，拍摄了一些舞台剧般的照片，经常可以看到照片中一名年轻女子在参与某些高尚的炉边活动。这些图像呈现了手工染色的淡雅情调，透过多愁善感的柔美面纱，描绘了殖民地时期的生活。它们与电影剧照颇有相似之处，其销量累计高达数百万张。

纳廷选择了马萨诸塞州的三家独立的家具厂，分别制造复制品，用他在书中发表的作品作为参照的模型。他还与伯里亚学院的"炉边工业"项目组建立了牢固的联系，先是作为财务捐助者，而后作为某种形式的创意顾问，协助构建了该校的家具项目。（1946年纳廷去世后，他把公司遗赠给了伯里亚学院。）他做手工艺买卖时，总是声称自己是个实事求是的人，而且向他的工人传递了"十诫"，其中包括"如果手工做这件工作能做得更好，就用这种方式做吧"，以及"严格按照样品操作，不得自由发挥"。然而以上言辞再次与现实互为矛盾。策展人托马斯·德南伯格（Thomas Denenberg）对纳廷的生活、工作进行了广泛的研究，他发现，纳廷同样使用了标准化的机器生产技术。与许多人一样，纳廷也非常乐意为历史文物注入现代的实用性，他对办公家具的改造就是例证，尽管他对外宣称，这类古今杂糅的作品无异于"骗子"和"杂种"。[55]

最后一个词带有种族血统不纯的含义，提醒了人们殖民地复兴运动与保守心态，甚至是其与仇外情绪之间的密切联系。由阿什利、福特、洛克菲勒、纳廷设计的虚构的过往岁月，是那些年间流行起来的其他"美国化"技术的翻版，它的目标群体是数量空前的（在流水线上劳作的）赴美移民。1908年，一部以《大熔炉》为题的戏剧上演，使"大熔炉"（"melting pot"）这一比喻广为流传。在剧中的一个场景中，主角宣称："德国人和法国人，爱尔兰人和英国人，犹太人和俄国人——和你们所有人一起步入熔炉！"[56] 文化同化的提倡者们接受了这个富有手工艺色彩的比喻，并且在现实中予以践行。"让我们承认从别的土地流入我们国家的白热金属的卓越品质吧，"底特律市的学校主管弗兰克·科迪（Frank Cody）在1921年表示，"我们还要通过聪明的努力，将之导入美国的模式。"[57] 这句话同样不是说说而已。在底特律这样的城市，凭借为成年学习者提供的英语夜校和公民教育，教育系统已经转变为促进移民适应本土文化的工具。无论在工厂、博物馆还是学校，移民接触到的都是同质化的美国理想。

然而讽刺的是，假如没有移民，尤其是没有来自东欧的犹太家庭的话，殖民地复兴风格就不可能如愿成真。波士顿最主要的美式手工艺品收藏家是马克西姆·卡罗瑞克（Maxim Karolik），他是来自罗马尼亚的正统派犹太人，而且是颇有造诣的歌剧演唱家。他娶了一位有钱的太太，夫妇俩建造了一座散发着旧时代风情的宅子，用古董装饰起来。后来，这对夫妇将藏品赠予了波士顿美术博物馆，时至今日，他们的藏品仍然是馆中的美国藏品的核心部分。[58] 商业化的古董贸易在其早期形成阶段，掌握在来自立陶宛的伊斯雷尔·萨克（Israel Sack）的手中。1903年抵达波士顿后，他开了一家家具修理店，而后逐渐开始经营装饰艺术生意。20世纪30年代初，他搬去了纽约，那时他已经制作了一批美式家具，各路收藏家和博物馆都忠实地奉这些家具为榜样——他的儿子阿尔伯特（Albert）令人难忘地将这些家具分别归入了"好、更好、最好"三个等级。[59]

波士顿也是家具制造商艾萨克·卡普兰（Isaac Kaplan）的第二故乡，1904 年，卡普兰来到波上顿，比萨克晚了一年，他出生在立陶宛边境对面的俄国某地。卡普兰标举殖民地复兴风格的职业生涯，始于一名客户要求他复制一把旧椅子，大概是为了补齐一套不完整的旧家具。这让他萌生了销售复制品的念头，他通过当地的"乔丹·马什"（Jordan Marsh）百货公司和其他零售商，成功地做到了这一点。他雇用的员工背景各不相同，有其他地区的东欧犹太人，也有意大利、葡萄牙的移民，还有非裔美国人。这是一次明智的商业决策——从所有这些人群中，可以找到不少技艺娴熟却无法就业的工匠——但卡普兰肯定没有为此打广告，他只是简单地将自己的作坊描述为"优秀传统的储藏室"。当他不需要直接复制古董时，他会从华莱士·纳廷的《家具宝库》中寻找启示，而且也像纳廷本人的复制品商店一样，使用合板钉结构和其他便利的技术，来辅助完成工作。不过对于他名下作坊的技艺水平，我们毋庸置疑。1937 年，他们生产了一组按 1∶64 比例制作的家具，用牙科医用工具雕刻而成。两年后，这组微型杰作在纽约世界博览会上一炮走红。[60]

卡普兰进军微缩模型行业，可能是因为其他人在这个更有野心的项目上斩获了成功。纳西莎·尼布莱克·索恩（Narcissa Niblack Thorne）设计出了从一英寸到一英尺大小不等的各种建筑内景模型，它们完全由手工制作，经过了充分的装饰。这些微型房间，如今是芝加哥艺术学院的主要景观之一，是那个时期的历史主义戏剧风格的终极表现。纳西莎·尼布莱克于 1882 年出生在印第安纳州的一个富裕家庭。1901 年，她嫁给了蒙哥马利·沃德公司（Montgomery Ward and Co.）的一名联合创始人的儿子——詹姆斯·沃德·索恩。长大后——与前文述及的年轻的亨利·查普曼·默瑟相似——她也被家人带去欧洲游历，随即爱上了沿途参观的城堡和豪宅。20世纪20年代的某个时候，制作微型模型的挑战激发了她的兴趣。为了对当时博物馆中流行的时代展室风潮作出回应，她开始研究并制作一系列具有假想性质的展室，她的作品最初立足于欧洲风格，最后过渡到美洲殖民地风格和19世纪风格。为了布置室内嵌板和其他建筑元素，索恩将多种真实建筑的元素合并在一起，随后还添加了一些纯粹的发明。她通过各种方式采购家具，有时要从专业的微缩画家那里购买，有时刚好找到了适合的古董材料，比如装饰儿童玩偶屋的银器和陶瓷，以及可以用作全尺寸画作的局部细节的微缩肖像画。

除了这些购买的家具，其余都是在位于芝加哥的索恩画室里制作的。她亲自承担了大量工作（特别是床上的挂件、地毯和其他纺织品的针线活儿），也聘请过建筑师和工匠，前者负责制定详细的计划，后者按照她的具体要求行事。尤金·库普杰克（Eugene Kupjack）就是这些工匠中的一员，他在报纸上读到了有关微缩展室的报道，把自己制作的藤条小椅子和"玻璃"高脚杯（实际上是用树脂做的）寄给了索恩，之后便得到了这份工作。索恩的团队取得的成就是惊人的，他们的作品更像是精密的仪器，而不是家具。她的马萨诸塞州迷你客厅模仿了1768年的一处房间内景，摆放了能报时的落地钟和附带30多个微型抽屉的秘书办公桌，其中一个抽屉里面甚至装有秘密隔间；另一间客厅里摆放了壁炉台，上面摆着一个一英寸长的玻璃瓶，瓶里装着一艘小型快艇。索恩用硬币制作铜制托盘，用象牙雕刻仿真瓷器。[61] 整体来看，这些房间不仅展现了几个世纪以来精英阶级的品位，而且是一座琳琅满目的技艺宝库，所有这一切都是为了带给人们启迪和惊喜。

索恩的微型房间呈现出了奇怪的悖论：它们在隔绝和密闭中臻于完美，但作为想象的载体却很诱人。这种组合在20世纪早期的手工艺作品中反复出现，在那个时代，手工制作常常与虚构联系在一起。从"悬崖居民"的聚会到泉山居的角楼，再到前威廉斯堡殖民地的小巷，手工艺被认为是确保美国人自我认同的船锚，即使它被用于制造戏剧效果。这是一个逃避现实者的公式。它帮助美国人避开了种族和阶级冲突的历史难题，假装这个国家是一个幸福的大家庭。然而至少还有一群手艺精湛的积极分子，拒绝配合演出这场戏。

自从苏珊·B. 安东尼和她的姐妹们，在费城百年博览会上发动突然袭击以来，女性运动取得了巨大的发展。1900年，4个新成立的西部州（怀俄明州、科罗拉多州、犹他州和爱达荷州）都已批准了女性的投票权，这或许反映了边疆地区性别角色的非传统色彩。不过，获得选举权的过程缓慢得令人痛苦，于是在20世纪的第二个十年，新一代女性参政主义者加入了这一事业，决心推动宪法修正案的批准。在这些女性中最有影响力的，是1885年出生在新泽西州一个富裕的贵格会家庭的爱丽丝·保罗（Alice Paul）。她的家族血统可以追溯到马萨诸塞湾殖民地的早期领导人约翰·温斯洛普（John Winthrop）和费城的创建者威廉·佩恩

（William Penn）。年轻时候的保罗，追求一名进步的年轻女性所期望的道路，就读于斯沃斯莫尔学院（Swarthmore），1905 年毕业后，她加入了纽约市的一座社区服务所，成为社会工作者。然而她对社区服务所的有限影响感到沮丧。与简·亚当斯不同，她对于能够在社区范围内实现真正的改变表示怀疑。她转身去了英国继续深造，而她走上激进之路的时刻也就此到来了。在英国，她接触到了女性选举权运动，有了第一次参加抗议的经历——更不用说遭到监禁、绝食和被强迫进食的痛苦经历了。

在英国的经历使保罗确信，她们需要采取更具对抗性的方式，这也促使她了解到了后来在美国被证明极其有效的斗争策略。其中最重要的一条策略是熟练使用媒体。为了报道运动的实时进展，保罗创办了一份名为《女性参政论者》（*The Suffragist*）的报纸。她帮助组织露天演出，精心编排游行队伍，确保人们被拍照和登上报纸。[62] 手工艺是这些精彩演出的核心内容。参与者打扮成富有寓意的人物，以"希望""自由"等字眼为名字，或者在以"家织土布时代"为主题的舞台场景中表演——殖民地复兴风格的戏剧表演，就这样被用来服务于进步主义时代的政治目的。[63] 女性参政主义者也拿着手工制作的旗帜，有时是紫色、白色、绿色的简单旗帜，但有时旗面上也有更复杂的设计图样，让人联想到工会的徽章。保罗在幕后策划了一场利用媒体关系，展开舆论宣传的战役，她本人和其他女性的照片得以刊登，照片中的她们正在缝制抗议者手中的这些工具。

在其中一幅照片上，一位女性正在旗帜上缝星星，照片的标题是"女性参政运动中的贝琪·罗斯"[64]。这是一次极其巧妙的品牌塑造,因为在近来这场关涉美国女性的文化战争中,罗斯变成了一个有争议的人物。一方面,她可以被树立为女性美德的典范——一位清楚自身地位的女性革命者,男人去打仗时,她坐在家里做针线活计。[65] 另一方面,有些保守派人士却认为,她是个麻烦人物。一本旅游指南建议把罗斯的形象从市民露天演出中剔除,理由是她抛弃了"家庭美德,转而狂热地追求耸人听闻的宣传"。在那些保守派人士的眼中,舞台上应该出现更多符合女性气质的角色,她们"维护家庭的甜美、魅力和神圣"[66]。保罗的策略传达的恰恰是相反的信息:这是她第一次调动美国大众媒体的力量,把手工艺作为一种政治工具来利用。随着女性选举权的批准浪潮达到顶峰,愈加势不可当——先是在华盛顿州(1910),接着是在加利福尼亚州(1911),然后是在亚利桑那州、堪萨斯州和俄勒冈州(1912),最后是在东海岸各州——保罗创作了一面在运动中使用的三色旗,取名为"批准旗"("Ratification Banner")。每当又有一个州赋予女性选举权,旗面上就会增加一颗星。1920年,宪法第19条修正案最终通过,保证了女性在全国范围内都享有选举权,保罗亲自在旗面上缝上了最后一颗星。

选举权运动内部也存在偏见。特别是它不欢迎黑人女性的参与。由于南方非裔美国人的投票权,实质上已经被针对黑人的暴力行径和"吉姆·克劳法"剥夺,白人女性参政论者担心,在此卷入另一场民权运动,将会阻碍她们自身的进展。为此,黑人女性通常被排除在女性参政运动的游行之外。有一次,有人要求非裔美国人运动先驱艾达·B. 威尔斯(Ida B. Wells),在一场女权

全国妇女党（National Woman's Party）的活动人士观看爱丽丝·保罗在旗子上缝了一颗星星，这代表有一个州批准了宪法第 19 条修正案，1919—1920 年前后。全国妇女党的记录，美国国会图书馆手稿展区，华盛顿特区。

游行活动的队伍后方参加游行，她不得不直截了当地拒绝了对方的要求，这给她的感觉就像是登上了公共汽车的车尾。这样的种族分界线在当时的女性组织中是一种典型现象。美国革命女儿会（The Daughters of the American Revolution）就是一个例子。它与女性选举权运动有着密切的联系——苏珊·B. 安东尼和爱丽丝·保罗都是该组织的成员——而且遵循了赫尔学院的工作模式，在芝加哥开设了一家移民手工艺品商店，希望"在新美国人和老美国人之间建立联系"[67]。可是，美国革命女儿会不允许黑人女性加入她们的队伍。在与殖民地复兴风格步调一致的同时，它也只愿意用一种肤色来描绘美国建国的景象。

这一时期成立的另一个女性团体——美国女童子军（Girl Scouts of America），组建初期也受到了种族歧视思想的影响。它是由朱丽叶·戈登·洛（Juliette Gordon Low）于1912年创立的，比美国男童子军（Boy Scouts）晚了两年。和男童子军一样，它最初也在内部实行种族隔离政策。虽然二者均未明确宣称只吸纳白人儿童加入。美国男童子军成立后不久，1911年，一个独立运转的非裔美国男童子军便在北卡罗来纳州宣告成立。1924年，一个名叫约瑟芬·霍洛威（Josephine Holloway）的社会工作者，又在纳什维尔为非裔美国女孩成立了自己的童子军。但在第二次世界大战结束后的很长一段时间内，美国男、女童子军的领导人依旧顽固地抵制黑人参与。童子军运动的内核，是对幸存至今的美洲原住民文化的挪用，而且这种挪用是有问题的。这方面的运动起源于一个名为"木工印第安人"［Woodcraft Indians，后来更名为"Woodcraft Rangers"（木工漫游者）］的组织，由欧内斯特·汤普森·西顿（Ernest Thompson Seton）于1902年创立。他的思想与西奥多·罗斯福对"奋发的生活"的崇尚是一致的，理想的生活是户外的生活。西顿的创新之处在于，他将印第安原住民社会（按照他想象的模样）当作了新组织的模板。

西顿之前发表在《妇女之家杂志》（*Ladies' Home Journal*）上的材料素材，后来结集为《木工印第安人的桦树皮卷》（*The Birch Bark Roll of the Woodcraft Indians*）一书，在书中，他鼓励自己的读者（白人中的男孩和年轻男子）去组建"部落"，到树林里打猎、捕鱼，同时保护好自己。这些小"部落"将有内部等级制度，有一名带头的首领。他们将采纳写在"桦树皮卷"上的规章制度，他们的营地有一根装饰过的图腾柱和一些手工制作的尖头酒杯。每名参与者"想穿多少印第安服装，就穿多少"，在完成树林里的壮举之后，他们还会得到属于自己的"印第安名字"。西顿建议参与者选取听起来就很强悍的名字，比如"红夹克""大水獭""深矛""盲鹿"，但他也指出，名字可以用来帮助参与者遵守规则。试举一例，一个懒惰的男孩可能会被叫作"害怕铁锹的年轻人"。[68]

西顿的建议荒谬透顶，但他对童子军运动的影响极为深远。在他的启发下，童子军运动建立了荣誉勋章制度，产生了对伪原住民智慧的偏好。例如，当你在森林中晕头转向时，"你没有迷路，迷路的是帐篷"。童子军运动的重心放在了生存技能上。[69]但令人沮丧的是，就在这出好戏上演的同时，真正的原住民儿童却在经历一场磨难——印第安学校正在接受强制的文化同化。这出好戏还反映了童子军运动在文化上保守的一面，它宣称的目标是塑造正直的公民，他们理应"值得信赖、忠诚、乐于助人、友好、礼貌、善良、顺从、开朗、节俭、勇敢、干净和虔诚"（这被写入了著名的童子军守则）。尽管童子军运动有无可辩驳的种族主义和权威主义的倾向，有准军事化的强制纪律，但它却有可能为参与其中的年轻人提供一种解放的力量。

对于女童子军来说，这一点表现得尤为明显。虽然她们被要求学习男孩无须具备的"家政"技艺，但毕竟她们也常常被提醒注意自食其力的重要性，非但如此，她们还被鼓励尽可能多地掌握各方面的能力——在那个年月，女孩们很少能够听到这些话。

如果纯粹从参与程度来衡量，在借助手工艺赋予女性权力方面，该组织的影响力在迄今为止的美国历史上可能无出其右。

一群女童子军成员用手缝的旗帜打出旗语，1920 年前后。
国家摄影公司的收藏品，美国国会图书馆印刷品和照片展区，编号 LC-DIG-npcc-02710。

新风尚是从上层社会开始兴起的。朱丽叶·戈登·洛，俗称"黛西"（"Daisy"），于 1860 年出生在萨凡纳（Savannah），是南方邦联军中的一名上尉的女儿。令人感到讽刺的是，十几岁时，她曾经与几个堂兄弟姐妹一起努力，以手工艺为基础，开展了一项名为"援助之手"的慈善工作，然而她的第一次尝试以失败告终。日后戈登·洛回忆道：我们在"俱乐部"中联合起来，为当地的意大利移民儿童制作衣服，可是衣服几乎一转眼就裂开了，"所以我们又得到了'无助之手'的名字"[70]。她毫不气馁，继续自己的艺术追求，在绘画、雕塑和木雕等方面均作出了尝试，却都事与愿违。看起来，她注定要过上南方贵妇人的平凡生活了，但后来她与英国丈夫的婚姻破裂，以分居告终。丈夫去世后，她打了一场成功的官司，控制了亡夫的遗产。在寻找未来方向的过程中，戈登·洛进入了曾经是军官的罗伯特·贝登堡-鲍威尔（Robert Baden-Powell）的圈子。贝登堡-鲍威尔在创建英国童子军运动时，曾受到西顿的影响。她采纳了贝登堡-鲍威尔的方法，在苏格兰组建了一个女性青年团体，向她们传授打结、纺线等实用技能。即使是在行动的早期阶段，她就抱定了目标，要让年轻的团体成员避免低薪的工厂工作，实现一定程度的经济自主。[71]

1912年，戈登·洛回到佐治亚州，成立了自己的童子军组织，一开始，她把这个组织称为美利坚女童子军（American Girl Guides）。当时，这只是若干个相互竞争的组织之一，每个组织都试图继承贝登堡-鲍威尔的事业。但最终胜出的是戈登·洛，她的宣传技巧可以与爱丽丝·保罗匹敌。只花了不到三年时间，她就建立了组织的总部，最初设在华盛顿特区，她还在那里主持了一次全国大会。第一次世界大战期间，女童子军为部队缝制和编织服装。有些人自愿加入了红十字会。截至1920年，女童子军已经在全国范围内拥有了80 000多名成员。一名女童子军成员可能学到的手工艺技能，就其本身而言，与维多利亚时代女孩学到的东西没什么不同。这里没有木工、制革或者机械行业的荣誉徽章，那都是颁发给男孩的玩意儿；这里只有针线活儿，颁发给女孩的徽章上印有剪刀的标志。女童子军学习缝纫的背景截然不同。她们学到的不只是缝纫,而且是一套广泛的自力更生的本事,包括野营技能,如打结和搭建帐篷,以及体育运动,如射箭和步枪射击。此外,她们还要学习使用摩尔斯电码和自行车——骑自行车作为一种彰显女性独立的方式,当时正在女性中间流行开来。戈登·洛还巧妙地利用了那个时代的性别准则,她告诉年轻的童子军成员,"女性对男性的影响,远远大于男性彼此之间的影响",她鼓励成员们,让她们不要担心被人欣赏,那不过是一种"束缚的形式"。相反,她告诫成员们要变得"坚强",因为"你一生中最忠实的伴侣,就是你自己"。[72]

1929年对于女童子军来说是重要的一年。卢·亨利·胡佛(Lou Henry Hoover)继戈登·洛之后,成为该组织的主席,并且以第一夫人的身份入主白宫。截至此时,该组织已拥有超过20万名成员,并且计划在5年内,在全国各地设立地区办事处,将成员人数扩增到50万名。(正是在这一扩张运动的背景下,该组织于1932年首次卖起了曲奇饼。)9月下旬,女童子军以自己的名义,在美国艺术协会(American Art Association),也就是帕克–贝内拍卖行(Parke-Bernet)的前身,举办了一场震惊世人的借展,共展出了900多件美式工艺的古董。展览仅仅持续了两周,但是在那短暂的时间里,它已然成为展现美国早期手工艺史的最好的一次盛会。参展的藏品是从许多富有的私人收藏家那里收集而来的,其中包括洛克菲勒家族和杜邦家族。展览由路易斯·格里诺·迈尔斯(Louis Guerineau Myers)组织,他的妻子弗洛伦斯(Florence)是女童子军全国委员会的成员。迈尔斯也是洛克菲勒基金会的财务主管。时至今日,这场展览依然在装饰艺术家中享有盛誉,以高超的展品质量和广博的主题范围而闻名于世。它达到了弗洛伦斯·迈尔斯制定的标准:"如果要做一件事,就必须按照女童子军的标准去做,那就是可能企及的最高的标准。"[73]

这也是最后的欢呼。1929 年 10 月 24 日,也就是借展结束后的第 15 天,美国股市暴跌了 11%。惊慌失措的银行家们反复冲向"钱泵"的陷阱,设法暂时支撑起股价。第二天,局面似乎已经稳定下来了。孰料,接下来的一周——如今以"黑色星期一"和"黑色星期二"的名字为世人铭记——股市又一次跌落谷底。市值蒸发了大约四分之一,而这次市场没有再度反弹。事后回看,我们已经知道,那次崩盘就是引发大萧条的关键事件。令这个国家魂牵梦萦的幻想灰飞烟灭了。

可以肯定的是,殖民地复兴风格还将延续下去——在许多郊区宅邸的客厅里,它从未停止脚步——正如美洲原住民、非裔美国人和阿巴拉契亚居民的真实存在一样。凭借时间的奇怪运作,那些舞台剧会变得越来越真实。人们会忘记,它们的起源曾经多么富有创新精神。尽管如此,1929 年 10 月仍然标志着一个时代的终结。一个复兴的时代,一个虚构的时代,就此落下了帷幕。不过历史上时而出现的那种奇怪的合流,又一次发生了,只过了两周,帷幕便重新升起。11 月 7 日,在曼哈顿第五大道一处租来的联排别墅里,一座新博物馆面向公众开放了。在它举办的首场展览上,竟然没有一只陶罐、一块织布、一个篮子,有的只是许多幅绘画。理论上讲,它是一个坚决反对传统或者任何陈旧事物的组织,随着时间的推移,它将因为强烈反对纯手工制作而声名鹊起。然而在接下来的20年里,它将是全新的美国手工艺史的核心。它的名字是现代艺术博物馆(Museum of Modern Art)。

## 第六章　制造战争

1936年，纽约现代艺术博物馆的策展人宣布，他们有了"在过去的数年里，在美国艺术史上，最具戏剧性的发现……"这位策展人是一位自学成才的木雕师，是"来自新墨西哥州的卑微的临时工"，名叫帕特洛奇诺·巴雷拉（Patrociño Barela）。[1] 这份宣言的发布背景，是一场名为"美国艺术新视野"（*New Horizons in American Art*）的展览。这是一项在联邦艺术计划（Federal Art Project）的赞助下开展的工作调查，是把美国经济拉出深渊的种种努力的一部分。这个项目雇用了数千名艺术家，为学校、邮局、医院制作壁画，以及大型雕塑、图案和其他公益作品。这场展览的规模其实并不大，现代艺术博物馆的体量也不大，展览甚至是在临时场地里举办的。然而它委实囊括了联邦艺术计划的全部作品。

展览有着多元化的氛围，间或夹杂着一丝忧郁的情调——一些参展的图像作品描绘了无家可归的流浪者和失业救济办公室。与展览的氛围迥异的是，巴雷拉的作品熠熠生辉，仿佛由内向外焕发着光明。在这次参展的展品中，至少有8件是出自他之手的雕刻作品，每件都是用一整块杜松做成的。他的多数作品是宗教主题，会使人联想起西南地区的"桑托斯"（santos，西班牙语中"圣人"的意思）——一种从殖民地时期流传下来的雕塑形式。不过，巴雷拉回避了这种雕刻传统中的典型的明亮色彩和叙事细节，他的作品洗尽铅华——只是简单地将圆木垒在一起，圆木保留了轮廓，里面掘成真空，外面几无雕饰，只是被赋予了宗教的强大灵性。在现代艺术博物馆的展览中，他展出了一件异乎寻常的杰作，取名为"希望，抑或人类的四个阶段"（Hope, or the Four Stages of Man），这不啻一则乐观主义的寓言。雕像那造型粗犷的头长在了树干上，活像树上成熟的果实。

欧文·鲁西诺（Irving Rusinow）拍摄的《帕特洛奇诺·巴雷拉》，1941年。
第83记录组：农业经济局的记录，1876—1959年，国家档案馆。

巴雷拉被外界视为一种启示。《时代》杂志对他进行了专题报道。评论家们将他的作品与布朗库西（Brancusi）、莫迪利安尼（Modigliani）和毕加索（Picasso）等欧洲现代主义艺术家的作品，以及中世纪早期的石雕、非洲的仪式面具、美洲印第安石碑相比较。曾提名巴雷拉参加"新视野"展览的新墨西哥州联邦艺术项目负责人罗素·弗农·亨特（Russell Vernon Hunter）表示，巴雷拉的作品"与日常生活的简单模式息息相关，但除此之外，他的作品中总有一种对宇宙的探索"[2]。这个普通人是谁，他的工作到底意味着什么？

巴雷拉出生于 1900 年前后，他的父亲不但是牧羊人，还是采用传统古法的印第安治疗师，为许多原住民社区服务——在那些社区中，包括特瓦人生活的陶斯普韦布洛村（Taos Pueblo）。巴雷拉的家庭一贫如洗，他 12 岁就离开了家。在接下来的 20 年中，他四处奔波，去各种地方（甜菜田、矿井和伐木营地）找活儿，足迹遍布西部各州，向北远至怀俄明州。据说，他始终是一个文盲。1931 年，他返回陶斯村当卡车司机，开始了雕刻生涯。在被联邦艺术计划雇用以后，巴雷拉做过几年的全职雕刻家。但是他从政府拿到的收入十分有限——比他当工人时挣的还少，因此他离开了这个项目，前往科罗拉多州收土豆去了。尽管晚年视力衰退，但他仍然坚持创作雕刻作品，直到 1964 年，他在自己的工作室里辞世，死于意外的火灾。日子一向艰难，但他非常独立。他还有一幅作品，可能是在成名后不久的 1937 年创作的，作品中的一个人抬起手臂，半闭着眼睛。巴雷拉如此解释它的含义："这就是他所拥有的，是他的自然权利，是上天赐予他的。"他称其为

"自力更生的人"(*Man Who Stands on His Own*)。[3]

至于巴雷拉的作品对其他人意味着什么,那是一个复杂的故事。在20世纪的20年代和30年代,美国西南部的拉丁裔艺术家,无论男女,都还没有像美洲原住民那样受到关注,但他们确实已经有了一批支持者。其中最重要的人物是魅力超凡的艺术赞助人梅布尔·道奇·卢罕(Mabel Dodge Luhan)和女性参政论者、作家玛丽·亨特·奥斯汀(Mary Hunter Austin)。卢罕以她亮眼的沙龙、前卫的人际交往,以及嫁给一名普韦布洛部落的特瓦人的经历而闻名——这引来了诸如"为什么波希米亚女王嫁给了印第安酋长"之类的头条新闻。[4] 她是一名收藏家,藏有"桑托斯"雕像、西班牙殖民时期古董以及许多其他东西,并且被认为鼓励过帕特洛奇诺·巴雷拉从事雕刻。她与丈夫亲自建造了一座土坯住宅,取名为"洛斯加洛斯"("Los Gallos"),因为屋顶上有公鸡形状的陶瓷图腾。[5] 这个家成为许多作家和艺术家的朝圣地,来客中包括 D. H. 劳伦斯(D. H. Lawrence)、薇拉·凯瑟(Willa Cather)、桑顿·怀尔德(Thornton Wilder)、安塞尔·亚当斯(Ansel Adams)和乔治亚·奥基弗(Georgia O'Keeffe)。她的第一位客人是玛丽·奥斯汀。

奥斯汀是多产的作家和活动家,居住在纽约市,但她对西南部并不陌生,曾经在莫哈韦沙漠(Mojave Desert)的原住民中进行了广泛的实地调查。她的戏剧、小说、散文常常围绕女性形象展开。奥斯汀有一本早年的作品,讲述了"制篮女子"的故事,她是一名拥有准魔法力量的美洲原住民工匠,"当部落的人抚摩着碗身的完美曲线,或者循着碗上的图案摩挲时,人们听到他们在叹息，同时心想，如果生活如她描绘的那样丰富多彩，而不是像他们发现的这样沉闷乏味，该有多好"[6]。1919年，奥斯汀第一次拜访了住在陶斯村的梅布尔·道奇·卢罕，几年后，她搬去了新墨西哥州定居。卢罕很清楚，她的朋友对美洲原住民和拉丁裔社区的兴趣主要是思想上的、逻辑上的，而不是艺术上的，但她仍然建议奥斯汀："它始于政治，但这并不妨碍它被引导到美学上。请忙起来，开始写吧。"[7]

奥斯汀照做了。她游说政府支持本土手工艺，努力保护一座名为桑图阿里奥·德·奇马约（Santuario de Chimayó）的土坯房教堂，那是一处濒临毁灭的历史遗迹。她还成立了西班牙殖民地艺术协会（Spanish Colonial Arts Society），每年为当地的艺术家、手艺人组织一次市场交易。1923年，她出版了一本名为《普通人的天才》（*Everyman's Genius*）的书，在书中，她给自己分配了一项艰巨的任务——解释创造力在现实中是如何发挥作用的。奥斯汀提出的是一种迷人而时尚的心理学、神秘主义、教育理论的混合体，其前提是各行各业都应被置于平等的地位。她称赞"铁匠、护林员、牧羊人、村里的裁缝，他们能把你从邮购目录上买来的东西拿过来，稍加改动，打一两个褶子，就把它们变成她唯独在照片上见过的东西"。

奥斯汀认为，用这些宽泛的术语构想出来的天才，并不像大多数人认为的那样罕见，而是"分布最广泛的人类特征之一，在任何年龄和任何部落中都能找到突出的例子"。它的唯一前提是对手工艺的精通。她写道，真正的创造力所必需的"自创能力"，只能通过"将业已习得的技能完全沉浸于潜意识中"来实现。奥斯汀也赞同当时风行的种族理论，她相信个人的创造力源于"深层生活"，而"深层生活"又是专属于种族的。每个天才都从这一源泉中汲取灵感，再将其引向自己的目标，使之成为自己的灵感。[8]

帕特洛奇诺·巴雷拉是完美体现这种见解的典范。他符合人们对拉丁裔美国人的一系列期望，他们被认为是仍在与古老的能量接触的"不使用机器的人"[9]。这种对普世艺术的信仰，在20世纪20年代广为流传，人们坚信，它虽然受到种族差异的影响，却表现出了人类与生俱来的天赋才干。类似的想法存在于毕加索和其他法国艺术家的原始主义理念中；存在于英国评论家们谈论的"重要的形式"中，它被认为在陶器中体现得一清二楚，就像在雕塑和绘画中那样；最后，还存在于日本的"*mingei*"（"民间手工艺"）运动中，在那里，农民的手工艺品因消解了自我意识的美感而受到欢迎。[10]

这种对普世美学的信仰，也存在于现代艺术博物馆的核心精神之中。如今，参观现代艺术博物馆的人可能会惊讶地发现，20世纪30年代，该馆在展示当年盛行的抽象主义、立体主义、超现实主义作品的同时，也经常展示美国的民间艺术作品，以此来证明人类与生俱来的创造力。身为该博物馆的主要赞助人之一，艾比·奥尔德里奇·洛克菲勒（Abby Aldrich Rockefeller）与其他几位收藏家一道，定义了这个新的作品门类。它包括巴雷拉等自学成才的艺术家的绘画和雕刻，以及早期的装饰艺术，这些艺术看起来"天真"且不具备世界性。民间艺术过去是，现在也仍然是一种不无随意的艺术门类，许多不同类型的东西在这里被置于一处。但是在 20 世纪 20 年代和 30 年代，它构成了重要的历史背景，人们正是在这样的背景下，欣赏了先前被漠视的东西。

现代艺术博物馆对这些作品的展示，始于 1932 年的一场雄心勃勃的展览，名为"美国民间艺术：美国普通人的艺术"（American Folk Art: The Art of the Common Man in America），展览持续了整整十年。此外，该馆还对其他隐含普世主义的主题进行了探索，这些主题包括史前岩画、古代中美洲艺术、非洲雕塑、借用自纽约小学的儿童美术等。与此同时，在光谱的另一端，该馆在 1938 年举办的展览"机械艺术"——展厅里随处可见滚珠轴承、弹簧、活塞和螺旋桨——又提出了一种新颖的观点，即工程学可以被视为抽象的一个分支。这堪称美国现代主义的第一个化身：它的包罗万象远远超出了人们的想象，而且对任何事物、任何人物的可能性都持开放态度，包括"来自新墨西哥州的卑微的临时工"充满活力的雕刻，那可能是天才的作品。

上述观点为鉴赏手工艺提供了一种新的范式。手工艺也许已经不再像内战前那样，构成美国经济的支柱。它在社会批判方面的潜力，也许已经被精英主义的问题所掩盖，这也是工艺美术运动曾面对的困境。可是，只要手工艺可以被理解为人们的艺术表达，那么毫无疑问，这就足以让它在美国的艺术和教学机构中赢得荣耀的一席之地。

这种看待手工艺的新观点的最有影响力的支持者，是一个叫霍尔格·卡希尔（Holger Cahill）的人。1887 年，他出生在濒临北极圈的冰岛——他的本名是斯文·克里斯坦森·比亚尔纳松

(Sveinn Kristjan Bjarnarsson)——当他的父母为了追求更好的生活,移民到加拿大时,他还是个蹒跚学步的孩子。他们并没有找到那样的生活。在全家越过国境,搬去美国的北达科他州后,他的父亲——一个富有艺术气质却无法适应农业劳动的男人——抛弃了他们。卡希尔被送给了另一个冰岛家庭,那家人显然对他很残忍,他15岁就逃跑了。在接下来的日子里,他过得像个流浪汉。他在火车和轮船上工作,一有机会就跑去上夜校。他发现了列夫·托尔斯泰的作品,托尔斯泰对俄罗斯农民文化的同情描述,可能将伴随他终身。1913年,他终于在纽约市定居了。在那里,有关他的一切都焕然一新,就像他给自己取的新名字一样。他一边做快餐厨师维持生计,一边修习了新闻课程,而后当了一名报纸编辑。他沉浸在格林威治村(Greenwich Village)的艺术氛围中,与所谓的垃圾箱画派(Ashcan School)的画家们交上了朋友。1921年,他已经成为这座城市中声誉日隆的评论家之一。他眼中的自己"是手握铁锹和铁铲的劳动者,是斧头手和铲平工,是为来这里建造高楼广厦的艺术家拾掇场地的人之一"[11]。

卡希尔的下一步走得非常幸运。他在纽瓦克博物馆找到了工作。这是发展他的平民主义思想的最佳地点。他负责向馆长约翰·科顿·达纳(John Cotton Dana)呈递报告,而达纳是当时全美国最具创新精神的博物馆馆长。达纳最初来到纽瓦克,是为了管理该市的图书馆,1909年,他创建了纽瓦克博物馆,以扩大教育对象的范围。他对教条化的经典杰作不感兴趣,对传统的做事方式也不感兴趣。他写过一篇令人难忘的文章,名为《博物馆的阴暗以及使它消失的一些建议》("The Gloom of the Museum, with

Suggestions for Removing It"），文中的他嘲笑了典型的艺术博物馆，讽刺它们造得堂哉皇哉，活像古典时代的神殿，还往往"建在某座遥远的公园中，故意与世隔绝"。至于现代博物馆的目标，达纳写道，不应该是保护杰作，迎合富人的口味；相反，它应该让当地的社区参与进来，"提升技艺，打磨手艺"[12]。有鉴于此，他着手制定了一份与纽瓦克的工厂工人有关的展览计划，希望向他们展示所属行业中的模范作品。1915年，怀着与这座城市的陶瓷行业建立联系的渴望，达纳在他的画廊里展出了3个马桶。历史学家埃兹拉·谢尔斯（Ezra Shales）提醒我们，这件事发生的时候，距离纽约独立艺术家协会（Society of Independent Artists）拒绝展出马塞尔·杜尚（Marcel Duchamp）声名狼藉的作品《喷泉》（*Fountain*），还有足足两年时间。[13]

达纳对工业生产中的工匠的兴趣，从来没有真正打动过卡希尔——总的来说，卡希尔认为，大规模制造的工业产品是"一堆可怕且不可爱的东西"[14]。然而他完全接受了达纳的信念，他也认同，"在装饰和完善熟悉的日常家居用品方面的天赋与技巧，[理应]像现在油画画家的天赋与技巧一样，得到同样的认可"[15]。从这个角度来看，手工艺在日常生活中的广泛基础，不仅不是一个让人忽视它的理由，相反，是支持它的最有力的论据。这条金科玉律促使卡希尔对民间艺术展开了开拓性的研究。同样的兴趣，还让他与在纽瓦克博物馆结识的策展人多萝西·坎宁·米勒（Dorothy Canning Miller）走到了一起。（两人最终成为恋人，他们将于1938年步入婚姻殿堂。）1929年达纳去世，之后不久卡希尔和米勒在纽瓦克博物馆举办了两场展览，分别名为"美国原始人"和"美国民间文化",这两场展览极大地有助于定义这一新生的艺术门类。卡希尔还担任过艾比·奥尔德里奇·洛克菲勒的私人民间艺术展览的策展人。

由于与艾比·洛克菲勒的关系,卡希尔在1932年被任命为现代艺术博物馆的临时馆长,当时敢为人先的馆长小阿尔弗雷德·H. 巴尔(Alfred H. Barr Jr.)正在休假。卡希尔当即大展拳脚,实践了他对现代主义的看法。他仅仅在任上待了不到一年,但是在短暂的时间里,他举办了一场关于中美洲文化的展览——后来被巴尔描述为"'原始'艺术在美国作为艺术(as art)的第一次大规模展示"——以及另一场民间艺术展,后者的展品完全来自洛克菲勒的收藏。[16] 和他肩并肩工作的还有米勒,巴尔聘请她为现代艺术博物馆的第一策展人。她在那里开创了辉煌的事业,不仅在博物馆内部,而且在这座城市的先锋派艺术家中间扮演着核心角色。

1935年,卡希尔受邀担任联邦艺术计划的负责人,现在他已经是广为人知的名人了。他和约翰·科顿·达纳在纽瓦克共同追求的愿景,如今已经上升为一项国家资助的实验,影响了数千名艺术家。正是这层关系促成了现代艺术博物馆于次年举办的那场以"美国艺术新视野"为名的展览,那场展览将让帕特洛奇诺·巴雷拉一举成名。这对极具影响力的夫妇马上投入了工作,米勒负责策划展览,卡希尔负责编制目录。他的文章无疑会让玛丽·奥斯汀点头赞许:"不是靠孤立的天才,而是靠普遍参与的运动,才使艺术成为任何文化体系中一个重要、有效的部分。艺术不是稀罕、偶然的杰作。"同时,作为联邦艺术计划的负责人,卡希尔不仅支持社区工作，如壁画和公共雕塑，还推动了新政的出台，那就是美国设计索引（Index of American Design）。这是一次令人感动却不切实际的尝试，试图创制关于这个国家的装饰和民间艺术的记录，逐一记录下每一幅精雕细刻的水彩画。为了全面记录"普通人的艺术"，项目的目标被明确地框定为寻找美国的起源，寻找美国艺术在撇开外国的影响之后，尽可能地自由舒展的模样。第一批被选中的对象是由贵格会教徒们制作的，正如一位管理员所说："我们可以毫无保留地说是我们创造了它们。"[17]

黑兹尔·海德（Hazel Hyde），"至爱"号上的船首卷索柱，1938 年。
美国设计索引，美国国家艺术馆（National Gallery of Art）。

这个在 1935 年到 1942 年编制的索引，最终收录了 18 000 多幅水彩渲染画，由大约 400 位领取报酬的工作人员完成，其中大多数人是商业领域的插画家，他们因得到现在的工作感到十分欣慰。卡希尔将这项宏大的事业描述为"寻找可资利用的过往岁月……这是所有艺术工作者从事设计时,渴望从本土传统中寻觅新的灵感时,可以诉诸的源泉"[18]。"可资利用的过往岁月"这句话,借用自范·威克·布鲁克斯(Van Wyck Brooks)写于 1918 年的一篇随笔。但卡希尔并不是殖民地复兴风格的信奉者,这一点使他区别于南方高地的改革者,甚至是他的赞助人洛克菲勒家族。他对形式感兴趣,但是对戏剧不感兴趣。索引中展示的每一件作品都悬浮在空白的空间中,就像是在现代艺术博物馆的白墙画廊里陈列的供人欣赏的艺术品。这与配备齐全的时代展室,或是安排了穿制服的口译员的历史博物馆相比,完全是另一种风格。卡希尔并不想重现过去。他只是简单地认为,生机勃勃的美国艺术只有与真实的根基联系在一起,才能茁壮成长;否则,它就会像工厂里生产的任何东西一样,是矫揉造作的人造品。几年后,在一本名为《吾手之影》(The Shadow of My Hand)的小说中,他提出了这样的观点:"有些人必须是老古董,否则人们会忘记,也不会真正知道他们从哪里来。就像在烤箱里出生的小猫,长大后还以为自己是饼干。"[19]

再没有比 1939 年旧金山金门世界博览会(Golden Gate International Exposition)的举办地金银岛(Treasure Island)更加人工化的地方了。就在宣布开放的三年前,此地还是旧金山湾内的一片开放水域,水深太浅,不适合航运。在公共事业振兴署(Works Progress Administration)的支持下,该市承诺将一处浅滩扩建成一座人工岛——建成时,它将会是世界上最大的人工岛。

美国陆军工程兵团（The Army Corps of Engineers）首先用大圆石筑造了一道海堤，而后用大约 2500 万立方码的岩石和沙子填满它。（施工时间与金门大桥的竣工时间重叠了几个月。）那个年代的旧金山真是既骄傲又焦虑。在花费了数十年时间，才从 1906 年的毁灭性大地震中恢复元气之后，它突然发现，自己的发展速度业已被洛杉矶超越，它与芝加哥、纽约和东部其他城市陷入了长期的缠斗。1934 年，这座城市的经济心脏——造船厂——受到了大萧条时期最严重的一次罢工的猛烈冲击，最终酿成了码头装卸工人与警察之间的暴力冲突。正是在这种紧张的历史背景下，市政官员和当地商人开始筹划举办世博会。这次盛会将再次证明旧金山的重要性，为这座城市增添一笔永久的财富。沿着这条思路，举办方计划将金银岛变成一座国际机场。[20]

然而等到世博会开幕时，市政战略却逐渐淡出了人们的视线。与历届世博会（以及同一时间在纽约举行的世博会）迥异的是，这届世博会的主题不是工业和技术，而是休闲和幻想。"这不是一本工厂手册，"官方指南宣称，"这是一部西方世界的传奇——一届太平洋的盛会。"晚间，价值 150 万美元的人工照明设备，连同刚发明的用在紫外线"黑光"下的荧光涂料，将会场照耀得璀璨通明。白天，它是一场建筑盛宴，亚洲和中美洲的展览主题自由地结合。规划团队的一名成员解释了他们的工作预设：游客想要的是"浪漫的气息和遥远的浪漫之地的芬芳。如果说他们想对机器时代做些什么，就是暂时忘掉它"。

有一个展区叫作"度假胜地"，展示的是户外美好、洁净的乐趣；还有一个展区叫作"登徒子之道"（Gayway），讲的多是一些不登大雅之堂的成人娱乐。有一座高大的新哥特式尖塔，人称"太阳之塔"，塔顶高踞着一只凤凰，象征这座城市从 1906 年的残垣断壁中浴火重生。还有一座日本馆，里面建有城堡、武士宅邸和岩石花园。艺术家拉尔夫·斯塔克波尔（Ralph Stackpole）兼采佛教-玛雅风格，构想出了一座高达 80 英尺的"太平洋"寓言雕像，耸立在世博会的主庭院中。[21]

在所有那些纸醉金迷的背后，依然尽一己之力支持世博会愿景（这是现代艺术博物馆孜孜探索的普世主义的平民版本）的是手工艺，在会场上，它采用了两种开创性的展览形式。第一种是印第安庭院，这是博物馆级别的手工艺展示，由北美印第安原住民制作展品。这也是一场有自我意识的现代展览，而不是早期展览中的典型的假模假式的"印第安村"。印第安海达族（Haida）艺术家约翰·华莱士（John Wallace）就地雕刻了两根图腾柱，标志着展厅的入口。[22] 在展厅里面，参观者可以看到一场场富有神秘情调的展示。因纽特艺术画廊的布景洁白如雪。西北海岸则采用晦暗与朦胧的色调来呈现，雕刻的面具从下方被照亮，让人联想到营地的篝火。一座遍布着 50 英尺高的图腾柱的画廊，被涂上了水平的灰色条纹，从上到下渐次变浅，使人想起了太平洋上的一摊云雾。在另一处空间里，纳瓦霍人的毛毯与炫目的白色布景形成了反差，毯子被呈现在高高的翠蓝色隔断上，倾斜的展台被漆成了橙色，宛如砂岩堆积的悬崖。在平原文化画廊里，时而一阵风掠过，轻轻吹拂翎羽做成的头饰。世博会召开期间，60 名原住民工匠在现场展示了他们的工作，他们中包括制篮匠、银匠、石雕师和编织工。[23]

所有这些舞台艺术都是由策展人勒内·达·哈农考特（René d'Harnoncourt）设计的，他是一个经由墨西哥城来到美国的奥地利人。他绝非富有，却异常泰然自若，他把在一家著名古董店得到的工作，变成了发展事业的良机：他为纽约大都会艺术博物馆举办了一场关于墨西哥艺术的大型展览。展览于1932年开幕，这让他在三年后加入了印第安工艺美术运动委员会（Indian Arts and Crafts Board）。这个新成立的政府机构扮演了某种宣传推广人的角色，类似于早先的数十年间，私人慈善家们（所谓的印第安之友）扮演的角色，但是在方法上有很大的不同。1934年，《印第安人重组法案》（Indian Reorganization Act，被戏称为"印第安人新政"）获得通过。强迫原住民接受同化，从此不再是美国的国策。新法也有自己的强制要求，例如，各部落被要求遵守美国的政治法令，如成文的国家宪法，而不是传统的部落习惯。但至少在理论上，政府尊重他们在政治和文化方面的自主权。印第安工艺美术运动委员会制定了一项认证计划，旨在通过法律手段，保护原住民的手工技艺，抵制依赖低成本纪念品发展的大众旅游市场。

达·哈农考特在金门世博会上的展览，为这种新哲学提供了壮观的传递载体。《纽约时报》的报道称，他"坚持把展览从与'正在消失的'种族相系的、陈腐的博物馆技术中拔擢出来"。即使是立足于特定文化群体的主题风格鲜明的展览——而不是像以前的展览惯例，把所有的原住民混为一谈——也应该反映政府承认部落主权的新政策。也许印第安庭院最具进步意义的一面，是它对原住民手工艺的描述，认为它与现代生活完全兼容。《纽约时报》将达·哈农考特的观点解释为:"印第安人非但没有消失,反而在人口和技能上重新崛起,这意味着他们对工业艺术和当代生活的贡献,应当得到该有的认可。"[24] 展厅里有一些样板间,展示了融入典型的郊区住宅的原住民产品。有些展品,比如纳瓦霍人的银器的展示,效仿了百货商店的橱窗。有一处销售区域被达·哈农考特描述为"展览最后的,可能也是最重要的部分",这给了参观者机会,让他们可以立即听从含蓄的建议,采取行动。[25]

印第安庭院里的展览与零售间的模糊界限,也可以在金门世博会关于手工艺的另一场主要展示中看到,它的举办场馆是美术与装饰艺术宫(Palace of Fine and Decorative Arts)。那是一场大型的名画借展,展品中可以看到波提切利的《维纳斯的诞生》(Birth of Venus)和拉斐尔的一幅圣母像。此外,那里还举办了由卡希尔的联邦艺术计划赞助的评审展,名为"美国艺术的前沿",帕特洛奇诺·巴雷拉的作品也在展品之列。然而只有来到装饰艺术的展区,手工艺才真正得到了展示。那里有另外一组样板间,"按照我们时代的生活精神被设计出来",世博会的官方指南如是写道。[26] 阿尔瓦·阿尔托(Alvar Aalto)、马塞尔·布劳耶(Marcel Breuer)等欧洲知名设计师的作品,与吉尔伯特·罗德(Gilbert Rohde)、凯姆·韦伯(Kem Weber)等美国设计师的作品齐聚一堂。手工制作的家具和纺织品在展品中占了很大的比例,有一个展区还现场展示了装订、制瓷和编织的过程。

这次展示的策划者是多萝西·里贝斯(Dorothy Liebes)。1897 年,她出生于加利福尼亚州,在参与睦邻会社运动(Settlement House Movement）期间——包括在芝加哥的赫尔学院举办的夏季纺织会议——她对纺织品萌发了兴趣。她先是做了几年美术老师，1930 年，她以自己的名义在旧金山开办了一间工作室。这引起了里贝斯的新婚丈夫莱昂（Leon）的不满，他是一家奢侈品商店的老板，他不想要一个在外工作的妻子。在编织和婚姻之间，里贝斯选择了前者，她与莱昂离婚了。在接下来的几年中，里贝斯创立了一家成功的企业，主要面向一次性支付佣金的富有客户。她还担任了工业制造厂的顾问，为工厂提供风格趋势、色彩搭配、织物结构和材料选择方面的建议。[27]

1939 年，在纺织品设计领域，里贝斯已经是一位知名人物了，特别是她采用了有助于营造现代主义奢华气息的金属线，借用了来自旧金山唐人街的芦苇、竹子和藤条，这两次尝试让她名声大噪。她被塑造成了能够打破行业固有规则的灵活的实验主义者，她为自己的形象感到高兴。"我不是一个沮丧的女人的唯一原因是织工不容易沮丧。"她喜欢这样说。[28] 多亏了她的客户名单和建筑师合作者，她的交往范围非常广。所有这一切使她成为领导装饰艺术展厅（Decorative Art Pavilion）的理想人选，而她也为这个项目带来了更重要的东西：一种使命。里贝斯开始证明，手工艺在工业时代可以扮演一个新的角色。"机器做得更好，"她后来写道，"我不是殖民地时期的女主人，也不是墨西哥的阔太太，而是一个 1944 年的美国女人。"[29] 反过来，手工艺也有助于将机器生产人性化，为原本毫无灵魂的重复注入变化和专长。

也许是沉溺于某种事后的合理化，里贝斯以自己制作的昂贵的定制作品为例，展开了研究，这些作品可以转化为在动力织机上生产的更便宜的工业产品。为了阐释这种观点，她选择了艺术家莫里斯·斯特恩（Maurice Sterne，恰好是梅布尔·道奇·卢罕的丈夫）撰写一份声明，支持她在金门世博会上组织手工艺作坊的做法。"纯粹的重复与生命、经验、自然相违背，"斯特恩写道，"活着的万物不是用同一个模子铸成的。它们必须在生命的过程中进化，这个过程同样适用于艺术，无论这门艺术是精美的，还是实用的。"[30] 在实践领域，这种观点将工匠定位为工业的原型设计者。从哲学的角度来说，这种观点把手工艺视作机器时代的一股伟大的人性化力量。[31]

旧金山金门世博会极受欢迎——1939 年，参观人数竟超过了 1000 万人——以至于它延长举办到第二年，在最终闭馆之前，又吸引了 500 万人到访。这一事件产生了深远而广泛的影响，甚至波及了纽约市和现代艺术博物馆。1941 年，现代艺术博物馆邀请达·哈农考特与丹佛艺术博物馆的人类学家兼策展人弗雷德里克·H. 道格拉斯（Frederic H. Douglas）合作，举办了一场"美国印第安艺术"展。从某种程度上说，这是金门世博会上的印第安庭院的再现，在 53 号街上，华莱士制作的一根图腾柱像军旗似的，竖立在博物馆时髦的外立面前方。对原住民手工艺的商业可行性的强调，也是从旧金山移植过来的。样板房再次成为特色，一位名叫弗雷德·皮卡德（Fred Picard）的瑞士时装设计师，被雇来设计运动服装，其中融入了原住民制作的手工组件。此举的意外收获是一件晚礼服斗篷和一套雪地晚宴西服，前者上面有奥色治人（Osage）的珠饰，后者上面有纳瓦霍人的银制纽扣和塞米诺人（Seminole）的拼接图案。[32]

展览目录上附有一份前言，里面出现了埃莉诺·罗斯福（Eleanor Roosevelt）等多位名流的文字，总统夫人表达了政府在原住民事务上的新立场："此时此刻，当美国正在回顾它的文化资源时，这份目录和它所依据的展览，向我们打开了一扇门，展现了那些从未得到充分理解的思想和习俗的古老源泉。"同样是在前言中，达·哈农考特和道格拉斯则针对社会在该问题上的过往态度，表达了恰如其分的愤慨和谴责。"几个世纪以来，白人一直在利用美洲印第安人对文明的实践贡献，"他们写道，"可是，对于自己在机械方面的进步，我们却怀有一种近乎孩子气的迷恋，因而面对那些似乎无法或者不愿跟随我们，朝着我们相信唯一有价值的进步方向快步迈进的人们，我们竟带着蔑视的目光，看待他们所有的文化成就。"无论如何，原住民的传统在美国仍很强大，尽管事实是，这个社会"用尽了一切可能的方法，去彻底和永远地摧毁它"。两位策展人认为，原住民的手工艺依然具有"基本的健康和活力"，而且"完美地契合了当代的舞台"。最后，两位策展人指出，按人口比例来说，这个群体的工匠人数比其他任何族群都要多，由此反驳了广泛流传的有关印第安文化衰落的谬论。[33]

就像在旧金山一样，展览期间，原住民工匠受邀在现代艺术博物馆进行现场演示。其中一位是银匠杜利·肖蒂（Dooley Shorty），很快他就因为在第二次世界大战期间担任纳瓦霍"密码译电员"的领袖而举世闻名。弗雷德·卡波蒂（Fred Kabotie），一位霍皮人沙画家，在博物馆的画廊里展示了他那神圣的艺术形式。日后，他曾回忆起自己在展览开幕时的经历——到处都是噪声和闪光灯光——以及与罗斯福夫人见面的经历。"她看起来是个很好的人,"他说道,"我希望,我们还能聚在一起,安静地见一次面。"[34]

就像他在旧金山做到的那样,达·哈农考特再一次以手工艺为武器,有力地驳斥了认为原住民文化被困在过去的琥珀中无法改变的观点。可以肯定的是,这两场展览都没有摆脱印第安人背负的刻板印象。在印第安庭院开放展览的同时,现场的灯箱打出了一段说教的文字,不仅展示了原住民的头骨形态和面部特征,还评价了他们的"智力能力"。诚然,这些材料被当作他们理应被平等对待的证据,但它们仍旧处于由来已久的种族主义伪科学框架之内。[35] 原住民部落自身的声音也并非外界关注的重心。这些项目依然安排了白人代表原住民发言,尽管这是组织者们出于良好愿望的安排。展览组织者们确实重视当前的活动,但这种重视背后的承认终究是有界限的。从现代艺术博物馆的展示中,你永远不会知道就在几个街区之外,纽约市最摩登的建筑是由来自加拿大的莫霍克(Mohawk)钢铁工人建造的——这些著名的"天行者"曾帮助建造了帝国大厦以及其他摩天大楼和桥梁。20世纪 30 年代,这些技艺娴熟的铆工、钳工,已经在布鲁克林的戈瓦纳斯(Gowanus)社区定居了。数十年来,他们为这座城市的天际线作出了贡献,赢得了富有浪漫主义色彩的无畏声誉。直到 2002 年,钢铁工人凯尔·卡隆希阿克塔提·博韦(Kyle Karonhiaktatie Beauvais)还评论道:"许多人认为莫霍克人不恐高,其实那不是实情。我们和身旁的任何一个人一样害怕。不同的是,我们能更好地应对它。"[36]

尽管金门世博会和现代艺术博物馆的展览都有局限性，但它们构成了分水岭。人类学家奥利弗·拉·法基（Oliver La Farge）在《纽约时报》上发表了一篇关于"美国印第安艺术"展览的长篇评论，强化了那种"改变已然到来"的感觉。他写道，现代艺术博物馆的展览"以一种令人信服的全新方式，把印第安人带到了潜意识中不情愿的我们的面前"，它展示了让人印象深刻的文化成就，就像这座博物馆周围街区里的摩天大楼一样。拉·法基在长篇评论的结尾，写下了一句令人印象深刻的话："我们不会把美国归还给印第安人，但也许我们应该有足够的理智，把印第安人归还给美国。"[37]

现代艺术博物馆的展览之所以重要，还因为它开启了博物馆和达·哈农考特之间的长期联系。1944 年，达·哈农考特加入了博物馆的策展团队，起初担任新成立的（虽然运行时间短暂）手工工业部（Department of Manual Industry）的全职负责人。"这种兴趣不是情感上的好古癖，"博物馆解释道，"而是基于一种认识，即手工方法可以成为丰富和补充大规模机器生产的重要手段。"[38] 五年后，他被任命为博物馆馆长，一直任职到 1967 年。就连多萝西·里贝斯也没有在现代艺术博物馆达到如他那种程度的中心地位，当然，多萝西也在未来几年跻身重要人物之列，特别是在 1948 年搬来纽约定居之后。

那时，现代艺术博物馆已经拥有了一个非常活跃的设计项目。早在十年前，它就开办了前文提到的"机械艺术"展览，以庆祝技术美学的诞生。这里还举办过形形色色的展览，有艺术家们设计的地毯；有德国包豪斯学院设计的作品；还有一个对消费者友好的商品系列，从 5 美元以下的实用家居用品开始（在随后的分期付款目录中，商品的单价逐渐增加至 10 美元、100 美元）。1941 年，现代艺术博物馆开展了迄今为止这一领域内最雄心勃勃的项目：那是一场经过评审的展览，名为"家居家具中的有机设计"。它是对早期的那场"机械艺术"展览的补充，旨在展示现代设计中更柔和、更人性化的一面。"我们的家具的形式应该由我们的生活方式决定，"策展人艾略特·诺伊斯（Eliot Noyes）写道，"但事实正相反，在大多数情况下，我们不得不让自己不舒服、不合理地适应正在制造的东西。"[39]

通过"有机设计"展览，现代艺术博物馆开始向公众展示：大规模生产的力量是可以被掌控的，机器时代残酷的去人性化进程，可以被导向一个宜居的未来。同时，所有这些活动都暗示了博物馆作为现代品位仲裁者的新角色，并且像里贝斯这样的手艺人，成为新的世俗秩序——对优秀设计的崇拜——的化身。该项目在 20 世纪 40 年代末至 50 年代初加快了发展速度，但是人们还需要等待。这是因为就在 12 月 7 日，即"有机设计"展览闭幕一个月后，日本飞机如死亡之雨般从夏威夷上空倾泻而下，造成了大量人员伤亡。美国现在要做的就是发动战争。

你知道她叫"铆工罗茜"（Rosie the Riveter），但她的真名是娜奥米·帕克（Naomi Parker）。1942 年，一名摄影师在加利福尼亚州阿拉米达（Alameda）的一家飞机制造厂，拍下了她的照片，那时的她年方廿一。帕克正站在工作台上，操作一个砂轮，她身穿工作服，头发用一块大手帕保护着。这张照片并不引人注目，只是在美国战时工厂拍摄的无数类似照片中的一张。但它碰巧刊登在匹兹堡的一份报纸上，引起了一位名叫J. 霍华德·米勒（J. Howard Miller）的插画家的注意。第二年，米勒绘制的海报被张贴在当地西屋电气（Westinghouse）工厂的墙壁上，里面出现了一个身穿类似服装的女人。米勒展示了一名女工挽起衣袖的样子，衣领上还挂着公司的标识牌。她的头顶上飘浮着蓝色的台词泡泡：WE CAN DO IT!（我们能做到！）

第二次世界大战期间，几乎没有人看到过这幅如今已成为时代标志的海报——它只在一家工厂展示了几个星期。[40] 但是20世纪80年代，它被人们重新发现，被用作女性主义的象征；海报上的口号足够开放，除了制造坦克火炮和喷气式飞机发动机之外，还可以从其他很多方面来理解。事实上，无论是米勒海报里的工人原型，还是阿拉米达照片中的娜奥米·帕克，都没有在铆接任何东西。"铆工罗茜"这个后来与她们联系在一起的角色，其实是在歌曲中诞生的：

> 下雨或晴天，她整天如此。
> 她是装配流水线上的一员。
> 她正创造历史，
> 为胜利而工作，
> 密切留意敌人的蓄意破坏。
> 她坐上飞机机身，
> 那个弱小的人儿能做到的，
> 比一个男人更多，她就是

罗茜——噢噢噢噢噢——铆工！

娜奥米·帕克·弗莱利在海军机械车间，1942 年。
贝特曼／盖蒂图片社。

如果那个时代最受欢迎的艺术家诺曼·洛克威尔（Norman Rockwell），没有在他为《星期六晚邮报》(Saturday Evening Post) 设计的封面上，让这个角色名垂千古的话，这段宣传性的打油诗可能早就已经被人遗忘了。那份报纸出版于 1943 年 5 月，封面上描绘了一名一看便知身份的工人阶级女性，手里正拿着火腿三明治，双脚牢牢踩在阿道夫·希特勒的《我的奋斗》上。她的气动铆枪和午餐盒横放在腿上，头顶上环绕着一个圣徒的光环。[41]

是洛克威尔的封面画，而不是米勒的海报，使"铆工罗茜"永久地成为美国神话的一部分。她身后飘扬着星条旗，她是现代版的贝琪·罗斯，身体强壮，将她的手艺奉献给了事业。但美中不足的是，战时女性成长为技术工人的经历，却被排除在了这一形象之外。战争打响之初，多数美国人都同意多萝西·里贝斯的丈夫的观点——"男人要是有工作，他的妻子就应该待在家里"。但是多年以来，这种性别鸿沟面对的压力有增无减，尤其是在大萧条时期，当时各个家庭都非常渴望增加收入，无论通过何种方式。在战时的女性工作者中，整整一半人以前有过某种形式的工作经历。即便如此，在工作场所中仍然存在针对女性的巨大偏见，特别是在技术行业。直到1943年，才有不到三分之一的已婚男性表示，他们对妻子外出工作感到满意。[42]

她们到底还是去了。随着草案生效，女性开始取代男性成为劳动力，政府宣传和流行文化（二者并不总是容易区分）都试图让转变的过程更容易为人接受。美国陆军妇女兵团（Women's Army Corps）的一则广告，提出了这样一个鼓舞人心的建议："许多战时工作与操作缝纫机、吸尘器，装配绞肉机，手工缝纫和其他家务劳动极为相似。"在一家电力公司的广告中，女主角是一位"普通的'油猢狲'（grease monkey）①"。但她还是开心地表

---

① "油猢狲"是对机械工人的戏称，因其浑身常常涂满油脂。——译者注

阿尔弗雷德·T. 帕尔默（Alfred T. Palmer），《女人们为伏尔提公司纳什维尔分部制造的"复仇"号俯冲轰炸机封盖并检查油管》，1943年。
农业安全局/战争情报办公室收藏的彩色照片，美国国会图书馆印刷品和照片展区，编号LC-DIG-fsac-1a35372。

示："这家工厂就像我自己家的厨房一样明亮欢乐！"令人沮丧的是，舆论把关注的重点放在了如何穿着工作服才能散发魅力上面。正如一份时尚指南所指出的："无论穿或不穿工作服，邋遢既不代表美德，也不代表爱国。"[43]

如果说这里有需要优先关注的信息，那就是女性应该接受一个事实，即她们在战时得到的工作，只是受到严格限制的临时性工作。事实也证明了这一点。尽管（根据当时的一项民意调查）75%的女性希望在战争结束后继续工作，但只有一小部分人能够实现这一雄心。劳动力的性别平等程度已经有了永久性的提高，但是受惠于这一平等的女性人数并不多。这在一定程度上要归咎于战后的婴儿潮——在那个时代，怀孕往往会导致立即失业。但最主要的是，这是工会、管理层和媒体持续施压的结果，他们要求女性重新承担家庭责任。随着战争临近尾声，工作的母亲们看到的是那些失去母亲照顾的孩子们，这些为国家作出小小牺牲的画面，这让她们感到内疚。战争年代已经充分证明，女人可以像男人一样做好任何工作，但美国还没有准备好面对这一事实。以飞机制造商波音公司为例，1944年是其生产效率和产量均达到顶峰的一年，同时也是新培训的女性员工数量最多的一年。[44] 萝拉·韦塞尔（Lola Weixel）曾在战时的布鲁克林当焊工，她说："男人被灌输了一种观念，说什么技术太难学了。事实上，这东西是可以很快学会的。"然而战争结束后，她再也不能靠这门手艺谋生了。1980年，韦塞尔在接受采访时表示，她依然心怀梦想，想要"造一扇漂亮的装饰性大门。这点要求很过分吗？"[45]

对于一些女性来说，第二次世界大战确实是她们当上工匠，在工业领域永久就业的良机。一个成功的例子是芬妮·"蒂娜"·希尔（Fanny "Tina" Hill），她就像是另一位娜奥米·帕克，战争打响时，她也刚刚年满21岁。在那之前，她一直靠做住家女佣和裁缝养活自己，这是为数不多的可供年轻黑人女性选择的职业。她很喜欢缝纫——这意味着她"没有时间胡思乱想"——但当战争来临时，她渴望去工厂找一份工作。虽然她来自得克萨斯州，但她在开战前搬去了洛杉矶，1943年，她在那里签订了工作合同，成为北美航空公司的一名铆工。希尔接受了四周的训练，

"一段时间后,你做出来的终于是真正的东西了"。可是当她被调动去工厂的主车间后,她得出结论,铆接不是她应该做的工作(用她的话说,那里有"太多的'射击''冲撞''跳跃'和'碰撞'")。于是,她转调到一座精密工作台工作,负责切割和塑造零件。最后她被调到塑料加工部门,转而负责安装枪支瞄准器。战争结束后,她的丈夫从海外服役归来,希尔怀孕了,失去了在工厂的职位。有段时间,她被迫做了女佣,而后又在一家纺织厂做低薪的操作员。但就在那时,航空工厂重新给了她一个职位。"我乐开花了!"她在那里工作了大约40年。对于她来说,战时工作是通往中产阶级生活的门票。"是希特勒,"她冷冷地说,"把黑人妇女赶出了白人的厨房。"[46]

"蒂娜"·希尔在1943年被北美航空公司聘用的原因之一是工会的压力——这件事本身就是一个值得注意的事实。自塞缪尔·冈珀斯的时代以来,美国的劳工运动不仅充斥着普遍的性别歧视,而且充斥着明确的种族主义。几乎在每个行业,黑人工人都被迫从事非技术性工作。例如,1933年的全国人口普查显示,大约85%的黑人钢铁工人是低收入的操作员或劳工,这一比例在白人中只有44%。[47]再如,蓬勃发展的飞机工业提供了高薪和高技能的工作,是白人至上主义的堡垒。据称,1941年,整个南加利福尼亚州的飞机工业只有4名黑人工人。[48]同年,纽约市的一名研究人员对非裔美国高中生进行了一项调查。"在贫困和无业的冲击之下,"她写道,"这些年轻人正计划对劳动力市场发动一场疯狂的攻击,以确保个人的经济安全。"有些人希望成为熟练的技工，有些人则希望当上机械师；女孩则希望做裁缝——但是只有 1/20 的人会这么想，因为她们找到这类工作的前景很不乐观。[49]

有人可能认为，罗斯福新政将改善这种状况。毕竟绝大多数黑人选民支持罗斯福，他们改变了传统上对共和党的忠诚，这种忠诚自内战以来就一直存在。但罗斯福的政府在提高非裔美国人利益方面做得相对较少，甚至拒绝支持一项反私刑法案。也有一些例外，例如，1940 年，公共事业振兴署在芝加哥赞助了美国黑人博览会。虽然与旧金山、纽约的盛况相比，它只是一场袖珍博览会，但它却被宣传为"第一届黑人世界博览会"。展览强调了黑人工人对政府建设学校、医院、住房和基础设施的贡献。克莱斯勒汽车公司在展台上展示了他们跨越种族的员工队伍，还有一座展台展示了非裔美国人的各种兄弟组织，如共济会。总的来说，展览鼓励参观者学习机械技能，因为"最高度机械化的工业操作，如果没有一群称职的手艺人，一天也无法运行"。当时美国全国青年协会（National Youth Association）正在经营一家机械车间，还举办了一场非裔美国人的业余手工艺展，这些举措进一步强化了这种理念。[50]

在新政的所有工程项目中，规模最大的是由田纳西河流域管理局（Tennessee Valley Authority）监管的区域发展项目，该项目极具代表性，它只雇用了相对较少的非裔美国人，而且主要让他们从事体力劳动。不过该项目在推进电气化和交通发展方面的广泛影响，同时惠及黑人和白人。它提供的机会还激发了一个不同寻常的手工艺项目，由一位名叫露丝·克莱门特·邦德（Ruth

Clement Bond）的女士负责。1904 年，邦德出生在路易斯维尔的一个牧师家庭，她不仅学会了英语，而且达到了硕士水平，这在当时的黑人女性中是罕见的。20 世纪 30 年代初，她当上了肯塔基州立大学的系主任。然而当她的丈夫被任命为田纳西河流域管理局最高级别的非裔美国人官员后，这对夫妇就搬去了亚拉巴马州，这样她的丈夫就可以在那里指挥建筑项目了。丈夫任职的同时，邦德开始了一项专注于家居改造的工作。她看到佃农一直以来"购买他们不需要的东西，却不修理他们的房子"而感到沮丧，于是她帮助当地女性，用染色的饲料袋制作窗帘，用玉米壳编织地毯。[51]

邦德新认识的人里很多都是绗缝工，因此她还用牛皮纸裁剪模板，为他们制作图案。在某种程度上，她的设计类似于宣传新政中的进步和现代化价值观的标准海报。但它们在风格上也与哈莱姆文艺复兴时期（Harlem Renaissance）的艺术有密切的联系，并以非裔美国人的自我提升为主题。因为田纳西河流域管理局的主要目标之一是建造一座水电站大坝，所以邦德做了一床被子（现已丢失），上面画了一个全身的人像，他伸出双手，紧紧握住一道闪电——"而不是他通常拿在手里的班卓琴"，她这样描述道。另外一件作品（这件得以保存至今）上面画了一只黑色的拳头，攥着红色的闪电，还有一面美国国旗和耀眼的太阳。当被分配到田纳西河流域管理局的来自菲斯克市（Fisk）和田纳西州的学生们看到这些被子时，他们给出了关于标题的建议：黑人权力。邦德也开始相信，这个强有力的短语起源于她的被子。不管这是不是真的，她都给美国留下了最能引起共鸣的手工艺圣像之一。[52]

非裔美国工人处境的真正改观只能依靠战争。政府的一项评估预测，届时四分之三的军工厂工作要么是技术性的，要么是半技术性的，随着征兵令的实施，工厂将会需要每一个身体健全的美国人，不管他或她拥有怎样的肤色。甚至在珍珠港事件发生之前，罗斯福就已经正视了这一现实。1941年6月，在黑人劳工领袖的压力下，他签署了第8802号行政命令，禁止在战争相关产业中实施种族歧视。在美国历史上，这是政府第一次试图强制安排黑人工人平等就业。工会大声抗议。工会最担心的是，如果非裔美国人成为缴纳会费的成员，那么在战争结束时，就不可能再把他们赶走了。在很多情况下，他们建立了黑人"附属机构"，这些机构屈从于现有的白人工会。一些工厂建立了内部的种族隔离设施。太阳造船与干船坞公司（Sun Shipbuilding and Drydock）位于距费城8英里的特拉华河上，那里的白人工人直接拒绝培训新来的非裔美国人。直到政府发起了一轮强制干预之后，这个问题才得以解决。仅仅两年后的1943年，"海鹰号"（Marine Eagle）从太阳码头起航了，这是第一艘完全由黑人工匠制造的铁甲舰。[53]

类似的戏剧性变化也在全国范围内接连发生。珍珠港事件发生后的一年中，国防工厂中非白人工人的比例增加了一倍多。[54]黑人确实加入了工会，随着工会的成员构成发生变化，取消了种族隔离的工会开始代表他们的新成员展开斗争。与此同时，大移民时代的活力又回来了，一些非裔美国人再次去往西海岸，就像"蒂娜"·希尔那样，另一些人在战争提供的工作机会的召唤下来到了北方。这场地理上的运动，还伴随着一场政治上的运动，

戈登·帕克斯（Gordon Parks）拍摄的《女焊工在兰德斯、弗雷利和克拉克工厂》，新英格兰，康涅狄格州，1943 年。
农业安全局/战争情报办公室收藏的彩色照片，美国国会图书馆印刷品和照片展区，编号 LC-USW3-034282-C。

即所谓的"双 V"运动（Double V）：海外的胜利加国内的胜利。美国黑人全心全意地支持反对轴心国的战争，但他们也注意到了纳粹的种族态度与白人至上主义者的种族态度的相似之处。毕竟这是一个军队仍在实行种族隔离的时代。红十字会将黑人献血者拒之门外，因为担心他们的体液会被输入白人士兵的体内。民权倡导者罗伊·威尔金斯（Roy Wilkins）说：非裔美国人想要一个"不仅没有希特勒，而且没有希特勒主义的新世界……这意味着，我们要为这样一个世界而战。在这个世界上,无论在何处,私刑、暴行、恐怖、种族隔离和种族歧视所造成的侮辱和损害,都将没有立足之地"。《巴尔的摩非裔美国人报》(*Baltimore Afro-American*)的一篇社论说得更是直截了当:"我们不能只带着扫帚,咧嘴大笑,就向敌人的飞机、坦克和战舰进军。"[55]

战争结束时,战时非裔美国人工作者面临着和白人女性一样的失望。大多数需要高技能的工作,都交还给了回归的白人大兵。大量黑人被解雇,工会却拒绝保护他们,而且用了一个传统的借口:"最后雇用的,也最先解雇。"在太阳造船公司,五分之四的黑人工人失去了工作,而且几乎所有人都被迫永远地离开了这个行业。[56] 就在诺曼底登陆的当天,白人工人在辛辛那提的一家飞机制造厂举行罢工,因为有7名黑人机器操作员被调到了那里。[57] 就像对待女性那样,社会对这一代人的期望完全改变了。非裔美国人不仅在战斗中英勇服役——最著名的是塔斯基吉飞行员,这是一群在布克·T. 华盛顿的那家老牌职业学院接受训练的飞行员——还为同盟国的兵工厂建设作出了巨大的贡献。一位黑人锅炉工人说道:他们战斗和工作是为了"所有民族的联合,并以共同的手工艺为基础"[58]。正如战争本身一样,这种和平很难赢得。

非裔美国人进入工厂务工,甚至跻身高层之列,在很大程度上是暂时的,但是他们移居到这个国家的新地区却是永久的。在西海岸,他们的处境稍微好一些,因为大量的房产库存突然空置了下来。[59] 这并不是因为原先的居民赴前线作战,而是有一个更可怕的原因：这里曾经是日裔美国人的家，现在业主却被关进了美国政府管理的监狱拘留营。企业突然间变得无所事事，其所有者被迫贱卖资产。玛雅·安杰洛（Maya Angelou）生动地回忆起自己在旧金山湾区的经历："随着日本人无声无息地消失，黑人搬进来了，随身还带来了他们响亮的点唱机、刚刚才得到释放的仇恨，以及挣脱南方束缚后的解脱。只过了短短几个月，这个日裔居民区就变成了旧金山的哈莱姆区。"[60] 今天，日裔拘留事件被认为是美国历史上最应受到谴责的事件之一，它影响了居住在加利福尼亚州、俄勒冈州和华盛顿州的近12万名日裔美国人，其中大多数是美国公民。其中的一些人已经在这个国家生活了数十年。许多人还只是孩子。

在试图克服这一插曲遗留的恐怖记忆时，后人和历史学家们常常会把注意力集中在拘留营里生产的艺术和手工艺作品。这并不令人惊讶，因为被拘留者所取得的成就令人叹服。他们被扣押在资源匮乏的沙漠、沼泽中，面对难以忍受的炎热或寒冷，他们只得拥挤在简陋的木制营房里，房顶上覆盖着沥青纸。在这种令人望而生畏的环境中，他们依然设法创造了美——那不仅仅是此处或彼处的某一件物体，在它的背后，完完全全体现了审美的嬗变。可以肯定的是，这是一个悲剧的故事，但它也令人感动地证明了人类渴望创造的意志力。

对迁移营地的手工艺品的回顾始自《铁丝网后的美丽》(*Beauty Behind Barbed Wire*)，这本书是在1952年出版的——距离当年罗斯福总统颁布拘留令已过去十年，作者是来自南方高地的那位了不起的记录者艾伦·伊顿。战争期间，他继续探索农村的手工艺,其中包括一项对新英格兰地区的扩展研究。[61] 就在战争刚刚结束,拘留营即将解散之际,他访问了其中的 5 个拘留营,同时向其他仍在运转的拘留营派遣了摄影师。这个主题必定和他对阿巴拉契亚山区的研究有相似之处:二者都具备了相对隔绝的环境、匮乏的生存手段和独特的文化遗产等元素。此外,与前作《南方高地的手工艺品》(*Handicrafts in the Southern Highlands*)一样,他希望自己的这本书也能发起某种形式的倡议。他邀请埃莉诺·罗斯福为该书作序,这一决定今天看起来似乎有些出人意料。其实总统夫人从一开始就反对拘留,而且在 1943 年亲自参观了一处迁移营地。但令人失望的是,她重复了经常出现却大谬不然的说法——拘留乃是为了保护日裔美国人免受其他公民的伤害。伊顿毫不留情地批评了政府的行动,并表示,他希望这本书能促成"更好的理解、欣赏和爱"[62]。

伊顿的书确实为我们提供了一扇宝贵的窗,让我们得以一窥拘留营的生活,以及人们为了改造它们而付出的努力和智慧。营地的所有东西都存在供应短缺的问题,因此只能用磨损的锯片和汽车弹簧来制作工具。有图案的地毯是用一股股散开的洋葱袋编织而成的。人们出外搜寻看上去像动物的浮木和石头,再巧妙地雕刻和打磨它们,尽力做得惟妙惟肖。鲜花在日本文化中具有重要的象征意义,建立营地的地方最初没有鲜花,人们就用碎纸、裁下的布料和捡回的破旧的窗纱边缘的铁丝外壳,做成了人工鲜花。[63]

在法律上,雕塑家野口勇(Isamu Noguchi)并不在拘留的对象范围内——他住在纽约,只有西海岸的居民需要服从迁移的命令——但他却自愿去往了亚利桑那沙漠的波士顿战争安置中心（Poston War Relocation Center）。根据一名官员的描述，他明确地表达了自己意图，想要"为手工艺和艺术的重生作出贡献"，这些技艺和艺术在第二代日裔美国人"接受美国化的过程中基本消失了"。野口勇不无天真地希望在波士顿建立一个全面运作的手工艺协会，为拘留营地打造堪称模范的建筑环境。在了解到营地的情况后，那里的条件和当局彻底的不闻不问，让他感到惊恐。"在这里，时间停止了，"他在给艺术家曼·雷（Man Ray）的信中写道，"没有什么是重要的，也没有什么是有价值的，无论是我们的时间，还是我们的技艺。"[64] 他是一名志愿者，但仍然饱受拘留项目的官僚机制的阻挠，被困在拘留营长达 7 个月。他的经历提醒了我们，当时的情况究竟有多么糟糕。"我们规划了一座城市，"他写道，"然后要从钉子开始找起。"[65]

许多被拘留者确实在拘留营中掌握了技艺，哪怕只是把手工艺当作熬过漫长日子的方式。在一座营地里，一位名叫铃木丰（Yutaka Suzuki）的木雕师训练了 20 名徒弟；在另一座营地里，一位名叫长滨（Nagahama）先生的专业刺绣师给多达 650 名学生上课，分发他从丝绸织物上拆下来的线。这些学生都是业余爱好者，但也有一些人在学习手艺方面雄心勃勃，正如野口勇梦想的那般。1905 年出生于斯波坎（Spokane）的乔治·中岛（George Nakashima），是一名受过高度训练的设计师，他拥有国际经验，曾回日本住过一段时间，在建筑师弗兰克·劳埃德·赖特（Frank Lloyd Wright）的门徒安东宁·雷蒙德（Antonin Raymond）手下工作。由此，他得以接触了一些日本本土的细木工技术，但直到他被送去爱达荷州的米尼多卡安置中心（Minidoka Relocation Center）拘禁，才终于有时间和机会向一位大师学习。这位大师便是肯尼斯·日置川源太郎（Gentaro Kenneth Hikogawa），一位与中岛差不多年纪的木匠，在移民到华盛顿州的塔科马（Tacoma）之前，他一直在日本接受传统训练。当这两个技艺高超的人被丢进营地后，他们立即开始合作，第一步就是全面改善拘留营。为了最大限度地利用狭小的生活空间，中岛设计了可折叠的桌子和座位，在正常使用的同时，还可以用它们储存煤炭。日置川也用板条箱和一种叫作黑肉叶刺茎藜（greasewood）的沙漠灌木植物，打造了更多的精致家具。

1943年初，多亏了雷蒙德的牵线搭桥，中岛获得了释放。后来他成为美国一流的家具制造商。他一直相信，那段短暂的学徒经历，让自己见识了传统木工技术的可能性。"时间并没有完全浪费。"他表示。[66] 直到1945年，日置川才重获自由，他回到了塔科马。他再也没有做过职业木匠，但还是成功地建立了一座以日式盆景为特色的园艺中心。以曾遭到过拘留的"issei"（第一代移民）的标准来看，他做得已经很好了。拘留营中的大多数人被释放之后，只能勉强适应过去的生活，从财务崩溃中咬牙走出来。日本人通常用"忍"（gaman）这个字来形容他们在此种情形下的反应，这与英国人的"咬紧牙关"（"stiff upper lip"）颇为类似。接下来，人们对拘留营的经历绝少提及。直到20世纪80年代，一些活跃分子才试图迫使政府赔款。高潮场景出现在了参议院的一次听证会上，当时日裔参议员萨姆·早川（Sam Hayakawa）援引被拘留者制造的手工艺品作为证据，想证明拘留营

"没有遇到麻烦,而且气氛相当快乐"。他的声音立刻被在场观众的嘘声压倒。[67] 对于这件事,他们更清楚:只有当你生活在一个充满麻烦的世界里时,手工艺才会至关重要。

肯尼斯·日置川源太郎,1942 年。
美国国家档案馆提供,照片编号 26-G-3422。

手工艺在战争期间是被广泛需要的技艺之一。虽然军事生产显然属于大规模生产,但每家工厂都需要技艺高超的机器制造师、样板师和维修技师。正式入伍的新兵要接受机械能力的测试。得分高的人将被送到特殊的训练场所——加利福尼亚州英格尔伍德(Inglewood)的一所学校就培养了 13 500 名技术人员,他们被派往欧洲各地的机动车辆调配场、太平洋上的海军舰艇，以及美国本土的各座基地。曼哈顿计划不仅涉及先进的物理学，还涉及出色的砌砖、金属加工和木工活儿。投放在广岛、长崎的原子弹就是手工制作的。[68]

美国军方向陆军、海军派发了 40 多万份制作手工艺品的成套用具，里面有皮革制品、金属和塑料塑型、泥塑、木雕所用的各种材料。这些用具特别受到独立驻扎的士兵的重视，如高射炮手或运输舰船员。一名军官如此评价这个计划："缺少爱好的士兵，容易在诺曼底登陆日精神崩溃。"[69] 这一活动在国内也产生了反响。随着工厂转向军事生产以及定量配给制度的开始实施，杂志开始鼓励自己的读者"挥一挥魔杖（外加一点体力劳动）"，来使他们的旧家具现代化，而不是购买新的。[70]

战争双方的战俘，也会练习诸如削木头、缝纫之类的手工艺，既是为了制作基本的必需品，也是为了保持神志清醒。手工业被认为是伤员和战争疲劳（创伤后应激障碍）患者的理想职业。多萝西·里贝斯是红十字会艺术与技艺委员会委员，负责为病人的康复计划提供建议。这是一个令人惊讶的雄心勃勃的计划，包括制瓷、木工、编篮子，甚至是针织流苏花边。[71] 现代艺术博物馆举办了一场展览，展示工艺美术运动的理念在职业治疗方面的作用。其中有一场展览，展示了制作泥塑模型如何帮助烧伤患者恢复双手的灵活性。另一场展览的主角是一只小小的雕刻狗，是一个病人制作的，他之前曾试图割腕自杀，博物馆称赞他使用刀是出于"建设性而非破坏性的目的"[72]。

最后也是对未来的事件进程最重要的是，手工艺被视为士兵复员之后理想的下一步,特别是对于那些年轻时就应征入伍的士兵来说。战争结束时他们还很年轻,当然也没有从业资格。但许多人在战争期间学会了手工技艺,一些观察人士认为,手工艺将是让他们轻松重返平民生活的法宝,或许还能为他们提供生计。

有一个女人不仅相信这一点,而且准备为此做些什么。她的名字叫艾琳·奥斯本·韦伯(Aileen Osborn Webb),战争期间,她建立了一个制度框架,在未来数十年里定义了美国的手工艺。韦伯的战略之所以与众不同,仅仅是因为这一战略的雄心壮志。她的目标是在全国范围内发动一场团结的运动,将先前倡导此事的不同团体结合在一起,在她的财务资源的支持下,组建一个统一的组织。值得注意的是,她完成了自己想做的每一件事。

1892年,她出生在哈得孙河谷的加里森镇(Garrison),父亲是纽约市最著名的律师之一。在接受了与她的高社会地位相称的教育(进入一所私立精英学校,而后又赴巴黎学习了一段时间)之后,她嫁入了一个比她们家更富有的家庭。出席婚礼的有纽约州州长、纽约市市长和金融家 J. P. 摩根,然而在她父母家中举办的婚礼,却被一场突如其来的冰雹打断。[73] 作为年轻的妻子,她积极参与民主党的政治活动(家庭的传统),参与各种慈善事业,如青年联盟(Junior League)。她是那个时代典型的贵族,一生都保持着翩翩风度:高挑、彬彬有礼,梳着精心打理的发型。然而她选择的道路最终将她引向了美国反主流文化的核心。

这条漫长的道路始于家乡加里森。随着1929年大萧条的开始,韦伯成立了一个政府支持的组织,名为"普特南县特产"(Putnam County Products)。她最初的目的只是为附近的农村人口提供急需的收入。"我们以为人们最想购买的是菜豆和鸡蛋,"她后来说,"但恰恰相反,大量涌入的是人们自己制作的物品。同时,确确实实有很多妇女把那些用针和炉子做的手工艺品带回了家。"[74] 她眼界大开,看到了手工艺的可能性,她开始学习制作陶器(尽管她从未擅长此道),对她的组织进行调整,使其更接近于南方高地手工艺协会。她探索该地区的编织、制篮和木雕艺术,还在穿过哈得孙河谷向北的高速公路上开了一家餐馆兼商店。

1938年,韦伯在领导和协调方面的天赋开始显露出来。当时,在位于佛蒙特州谢尔本(Shelburne)的家中,她召集了一场全国性的手工艺组织聚会。除了"南方高地居民"(Southern Highlanders),规模最大的组织是"新罕布什尔州工匠联盟"(League of New Hampshire Craftsmen),由建筑师大卫·坎贝尔(David Campbell)领导,此外还有来自缅因州、佛蒙特州、佛罗里达州和新泽西州的代表们。他们都同意加入一个名为美国工匠合作委员会(American Craftsmen's Cooperative Council)的组织,建立一家城市零售专营店,手工制品可以在那里卖出不错的价格。1940年,韦伯实现了这一目标,在曼哈顿开了一家叫作"美国之家"(America House)的商店。第二年,她开始办一份时事通讯。第一期的内容相当吸引眼球,竟然请读者就出版物的标题给出建议——"是要我们办单纯的公报、杂志,还是那些花里胡哨的、'浮夸的'玩意儿?"[75]

最后选择的名字是《手工艺视野》(*Craft Horizons*),呼应了霍尔格·卡希尔和多萝西·米勒的"美国艺术新视野"展览。卡希尔亲自撰写了一篇文章,简单地命名为《团结》("Unity"),刊发在首版。这是一份宣言,主张美术、工艺和设计的统一。卡希尔选择了民间雕刻师以及西南部的印第安普韦布洛社区,作为手工艺与文化融合的典范。不过这次选择的民间雕刻师不是帕特洛奇诺·巴雷拉,而是自学成才的19世纪艺术家约翰·贝拉米(John Bellamy)。他敦促自己的读者,注意手工艺在他们的日常生活中是多么常见。他还就手工艺与工业时代的携手并进提出了理由:"总会有空间留给掌握技术的双手……机器制造的一切,都必须先用手来制作。"[76]

这正是多萝西·里贝斯在西海岸提出的观点,韦伯很快接受了这一观点,而且将其作为自己理论的核心前提。她使用了"设计师-工匠圈子"的混合术语来描述这个想法,以暗示手工制作在大规模机器生产的初级阶段的至关重要。她与里贝斯结成同盟,首先请她为"美国之家"的商品提供建议,而后引介她进入了理事会。[这位织布匠是她邀请来担任顾问的"多萝西一族"中的一员,其他两位分别是著名的室内设计师多萝西·德雷珀(Dorothy Draper)和百货公司高管多萝西·谢弗(Dorothy Shaver)。]里贝斯的参与和韦伯的社会关系,使得工匠合作委员会与现代艺术博物馆携手并进,在"二战"之后建立了密切的合作关系。

韦伯还将注意力转向教育,特别是退伍军人的需求。她创办了一所美国工匠学校,最初坐落在达特茅斯大学校园里。[但它很快就先后转移去了纽约州北部的阿尔弗莱德(Alfred)和罗切斯特(Rochester)。]学校的第一名学生是负伤归来的"海蜂"

(Seabee)战士——来自"CB",意思是"美国海军修建营"("construction battalion")。尽管他学习这门课的时间不长,他的出现却预示了接下来发生的事情。1944年,美国政府通过了《军人再调整法案》(Servicemen's Readjustment Act),俗称《退伍军人权利法案》(G. I. Bill)。它为退伍军人提供了抵押贷款和商业贷款,为任何想要上大学或职业学校的人提供财务支持。数以百万计的男性因此受益,他们中整整一半的人在战争中服役过。战后手工艺领域中的一些最杰出的人物都是受益者,包括搪瓷匠人厄尔·帕尔顿(Earl Pardon)、原住民珠宝商查尔斯·洛洛玛(Charles Loloma)、家具制造商阿瑟·埃斯彭尼特·卡彭特(Arthur Espenet Carpenter),以及陶瓷雕塑家彼得·沃尔科斯(Peter Voulkos)和威廉·戴利(William Daley)。

"二战"爆发前,韦伯曾经跟随奥利芙·坎贝尔和露西·摩根等女性的脚步,把主要精力放在农村的手工制作者身上。现在她的注意力则集中在了学院和大学。在认识到这一事实后,她甚至把自己的这个枝繁叶茂的庞大组织改了名:1943年,它更名为美国工匠教育委员会(American Craftsmen's Educational Council)。这个策略很有意义。《退伍军人权利法案》对于教育部门来说,是一笔前所未有的意外之财。1948年,该法案足足占据了整个联邦政府预算的15%。这种资源分配着实产生了巨大的积极影响——在历史学家眼中,这是"二战"之后美国中产阶级崛起的最重要因素。得到资助的多数人上的都是职业学校(合计560万人,而进入高等教育机构的人数为220万人)。他们经过学习,成为建筑工、电工、汽车机械师,甚至是新近出现的电视机修理工。这些领域真正代表了向上的社会流动性，最终将"美国梦"带给了移民和工薪家庭。"我们必须面对这个世界，"八年级的辍学生山姆·马尔切西（Sam Marchesi）表示，"我们必须养活自己。感谢上帝，政府为我们敞开了大门。"[77] 他在日军入侵马尼拉期间受了重伤，在接受过木匠学徒的培训后，他成为一名成功的定制房屋建筑商。

随着《退伍军人权利法案》向高等教育注入资金，其意想不到的后果之一是手工艺课程激增。许多初入校园的退伍军人都是家里第一个获得学士学位的人，他们被激励去攻读实用的学科。学院和大学在大量学员涌入的压力下，开始提供陶瓷、金属制品、纺织品方面的课程。结果，手工艺在学术界的足迹迅速且大幅扩展了。在"二战"之后的岁月里，这构成了一个关键因素，导致成功的手工制作者不再需要依靠他们的工作来谋生了——他们只是教授课程，（如果学生们学到了手艺）也可能继续教书。事实上，学院和大学已经变成维持独立手艺人生计的一套制度。起初，这套制度尚且秉持着极其务实的态度，可是从长远来看，它会产生相反的效果。个人制作者因为不受眼前经济需求的影响，便自由地将精力投入了更加艺术化的道路。

有关《退伍军人权利法案》的另一个重要方面是，它压倒性地偏向白人男性。"二战"期间，女性只占军队总人数的2%，即使人数如此之少，她们也不太可能像男性同胞那样，有机会在战后攻读政府资助的学位。[78] 大量非裔美国人参战，他们本应更公平地受益。遗憾的是，《退伍军人权利法案》从一开始就带有种族主义色彩。艾拉·卡茨纳尔逊（Ira Katznelson）在其标题简洁明了的著作《当平权行动属于白人时》（*When Affirmative Action Was White*）中解释道，来自实行"吉姆·克劳法"的南方的国会议员担心，扩大黑人的财产所有权，为他们提供更多的接受高等教育的机会，将意味着种族隔离的终结。为此，他们设计了一套制度架构，在落实法案的同时，确保强有力的地方控制，各州政府将有充分的权力取消非裔美国人的职业培训机会，扣留他们获批的抵押贷款。依托《退伍军人权利法案》运作的就业服务机构，将几乎所有黑人申请者都安排在了低薪、无须技能的工作岗位上。学院和大学仍然实行种族隔离，非裔美国人的学校又太少，无法招收所有想去上学的退伍军人。[79] 最终的结果是，"二战"之后，美国的手工艺从业人口统计数据——至少在授予学位的新版本中是这样——萎缩到了史无前例的程度。

1945年8月，日本宣布投降两周后，纽约现代艺术博物馆举办了一场现代纺织品展览。这是一件小事，只有25块布料样品参展，有些是手工编织或印刷的，有些是机器制作的。尽管展览的规模不大，参展人员的花名册却令人印象深刻。多萝西·里贝斯当然是其中之一。此外有安妮·阿尔伯斯（Anni Albers），出自包豪斯学院的了不起的编织名家，当时在北卡罗来纳州著名的前卫教育实验学校——黑山学院（Black Mountain College）——生活和工作；还有玛丽·埃尔曼（Marli Ehrman），她也是包豪斯学院的毕业生，当时在美国的芝加哥设计学院——包豪斯学院的继承者——负责纺织项目。来自芬兰的玛丽安·斯特里凯尔（Marianne Strengell）也在展览现场，战争期间，她成为底特律郊外克兰布鲁克艺术学院（Cranbrook Academy of Art）纺织系的系主任，那里是斯堪的纳维亚现代主义在美国中西部的一座前哨。

这份花名册有几处引人注目的地方。第一，除了里贝斯，现代艺术博物馆纺织品展的所有参展人员都是教育者，而不是全职顾问。第二，几乎所有人都是移民。有些人逃离了纳粹的统治，比如阿尔伯斯和埃尔曼。还有一些人之所以来到美国，是因为她们的技艺大受美国人欢迎，比如斯特里凯尔。这些天才离开了仍然保留着手工艺基础的欧洲国家，涌入了美国，对战后手工艺课程的增长至关重要。第三，她们是女性。展览上也出现了几个男人，但他们在人数、地位上均处于劣势。其实在早期实验阶段，现代艺术博物馆主要展出的是男性艺术家的作品，当然它并不是唯一一家这么做的博物馆。但纺织、金属制品、陶瓷等手工技艺，相较于绘画、雕塑、建筑或大多数其他创造性领域，对女性更加开放。虽然《退伍军人权利法案》确实不成比例地让更多的男性学习手工艺课程，但教师往往是女性。[80]

在接下来的几年里，现代艺术博物馆延续了手工艺项目：1946年的"现代手工珠宝"（Modern Handmade Jewelry），1947年的"家用印花纺织品"（Printed Textiles for the Home），以及1949年为安妮·阿尔伯斯举办的一场女性展览。最终，"优秀设计"（Good Design）于1950年问世了。这是策展人小埃德加·J. 考夫曼（Edgar J. Kaufmann Jr.）精心策划的年度系列展览的第一场，旨在主动介入美国的制造业生产。当这个系列在1955年闭幕的时候，"优秀设计"的倡议已然促成了一系列后续的国际巡回展览，引得其他博物馆也纷纷如法炮制。现代艺术博物馆还推出了一个醒目的图形标签,以方便零售商标明产品的身份——这是一种表达认可的现代主义"印章"。在这之后,德国出生的策展人格里塔·丹尼尔(Greta Daniel)加入了现代艺术博物馆,创设了更多的设计展览,如 1956 年的"美国纺织品"(*Textiles U. S. A.*)展览。在规模方面,"美国纺织品"比战争结束之际举办的那场纺织品展览要大得多,它的展示重点是工业产品和技术奇迹——"玉米棒、煤炭、空气和石油被加工成纤维,而今装饰着我们的家和我们自己"。但丹尼尔也再一次为手工编织者留出了空间,只要他们肯让自己的设计服务于大规模的机器生产。[81]

其他手工艺品也成为"优秀设计"系列的一部分展品。在此过程中登上舞台的有制陶艺术家玛格丽特·威尔登海恩(Marguerite Wildenhain)和露西·里(Lucie Rie),芝加哥玻璃艺术家迈克尔·希金斯(Michael Higgins)和弗朗西斯·希金斯(Frances Higgins),木料旋工鲍勃·斯托克代尔(Bob Stocksdale)和在韦伯的美国工匠学校教授金属工艺的罗纳德·海耶斯·皮尔森(Ronald Hayes Pearson)等人。展览评审团包括陶艺家 F. 卡尔顿·鲍尔(F. Carlton Ball)等手工艺人。1952 年,乔治·中岛也应邀发表了演讲。总的来说,手工制品在"优秀设计"展览的展品中只占少数,但它们与参展的大规模机器生产的产品珠联璧合。生产的政治学被搁置在了一边,它曾是工艺美术运动和追随运动思潮的早期现代主义者的中心纲领,展览迎合的是美学界和消费者的口味。官方的选择标准是"美观、功能、结构和价格,美观位居第一"。

现代艺术博物馆的大门向手工艺大敞四开,于是艾琳·奥斯本·韦伯大步流星地走了进来。她与博物馆的工作人员建立了友谊，其中最重要的是勒内·达·哈农考特，他加入了韦伯的理事会。格里塔·丹尼尔为《手工艺视野》杂志撰稿。韦伯的"美国之家"商店一直与"优秀设计"项目保持着对话。1953 年，她在布鲁克林博物馆策划了一场展览，宣告了一种新的范式："美国的设计师-工匠"（*Designer Craftsmen U.S.A*）。这是一场有 200 多名参与者的大型展览，在全国范围内，通过 10 个地区中心城市，检索确定了具体人选。这一项目的启动，标志着多萝西·里贝斯等人最早提出的理念达到了顶峰：通过设计，可以化解手工艺与工业之间的长期对立。《手工艺视野》杂志编委会成员多萝西·吉尔斯（Dorothy Giles）在展览目录上撰写的一篇文章指出："一个在艺术家、设计师、工匠的启发之下找到方向的社会，要比一个由工业和商业来指明方向、设定节奏的社会，更加健康、富有、多产。"[82] "设计师-工匠"的理想当然有其合理性。在投入时间和成本在大功率织布机上设置图案之前，先在手工织布机上准备测试样品，这是完全有必要的。同样的逻辑也适用于陶瓷、金属制品和家具生产，所有这些行业都需要初始模型来指导最终的大规模机器生产。对于手工艺人来说，这似乎是真正的机会。

不过这里有一个问题：美国工业界对此不感兴趣。一些公司确实发现，让一个活生生的人附着在他们的产品上，对促销很有帮助。但这一角色通常是由雷蒙德·洛伊（Raymond Loewy）这样的自由工业设计师，或者通用汽车的哈利·厄尔（Harley Earl）这样的内饰造型巨擘，而不是手工艺人来扮演的。即使是在抛出了整个构想，试图展示顾问存在的必要性的纺织品行业，手工艺人的前途也远不如里贝斯、韦伯期望的那么乐观。当然,其间也有一些成功的故事,比如杰克·莱诺·拉尔森(Jack Lenor Larsen),他在克兰布鲁克艺术学院师从玛丽安·斯特里凯尔,后来作为织物设计师,开创了灿烂的职业生涯。拉尔森继承了里贝斯的衣钵,成为韦伯最坚定的盟友,在国内外树立、推广了"设计师-工匠"的理想。不过,相比于拉尔森,他的同学罗斯巴赫(Ed Rossbach)的经历要典型得多。日后,罗斯巴赫回忆在克兰布鲁克艺术学院求学的日子时十分困惑。那些年,他做了一个又一个小型的编织样本,沉下心来研究编织的结构语言。毕业时,他已经积累了绝佳的作品集,但就是没有企业客户问津。公司确实需要在产品开发方面有所投资,但这一工作能在公司内部完成,因而公司欠缺与具备艺术倾向、自由精神的手工艺人合作的动力。罗斯巴赫在加利福尼亚州有一份教学的工作,在那里,他开始逐渐追求更富有表现力的技艺,如篮子编织和拼贴艺术,而不再关注工业设计。"说到那个阶段发生的所有事情,"他回忆道,"你简直搞不明白,究竟是些什么劳什子。"[83]

手工艺人和他们的支持者对这些问题心知肚明,他们把目光投向国外,寻找成功的范例,特别是在斯堪的纳维亚,那里的手工制造业仍很强大。在一般情况下,丹麦的家具、瑞典的玻璃、芬兰的陶瓷,确实是先交给公司内部的制造商,采用柔和的现代主义风格设计,而后主要借助手工制作完成。这套方案总体上行之有效,整个20世纪50年代,北欧产品在美国市场掀起了一股温和的流行浪潮。美国工匠痴迷般地涌向斯堪的纳维亚学习,许多新设立的大学项目聘请斯堪的纳维亚人担任教职。例如,在韦伯的美国工匠学校，家具制作是由丹麦大师塔格·弗里德（Tage Frid）教授的，金属工艺是由赴丹麦接受过培训的约翰·普里普（John Prip）教授的。美国手工艺人还向阿瑟·哈尔德（Arthur Hald）等人士寻求建议。他是瑞典工艺美术运动协会（Swedish Society for Arts and Crafts）的代表，曾公开批评美国的"喜新厌旧神经症"。在他看来，如果能够说服消费者为"最好的手艺和设计，而不是庸俗和廉价"买单，或许事情还有转机。[84] 这种看法与斯堪的纳维亚的设计品位一样，确实具有广泛的吸引力。但美国的规模经济与北欧全然不同，斯堪的纳维亚从来没有出现过亨利·福特。总之，晚近兴起的这场美国手工艺的复兴浪潮力度太小，来得又太晚，无法显著地改变制造业的构成。

　　最终的答案便是粗俗和廉价。与手工制品相比，20世纪五六十年代工厂大量生产的商品，在个体层面上可能表现平庸，但总体而言，它们却积沙成塔，带来了极高的生活水平，达到了全世界前所未见的普遍繁荣。当然，财富的分配远远不是平等的，在种族、阶级、性别等方面的区别对待，很快又会引发新的战争。对于许多手工艺人来说，这个国家最大的问题似乎就是它自身的成功。全面战争引发的生存危机刚刚消散，一种新的威胁，就从战争帮助建立的工业巨头内部滋生了。当务之急不是帮助工业发展，甚至也不是弱化它的增长势头，而是制定一条彻底取而代之的发展路径。手工艺无法阻止一种日渐衰亡的消费文化的扩散。那它能做什么呢？在全国范围内，新一代的手工制作者即将回答这个问题。

## 第七章　独立宣言

你会讨厌住在霍夫（Hoff）家的隔壁。这并不是说他们是坏邻居。情况比这更糟糕：他们完美无瑕。根据1950年出版的一期《更好的家园和花园》（*Better Homes and Gardens*）杂志，爸爸阿莫斯（Amos）、妈妈芬（Fern）和孩子威尔伯（Wilbur）、艾达·露西尔（Ida Lucille）、卡罗尔（Carol）、爱德华（Edward）都是自我完善的奇才。在过去的两年里，这家人已经完成了新家80%的建设工作。新家位于亚利桑那州菲尼克斯（Phoenix）郊外，风格现代。他们省下了大约5000美元，这无疑是受欢迎的，因为全家人都靠阿莫斯当大学教授的工资维持生计。"他们买不起的东西，"该杂志指出，"他们宁愿自己动手制造。而他们业余爱好的知识，常常能转化为直接、实用的价值。"

霍夫的住宅是用混凝土砌块建造的，外观用的是从采石场开掘的石头。壁炉上方是手工锤制的铜烟囱罩，下方是重达半吨的石头底座，他们先用炸药炸掉了附近的山坡，而后用碎裂的巨石做成了它。那扇硕大的滑动玻璃门，很契合那个年代风靡一时的"室内-户外"的生活方式，门的金属框架是由阿莫斯、威尔伯焊接而成的，他们在夜校学过这门手艺。穿过那扇门，后面是一座石砌的鱼塘。芬、露西尔和卡罗尔此前在做陶瓷和织物彩绘时，学会了运用色彩。他们决定给浴室刷上"桃子和杜本内酒（dubonnet）的颜色，宛如捕捉到了沙漠中的日出"。就连年仅12岁的爱德华，也是一位狂热的木雕家。他做了两个悠悠球，一个大得只能在屋顶上玩耍，另一个仅有顶针大小。为了晚间娱乐，他们造了一个望远镜，里面有一块手磨的镜片和一块战争余留的镜片。餐厅里摆放着一部百科全书，"用来提供晚餐时的谈资"。"为了实现家庭的幸福，我们深思熟虑地制定了计划，"芬表示，"然后我们几乎夜以继日地利用了每一个小时，清清楚楚地实施了计划。"[1]

《更好的家园和花园》选取霍夫夫妇为主人公，因为他们与众不同。他们以超乎想象的方式，践行了战后美国郊区居民的价值观。在短短几年的时间里，这个国家从全面战争状态走向了全面休闲状态。配给制已然是遥远的记忆了。对于白人中产阶级来说，繁荣似乎唾手可得。对住房的巨大需求，促使开发商开始试验房屋配件预制技术和大规模生产技术，这些技术从未被如此大规模地应用于建筑行业。其中最著名的是威廉·莱维特（William Levitt），1947年至1951年，他在长岛建造了第一座以自己名字命名的近郊社区。莱维特城（Levittown）的标准化房屋以及千篇一律的牧场式住宅（cookie-cutter ranches）、科德角式住宅（Cape Cods），迫切需要注入个性化色彩。而经历过战争的年轻人已经做好了准备。他们可能没有很多钱，却可能拥有在军队或家庭中学会的手工技艺。

"自己动手"（"Do-It-Yourself"）运动应运而生，这是战后席卷美国的一股手工艺热潮。如果郊区的一户人家水管漏水,他们不会叫水管工,而是查阅手册,抓起一把扳手,开始工作。如果他们想要一套秋千,就用木板和管子做一套。新的油毡地板也是手工铺的。"数以百万计的人牢记着梭罗的榜样,"一位政府官员谈道,"他们躲进地下室和车库,在那里寻觅一处临时的'瓦尔登湖'。"[2] 可以肯定的是,很少有家长能像阿莫斯和芬那样具备天赋,或者鼓励自己的孩子变得如此心灵手巧。但人们普遍期望自己的家庭能够自力更生。男人尤其应该在料理家务方面"得心应手"。前几代人倾向于把动手干活儿看作社会地位低下的标志,而这代人把它看作男性自豪感的体现。在这种性别结构的刻板印象中,女性被视为管理人物,其主要作用是挑选计划和模式。在广告中,她们手扶梯子,念着工作说明,而她们的丈夫则在干苦活儿。[3]《大众机械》(*Popular Mechanics*)已经出版了几十年,如今人气飙升,随之推广了杂志的自建住宅计划。杂志上的一篇文章,想象了一名美国大兵在战争期间的情景:"有一天,他会为自己和那个女孩建造一个家。"杂志叮嘱伊利诺伊州奥罗拉市的一名老兵——一个实际上年仅 23 岁的小伙子——按照他们的指示建造一栋住宅。小伙子最大的愿望是为房子配建一间地下室,这样他就可以有一座木工车间了。[4]

《大众机械》的热情参与表明,从一开始,"自己动手"运动就受到了商业利益的影响。[5] 它与大约一个世纪前达到顶峰的"白手起家者"的理想极为相似,后者曾经写出一个类似的等式,一边是基于手工艺的主动性,另一边是正直的公民身份。至于二者的不同之处,在于背后发挥作用的生产力的范围和复杂性。经过百年发展的工业资本主义,提供了比杂志更有力的工具。1946年,便携式电动工具的销售额为 600 万美元,1953 年,这个数字翻了 15 倍。(并非巧合的是,与家庭装修有关的伤害事件的数量猛增,每年超过 50 万起。)有些设备是专门为家庭里的"万能工"设计的,如麦格纳工程公司(Magna Engineering)的一体化"铁匠铺",那是一座配有锯、车床、刳刨机和钻头的长方形工作台。[6]

《铁匠铺:每一座家庭农场和家庭维修车间的新时代万能工》,1952 年。
作者提供。

许多商业利益也在推动美国人自己动手。据估计，仅仅在1953年，业余房屋建造者就购买了5亿平方英尺胶合板、1亿加仑油漆、1.5亿卷墙纸和"足够覆盖整个俄勒冈州的沥青屋瓦"[7]。几乎所有这些材料都是标准化的。举例来说，就是在这个时期，2英寸×4英寸的截面被确立为现代的通用规格。（实际上在干燥和刨平后是1.5英寸×3.5英寸。）这种高度一致的木材，非常适合用来快速建造郊区的小块房产，在那里，使用平台框架和轻型"粘贴结构"（用胶合板或干墙盖住钉子）是各家各户的常态。[8]

"二战"爆发前，房屋建造一直是专业工匠的领域。然而预制构件和快速建造的标准化房屋——福特装配线的技术被卓有成效地应用于建筑业——如今侵蚀了这些高技能劳动力的生存空间。可以肯定的是，职业商人在郊区建设中确实扮演了关键角色。一个很好的例子是水塔的建设，它取代了早些时候美国农村大多数家庭使用的独立水井。各地建造的水塔是民众的骄傲，它们是由奔波于各地的锅炉工人手工建造的，他们用金属材料焊接而成的水塔有几层楼高。[9]然而建筑行业的真正支柱还是独栋住宅，在这里，预制构件发挥了举足轻重的作用。建筑业的工会试图保护自家的地盘，从喷漆墙到工厂生产的窗户、厨房橱柜，他们反对眼前的一切。但他们得到的无非是冷嘲热讽。根据国家劳工关系委员会（National Labor Relations Board）的一位作者的说法，工会的防御政策"从工业效率的角度来看，结局荒唐可笑"，而且很快就被瓦解了。[10]

相比之下，劳工组织则倾向于鼓励业余的房屋建造者自己动手，也许在这些组织眼中，既然他们无论如何都不会寻求专业人士的帮助，那么鼓励他们参与手工艺活动，至少会建立起他们对蓝领工人的同情。1957 年，以研究海洋文化而闻名的伟大的人类学家玛格丽特·米德（Margaret Mead），将注意力转向了专业主义和"自己动手"理念之间的交叉领域。她的观点引人深思。米德从理论高度指出，工作与休闲曾经彼此平衡，正是在这种平衡中，二者"紧密地结合在一起"，但如今，这种平衡在美国已经被打破了。随着人们对工作的认同感越来越低，花在工作上的时间越来越少，他们也越来越把家当作一处工作场所。虽然这种将劳动转移到家庭场景的行为，被普遍当作娱乐来理解，但实际上它是一种履行义务的新形式。"和五个孩子一起自己动手做，"米德写道，"除了令人愉快，也是费力、耗时、累断腰、神经紧张、束手束脚的。"她呼吁改变优先顺序。业余房屋建造者不应该仿照拿工资的工人，"心甘情愿地为了极其有限的报酬加班加点地工作"，而是应该把他们的追求当作一种真正的游戏形式，纯粹为了追求本身，"高质高效地"获得乐趣。[11]

上述结论与社会科学家们正在达成的共识相一致。近年来的繁荣景象并没有让美国人感到幸福，因为伴随而来的是过度的消费和压得人喘不过气的墨守成规。一位学者在回应米德的文章时写道："几个世纪以来，我们一直在努力从大多数人的背上卸下奴役劳动的沉重枷锁。现在，我们大多数美国人都可以仰望星空了，我们已经找到了上百万种悠悠球，可以用来消磨我们的'自由'时间。"[12] 对业余主义更为严厉的批评出现在西奥多·阿多诺（Theodor Adorno）的著作中，他是最杰出、最受尊敬的马克思主义哲学家之一。20 世纪 30 年代末，为了逃离纳粹统治，他来到了美国，在这里，他发现了让自己既着迷又震惊的东西：一系列被操纵的大众媒体和商品，他称之为"文化产业"。

阿多诺自豪地说，如果说爱好是"只为了打发时间，才不动脑子地沉迷其中的那些玩意儿"，那么他没有任何爱好。他认为，任何追求，尤其是创造性的追求，都必须极其认真地对待。这是一个关乎知识完整性（intellectual integrity）的简单问题，假如一个人想避免消费主义的不良影响的话，那么它也是一个必要的问题。阿多诺甚至比米德更为悲观，前者的观点可以概括为"有组织的自由就是强制"。业余的手工艺活动，不仅仅是公司销售产品的一种方式：工具和材料填满了这个国家的车库。它比这还要阴险得多。阿多诺观察到，人们把时间、精力投入了他们自认为代表繁荣的事务，而这些对于他们来说是空洞无物的。在阿多诺眼中，除了人们对资本主义利益的奴性顺从，这里一无所有。这种"打着爱好名义的意识形态，"他认为，仅仅是"以利润为导向的社会生活形式的延续"，只不过被稍加掩饰罢了。[13]

在政治上，阿多诺属于边缘的激进主义阵营，几乎没有美国人听说过他，更不用说阅读他的理论著作了。反观社会学家戴维·里斯曼（David Riesman），他提出过一种更具兼容性的分析，在 20 世纪 50 年代获得了惊人的广泛支持。他的书《孤独的人群》（*The Lonely Crowd*）卖出了 140 万册，按照书中的诊断，美国正在遭受一种由"富足心理学"（"abundance psychology"）引发的新疾病。[14] 里斯曼提出了一个重要的观点：在某种程度上，所有的社会都是循规蹈矩的，否则它们就无法运转。他想要解释的是，战后美国出现的这种特殊类型的从众心态，到底出了什么问题。物质上的限制已经被技术克服。食物和住所愈加便宜，愈加容易获得。因此，人们现在主要担心的是其他人，而不是投入精力去改变周围的环境。在一则引人注目的隐喻中，里斯曼写道，如果说以前那个社会的星座，让他或她基于内在的自我意识导向，保持自身的方位的话，那么采用"他人导向"的当代人则像雷达一样，不断扫描这个社会的空间，以确定人与人之间的相对位置。

里斯曼也可以把这描述为一件好事，一件在不可避免地存在利益冲突的公民之间增强相互认知的好事。但他没有。对于他而言，"他人导向"是导致个人衰退的原因。当代的美国人"据说比欧洲人更浅薄，在金钱上更自由，更友善，对自己和自己的价值观更不确定，更需要他人的认可"。这种新的人格类型的心理内核已经腐烂了：焦虑吞噬了它，对同伴是否接纳自己的持续担忧折磨着它。根据里斯曼的阐述，他人导向的社会有一个关键指标，即越来越多的工人被下放到服务性工作和官僚机构中，而不是在真正地制作东西。他准确地指出："倘若一个人在自己的手艺上取得成功，他就会被迫离开。"称职的机修工会被提升到管理、销售或市场营销的职位。

就他的所见来说，这是一种新的社会趋势，里斯曼特别感兴趣的是它对美国年轻人的影响，他们随波逐流，只接受"大众媒体的指导"。他以19世纪白手起家者的传记为例，展示了二者之间的鲜明反差，那些传记会劝诫年轻读者不要浪费时间，要在醒着的每一刻提升自我。从表面上看，这似乎是"二战"之后兴起的"自己动手"文化的一则先例，但此间其实有一处关键的区别。现如今，自我提升的理念"经常被一股脑儿地用于团队内部的调整训练"。它为青少年读者准备了一种生活，在这种生活中，真正的生产力被单纯的模仿取代了。（里斯曼举过一个很好的例子，"为了转售的目的，人们必须小心翼翼地保养或修缮汽车或房子"。）在这一点上，他的分析与阿多诺的分析多有交集。现代资本主义把它的公民变成了被愚弄的人，他们害怕越轨，总是尽职尽责地规训自己去适应和迎合。20 世纪 50 年代自己动手装修家园的人们，以及在那种环境下长大的孩子们，看似已经牢牢抓住了阶级跃升的流动机遇。但事实上，他们时刻提防着周围的人。

里斯曼所代表的知识分子表达的担忧，深深地渗入了美国人的意识。在阿瑟·米勒（Arthur Miller）的戏剧《推销员之死》（1949）中，彼此疏离、内心焦虑的人物占据了舞台的中心；相似的情景也出现在了约翰·契弗（John Cheever）的短篇小说中，出现在了 J. D. 塞林格（J. D. Salinger）的《麦田里的守望者》（1951）、约翰·厄普代克（John Updike）的《兔子，快跑》（1960）、西尔维娅·普拉斯（Sylvia Plath）的《钟罩》（1963）等中长篇小说中，以及以詹姆斯·迪恩（James Dean）主演的《无因的反叛》（1955）为代表的大量电影中。甚至连《大众机械》杂志都引用了《孤独的人群》的主要论点，在 1952 年评论道："看上去，人类已经掌控了技术，但还需要解决自己的经济、政治和道德问题。"[15] 然而有一个话题似乎比其他任何话题更能引起人们的不安，有时甚至是全面的恐慌。那就是"美国青少年"（American teenager）。

这个词本身是个新词，出现于20世纪20年代，只是在战争期间才变成普遍用语。比这个词出现更晚的，是针对这一人群的大众消费文化——在某种程度上还不如说是被这一人群创造的。随着20世纪50年代的逝去，出于婴儿潮的缘故，青少年的人数越来越多，市场也越来越大。他们在挑战社会规范方面也越来越有信心。作为基于年龄，而非阶级、种族、性别的人口群体，他们形成了一个独特的集团，而且至少具备了跨越先前显而易见的社会障碍的潜力。不过总体来看，成年人发现青少年无所顾忌却漫无目的，甚至处在百无聊赖的边缘。他们似乎把时间都花在了琐事上（奇怪的发型、令人担忧的音乐）。他们甚至用一种新的风格说话，同时表现出颠覆和轻蔑的意味，俨然暗示了——正如一位语言学家对《麦田里的守望者》的主人公霍尔顿·考菲尔德的评论——"关于眼前的问题，还有更多可说的，但他并不打算费工夫讨论下去"[16]。

教师们注意到，他们的教室发生了翻天覆地的变化。学生们不接受教给他们的东西。他们本能地挑战权威。一位教育家提出假设，也许"我们不再代表一个稳定的社会了……学生今天学到的东西，明天可能就过时了，这种可能性很大。学生们觉察到了这种模糊性，他们提出了质疑和抵制"[17]。一个社会学家团队对3000名高中生进行了一项研究，并确定已经找到了里斯曼论文的证据：学生们陷入了"不假思索的从众心态"，深受"一种以意志消沉、自我膨胀、智力衰退为特征的综合征"的折磨。甚至青少年自己似乎也同意，他们被"他人导向"麻痹了。当被问及他们最大的问题是什么时，他们回答最多的是"想让别人更喜欢我"[18]。

如果说有一种语境能让青少年真正表达自己的观点，那恰恰是知识分子最担心的地方：他们的休闲追求。认为青少年痴迷于预先包装好的大众文化［帕特·布恩（Pat Boone）的电影和埃尔维斯·普雷斯利（Elvis Presley）的唱片］的刻板印象，其背后当然有许多实情。但青少年们也时常利用手工艺塑造自我。青少年版本的"自己动手"运动，虽然和他们父母的"自己动手"运动一样，都是商业利益刺激之下的反应，却可能更有创意，更具技巧。这种战后青年文化的标志，早在20世纪30年代就已经初具雏形了，而参与者主要是对摇摆舞音乐感兴趣的女孩，有白人，也有非裔美国人。这些年轻女性对某些演艺明星产生了强烈的认同感，继而在重塑自己方面表现出了非凡的想象力。一些人穿着手工制作的裙子，上面装饰着她们最喜欢的排行榜冠军的音符，或者用最喜欢的黑胶唱片制作帽子。[19]

20世纪50年代，服装行业中曾经普遍存在的外包制度几乎完全消失了。由于工厂生产的服装价格低廉，家庭制衣业在经济上已经被边缘化，它的存在主要是为了娱乐，而不是收入。这门手艺完全成了十几岁女孩的专利，以至于早在百年之前就率先进行大规模营销的缝纫机制造商辛格公司，通过出版《十七岁》（*Seventeen*）这样的杂志（1944年开始发行，通常被认为塑造了花季少女的主流形象），将广告重点投放在这一人群身上。辛格的宣传将缝纫包装为一种获得成就的手段，让人联想起了美国早期历史上的"家庭成就"，但如今的它披上了一层现代的伪装。即使是最具智力的追求，也会与个人的外表和男性的认可挂钩。1950年刊登在《十七岁》上的一则广告，讲述了一个辩论队女孩的故事。面对激烈的竞争,她准备做一件"轰动全场的连衣裙"。当然,她赢了,甚至还得到了"与对方队里一个英俊男孩"约会的机会。[20]

类似这样的性别宣传可能会影响读者,但重要的是我们要记住,这反映了媒体高管先入为主的观念,而不一定是青少年自己的想法。在实践中,青少年的时尚意识是个更为复杂的问题,既要追随潮流,又要表现个性。时尚当然会受到专业女装设计师的影响,最著名的例子是由巴黎的克里斯汀·迪奥(Christian Dior)推出的名为"新风貌"("New Look")的女装款式。然而在这个自上而下推广风格的时尚产业,也出现了南辕北辙的生动插曲。最著名的是阻特服(zoot suit),战争期间,它在非裔美国人和墨西哥裔美国人中首次流行起来。这种款式以丰富的褶皱面料而著称,其风格特点体现为一件低垂的外套,上面带有厚重的垫肩和"抵达指尖"的长袖。参与这一时尚的年轻女性身着短裙,男性则穿上宽松的裤子,只在臀部和脚踝收束紧致,前面留有锋利的"酷褶"("reet pleat")。人们可以花一大笔钱,从裁缝那里订购阻特服。《纽约时报》的报道称,这种风格的第一套西装,绰号"非同凡响"("killer diller"),是由佐治亚州的一名餐馆小工定做的。("killer diller"这个词,就像"reet pleat"和"zoot suit"一样,本身是20世纪中叶黑人青少年中常见的押韵俚语的一个例子。)但它们也是在家里制作的,通常是用尺码超大的旧衣服改做而成的。[21]这种风格如此大胆,以至于它成为1943年洛杉矶一场臭名昭著的种族骚乱的借口。当时白人士兵袭击了年轻的墨西哥裔美国人,扒下了他们的衣服并烧掉,此举具有一种象征性的意味。这件事不仅展现了当时白人和战时拉美裔工人的紧张关系，还反映了这种风格是多么具有挑衅性——被期望贫穷和恭顺下去的人们，把它当作一种炫耀性的消费方式。[22]

H. 阿姆斯特朗·罗伯茨（H. Armstrong Roberts），《两个试穿裙子的少女》，1953 年。
经典库存，档案照片/盖蒂图片社。

贵宾犬裙（poodle skirt）处于阻特服所在的文化光谱的另一端，是受人尊敬的中产阶级白人女孩的象征。其实它也是一种富有个人色彩的表达方式，而且常常也是在家里制作的。事实上，这种设计起源于一种权宜之计。1947年，一位名叫朱莉·琳恩·夏洛特（Juli Lynne Charlot）的歌手，受邀参加一场圣诞派对，她很快就做了一条裙子，还在上面做了节日主题装饰。"我是用毛毡剪的，因为我不会缝纫，"她回忆道，"那是我知道的唯一一种宽度足够裁出一条完整的无接缝圆裙的材料。"[23] 最终，夏洛特在这个点子的基础上，建立了一家成功的企业，经常往自家生产的裙子上添加狗的形象作为装饰——产品因此得名贵宾犬裙——其他制造商如法炮制。这种设计大受欢迎，尤其在跳舞的消费者中间广为流行，因为它让当时时髦的扭动、旋转的舞步变得更加夺目。不过这种裙子流行的真正秘密是，可以根据穿着者选择的形象，很容易地制作和定制。

贵宾犬裙只是"二战"之后的少女们拥抱的几大时尚潮流中的一个，此外还有铅笔裙，这是迪奥在1954年推出的，取代了他之前推出的"A"字裙，以及不规则形状的"麻袋裙"，它在1958年短暂流行过一段时间。每一次，青少年都通过购买与个性化相结合的方式，对新款式的媒体推广作出了回应。杂志上一边刊登最新的时尚特写，一边为迈考尔（McCall's）和简约（Simplicity）等生产服装纸样的公司打广告，这些广告主要针对青少年。图样使青少年和年轻人跟上时尚，同时也为他们提供了广泛的选择，让他们可以自行甄选面料、镶边饰物和（限于技艺高超的公司）别出心裁的改造方式。《乌木》（*Ebony*）杂志上投放过一则广告，一位年轻的非裔美国妇女穿着手工制作的舞会礼服，"我从高中开始就再也没有做过针线活儿，但这挺容易，也挺有趣……这是我第一次一下子就搞定了我想要的裁剪、尺码、布料和颜色"[24]。

旧衣服现在被重新命名为"复古"（这个时代的另一个新词），是另一种工业制成品和手工定制品的混血儿。购买二手服装，然后零售，比从零开始制作服装要容易得多。非但如此，它还有助于表现对流行趋势的漠视，这契合了青少年心中的"酷"的概念。像里斯曼这样的理论家可能很难解释这种现象。（具有讽刺意味的是，正是主流时尚的快速变化，以及新型合成面料的引入，使得战前的服装显得如此与众不同。）[25] 与对复古服装的喜好类似，男孩们会定制手工改装汽车，把通常在20世纪20年代至30年代生产的老车，变成名为"热棒"（"棒"是跑车一词的简称①）的改装车。这几乎完全是属于男性的爱好，反映了那个时代严格的性别划分。就像19世纪的情况一样，女孩一般在学校学习家政，而男孩则去上手工艺课。在极少数情况下，这种惯例会被打破，此时就需要用上修辞手法了。如果教男孩缝纫和烹饪，这门课就被戏称为"单身汉生活"，因为大家理所当然地认为，这些技艺等到他们结婚后就派不上用场了。当女孩学习木工时，她们会被教导做嫁妆箱，以强调她们未来身为妻子的角色。[26] 制衣和改装车，被牢牢定位在性别界线两侧的对立面，充当了女性和男性各自的有力象征。

---

① 此处的俏皮话"棒"（rod），来自跑车（roadster）的简写形式。"热棒"（hot rod）指的是一种经过特殊改造用于竞速的跑车。——译者注

对改装车的狂热始于战争年代。随着汽车制造商转向军用生产,新车供应出现缺口。年轻人鼓捣起了古旧的破车,先是维修,继而重造。1932 年款的福特汽车,又名"平分"("Deuce"),以强化的全钢车身为特色,是最受青睐的一种选择。洛杉矶的业余汽车制造者们尤其雄心勃勃,他们将强劲的 V8 引擎装入汽车,重新设计更低的车身,使车速更快。他们参加在城外干涸的湖底举行的速度测试,加入在公共街道上举行的加速比赛。有关汽车的审美随即出现,它讲求低趴和圆润,"斜背式车顶"的坡度要一路降至车尾。这是一项大型金属加工工程,其间车柱和车窗的部分结构会被切割下来,重新焊接。整个车身被"打通",原先的框架被降低了高度。

就像在年轻人中流行的其他手工艺——制作冲浪板、船、吉他,改装车也是一个复杂的混合体:一种被大众媒体塑造出来的自觉的个人追求。《大众机械》杂志和另一些专业杂志共同助推了这一趋势,如创刊于 1948 年的《热棒》,最初取名《鸣笛!》(*Honk!*),以及在 1953 年创刊的《汽车工艺》(*Car Craft*),等等。这些杂志均由企业家罗伯特·彼得森(Robert Petersen)经营,旨在消除公众对赛车的恐惧,因为许多人认为,赛车是一种甚至可能导致自杀的危险活动。早期的汽车杂志,实际上刊登的是加利福尼亚州高速公路巡警发表的社论,那些文章坚持认为:"很少有改装车发烧友愿意拿他们的专用设备去冒险赛车,当攻城槌使。"[27] 这种论调也许是正确的。经过极致的精雕细刻的高速赛车只用于比赛,它们被小心翼翼地拖去参加比赛,虽然是以最高的速度行驶,但一年下来可能只跑 30~40 分钟。[28] 彼得森发现,

海军军人李·罗恩（Lee Roan）——改装车车手——在休假期间改装汽车，加利福尼亚州帕萨迪纳，1952 年。
南加利福尼亚大学，科比斯历史影像／盖蒂图片社。

强调机械的素质而非原始的蛮力或肤浅的风格，更能吸引读者和他们的父母。不断扩张的零部件行业也进一步强化了这一信息。年轻的车迷们可能不会把钱花在被戏称为"底特律铁"的新车上，但他们确实会买一些专用装备，比如从专业的"速度商店"买到的涡轮增压器。伴随着他们爱好的发展，那些供应商也在壮大。1961 年，他们每年可以卖出价值 3600 万美元的零件，已经追平了成人家居装修材料的庞大销售额。[29]

撇开技术和经济方面不谈，改装车的外观相当令人惊叹，它们比青少年追求的其他任何东西都更能引人注目。关于这一现象，有一份不可磨灭的记录，那是 1963 年汤姆·沃尔夫（Tom Wolfe）为《时尚先生》（*Esquire*）杂志撰写的一篇文章，题为《出发了（嗡！嗡！）看那个糖果色（哇哦！）橘片样流线型宝贝（呦呵！）正在劈弯（隆！隆！……）》[There Goes (Va-room! Varoom!) That Kandy Kolored (Thphhhhhh!) Tangerine-Flake Streamline Baby (Rahghhhh!) Around the Bend (Brumm-mmmmmmmmmmmmmmm...)]，讲述了他在加利福尼亚伯班克（Burbank）的一场青少年博览会上与定制汽车的故事。从文章标题就可以看出，这是一篇不寻常、破天荒的奇文，它混合了标准的报告文学和主观的时事评论。有时它被看作 20 世纪 60 年代后期发展起来的"新新闻学"（"New Journalism"）的第一则发表范例。有人可能会说，沃尔夫是受到了赛车手们的启发，他们给标准化的汽车注入了前所未有的活力和创造力。特别是一个名叫乔治·巴里斯（George Barris）的汽车改装玩家，沃尔夫被他迷住了。

与沃尔夫相遇时，巴里斯已经 37 岁了，但是早在 20 世纪 40 年代，当时只有十几岁的巴里斯和他的兄弟萨姆（Sam），已经帮助定义了加利福尼亚州改装车舞台上的技术和外观。起初，沃尔夫形容乔治是"一个结实的小家伙"，在欣赏过他的汽车，并且将其比喻为滚动的艺术品之后，他口中的乔治已然"看起来活像毕加索"了。巴里斯建在好莱坞的汽车修理厂"一开始看起来和其他汽车修理厂没什么区别，但很快你就会意识到自己身在一座画廊里，"沃尔夫写道，"这个地方到处都是你从未见过的汽车。其中有一半永远不会接触道路。"应当承认的是，这不是一种

"不受阻碍的艺术形式"。"它承载了许许多多的精神寄托,朴素而老派的机械工艺,速度、力量、神秘感的隐含寓意,这些都是贫民窟的青少年们为汽车带来的东西。"饶是如此,我们最好还是把巴里斯视为雕塑家——"他不是在打造汽车,他是在创造形式"[30]。

沃尔夫还描述了定制汽车改装玩家和大型汽车公司之间的有趣交流。他指出,底特律借鉴了许多改装车手的理念,如尾翼、双前大灯以及低车身的普遍原则,将它们整合入了自家量产的汽车。(20世纪60年代所谓的肌肉车,比如庞蒂亚克GTO,标志着这种草根风格的极致应用。)与此同时,定制汽车舞台上的居民骄傲地保持着自己的独立。他们不会梦想到底特律去做造型师,这"就像勒内·马格利特(René Magritte)或其他什么人的名字,出现在了大陆罐头公司(Continental Can)的工资名册上一样"。然而巴里斯和其他领先的改装玩家也欢迎来自大型汽车公司的关注,他们参加过诸如通用汽车的进步游行(Parade of Progress)、福特的定制汽车车队(Custom Car Caravan)等盛大活动,沃尔夫访问伯班克时,车队刚好驶过当地。他清楚地看到,改装车是一个由众多显而易见的矛盾组成的集合体:杂糅了被各种各样的商业主义浸透的技术、美学和个人主义。那些改装汽车的青少年,构成了日后的某种亚文化的主力军。他们使用的语言就像汽车本身一样是定制的:保险杠叫"削杆",活塞叫"桶",凸轮轴叫"杆"。[31] 他们你争我夺,只为了赢得外界几乎无法理解的声望。

尽管沃尔夫似乎没有意识到这一点,但就在附近(洛杉矶东部)的年轻拉丁裔美国人中,一种更发达的改装趋势正在展开:

主角是名为"矮骑手"的特立独行的低底盘车。这种定制风格与其他高速改装车近似,20世纪40年代至50年代,它们同步发展起来。车如其名,低底盘车的底盘要下降到更接近地面的位置,导致它的踏脚板几乎刮到了人行道。早期的"矮骑手"与其他改装车的不同也体现在品牌上——比起历史气息浓厚的福特,人们更喜欢又大又新的雪佛兰汽车。这有点像20世纪40年代拉丁裔男子身穿的阻特服,"矮骑手"也是有意为之的产物,性感而不切实际。它的外观被完美的定制油漆图样包裹起来。车内可能会铺上厚厚的地毯,还配备了折叠座椅和比常规更小的方向盘,让司机坐得更低。车身前后可能安装了小于常规的轮胎,用的是镀铬的轮辋,如此一来,外观才算大功告成。这类车不是为了去比赛,正相反,是为了在林荫大道上徜徉,以引来钦佩的目光。1975年的一项研究引用了一名车主的原话,他这样解释个中美学:"你会想要一辆又长又低又性感的车,这样的话,如果你和你的女人站在车边拍照,就会看到一支长长的围观队伍了。"[32]

一般来说,20世纪50年代至60年代的低底盘车,不像大多数改装车那样,由车主本人定制,而是交由专业的汽车修理店制造。即便如此,正如一位历史学家所言,它们在城市通勤的常规车流中,依然构成了"匠心独运的独特符号"[33]。这些汽车象征着对权威的无情拒绝——尤其是在20世纪60年代初,当局强行将这个国家最繁忙的高速公路立交桥,刺入洛杉矶东部种族多元化的博伊尔高地(Boyle Heights)的时候。[34] 面对这样的进犯,低底盘车表现出了贵族般的冷漠,把高速改装车那沉默的反抗能量掷出了窗外。用里斯曼的术语来说,这种定制汽车文化无疑是"他人导向"的，甚至比战后的其他业余爱好者的追求更加纯粹，因为它只专注于炫耀。但它传递的信息绝不是循规蹈矩。关于同质化的文化理论，很难追得上手工艺的多元分化，即使后者的速度只有每小时 5 英里。

乔治·巴里斯——沃尔夫的《糖果色橘片样流线型宝贝》一文中的主角——可能从未见过彼得·沃尔科斯。真遗憾，因为他们有许多共同之处。两个人的生年仅相隔一年——巴里斯生于 1925 年，沃尔科斯生于 1924 年。两个人都来自希腊裔的美国家庭。两个人都曾在洛杉矶工作过一段时间，他们的工作室仅相距 6 英里。两个人都是极具天赋的手工制作者，也都是各自领域中的佼佼者。两个人都把一种通常被认为是功能性的媒介，转变为某种可以被理解为创造性艺术的事物。然而巴里斯的世界和沃尔科斯的世界又相去甚远，这充分说明了战后美国手工艺状况的变迁。

战争期间，沃尔科斯先是在俄勒冈州波特兰的一家造船厂工作，而后奔赴太平洋战场，担任军舰上的尾炮手。退伍后，依靠《退伍军人权利法案》的资助，他在家乡蒙大拿州上了大学，也就是在那里，他发现了陶器。在一位名叫弗朗西斯·森斯卡（Frances Senska）的讲师的指导下，他很快就对陶轮操纵自如了。后来他在奥克兰的加利福尼亚州工艺美术学院（California College of Arts and Crafts）获得了硕士学位。接下来的几年，他制作实用的器皿，在地区博览会和有评委的展览上屡次获奖。1954 年，他搬到洛杉矶，接过了一份教职，两年后，他开始用黏土做了一系列不同寻常的实验。

尽管他仍然运用了陶工的表现手法——例如，他的作品主要采用在陶轮上拉成的圆筒陶坯来构筑——但他是以一种完全违背传统、杂乱无章的方式使用这些技法的。他把陶泥切成碎块，这里粘一点，那里粘一点。他制作容器口，有时有五六个之多，把它们粘在奇怪的地方。他使用泥浆和釉料的方式，就像一位行动派画家，同时用不同样式的标记，划分器皿的表面。沃尔科斯的新手法吸引了人们的注意，周围的声音既有消极的，也有积极的。一些思想传统的陶工认为他的举动不可理解，但学生们还是围拢到了他的身旁，并开始发展他们自己的风格路数，与沃尔科斯一样怪异。一些手工艺倡导者意识到，沃尔科斯正是他们一直在等待的人：一个可以团结到自己的队伍中来的人，一个可以把他们的领域推向一个全新阶段的人。

沃尔科斯并不是 20 世纪 50 年代出现的唯一一位具有开拓性的手工艺巨匠。这份名单里还有编织工莲娜·托妮（Lenore Tawney），她的作品将缥缈的抽象氛围与强烈的灵性色彩结合在了一起；还有温德尔·卡塞尔（Wendell Castle），他发明了制作家具的新方法，这让他能够创造出仿生形态的新颖家具。不久之后，随着在小车间内吹制热熔玻璃的技术难题得到解决，这种材料也找到了它的拥护者，技术员兼雕刻家哈维·利特尔顿（Harvey Littleton）就是其中之一。这份简短的名单上还可以添加无数制作者的名字，他们都在努力拓展自己所用材料的概念性、创造性和形式上的可能性。[35] 他们合力掀起了后来的那场"工作室工艺运动"。此处的"工作室"一词，指的是供一个人使用的工作室，就像一个艺术家的工作室。依托于艾琳·奥斯本·韦伯创建的组织健全的基础设施,这场运动在"二战"之后蓬勃发展。20世纪50年代末,韦伯不仅组建了一个全国委员会、一家商店、一本杂志,还召开了一系列年度会议,甚至成立了一座小型博物馆,馆址就设在纽约曼哈顿现代艺术博物馆隔壁的一幢经过改建的联排别墅。最初,该馆被称为当代手工艺博物馆(Museum of Contemporary Crafts),而今它的名字是艺术与设计博物馆(Museum of Arts and Design)。它于1956年对外开放。

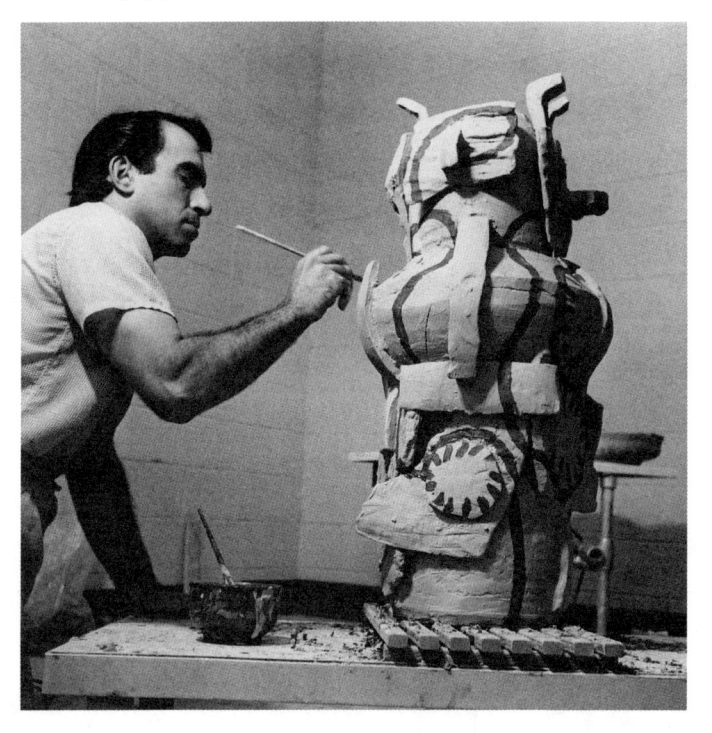

奥皮·昂特拉支(Oppi Untracht)拍摄的《彼得·沃尔科斯在他的工作室工作》,1956年。
沃尔科斯有限公司(Voulkos & Co.)项目目录。

尽管工作室工艺运动的成员主要是寻求非传统途径的白人中产阶级，但并不是一个整体。例如，黄玉雪（Jade Snow Wong）在旧金山唐人街长大，父母都是移民，共同经营一家工装裤工厂。她说，直到她在米尔斯学院（Mills College）发现了陶瓷，开始在一家店面出售她的陶罐才感到了满足——"你看到一个站在橱窗里的女人，她的双腿跨在陶工的陶轮两旁，头发扎成辫子，双手永远被黏糊糊的加利福尼亚黏土弄得凌乱不堪"[36]。她的自传《华女阿五》（*Fifth Chinese Daughter*）大获成功。1953年，她在美国国务院的赞助下出访亚洲，以消除对美国国内反华偏见的担忧。

人如其名的阿特·史密斯（Art Smith）是纽约市格林威治村的一位非裔美国珠宝匠。1948年，为了躲避种族敌意，他从附近的"小意大利"移民区搬到了这个社区。史密斯采用了现代艺术博物馆在1941年主推的有机设计风格，又将现代主义雕塑和非洲艺术的出彩之处融入其中。黑人舞蹈指导塔利·比蒂（Talley Beatty）是他的客户之一，他认为史密斯作品的超大尺码、不对称感，是现代舞在视觉上的完美搭配。"人体是珠宝设计的组成部分，"史密斯写道，"二者的关系恰似空气和空间。与线条、形状和颜色一样，身体也是一种创作的材料。"[37]珠宝佩戴者的皮肤构成了漂浮、抽象的金属的幕布，印证了一种理念——黑色是美丽的。

另一个在这一时期获得声望的珠宝匠是查尔斯·洛洛玛（Charles Loloma），他来自第三方山（Third Mesa）的印第安霍皮人保留地。他很早就接受了艺术家的培训，曾在旧金山金门世界博览会的印第安庭院和随后现代艺术博物馆举办的展览中，担任助理壁画师。"二战"期间，他参军服役，退伍后进入了美国工匠学校。带着从那段求学经历中获取的灵感，他来到了圣达菲，与人携手创办了美国印第安艺术学院（Institute of American Indian Arts），以此为平台，促进原住民制作者的个人创新。作为珠宝匠，他成熟时期的作品风格偏于抽象，出自他手的镯子、戒指、扣环上往往镶有不对称的宝石。他在选取技法时，借鉴了普韦布洛人的先例，比如在凝灰岩中铸造银制品，在材料上则尤其偏好绿松石。但他也大大扩展了自己的调色板，使用了珍贵的宝石和纹理丰富的木材。与前辈玛丽亚·马丁内斯一样，洛洛玛把自己定位为原住民文化的代表，也与现代主义展开了对话。"印第安人日益成为一种时尚焦点，"他曾谈道，"但那种展示［只能］停留在一种水平上，甚至连政府都试图将我们留在这种水平上，就好像印第安人不应该继续发展似的。但事实上，我们还在发展。我们的作品正在开花结果，甚至超越了一些［其他］当代作品，那些作品已经陷入止步不前的境地。"[38]

黄玉雪、阿特·史密斯、查尔斯·洛洛玛当然不是工作室工艺运动中仅有的少数族裔成员，但他们确实是例外。这场运动的最大弱点之一就是缺乏多样性。这不仅仅是人口统计学上的事实。业余工匠和参与工业生产的工匠（诸如定制汽车制造者乔治·巴里斯、航空公司工人"蒂娜"·希尔）完全不在运动参与者的范围之内。根据大学课程的设置逻辑，五种创作材料（陶瓷、玻璃、纤维、金属和纺织品）被排在了头等重要的位置。虽然这种设置多少有些随意，但由此引发的对上述领域的密切关注也有好

珠宝匠阿特·史密斯在他的陈列室，20 世纪 60 年代。
阿特·史密斯庄园提供。

处，因为它培养了一种共同体的意识。1957 年，当韦伯在加利福尼亚州太平洋丛林市（Pacific Grove）的阿西洛玛（Asilomar）举办她的第一次全国会议时，共有 450 人从国内各地赶来参会。有些人之前从未见过自己领域内的其他独立制作人，许多人有了发现新世界和无限可能的强烈感受。支持全国委员会的区域组织相继成立，例如，以"加利福尼亚设计"为名的系列展览，将定期在帕萨迪纳举办；以"纤维、黏土、金属"为名的系列展览，将定期在明尼苏达州的圣保罗举办。通过这些纽带，工匠们彼此结为朋友，互相支持。他们交换工作中遇到的实例，分享技术见解，商讨共同的目标。他们强烈地感觉到，美国需要他们。面对乏味而从众的郊区生活，没有人情味的大规模机器生产，所有东西看起来都千篇一律的世界，手工艺为人们提供了另一种选择。在阿西洛玛，曾在包豪斯学院接受训练的陶艺家玛格丽特·威尔登海因（Marguerite Wildenhain）宣称，这场运动的共同目标应该是"与我们这个时代道德标准的缺失作斗争……为了以人类的尊严和独立为基础的理想而奋斗"[39]。

艺术评论家兼诗人罗斯·斯里夫卡（Rose Slivka）从1959年开始负责编辑《手工艺视野》杂志，出色地完成了工作，在她手里，该杂志既充当了手工艺新网络的结缔组织，也变成了思想争鸣的平台。杂志帮助制作者找寻工具、材料和其他资源，还提供了一份活动日历，供手工艺人会面接洽，参观彼此的作品。斯里夫卡在1961年发表的《新陶瓷的存在》（"The New Ceramic Presence"）等文章中，展示了她强大的智慧，这篇文章可以说是献给沃尔科斯及其西海岸同侪的前卫作品的宣言。她用极其宽泛的术语阐述了自己的观点，提出了陶瓷业的新潮流，将之作为对工业革命的一种延迟的修正。斯里夫卡写道：机器是美国生活中最强大的力量，"它的控制力、速度、强度、影响力、能量、生产力、暴力"，全都毋庸置疑。这似乎使手工艺在社会中失掉了生产的作用，但新一代的陶艺家业已证明，事实恐非如此。他们意识到，"即使是最轻微的让步也会限制手工艺作用的发挥"，他们已经向纯粹且不受约束的表达迈出了一大步。他们的黏土作品粗犷、自发、即兴，是美国个人主义伟大传统的完美载体，而这种传统已经迷失了方向。如今，陶瓷可以与绘画、雕塑并立，以自己的方式，为延续艺术的使命——"寻求一种更深层的存在感"——作出贡献。[40]

这是一项雄心勃勃的计划，与韦伯创立美国工匠合作委员会时的想法大相径庭。斯里夫卡拒绝了"设计师-工匠"的角色模型，似乎认为这条路是行不通的——又或者认为，无论如何它的潜力都太过有限了。相反，手工艺不得不将自己重塑为一种艺术形式。这一观点确实遇到了些许阻力。寄到《手工艺视野》编辑专栏的信件里，充斥着谩骂和取消订阅的威胁。但很快它就在舆论中占了上风。如果说美国正在变成一个心灵孤独的庞大群体，手工艺运动的发展方向却可能相反：它正在变成一个自我实现的联盟。这种信念赋予手工制作一种高尚的使命感，这是自工艺美术运动兴起以来，它一直缺乏的。还有一点也具有战略意义：在这场运动中，大多数有影响力的人物都隶属于学院和大学，这种看待手工艺的新方式，有助于他们在与其他艺术课程的关联中定位自己。由于教师有担任教职的薪水，他们并不存在经济上的需求，所以，即便很少有画廊或收藏家对他们的作品感兴趣，这也不是一个无法克服的问题。他们仍然相信，对方缺失的兴趣会随着时间的推移而增长。

事情似乎正朝着正确的方向发展。1969年，当代手工艺博物馆富有创新精神的馆长保罗·史密斯（Paul Smith），与纽约市的画廊经营者李·诺德斯（Lee Nordness）合作策划了一场展览，以"物品：美国"（*Objects: U.S.A*）为名，这是一场关于工作室工艺运动的大型展览，展出了100多家制造商的300多件物品。

他们制作了一份关于主要展品的目录,结果这份目录立即成为标准的参考文献。在随后的几年时间里,这场展览在全美不少于 20 座场馆和欧洲的 10 座场馆接连举办,成千上万人到场参观。与之相关的电视节目吸引了更广泛的观众。以任何标准来看,"物品:美国"都取得了巨大的成功——唯独它真正想要实现的目标却落空了。尽管展览受到了众多媒体的欢迎,纽约最有资格对此发表意见的艺术评论家芭芭拉·罗斯(Barbara Rose)却严厉地批评了它。她在《纽约杂志》(*New York Magazine*)上撰文称,这场展览是"手工艺的灾难",她解释说:"个人在脱离工匠的共同体之后,虽然从美术中获得了自我表达、自我娱乐的许可,间或还会引起官方的兴趣,却由此不再能够参与真正的手工艺传统了。职是之故,'物品:美国'是一次荒诞幻想的集合,是由自负的个体们为了自我表达而制造的产物,他们身为优秀的美术家,却不愿承担任何社会责任。"[41]

罗斯的这番评论,指出了手工艺即艺术这个项目存在的两个严重问题。首先,艺术界的当权派对"设计师-工匠"的角色合作前景不感兴趣。对于这种前景,他们甚至比美国的工业界更不感兴趣。这是因为罗斯的反应绝非孤例。"物品:美国"展的联合策展人李·诺德斯也承认:"在纽约,除了绘画和青铜器,我什么都卖不出去,因为评论家们不会认可手工艺媒介的工作。"[42]其他试图让手工艺媒介成为美术领域平等参与者的展览,也都未能说服人们。1968 年,现代艺术博物馆恢复了早年间对纺织品领域的参与,举办了一场名为"壁挂"(*Wall Hanging*)的展览。纤维艺术运动(fiber art movement)的许多领军人物参与了展览,其中就有伟大的莲娜·托妮。然而,当《手工艺视野》杂志邀请雕塑家路易丝·布尔乔亚(Louise Bourgeois)谈谈看法时,她却只是微微耸了耸肩。这些作品在她看来更像是"珍品(curiosa)或者艺术品(objets d'art),而不属于美术的范畴,"她表示,"一幅画或一座雕塑对旁观者提出了很高的要求,同时又独立于他。这些编织品虽然令人愉快,却似乎更吸引旁观者,对他的要求也更低。"[43]

他们之所以摆出这种不友好的姿态有几点原因,其中最主要的一点是,他们持有斯里夫卡试图推翻的那种固执观点——手工艺本质上是功利性的或装饰性的。这种看上去无关紧要的假设,几乎比反感更糟糕,因为它可能导致新式手工艺的目标受众对其视而不见。长期以来,手工艺人与妇女之间的联系,以及手工艺人与有色人种之间的联系,进一步加剧了这个问题。20世纪60年代的艺术界,在很大程度上是一个白人男性的世界,几乎所有人都是无意识的性别歧视者(有些人甚至极其恶毒)。将手工艺使用的材料纳入已被认可的雕塑领域,就意味着要明确谁才是真正的艺术家,而这并不是当时的裁决者愿意看到的。

不过,这并不是芭芭拉·罗斯在评论中提出的观点。她的观点是,"物品:美国"展偏向艺术的姿态,意味着放弃那些让手工艺具备价值的东西——它与日常生活的彻底融合。在这一点上,她说得有道理。事后看来,也许是被艺术界怀揣的愿景迷惑,早期的工作室工艺运动很明显在视野上存在很多盲点。韦伯和她的盟友是杰出的沟通者,但就像工艺美术运动中的那些前辈一样,她们没有试图与各家工会结成联盟,尽管工会的地位与20

世纪 30 年代相比有所削弱，但它们仍是全国规模最大、力量最强的手工艺组织。工作室工艺运动的姿态，也让它有些遗世独立。它最初把重点放在了设计咨询上，如果非要说它有什么盟友的话，那也是管理层，而等到它雄心勃勃地转向美术领域之后，它更是指向了一个愈加精英主义的环境，从此基本上不过问政治，也远离了工人阶级。

如果说参与工作室工艺运动的手工艺人，只是远离了有组织的劳工的话，那么对于业余爱好者，他们就干脆不屑一顾了。在 1957 年的阿西洛玛会议上，一位人称陶工 F. 卡尔顿·鲍尔（F. Carlton Ball）的参与者，竟然把与会的专业人士面临的挑战，描述为一场与业余爱好者的积极斗争："假如我们只关心自己工作室里的问题，到时候，业余爱好者、手工艺工具包的制造商、可爱的新奇产品的供应商就会接管美国的文化，而且很可能导致它退化。"[44] 手工艺品制作者已经意识到了自己在艺术界的地位，因此工作室工艺运动的参与者最不希望看到的事情，就是与"自己动手"运动的拥趸联系在一起。这种画地为牢，使他们失去了一个天然的支持者。因此，尽管取得了许多创造性的成就，但工作室工艺运动始终既小众又孤立。《手工艺视野》杂志的发行量在 20 世纪 70 年代达到顶峰，大约为 40 000 份，仍旧不到《热棒》杂志发行量的 10%。

即便工作室工艺运动是一种小众现象，它也依然在美国手工艺史上占有特殊的位置。在其他任何情况下，置身于机械化的世界里，依靠手工制作东西的创造性和可能性，都没有被如此充分地探索过。艾琳·奥斯本·韦伯就是其中的一员，她一直在寻求机会扩大自己的视野。1964 年，她完成了自己迄今为止最大的组织壮举：在纽约哥伦比亚大学召开了新组建的世界工艺理事会（World Crafts Council）的首次会议。在阿西洛玛，韦伯曾经说过："如果世界不是如此之大，如果没有那么多人，如果没有那么多不同的文化和语言，如果我们都可以面对面互相交谈，我相信现在困扰世界的许多问题将很快消失。"[45] 现在，她凭着这种本能采取了行动。来自亚洲、非洲、拉丁美洲和欧洲的数百名代表，与来自美国的诸多著名人士汇聚一堂，后者中包括小说家拉尔夫·埃里森（Ralph Ellison）和勒内·达·哈农考特，而哈农考特是韦伯在现代艺术博物馆的老助手了。

与会代表一起思考了手工艺在美国乃至于在世界各地的未来。可以猜到，代表们的观点各不相同，但在一件事上，他们的争执尤其激烈——是否需要更广阔的视角。普普尔·贾亚卡尔（Pupul Jayakar），一位来自印度的改革者（她在印度扮演的角色，有点类似于韦伯在美国的角色）指出，在她的国家，有 300 万台手织机运转，支撑着 700 万人的生计。圣雄甘地发起的"抵制英国货运动"（swadeshi）以手工艺人为核心，推动了土布、国服的手工制作，这是一场抵制殖民进口的运动，当年发生的那一幕，曾让印度历史上的手工经济毁于一旦。甘地很清楚，与英国的工厂相比，纺车和手摇纺织机效率低下。尽管如此，他仍认为从长远来看，缓慢而可持续的方法会更好；而且在短期内，它就将扰乱英帝国的财政计算，帮助印度实现独立。

贾亚卡尔是这一事业的继承者之一，她试图在甘地的理想主义和自己的更务实的观点之间取得平衡。她清楚地看到，面对经济和技术上的干扰，工匠们仍然是脆弱的。因此当务之急是使他们拥抱现代化，"要创造一种环境，使手艺人能够在精确而富有创造性的背景下，接触新的职责和需求"[46]。这个问题的难度和复杂性，连同需要考虑这么多人的福利的道德负担，一定让与会的美国人顿时清醒了过来。与会的美国人不多，他们生活在世界上最富裕的经济体。假如他们诚实，就不得不承认，工业为创造繁荣作出了巨大的贡献。那么他们要给这世界上的无数手工业者上一节怎样的课呢？

在一定程度上，工作室工艺运动完全可以回答这个问题，不过它只能在个人主义的基础上给出答案。毕竟这是一次个人主义者的聚会。但在美国的其他地方，甚至就在韦伯、斯里夫卡和她们的同事正在提升关于手工艺的对话规格的同时，其他人却在采取更集体的方式。从甘地和他的印度独立运动中，尤其是他的非暴力抗议策略中，这些活动人士意识到，回应墨守成规的大众的一种方式是个人主义，而另一种方式是团结。

在大众的想象中，这个故事始于公共汽车上的一位女裁缝。那是 1955 年 12 月，地点是亚拉巴马州的蒙哥马利（Montgomery）。罗莎·帕克斯（Rosa Parks）已经在当地的一家百货商店里工作了一整天，她是一名裁缝助手，负责改衣服。她回忆道：在干那份工作的时候，"不管别人对你有多粗鲁，你都必须面带微笑，时刻保持礼貌"[47]。与实行种族隔离的南方的任何一名黑人一样，帕克斯有许多受虐待的经历。（她也有印第安切罗基-克里克人的血统。）她已经决定了，她要站起来，而且是通过"坐下来"

的方式。那天晚上，在她乘坐公共汽车回家时，她被告知要给一名白人乘客让座，尽管她已经坐在车上的"有色人种"区。"当那个白人司机向坐在后边的我们走来，挥手命令我们离开座位时，"她后来说，"我下定了决心，那种感觉就像冬夜里紧紧地裹着被子。"[48] 她拒绝了，于是被捕了。在全国有色人种协进会（NAACP）的支持下，当地黑人领袖将此案作为一项凝聚人心的事业来对待。他们呼吁抵制该市的公交线路，由此，美国漫长的民权斗争中最伟大的一次战斗打响了。

帕克斯的这次著名的抗议行动，并非出自仓促的决定。那年的早些时候，她就在田纳西州格朗迪县（Grundy County）的高地民众学校（Highlander Folk School），参加过一场讨论种族隔离政策的战略会议。这所学校成立于1932年，当时正是阿巴拉契亚手工艺复兴的高峰期，不过高地民众学校选择了一条不同于约翰·C. 坎贝尔民俗学校、彭兰德手工艺学校的发展道路。它的创始人是一个名叫迈尔斯·霍顿（Myles Horton）的田纳西州白人，他曾去过丹麦，而且与奥利芙·坎贝尔一样，受到了丹麦斯堪的纳维亚模范民间学校的启发。学校同样提供陶艺、制衣、木雕等手工艺课程。但霍顿在政治方面是一个极度热情的进步主义者：他是一个热情的种族融合主义者和劳工运动的支持者。为了在高地居民中间开办讲习班，他聘请了来自南卡罗来纳州的非裔美国教师赛普蒂玛·波因塞特·克拉克（Septima Poinsette Clark），后者曾是全国有色人种协进会的实地考察工作者。在她的指导下，黑人和白人一起参加课程，一起学习。虽然高地居民的"讲习班"可能意味着在工作台上制作东西，但它也可能意味着一场工会筹划的会议。成立初期，学校经常被用作煤矿工人罢工的组织基地。

1953 年，高地居民开始为新生的民权运动举办类似的集会。关于斗争策略（抵制和静坐）的谈话和小组讨论，通常伴随着民谣和圣歌。正是高地居民将一首古老的《圣经》赞美诗，重新改写成了强有力的圣歌，名为《我们必胜》（"We Shall Overcome"）。在南方其他地方，人们还通过现场活动和赞助项目，为非裔美国人提供识字和公民课程。对于帕克斯来说，这所学校是加入盟友网络的宝贵入口。相传她曾经说过："高地居民和迈尔斯·霍顿的存在，是我不恨每一个活着的白人的唯一原因。"[49] 这个故事与韦伯在同一时间举办的集会（如阿西洛玛会议）形成了有趣的对比；高地居民和美国工匠委员会都是在 20 世纪 30 年代的区域工艺改革中兴起的，但两者追求的是形式完全不同的激进主义。

1957 年，马丁·路德·金访问了高地居民，赞赏了其在民权运动形成过程中发挥的作用。帕克斯就坐在观众席上，目睹了马丁·路德·金宣称："说到底，有尊严地走路，也比屈辱地坐车更光荣。"他指出了最高法院最近裁决的"布朗诉教育委员会案"（Brown V. Board of Education）的重要性，判决要求合并学校，乃至进一步合并其他公共机构。他谴责了三 K 党（Ku Klux Klan）近来的死灰复燃，预言未来将有一场长期的斗争。但他也传达了团结的信息。"事实业已证明，工会是消除我们国家的种族隔离和种族歧视的最强大力量之一，"金谈道，"劳工领袖们明智地认识到，反黑人的力量通常也反劳工，反之亦然。有鉴于此，工会是黑人争取自由的斗争中最强大的盟友之一。"[50]

这些话暗示了左翼政治的一个新联盟，一个将产生巨大影响的新联盟的诞生。为了理解何者正处于危险之中，有必要稍稍回顾一下 20 世纪 30 年代的历史。罗斯福的新政一直非常支持工会，将其视为从大萧条中复苏的关键支柱。1935 年，《瓦格纳法案》（Wagner Act）通过，加强了工会参与集体谈判的权利。这导致工会的成员数量迅速攀升，也为更多政治激进的工人阶级积极分子带来了信心。一个名为美国产业工会联合会（CIO）的新联盟宣告成立，与成立已久的塞缪尔·冈珀斯的美国劳工联合会展开了竞争。美国劳工联合会仍然是由技术密集型的行业工会组成，与之相比，美国产业工会联合会在政治方面更进步，它更具对抗性，也更具包容性。它欢迎妇女、非裔美国人和其他少数族裔加入自己的行列。从策略上讲，它放弃了认为工人的技艺是他们最有利的筹码的想法；相反，它专注于特定行业内不同职业的内聚力。考虑到当局明确支持的政治气候，这被证明是一个巨大的成功，汽车和钢铁工厂的工人罢工，更是换来了谈判桌上的优惠条款。

战争年代也被证明是有组织的劳工的好日子，因为社会对工人的需求随之激增。眼见国家处于战争状态，工会并不想罢工，其实工会也不需要罢工——工会在谈判中处于有利地位。可是，战争结束后，这种解决方案土崩瓦解。伴随着士兵返乡，即使劳动力供应大幅增加，工业还是迅速放缓了脚步。工资水平大幅下降。大批忧心忡忡的工人离开工作岗位：仅在 1946 年，就有近 500 万人离职。作为对罢工浪潮的回应，1947 年，同样忧心忡忡的美国国会强行通过了《塔夫脱-哈特莱法案》（Taft-Hartley Act），虽然杜鲁门总统批评该法案"对劳工、对管理层、对国家全都有害"，但他的否决被国会推翻了。该法案的出台，使得工会的许多主要组织策略沦为非法之举。其中一项受到法案禁止的规定是唯工会会员雇佣制，即要求公司的所有员工都是持证的工会成员。此外，法案还禁止同情罢工，即一家公司的员工可以施加压力，以保护另一家公司的员工。随着蛊惑人心的参议员约瑟夫·麦卡锡（Joseph McCarthy）领导的"红色恐慌"（Red Scare）运动的出现，劳工进一步遭到了打击。由于担心政治后果，工会将许多工人阶级积极分子列入了意图颠覆当局的共产主义者的黑名单。如果有更充分的理由，公司管理层还可以指出有组织的劳工与有组织的罪行之间的广泛联系。[51]

然而 20 世纪 40 年代末，劳工最重大的失败是未能推行被美国产业工会联合会的领导层称为"迪克西①行动"（Operation Dixie）的斗争策略。这个行动从一开始就是一场灾难。组织者希望沿用他们在北方城市使用过的策略，但他们大大低估了种族分裂造成的障碍。（一名行动参与者回忆，他遇到过一群钢铁工人，在他们当中，全国有色人种协进会的成员和三 K 党的成员比例大致相同。）[52] 不仅如此，正如南方民主党人希望看到的那样，《塔夫脱-哈特莱法案》新近强加的限制措施也妨碍了劳工的努力。1949 年，南方的工会成员人数还没有 1945 年多，于是美国产业工会联合会放弃了这项运动。这产生了重大而长久的影响，没有

---

① 迪克西是美国东南部各州的非正式统称。——译者注

工会的南方变成了一块磁石,吸引了所谓的逃亡的商店、寻找低工资地区和顺从的工人的公司。无疑,南方各州很高兴有这样的生意可做。不过,工厂的南迁预示着它们在20世纪70年代的进一步迁移,届时许多企业将完全离开美国。这个"离岸外包"的过程,将榨干美国制造业的命脉。[53]

尽管未能在南方取得成功,但战后的几年对于全国范围内的有组织的劳工来说,并不是一段糟糕的时期。经济繁荣带来的利润被广泛分享,企业为员工提供了慷慨的养老金计划和其他福利。工会会员人数在1954年达到了顶峰,约占美国工人总人数的三分之一。第二年,相互竞争了20年的美国劳工联合会和美国产业工会联合会,合并组建了一个伞状的组织。此次合并的动因是美国劳工联合会的进一步衰落,这使得美国产业工会联合会的全行业组织战略,成为唯一可行的选择。这一发展与非裔美国人工会成员数量的稳步增加有关。"黑人工会成员在几乎所有的产业工会中,都是一股重要的政治力量,"一名劳工研究者指出,但是"就政治方面的影响来看,他们在大多数手工艺行业工会中都无足轻重。"[54] 高技能工作不成比例地流向白人男性的模式并没有改变。正是对高技能工作的侵蚀,为劳工运动走向多元化打开了大门。

回到1935年,《瓦格纳法案》刚刚签署成为法律时,全美工会成员中仅有1%是非裔美国人。20世纪70年代末,这个数字达到了20%,四分之一的黑人工人加入了工会。这不是一个简单或者快速的过程。直到1968年,作家詹姆斯·鲍德温(James Baldwin)依然表示:"这个国家的劳工运动,一直精确地建立在黑人和白人劳动分工的基础上……黑人和白人之间从来没有任何联盟。"[55] 美国劳工联合会、美国产业工会联合会合并之后,前者的种族主义政策虽然受到削弱,步调却很缓慢。但是它们确实作出了让步,因为由它们的选民选出的劳工领袖依赖非裔美国人的支持。一名黑人组织者就此谈道:"好吧,你们需要我们的选票。那我们能从中得到什么呢?"[56] 这就是 1957 年金在高地民众学校发表讲话的背景,正是从这一刻开始,劳工运动和民权运动终于联合起来。1963 年,当金被囚禁在亚拉巴马州的伯明翰时,他写下了著名的《伯明翰狱中来信》("Letter from a Birmingham Jail"),呼吁非暴力抵抗,并自信地预言:"总有一天,南方会认识到他们真正的英雄。"为他支付保释金的,便是美国汽车工人联合会(United Automobile Workers)的主席沃尔特·鲁瑟(Walter Reuther)。

有组织的劳工参与民权运动的一个主要例子是国际女装工人工会(ILGWU),它成立于世纪之交,是既有的各个行业协会合并后的产物。早期,它的领导层由白人男性主导,他们主要关心的是代表技艺娴熟的裁剪师的利益,那些人一直是服装行业的贵族。但国际女装工人工会也是首批拥有大量女性会员的工会之一,其中有许多人是移民。1960 年,它已经壮大到将近 50 万人,而且极具种族包容性。接下来它再一次开了先河,支持说西班牙语的当地分会组建,这有助于团结那些被建筑业等高技能、高收入的行业拒之门外的波多黎各工人。[57]

如今,国际女装工人工会最广为人知的一点,可能是它的标语"寻找工会标签"。某个年龄段的美国人会记得电视广告中播

放的同名歌曲,那段广告就像这个国家一样多样化,屏幕上不分白人、黑人和拉丁裔工人,也不分男人和女人,所有人一起合唱:

> 我们拼了命工作,但又有谁会抱怨?
> 多亏了女装工会,我们才有钱生活!
> 所以说,一定要注意寻找工会标签,
> 它在说,我们能够在美国把它制作!

国际女装工人工会的劳动节巡游花车,1959 年。
国际女装工人工会摄影收藏,康奈尔基尔中心(Kheel Center)。

这些歌词直到 1975 年才写出来，但"寻找工会标签"运动早在 1959 年就奏响了序曲，试图将捍卫工人的权利转变为一项爱国事业。与此同时，国际女装工人工会还在为民权运动输送资金，从蒙哥马利公共汽车抵制运动开始，一直持续到 20 世纪 60 年代初，在南方开展的"自由骑士"的时代。

在这些活跃分子中，有一位名叫弗朗西斯·X. 沃尔特（Francis X. Walter）的圣公会牧师。与许多白人民权工作者不同，他是在南方长大的，来自亚拉巴马州的莫比尔（Mobile）。1965 年 12 月，他和一名同事来到亚拉巴马州的一座叫"负鼠弯"（Possum Bend）的小镇，为黑人选民拉票。沃尔特看到一座小屋外的晾衣绳上挂着三床漂亮的被子。他想知道是谁做的，但家里没人。［他后来才了解到，被子的制作者奥拉·麦克丹尼尔斯（Ora McDaniels）看到这两名白人男子向她家靠近，就逃走了，这让人清清楚楚地看出了当时该地区的种族态势。］然而看到被子，一个主意闪现在他的脑海。他开始收购当地生产的被子，打算把它们卖去北方，为社区筹集资金。很快这个项目促成了一家合作社的诞生，由沃尔特牧师领导，还有一位名叫埃斯特尔·威瑟斯彭（Estelle Witherspoon）的合作者，她是一名退休佃农的妻子。

次年 3 月，已经有 60 名女工参与其中，她们自称是"自由绗缝的蜜蜂"。威瑟斯彭在位于雷霍贝斯（Rehobeth）的家中，协调被子的生产和收集，但一些最熟练的被子制作者，却来自亚拉巴马州的另一个叫"蜜蜂弯"（Gee's Bend）的社区。在接下来的几十年中，她们用工作服和其他可回收布料制成的被子，会被收藏家、博物馆馆长们重新发现,到那时,她们将在全国范围内声名鹊起。起初,"蜜蜂"的手工制品只能以每床 20 美元的价格,在纽约市的小型拍卖会上出售。促销活动的广告传单是这样写的:"在不用去棉花地劳作的间隙,她们缝制了这样一床被子,为此要花费一个多星期的时间。"[58] 沃尔特牧师表示,他完全是出于经济考虑,假如开的是一家衬衫厂或者娃娃厂,他也一样很高兴。"自由绗缝的蜜蜂"确实为其成员赚到了钱。随着布鲁明戴尔百货店(Bloomingdale)和萨克斯第五大道精品百货店(Saks Fifth Avenue)也卖起了这种被子,它的售价开始缓慢抬升。为白人家庭做用人的黑人妇女,通过这份差事,可以在下班后挣到和白天几乎一样多的收入。一些绗缝工人用额外收入买了电视机、洗衣机。即便如此,对于她们来说,想要达到每小时挣 1 美元的收入水平,仍然很困难,而这个数字仍低于国家最低工资标准。[59] 此外她们在空闲时间制作的被子并没有多少市场,因此"蜜蜂"和西尔斯·罗巴克百货公司(Sears and Roebuck)签订了合同,开始生产灯芯绒枕套。"我开始使用图案,但其实不该这样做,"来自蜜蜂弯的绗缝工内蒂·杨(Nettie Young)后来谈道,"它打破了我头脑里的想法。我应该坚持自己的想法才对。"[60]

"自由绗缝的蜜蜂"的故事,简言之,既体现了民权运动对南方社区的积极影响,也暴露了它的局限性。20 世纪 60 年代的重大事件,促使公众重新关注各种各样的黑人工人,从工厂里的裁缝到自学成才的绗缝工。1964 年出台的《民权法案》(Civil Rights Act)最终规定,在工作场所进行种族或性别歧视是非法的。但这些成功没有给非裔美国人或女性带来任何立竿见影的平等地位。尽管得到了新法的保护，这两个群体的工资仍然较低，而且被禁止在工会和公司担任领导职务。《民权法案》倒是当即触发了美国权力平衡格局的调整。种族隔离政策被废止后，白人工人阶级选民，特别是南方的选民，开始质疑他们对民主党的忠诚是否有意义。1968年，他们帮助理查德·尼克松入主白宫；1972年，他们又帮助尼克松连任。在接下来的几年里，在有组织的劳工眼中，尼克松领导的共和党既是不可调和的劲敌，又是他们在商业利益方面的坚定盟友。

这种政治潮流的转变，兼之蔓延开来的去工业化浪潮，严重地伤害了工会。虽然很可悲，但这一切却是事实：随着劳工运动日益多元化，工会也日益衰弱。[61] 同业工会衰落的同时，人们开始支持全行业的组织化，劳工群体的力量不再以个体工人的技艺为基础了。此后工人受到保护、得以晋升的基础将是资历，而不是专业技能。[62] 1968年，一位劳工研究者指出："倘若没有同业工会，大多数手工艺行业将与手工艺无关。也就是说，手工艺的技艺会被稀释，行业的准入标准会被削弱。反之亦然。倘若一种手工艺行业因为准入标准被削弱，从而降低了技艺水平，那么以这门手工艺为基础的工会，作为同业工会的力量也会被削弱。"[63] 这正是20世纪六七十年代发生的事情。技艺曾是美国工人对抗剥削的最佳防御手段，作为一种政治力量，它的威力从未如此之小。这种状况将在未来的几代人中持续下去——确实，直到我们这一代依然如此——独立和多元会被编织成唯一且坚固的织物。

如果说有一起事件象征着美国手工艺政治的新断层线，那就是 1970 年 5 月 8 日所谓的安全帽暴动（Hard Hat Riot）。当时越南战争已经持续了六年之久，就在四天前，俄亥俄州国民警卫队向肯特州立大学的学生活跃分子开火，造成 4 人死亡（包括 2 名旁观者），9 人受伤。悲剧发生之后，全国上下都非常紧张，尤其是在曼哈顿。抗议者已经上街游行了好几天。世界贸易中心和其他建筑工地的建筑工人，被他们眼中的不爱国行为激怒了。他们中的大多数人追随劳工领袖，决意支持战争。那个星期五，工会组织者和至少一名私营承包商鼓励他们的工人动手，"打破一些脑袋"。他们就是这样做的，就在中午之前，他们在联邦大厅前袭击了一群活跃分子。他们不仅用头盔作为棍棒，还用上了铅管和沉重的钢丝剪。没有人在袭击中死亡，但是有 70 多人受伤，部分人伤势严重。

抗议者中有一些人怀疑，尼克松用惯用的伎俩，在某种程度上煽动了暴力。目击者声称，看到穿着西服正装的人指挥暴徒动手（如果这是真的，眼前的这一幕，就是介于白人工人阶级和利益集团之间的新兴右翼联盟的完美包装）。当月晚些时候，劳工领袖彼得·布伦南（Peter Brennan）访问白宫，象征性地向总统献上安全帽，宣读了"总司令"（COMMANDER IN CHIEF）的委任状，这让那些觉得有猫腻的人更加坚信不疑了。（尼克松后来任命布伦南为劳工部部长。）无论这些指控的真相如何，基本事实都是一样的。20 世纪，"安全帽"已经取代"皮围裙"，成为美国技术工人阶级的象征。如今，它被用作了对付手无寸铁的平民的武器。[64]

那天上街抗议战争的人，不一定是嬉皮士，尽管那些留长发

斯图亚特·卢茨（Stuart Lutz）拍摄的"'安全帽'示威"，1970 年 5 月 8 日。加多（Gado）图书社，档案照片/盖蒂图片社。

的人被特别挑选出来，作为攻击对象。无论如何，"'安全帽'暴动"都是美国新文化战争的一个明显征兆。冲突的一方是保守的建筑商人，另一方则是反主流文化，双方彼此反感。很难确定后者作为一支新生力量，究竟于何时进入了美国的生活。社会学家西奥多·罗斯扎克（Theodore Roszak）在 1969 年出版的《反文化的形成》（*The Making of a Counter Culture*）一书中创造了这个词。距离里斯曼在《孤独的人群》中作出分析，已经过去了 20 年，现在罗斯扎克看到了"深深地，甚至是狂热地被异化的一代"。四处弥漫的从众主义引发了相反的反应，即一系列被罗斯扎克描述为灵活的、实验性的乃至怪异的行为，所有这些无不表达了对多头怪物——"技术官僚主义"（"technocracy"）的恐惧。虽然工业主义和军事力量为美国带来了明显的进步和繁荣，反主流文化却将自己定位于这些进步和繁荣的对立面。

考虑到在越南发生的事情,有如此多的美国年轻人不信任政府和军工复合体,也就不足为奇了。但他们对问题的理解远远不止于此。反主流文化主义者认为,传统或"中规中矩"("square")的生活方式没有人情味,压抑情感,在消费的声色犬马中如痴如醉,而且威胁了世界的生态环境(对于大多数人来说,这又是一个新词,它因蕾切尔·卡森 1962 年出版的著作《寂静的春天》而流行起来)。[65] 20 世纪 50 年代的青少年愉快地接受了大众媒体所宣扬的价值观,而且将之表现在了他们的业余爱好上——手工缝制的连衣裙和改装车。时至今日,反主流文化却彻底否定了这些价值观。与他们之前的许多美国人一样,反主流文化者渴望自由。但他们想要的自由,却要通过这个国家前所未见的激进措辞表达出来。

从反主流文化的视角来看,工会只是当权派的众多面孔之一。嬉皮士们可能用吉他演奏过罢工运动的旧日颂歌——事实上,1973 年出版的一本名为《工作与抗议之歌》(*Songs of Work and Protest*)的流行歌曲集里,就收录了许多此类歌曲。[66] 但他们还是能感觉到,自己的天马行空与工匠的职业标准之间存在巨大的鸿沟。阿特·波利克(Art Boericke)是一本关于手工打造创造性房屋——所谓木材刽子手的艺术——的书籍的合著者,他曾与工会的木匠、电工、水管工一道工作了 20 年。他说,他不后悔在兄弟般的情谊中度过那些日子,但他已经开始厌恶"我们为了谋生而从事的粗制滥造、缺乏想象力的工作"。相比之下,年轻人的创造力让波利克既着迷又解放了思想。他们在抢救材料,无视建筑业的陈规陋习。他对他们只有赞美之词,以及唯一一条建议:如果检查员来找你,就说你住的地方是一间盆栽棚或一处矿区。如果这不管用,"那你就可以走进法院,高喊'生命、自由、追求幸福'!"[67]

嬉皮士中的房屋建造者一般都是自学成才的,对临时解决方案有很高的容忍度。然而与可能会自己动手改造郊区的牧场式住宅的父母相比,他们也许会极其雄心勃勃,想要完全白手起家,用接近于零的预算建造住宅。其中最著名的若干座住宅,就坐落在诸如科罗拉多州的空降城(Drop City)之类的社区里,空降城于1965年成立,三年后,它的衍生品自由城(Libre)也宣告成立。这些独立社区的标志性建筑是各种网格状的穹顶,那是由未来主义建筑师R. 巴克敏斯特·富勒(R. Buckminster Fuller)设计的一种建筑样式。理论上,这么做是为了让房子盖起来便捷,可是现实完全不是那么回事。彼得·杜西特(Peter Douthit)是空降城和自由城的双料居民,刚去的时候,他用的名字是"彼得兔"。他写过一篇关于建筑材料来源的生动描述:先向当地的一家锯木厂乞讨来了截面为2英寸×4英寸的木板,再把废胶合板切割成五边形和六边形,而后用汽车玻璃做窗户,最后"在月光下[撕裂]铁路桥、谷仓和废弃的房子"。[68] 没过多久他们就明白了,实际上穹顶造起来并不方便,特别是当他们用的是从四面八方搞来的建筑材料,而那些材料原本是用来建造直线框架的房屋结构。就像一本早期的旅游指南所承认的:"你必须小心点,慢慢来,因为穹顶无法忍受放克音乐。"[69] 有个性的即兴创作反而要好得多,不妨把盖房子想象成一个逐步发展的创造性过程吧。[70]

住宅建造必然是彰显了反主流文化的一种典型的手工艺。但这一代人也对许多其他的实践活动感兴趣。与第一批美国城镇一样，嬉皮士的社区也有自己的木工、铁匠和陶工。罗伯特·M.波西格（Robert M. Pirsig）的作品《禅与摩托车维修艺术》（*Zen and the Art of Motorcycle Maintenance*，1974），意外地成为畅销书。该书是对机械技能的通俗哲学的致敬，约翰·杰罗姆（John Jerome）引人入胜的回忆录《卡车》（*Truck*，1977），也提到过这一主题。在书中，波西格沉浸于"在温暖惬意的吊灯光线下刮碳的宁静时刻"，想起了"有机改装车"的种种乐趣。[71] 甚至还有更具创意的事情发生。彼得·舒曼（Peter Schumann）的面包和木偶剧院（Bread and Puppet Theater）成立于1963年，他们将布料和定型液（一种可塑的、塑料浸渍的织物）涂在盔甲上，制作出个头很大且令人印象深刻的木偶、面具和其他表演道具。这个团体的戏剧表演和露天盛会有时五彩缤纷，有时惊悚骇人，是最令人难忘的反对越南战争的抗议活动之一。同时表演的举办也是为了支持民权事业。观众总能得到酵母酸面包，表演是免费的，尽管他们很乐意接受观众的捐赠。在纽约市经营了数年之后，面包和木偶剧院开始进军乡村，在佛蒙特州的乡村地区成立了自家的公司。时至今日，它仍扎根在那里，上演着"五花八门的木偶戏，有的很出彩，有的没那么出彩，但无论出彩与否，都是旨在激浊扬清、惩恶扬善"[72]。

20世纪70年代中期，全美大约有75万人生活在类似的社区里。[73] 有些社区建在城市里，但旅途的主要方向是回归田园。时人经常提到，仿佛整整一代人都在效仿"亨利·梭罗，在瓦尔登湖畔做自己的事"。（或者说更奇妙的是，效仿"沃尔特·惠特曼，去寻访自己的那一丛草叶"。）[74] 这么做的失败率很高，不仅是因为人们缺乏建造避难所的经验，也因为他们缺乏获取其他必需品的经验，比如农业生产经验。即使是最初很成功的社区，如空降城，也有在新移民的重压下崩溃的时候，因为新来者不太热衷自给自足的艰苦工作。不过确实还是有许多反主流文化的定居点存活了下来。位于弗吉尼亚州中部的双橡树社区（Twin Oaks Community）至今仍然存在，很明显，它受到了行为主义心理学家 B. F. 斯金纳（B. F. Skinner）发表于 1948 年的小说《瓦尔登湖第二》（*Walden Two*）的启发，该书是一次将梭罗的理想推广到整个社会的思想实验。社区还效仿 19 世纪的先例，发展家庭手工业，就像贵格会教徒和奥奈达的完全成圣派所做的那样。东风社区（East Wind Community）是双橡树社区在密苏里州奥扎克（Ozarks）的一个分支，那里的人们第一年就制作了 6000 张手工绳索吊床，后来又把制作范围扩大到了坚果黄油和"乌托邦"牌绳编凉鞋。

反主流文化主义者尤其对奥扎克、阿巴拉契亚山区之类的地方心驰神往，因为那里坐落着美丽的乡村，有手工艺和自给自足的传统。[1962 年，在南方高地手工艺行会的基础上成立的奥扎克山麓手工艺行会（Ozark Foothills Handicraft Guild），姗姗来迟地加入了区域手工艺发展的运动。] 这些所谓的嬉皮士对当地人的高度重视，并不一定总能得到回报。1976 年，一名当地记者谈道："问题是，当来自城市的嬉皮士式的难民站到奥扎克的农民身旁，寻求彼此之间的相互钦佩时，因为生活方式而受到更多嘲笑的反倒是他们自己,因为在他们的生活中,允许使用食品券、未婚男女同居和服用毒品。"[75]

然而这种结合也促成了《狐火之书》(The Foxfire Book)的问世,它是那个时代最经久不衰的作品之一。在宣传中,该书是一本关于"生猪剥皮,小木屋建造,山区的手工艺品和食物,根据迹象种植庄稼,蛇的传说……和其他朴素生活的种种事项"的指南手册,它是佐治亚州阿巴拉契亚地区罗本盖普(Rabun Gap)的一份高中季刊的衍生物。这一切都是一位名叫埃利奥特·威金顿(Eliot Wigginton)的老师的创意,他于1966年来到这所学校。一开始,他感到很难与学生打成一片。为此,他鼓励学生学习本地的传统,从而解决了这个问题。他们一起记录了当地人的故事,对传统的手工艺和饮食方式作出了清晰地描述,就像艾伦·H. 伊顿在20世纪30年代所做的那样。《狐火之书》响应了伊顿的说法,它也宣称这些手工艺正处于消失的边缘。但自出机杼的是,该书提出,像梭罗一样,自给自足的山区居民可以成为新的反主流文化生活方式的灵感源泉。通过参与项目,学生明白了,"他们可以负责、高效地主动行事,而不总是充当他人的行动对象"[76]。

威金顿的故事以耻辱和悲剧收场,因为后来人们发现他性骚扰了参与项目的一些孩子。不过早在那个可怕的事实被人揭露之前,《狐火之书》就已经成为畅销书,相继出版了11部续集以及其他相关的出版物。威金顿的一名仰慕者——帕梅拉·伍德(Pamela Wood)——在缅因州肯纳邦克(Kennebunk)的一所高中工作,她也出版了一本新英格兰版的《盐之书》(*The Salt*

Book)。书中用石墙、雪鞋和其他"北方佬的玩意儿",代替了《狐火之书》中的木屋和床单。伍德是一位有天赋的作家,她特别关注传统生活方式与生态保护措施的兼容性。"我们可以利用自然,"她写道,"但如果我们不改弦易辙,最后她会让我们屈服,还可能将我们拖入死亡。"[77]

嬉皮士制作者通常都是兼职的,而且都是自学成才的,他们当中很少有人会为了精良的手艺而努力。他们很快就以手工制作的劣等品而声名远播,他们干起活儿来很认真,但作品的质量很低劣。这与工作室工艺运动形成了鲜明的对比,后者的参与者乃是专业人士中的骨干。尽管如此,两者之间还是有一些有趣的联系。当代手工艺博物馆馆长保罗·史密斯(Paul Smith)对瑜伽和超然冥想产生了兴趣,这促使他构思了类似"冥想环境"(Contemplation Environments,1970)这样的展览,这场展览相当于一次自由的活动集会。在新罕布什尔州,《陶工工作室》杂志(Studio Potter,创刊于 1972 年)提供了一种透过回到农村的社区成员的眼睛,去看待陶艺的视角。杂志的第一期刊登了一篇专为陶工设计的课程,其中一节课是"作为一个人",另一节课是"陶土与冥想"。一时间,全国各地的陶工都在认真工作,用那些质朴实用的陶器来维持生计,而那些陶器是嬉皮士家庭的完美搭配。

也许工作室工艺运动和反主流文化之间最强烈的审美契合点是在纤维雕塑(fiber sculpture)领域,它在 20 世纪 70 年代初风行一时。这个领域中的一些作品只是蓬松散乱、不成形状的次品，但是这一领域中更有才华的艺术家，却创作出了让人着迷的复杂作品，值得细细品味。前文述及的纤维艺术领域的元老级人物莲娜·托妮——她在"爱之夏"（Summer of Love）① 发生时已经年过六旬——长期以来一直是精神层面的探索者。她在纽约亲历了一场迷幻活动，参观了新墨西哥州一座佛教社区，在20世纪70年代的大部分时间里追随一位印度古鲁（guru）②。在冥想练习之余，当她真的拿出足够多的时间来制作手织挂毯时，那些作品呈现出宁静而强烈的气质，几乎与曼荼罗和现代派的抽象风格近似。与许多生活中与反主流文化有交集的手工艺人一样，她深知，自己的艺术创作以及创作所需要的高度投入的时间与专注力，仿佛一口意味悠长的深井——"整日工作的时候，你会达到一种狂喜的状态，你知道吗？"[78]

在纤维艺术家的帮助下，得到开发和宣传的一种手工艺是装饰编结艺术（macramé），它讲究按照序列打结，创造出某种结构。对于雕塑家来说，这是一项引人入胜的技巧，因为它允许雕塑家从织机编织的直线平面中解放自我，在各个方向上构建形式。业余人士也可以练习这项手工艺，这让它成为与那些欠缺真正艺术价值的反主流文化作品联系最为紧密的手工艺之一。这也是工作室工艺运动引发流行时尚的罕见例子。装饰编结艺术是在来自旧金山湾区的艺术家亚历山德拉·雅可皮蒂手上走入公众视

---

① 1967年夏，数万名反主流文化的嬉皮士涌向旧金山，他们演绎着前卫的音乐和自由的爱情，赋予了旧金山色彩与个性，这段时光遂以"爱之夏"的名号载入史册。——译者注

② 古鲁是印度教、锡克教的宗教导师或领袖。——译者注

野的，她利用这种技术，使用了 12 000 英尺帆绳，制作了一艘硕大的编结方舟，供儿童和成人玩耍。1974 年，项目选在加利福尼亚州的波利纳斯（Bolinas）启动，一家自发组织的工会以该地为中心，通过学徒制度教授纺织和家具制作技能。

雅可皮蒂还出版了一本书，名为《本土的放克音乐和鲜衣丽服》，展示了如何通过刺绣、拼接，提升牛仔工作服和其他各类服装表达的高度。[书中提及的最有成就的制作者是玛丽·安·希尔德克内克特，她因走私大麻被判两年徒刑，没承想，服刑期间她在米兰学会了刺绣。]但这不是一本指导手册。雅可皮蒂没有给她的读者任何指示或模式，因为她相信"所有模式都内在于本心，它让人朝思暮想、魂牵梦萦，它如梦似幻，渴望表达"[79]。在这里，她表达了反主流文化中广泛流传的一种信念，这一信念标志着它与以前的手工艺理念最具决定性的背离：手工制作总体上不是一种经济活动，甚至不是一种美学活动。究其根本，它是属于精神的，是一种与自我接触的方式，或者正如俗话所说的"调谐"。

这也是诗人 M. C. 理查兹（M. C. Richards）曾经表达的观点。她不是一位技艺高超的陶工，但是在这门手工艺中，她仍然看到了"种种自然智慧的结合"所带来的变革力量——"黏土的智慧，我的智慧，工具的智慧，火的智慧"[80]。同样，在广为流传的《此时此地》（*Be Here Now*）一书中，迷幻药的著名支持者理查德·阿尔珀特（Richard Alpert），也被称为拉姆·达斯（Ram Dass），给出了如下建议："这里有一个任务要做——你就是那个任务……如果我是一位陶工，我就做陶器。但是做这些罐子的人是谁呢？我并没有幻想自己在做这些罐子。罐子就在这里。陶工就在这里。而我是一根空心的竹子。"[81] 以上思想大体上基于佛教禅宗和印度教的唯心论，认为最能实现个人主义的形式，是超越个性本身，将自我分解，与更广大的宇宙统一体合而为一。

在《本土的放克音乐和鲜衣丽服》一书中，雅可皮蒂评论道："我们中的许多人都在期盼一种强烈的文化认同感，怀揣着这样的认同感，我们完全可以生产出自己版本的本土服装，就像在阿富汗、危地马拉那样。我们中的许多人还在期盼一种足够丰富的共同体生活，置身于这样的生活，我们将会需要自己的图腾，可以与非裔美国人、美洲原住民的面具和仪式用品相媲美。"历史学家朱莉娅·布莱恩-威尔逊（Julia Bryan-Wilson）指出，一个问题由此产生：这个"我们"到底是谁？[82] 就像工作室工艺运动一样，反主流文化在很大程度上是白人中产阶级的现象，但它自由地借鉴了其他种族在精神实践方面、形象塑造方面的传统。尤其是美洲原住民，他们在嬉皮士的想象中占据了中心地位，被视为与自然和谐相处的典范。1967 年 1 月在金门公园（Golden Gate Park）举行的"人类聚会"（The Human Be-In），开启了所谓的爱之夏，被宣扬为一场"帕瓦仪式"①（"Pow-Wow"）和"部落大会"。反主流文化主义者对佩奥特仙人掌（peyote）产生了浓厚的兴趣，佩奥特仙人掌是一种天然的迷幻剂，历史上被墨西哥和北美大平原的印第安原住民用于宗教仪式。一份名为《神谕》（*Oracle*）的出版物甚至声称，嬉皮士乃是转世的印第安人，

---

① 帕瓦仪式是美洲印第安原住民的一种盛宴和舞蹈仪式。——译者注

是最初的留长发者。

不出所料，美洲原住民对此并不感到兴奋。克里人（Cree）民谣歌手巴菲·圣玛丽（Buffy Sainte Marie）谈道："白人似乎从来没有意识到，他们无法吸取某个种族的灵魂。那些怀着最美好的愿景的人们，也是最糟糕的灵魂吸取者。"与此同时，原住民发起了自己的民权运动——红色力量运动（Red Power Movement），先后占领了恶魔岛（Alcatraz Island）和南达科他州的伤膝城（town of Wounded Knee），反主流文化依然保有已流传了数十年的刻板印象。但是"红色权力"和"花之力"①（"flower power"）之间的关系还有另一面。从入侵和种族灭绝开始，一直延续到保留地制度，而后又走过了漫长时间的屈尊附就的浪漫主义，最终到达了这样一个阶段，白人终于意识到，他们可以向原住民学习，敬仰他们，而不是贬低他们。[83]

未来主义者斯图亚特·布兰德（Stewart Brand），既是这种更胜往日的积极态度的典型代表，也是更为普遍的反主流文化的典型代表。1938 年，他出生在伊利诺伊州的洛克福德（Rockford），这是该州与威斯康星州的边境上一座以机床制造闻名的小镇。大学毕业后，他服过一段时间的兵役，接着便开始探索反主流文化中充分扩展思维的工具：迷幻药、社区、实验艺术、巴克敏斯特·富勒的作品。一开始，他了解原住民文化的途径，是极具刻板印象的佩奥特仙人掌，后来他开始去保留地拍照。他确信："生活在变化时代的荒野中的美国人，正在学习最纯正的美国原

---

① "花之力"是指 20 世纪 60 年代至 70 年代初期，美国年轻人信奉爱与和平，反对战争的文化取向。——译者注

住民——印第安人，并重新成为原住民，他们带着刚刚厘清的思路，研究共享的土地遗产上古来有之的那份和谐。"[84] 他成立了一个名为"美国需要印第安人"的组织——他建立的众多组织中的第一个——在那里，他用幻灯片展示保留地的生活，以吸引外界支持原住民。

一方是布兰德，另一方是小说家肯·凯西（Ken Kesey）以及他的"快乐的恶作剧者"（"Merry Pranksters"）组织，1966年，双方结为合作伙伴，一道在旧金山的码头工人大厅（Longshoremen's Hall），举办了反主流文化最早的大型活动之一——"旅行节"（Trips Festival）。[巧合的是，这个地点完美地捕捉到了左翼政治的策略转变。1934年，它是该市码头工人的罢工总部；1966年，感恩而死乐队（Grateful Dead）和歌手詹妮斯·乔普林（Janis Joplin）在此登上了新闻头条。]汤姆·沃尔夫也在场，此时距离他发表那篇关于改装车的突破性文章已经过去了数年，但他的写作仍洋溢着青春文化的光辉。他形容布兰德是"一个额头上顶着光环的瘦瘦的金发男人"，没有穿衬衫，"光着皮肤，只打着一条缀有印第安珠饰的领带，外面套了一件白色的屠夫外套，上面别了瑞典国王授予的勋章"。布兰德的卡车保险杠上贴着红色力量运动的标语，上书"卡斯特①为你的罪恶而死"[85]。

与此同时，布兰德还在积累物资、书籍和技术，这些可能会在全国各地涌现的新社区派上用场。起初，他通过"全球卡车商店"出售这些物品，那实际上是一辆卡车，最终他在加利福尼亚

---

① 卡斯特（George Custer, 1839—1876），美国将军，在小比格霍恩河之战中被印第安苏族战士杀死。——译者注

州的门洛帕克（Menlo Park）盘下了一间永久的店面。1968年，他和一组特约编辑出版了第一期《全球目录》（*Whole Earth Catalog*），其口号简单有力——走近工具。从外形上看，它就像是一本大版面的杂志，但它的内容更类似于西尔斯·罗巴克百货公司的目录，正是这些百货公司目录在世纪之交，将大量生产的工业商品带去了农村地区的各座农场。布兰德想为美国的新边疆做同样的事——打造思想的前沿。《全球目录》上刊登了巴克敏斯特·富勒等人开出的书籍清单，其中既有精神指南类的书籍，也有关于控制论等关键技术概念的入门书。（布兰德认为，反馈系统是理解人类技术和自然生态的关键。）它还刊登了各类手工艺品的制作方法，涉及五花八门的居所、图书、皮革制品、珠饰，甚至是吹制玻璃。杂志社论给了业余读者鼓励和偶尔的警告："显然，用失蜡法铸造青铜器，需要极大的耐心。"[86]

《全球目录》是未来事物的先兆。它独特地融合了两个新兴的思想领域：手工建造的旧金山湾区的社区世界，以及不久后将与附近的硅谷联结为一体的高科技实验园区。从锤子到计算器，再到迷幻药，都是它试图放入人们手中的工具。[87] 布兰德也走在了时代的前面，他把地球看作一个操作系统，把地球上的每个人都看作软件工程师。这些概念在互联网时代已经为人熟知，可是在当时，它们却极端得离谱。[88] 毫无疑问，布兰德是一名乌托邦空想家，但他思考的是网络，而不是中心——不管怎么说，集中化的管理方式仍旧是技术官僚政治的一个标志。（《全球目录》一期特刊的封面上写着："全世界的工人们，散去吧。"）[89] 在包括许多抗议越南战争的活动人士在内的传统左派来看，这种立场似乎倾向于回避，甚至与政治毫无关联。一旦你回到这片土地，就不可能再设置街垒。布兰德对这种说法并非充耳不闻。在 1972 年出版的《最后的全球目录》(*The Last Whole Earth Catalog*) 中，他开玩笑地谈道："近来兴起的控制论思想可以让你高兴起来，你可以去担忧那些更好的概念。"[90] 但他也瞥见了政治舞台迁移的最初迹象，舞台离开了街道和工厂，进入了纯粹的信息领域。更重要的是，他意识到，在这个新兴的现实世界中，手工艺依然扮演着重要的角色。当然了，若问具体的角色是什么？这至少要花上五十年才能弄清楚。

与此同时，无论是好还是坏，在公众的想象中，"手工艺"这个词现在已不可避免地与反主流文化联系在了一起。这并不意味着我们要将其视为未来技术的必要对等物；相反，在被剥离了与技术工人的联系之后，它受到了前所未有的简化和戏谑。手工制作委实保留了理想主义的乐观气息，保留了与回归土地的生活方式的纽带，甚至可能保留了已然模糊的进步主义政治学。一提到"手工艺"这个词，现在的人们就会联想起编结的植物衣架、扎染的 T 恤衫、棕色的陶器。总之，在嬉皮士的手中，工匠的价值被重新构筑了。然而随着 20 世纪 80 年代的临近，随着一种新的金钱文化露出了利爪，这些价值观又会变得前所未有的脆弱。

## 第八章 剪切加粘贴

"刺绣太漂亮了,我爱它。"这一年是 1977 年,地点是乔治娜·加西亚(Georgina Garcia)在纽约的家。她经常待在那里,坐在她的辛格牌缝纫机旁。但今天不同了:她接受了一名女性主义活动家的采访,对方想了解她的全部生活,加西亚很乐意接受采访。她来自古巴中部的一个农业省份,加西亚谈道,她在那里自学了针线活儿。事实上,她在这件事上别无选择。如果你是来自贫困阶层的年轻女性,这几乎是你可以找到的唯一稳定的工作。但她发现,原来自己有这方面的天赋。除了有偿的工作,她还缝制、装饰自己的衣服和床单,这是她打算在结婚前给自己置办的嫁妆。

搬到美国后,加西亚在一家时装公司担任样品制作员。她的职责是完成刺绣图案,以便对图案的设计、颜色进行评估。如果获得批准,她的一件样品可能会成为 40 000 多件服装订单的模板,所有服装一概由机器生产。加西亚的工资是按小时计算的,每天她要工作很长时间——通常是从早上六点半到晚上十点半——因为她要供女儿玛雅(Mayra)读完大学。"你必须不断地数针数,否则你就找不着北了,"她回忆道,"你必须有很大的耐心。"每天结束的时候,她都感觉自己"死了,死了,死了,累了,累了"。眼睛的疲劳也很可怕。她承认:"时间一天天过去,我的视力也越来越差。"然而加西亚依旧热爱刺绣。在她看来,这是一门艺术,"不是每个人都能做好它"。她坚称自己做这件事不仅是为了钱,也是为了把工作做好的乐趣。"如果不好看,"她说,"我就拿出来再绣一次。"[1]

加西亚的公司雇用了 14 名专业刺绣师,她是其中之一,她们都是外包工人,是成千上万仍在美国服装行业工作的女性的缩影,她们正在做的,是自 18 世纪以来,女性一直在做的一种精雕细刻的手工艺品。不过,她和同伴的亲身经历却鲜为人知,而原因其实很简单——很少有人费心去问。加西亚的经历之所以被记录下来,只是因为女性运动的成员坚持认为,这段往事应该被记录下来。她的采访发表在了《异端》(*Heresies*)上,这是纽约市一个女性主义团体出版的杂志,那一期是里程碑式的专刊,关注的是女性的传统艺术。这是第一次有杂志在一个地方,收集了大量女性制作者的手工艺品:秘鲁的编织物、尼泊尔的珠宝、美洲原住民的羽毛饰品、阿德莱德·奥尔索普·罗比诺的陶瓷作品、包豪斯风格的编织物。几位撰稿人采访了她们自己的祖母——又或者,在艺术家汉娜·威尔克(Hannah Wilke)的例子中,她采访的是父亲的兄弟的妻子的母亲——以了解她们对编结和钩针编织的看法。另一位艺术家霍华德娜·平德尔(Howardena Pindell)将自己家族的手工艺传统,追溯至制作格勒篮子的时代。她指出,如今这些篮子在南卡罗来纳州查尔斯顿的"老奴隶市场"出售。她极其轻描淡写地提出了这样的观点:"我觉得,人们在美国历史上那些更不愉快的日常细节面前，犯了健忘症。"[2]

在《异端》的报道中，手工艺仿佛是一种变幻多姿的拼缀之物，一种剪切加粘贴的收藏艺术，或者正如撰稿人梅丽莎·迈耶（Melissa Meyer）和米里亚姆·夏皮罗（Miriam Schapiro）所说的，是一种"女性主义的拼贴画"（"femmage"）。[3]然而这次报道的特殊之处在于，它不但对女性给予了前所未有的关注，而且还承认，手工艺可以同时成为一种激情、一种冲动，它带来了同等的骄傲和痛苦。在与乔治娜·加西亚的谈话中，这一点体现得非常清楚，它也是贯穿整本杂志的主题。作家玛德琳·伯恩赛德（Madeleine Burnside）观察指出："有时候，织布并不是一份令人愉快的工作，而是一片走不出去的荒原。"[4]评论家露西·利帕德（Lucy Lippard）写道：女性业余从事手工艺的动机，同等程度地反映了她们拥有的有限机会和她们真正的创造性表达，"在世界各地，获得特许的（或）、不顾一切的（或）、敢于在传统的界限之外进行创造的女性，正在一种不被视为（艺术）的艺术中，为这些动力寻找一处出口"。[5]

《异端》诞生于艺术家和作家的群体，在这些群体中，女性主义者对手工艺的拥抱表现得最为强烈。20世纪70年代末，朱迪·芝加哥（Judy Chicago）完成了蜚声海内又极富争议的装置艺术作品《晚宴派对》（*The Dinner Party*），它为女性的历史赋予了不朽的形式。作品是一张巨大的三角形餐桌，上面摆放着39套餐具，每一套餐具都是献给过去的一位重要女性人物——从原始女神（Primordial Goddess）到乔治亚·奥基弗。芝加哥为每位女性定制了陶瓷餐盘和刺绣桌垫,随着时间的演进,这些餐盘变得越发富有雕塑感,象征着女性权利缓慢却不可避免地出现。对于女性主义运动中的许多人来说,芝加哥的作品在呈现女性主义的斗争时有些过于直白了——盘子上有象征阴道的图像,一些女性认为这里存在冒犯和不必要的简化。还有人批评她组建了助手团队,来协助自己绘制中国画和刺绣,同时却保留了自己作为作品的唯一作者。对此她指出,男性艺术家一直都是这样做的,而且从来没有为此而受到贬低。看上去,即使在这份胜利的女性主义宣言的背景之下,她仍旧被外界施加了不同的标准。[6]

包括芝加哥和《异端》杂志社成员在内的许多艺术家,抛弃了现代主义的抽象风格和概念艺术,打开了作品的视野,介入了先前的禁区:装饰品、感伤情调和手工艺。其中最著名的团体,将总部设在了纽约和加利福尼亚,遂有了后世口中的"图案和装饰运动"(Pattern and Decoration movement)。并非所有参与运动的艺术家都是女性,但所有人都同情女性主义政治,艺术家们把接受装饰传统视为一种象征性的解放。[7]艺术家们还认为,手工艺的节奏、形式在本质上都是反等级的,用艺术家乔伊斯·科兹洛夫(Joyce Kozloff)的话来说,这是"一个持续不断的过程",从中可以找到许多乐趣。"当代女性艺术大多与愤怒、痛苦有关(就好像我们需要通过自己的苦难,来证明自己是女性似的),"科兹洛夫写道,"其实多年以来,女性已经借助传统的装饰艺术创作,表达了一种完整和延续的意识。"[8]

参与"图案和装饰运动"的艺术家,对世界各地的各种手工艺(瓦作、书法、织物印花等)都兴趣盎然。但如果说,当时有

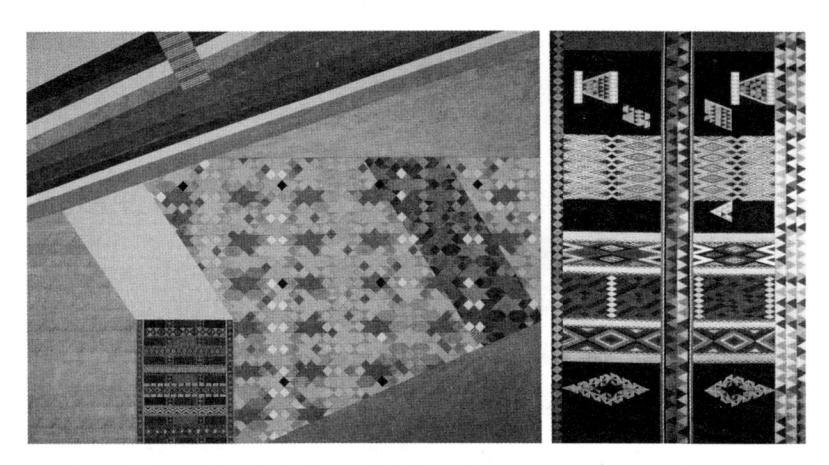

乔伊斯·科兹洛夫创作的帐篷顶层的毛毯/泽穆尔（Zemmour），1975 年。艺术家本人提供。

一种技术已经真正脱颖而出，那便是绗缝。在民权运动期间掀起的绗缝热潮，波及了更广泛的范围。1971 年，一场仓促安排在纽约市惠特尼美国艺术博物馆（Whitney Museum of American Art）的展览——"美国被子上的抽象设计"（Abstract Design In American Quilts），出人意料地产生了轰动效应。来自宾夕法尼亚州、印第安纳州及其他地方的阿曼门诺派社区的古董被子，被商贩们抢购一空，有时是从晾衣绳上直接拽下来的。创立了服装品牌埃斯普瑞（Esprit）的道格·汤普金斯（Doug Tompkins），在 20 世纪 80 年代取得了商业上的成功，他就是各类被子的狂热收藏家，还从被子的大胆色块中获取了灵感。[9]

绗缝的大受欢迎超越了女性主义的边界，不过最充分地利用了这一点的，依然是参与女性主义运动的女性。艺术家费思·林戈德（Faith Ringgold）从可以追溯到奴隶制时代的自己的家族史中获取了灵感，其中包括她的祖母将面粉袋煮沸漂白，而后将面粉袋用作被子衬里的故事。林戈德以被子为媒介，创作了复杂的叙事作品。[10] 例如，林戈德在 1983 年完成的《谁害怕杰迈玛阿姨？》（*Who's Afraid of Aunt Jemima?*）中，就利用被子作为讲故事的媒介，用人性和复杂性取代了原始的刻板印象。她的杰迈玛阿姨加入了哈莱姆大移民（Great Migration to Harlem），在那里，她战胜了种族主义，组建了成功的企业。在遭遇车祸不幸丧生后，她在非洲风格的葬礼中得到安葬。这件作品是一则很好的例子，印证了女性主义者对绗缝的理解——"绗缝是根植于有意义的工作和文化压迫的艺术形式，它克服了重重限制，对那些强加的限制感到悲伤和愤怒"。林戈德指出："为了做到这一切，你必须挣脱所有的限制，至少要挣脱头脑中的枷锁。"[11]

"图案和装饰运动"与艺术世界的相关发展，显然得益于 20 世纪 60 年代末的反主流文化，后者同样也从其他文化中寻求美学灵感。但女性主义者在很多方面并不像嬉皮士那么天真。这在一定程度上归因于女性在民权运动、反战运动中的经历，这些运动可能与她们试图推翻的现存体制一样，充斥着性别歧视。两场运动都极大地依赖女性的参与。活动人士鲁比·内尔·赛尔斯（Ruby Nell Sales）曾令人印象深刻地将民权运动描述为"女佣的反叛"，然而女性并没有被委以领导职位，而是被期望担任运动的配角。[12] 在反主流文化的社区中，女性也常常被刻板地定型为看护者，承担着大部分的抚养孩子、做饭、打扫卫生的工作。在一些组织中，比如首屈一指的以大学校园为基地的反战组织"民主社会学生团"（SDS），女性积极分子只能被分配去办公室工作，或者为组织跑跑腿。一位组织成员回忆道："这里都是些伪善的年轻人，他们四处宣扬这个世界多么糟糕，我们真的应该改变人们对待黑种人和棕种人的方式。可是他们对待女性的方式却恶劣透顶。"[13] 女性主义者最著名的口号是"个人即政治"，它其实源于对左派男性成员的反驳，因为他们没有看到，权力压迫在日常关系中无处不在。

帕特·梅娜迪（Pat Mainardi）的《家务政治》（"The Politics of Housework"）一文，是女权运动中最具洞察力、最幽默滑稽的早期作品之一，它恰好触及了这一问题。这篇文章讲述了作者试图让自己的男性伴侣，一个被认为是进步主义者的人，意识到女性的解放实际上可能需要他做一些家务，结果证明这一尝试是徒劳的。梅娜迪毫不留情地记录了他那些不堪一击、越发绝望的借口："我不介意分担家务，但你得教我怎么做……我们有不同的标准，为什么我非要按照你的标准去做事？……不幸的是，我不擅长洗碗或做饭之类的事情。我最擅长的是做一点轻木工活儿……以前的我们本来很快乐！（每次轮到他做事，他都会这么说。）"梅娜迪开始意识到，当他说这些话的时候，他真正的意思是"我只关心我是如何被压迫的，而不是我如何压迫别人"[14]。

梅娜迪巧妙地将洗碗和做木工活儿相提并论，暗示了在厨房争论的背后，还有另一种政治：技术政治。在美国，女性的工作收入一直较低，也没有男性那么专业化。20世纪70年代，工会才开始对女性选民的利益给予支持，但这只是大环境转向非技术工人的连带产物，作为一个整体，工会因为性别歧视而遭到了削弱。这也是女性主义者在性别平等斗争中，将家庭开辟为新战线的原因之一。她们下定决心，要为那些在官方工作场所之外劳动的女性而战，这个群体里不仅有具备技艺的工匠，如乔治娜·加西亚，也有从事无薪和不被认可的劳动的女性，她们无处不在。在《异端》的创刊号上，就有文章呼吁国家对家务劳动发放补贴，承认它是整个经济的非正式基础。"这就是基于性别的劳动分工：工人制造汽车，女性生育制造汽车的工人。比起制造一辆汽车，生育一位汽车工人要耗时费力得多。"[15]

随着这些争论的进行，更宏观的经济形势逐渐变得不那么有利了。这个国家被引入了一个丑陋的新词——滞胀，它指的是就业率持续低迷之际，物价却不断上涨，而这两件事是不应该同时发生的。经济学家仍在争论为什么会发生这种情况，经常有人指出，1973年的石油危机是一起触发事件。对工人来说，重要的是，现在比大萧条以来的任何时候都更难找工作，就算能找到，薪酬也更低。在全国各地，尤其是在东北部和中西部，制造业工厂要么迁往工资更低的地区，要么全部关停。具有讽刺意味的是，事实上，事态的发展反而可能有助于推动劳动力市场向性别平等的方向稍作发展。这个国家的大多数女性雇员不是在制造业上班，而是在办公室、餐馆和其他服务业工作，此类岗位不太可能立即受到经济收缩的影响。[16]当然，这个时代的宏观经济趋势，并不意味着女性非技术工人得到了更多的尊重和补偿，正如女性主义者希望看到的那样，只是说技术岗位的男性工人将会被永久地解雇，从而远离自己的工作。对于美国早期历史上的工厂工人来说，工业革命曾经是一次可怕的经历。如今，去工业化可能会更加糟糕。

斯塔兹·特克尔（Studs Terkel）的著作《工作中》（Working）出版于1974年，是一幅描绘美国生产的全景图。书中充满了经过编辑的采访，与《异端》杂志对乔治娜·加西亚的采访没有太大不同。特克尔像一个巡回考察的人类学家，把谈话记录在一盘一盘磁带上。他与技术工人和非技术工人谈话，与女人和男人谈话，与黑人和白人谈话，与富人和穷人谈话，与各行各业的人们谈话。他的采访范围是如此广泛，以至于很难从中归纳出任何普遍的认识，仅有的一点是美国的职业伦理似乎正在做自由落体运动。自阿历克西斯·德·托克维尔的时代以来，那种大抵被视为理所当然的国民性格，那种国民性格中被目为根基、几近神化的共通之处，正在受到威胁。"这最初表现在懒散的工作中，表现在对手工艺的贬低中，"特克尔写道，"生产出更多坏东西的粗心工人，与生产出更少好东西的细心工匠相比，更加受到尊重。"书中的多次采访，尤其是那些涉及产业工人的采访，似乎证实了这一诊断。福特工厂的一位点焊工谈到流水线时说："它从没有停下来过。它始终在运转，运转，运转。我敢打赌，有些人在这里生活、死去，却永远看不到流水线的终点。他们永远不会看到终点，因为它是无止境的。它就像一条大蛇。它只有身体，没有尾巴。"另一位工人干脆告诉自己的儿子们："要是你们哪天像我一样进了钢铁厂，我一定劈头盖脸揍你们一顿。"[17]

回顾往事，我们可以把这种士气的下降，看作美国制造业陷入危机的早期预警。20世纪70年代后半期，美国经济的脊梁发生了深度塌陷。钢铁、机床、汽车等行业被描述为"夕阳产业"，与此同时，没有任何迹象暗示新的黎明即将到来。随着工厂倒闭的影响波及整个经济领域,责备的矛头指向了各个方面。最容易受到指责的是外国人,特别是日本和德国的公司,它们在自动化方面的投资力度比美国的公司更大。国内需求的下降也是一个因素,与之类似的还有能源成本的高企。另一个问题是劳资双方长期以来的对立,这使得双方都缺乏灵活性,无法并肩合作。"工厂面对的问题之一是工会成员不会信任任何一家公司,"一位劳工代表表示,"对于普通的工会成员来说,他们总是在喊'狼来了'。现在狼终于来了。"[18]

尽管存在上述因素,但毫无疑问,美国制造业遭受的损害主要是由自身造成的。当北部和中西部的工厂盈利时,它们被当作摇钱树,它们贡献的资金被用于向没有工会的南部和海外地区扩张业务。如今那些"逃亡的商店"早已消失不见,它们正在其他国家雇用工人。令人恼火的是,真正的罪魁祸首是一个抽象概念:资本的流动速度。换句话说,与产出了资金的砖瓦、水泥的实体设施相比,资金的流动性要强得多。[19]1978 年,发言一贯冗长的反主流文化大师巴克敏斯特·富勒,用一句话总结了这一切:"昨天还在美国的所有大公司,今天都已经离开了美国,它们的工作重心已经放在了跨国公司和大型企业集团上面,它们主要关心的是如何贩售自家公司那些链条完整、立足技术、精于管理、规模庞大的信贷业务,还有就是如何捞钱。"[20]

人们对去工业化的反应各不相同,在某种程度上,这是可以预见的。工会指责管理层,反之亦然。保守派指责政府,其中就包括罗纳德·里根,他在 1979 年大选中的胜利,预示着管制的进一步放松和反劳工措施的出台。有一些人对特克尔关于工艺伦理正趋于衰落的判断给予批评，认为这是危机的原因，而不是表现症状，不过这种批评并不那么令人信服。（举例来说，尽管美国钢铁工人拥有的技术水平较低，但他们的人均生产率仍居世界首位。）[21] 还有一些人在写歌。美国工业的形象变成了倒下的巨人，它曾经是一位英雄，现在却卑不足道。在这一形象的启发下，诞生了布鲁斯·斯普林斯汀（Bruce Springsteen）的《工厂》（*Factory*，1978）、詹姆斯·泰勒（James Taylor）的《工厂工人》（*Millworker*，1979）、比利·乔尔（Billy Joel）的《艾伦镇》（*Allentown*，1982）等歌曲。去工业化的效果也可以通过统计数据来衡量。1983 年夏天，在匹兹堡周边地区的 90 000 名钢铁工人中，有近 65 000 人被无限期解雇。那一年，美国钢铁公司（U. S. Steel）创下了亏损 11.6 亿美元的纪录［而该公司的董事长兼首席执行官大卫·罗德里克（David Roderick）的工资仍增加了约 50 000 美元］。[22] 20 世纪 70 年代，底特律失去了将近 20% 的人口。[23] 从行业就业人数占就业总人数的比例来看，制造业从 1965 年巅峰时期的 28% 开始一路下降，今天已经跌落到了 8.5%。

除了这些数字，还有心理的创伤。从失业到感觉再也无法被雇用，只需要一小步。从美国的工业中心沦为"铁锈地带"的外在转变，是对失败的社会契约的真实提醒。有报道援引了一名钢铁工人的原话："那些庞大的钢铁厂，就像没有兑现的承诺一样倒下了。"[24] 一种所谓的废墟色情（ruin porn）崇拜，围绕着被摧毁的工业建筑逐渐发展了起来，它痴迷于支离破碎的遗迹的辛酸与崇高。这种对陷入困境的社区进行美学建构的举动，反而极大地激怒了社区本身。[25] 一些旧工厂被改造成了博物馆。这些作品要么专注于当代艺术，象征着从实体制造到象征资本（symbolic capital）的转变；要么专注于当地历史，而且常常从工人的视角展开讲述（对此有人可能会说，这样的作品出现得太少了，也太迟了）。[26]

凡此种种，都对美国人的手工艺观念产生了戏剧性的影响。在某种程度上，投身工业的工匠一直是隐匿幕后的人物，假如说这个群体有过什么形象代表的话，那也是各类刻板印象、老生常谈中的脸谱化人物。这是可以理解的。因为个人的贡献消失在了标准的产品线中，人们自己只是佚名的存在。[27] 但即便如此，制造业也一直是工人构筑个体身份的重要支柱。如今，这种独立自主的意识被掏空了，一如工业园区本身。倘若手工艺要重新确立自己的文化地位，它需要建立在一个不同的基础上：无论是在工厂，还是在工作室，不是作为某一个人自豪的财产，而是作为一种社会黏合剂，可以帮助人们把美国的碎片重新组合在一起。从18世纪开始，一个巨大的钟摆就已开始摆动，那时，手工艺第一次与个人主义而不是社区紧密地联系在了一起。现在，还是那个钟摆，正朝着另一个方向，在无情的经济现实面前猛烈反弹。

现在，与其说美国是大步流星，不如说是跌跌撞撞地跨入了这个被冠以众多名称的时代。社会学家丹尼尔·贝尔（Daniel Bell）创造的"后工业化"一词，强调的是经济从以制造业为基础，向以服务业为基础的转变。由建筑师、历史学家查尔斯·詹克斯（Charles Jencks）推广的"后现代主义"一词，强调沟通与形象优先于结构与形式。"信息革命"和"知识经济"则共同反

费舍尔 21 号车身工厂，密歇根州底特律市，2009 年。
蒂莫西·法戴克（Timothy Fadek），科比斯历史影像/盖蒂图片社。

映了价值从有形资产向知识产权的转变。此外，德国社会学家乌尔里希·贝克（Ulrich Beck）假设了一个"风险社会"的兴起，在这个社会中，权力被略微投射到了未来，而且被用来将潜在的危险分配到其他地方。其他的概念还有后福特主义、流动的现代性、景观社会、晚期资本主义。（无论如何描述，那都是理论迭出的黄金时代。）这些概念都有自己的复杂性和解释力。但它们都有一个共同的观点，那就是物质的东西不再重要了——或者，无论如何，它的重要性比以前要小得多。无论是什么在推动历史前进，它在本质上都是非物质的。价值就好像诞生于稀薄的空气中。

空气正变得越来越稀薄。1983 年，衰退的浪潮开始消退，或者说是被里根的经济政策击退（本质上是被财政赤字支撑的大规模减税击退）。制造业从未反弹，但其他经济部门的增长弥补了这一缺口，尤其是金融业和不断扩张的服务业。汤姆·沃尔夫像往常那样把住了时代的脉搏，他的作品《虚荣的篝火》（*Bonfire of the Vanities*）在《滚石》（*Rolling Stone*）杂志上连载，随后又在 1987 年以小说的形式出版。他描绘了一个被种族冲突撕裂、被金钱困扰的纽约市："40 岁的时候，你要么一年挣 100 万，要么胆小无能。'现在就开始做吧！'这句格言在每个人的心中燃烧，就像心肌炎一样。"[28] 沃尔夫的书、电影《华尔街》（*Wall Street*，1987），以及反面形象的投资人的流行文化地位［其中包括声名狼藉的垃圾债券交易员迈克尔·米尔肯（Michael Milken）和滑稽的吹牛大王唐纳德·特朗普（Donald Trump）］，使得坐在高得让人鼻血直淌的办公套间里的曼哈顿公司高管们，成为那个时代的标志性人物。没有几个美国人认识这样的人，更不用说拥有这样的亲身经历了。但就像 20 世纪 80 年代的美国的许多事情一样，这是一个有关象征性资本的问题。

　　对于手工艺来说，这些听上去都不是什么利好前景的事情。反主流文化已然破灭，工业也已经步履蹒跚。可是在为期十年的颜值至上、奢靡浮华以及刻意而为的忸怩作态的背后，却有大量的手工作品问世。20 世纪 80 年代那些光鲜亮丽的印刷图形，都是用剪切加粘贴的方式完成的。在《星球大战》（1977）这样的电影里，用心准备的宇宙飞船模型和制作精良的假肢随处可见。［就连那部电影标志性的片头字幕——一卷黄色文字退向太空——也是用一种巧妙的手工制作方法制作而成的：设计师丹·佩里（Dan Perri）把字母印在一张透明的醋酸酯纸上，而后按照一定的角度，把纸固定到滚轴上，再用胶片相机直拍。]嘻哈音乐人将采样引入了美国主流音乐，其中也涉及相当高超的技巧。唱盘手能同时娴熟地操纵两个或更多的唱机，在电光石火之间把曲目剪在一起。引领潮流的哈莱姆时尚设计师达珀·丹（Dapper Dan），将古驰、芬迪、路易威登的品牌标志印上皮革，然后将这些材料裁剪成运动服和夹克。目睹上述各种流行文化现象的观众可能从来没有意识到，他们正在体验手工制作的东西。手工艺并没有完全消失——它从来没有完全消失——而是隐藏在人们的视线之中。

1989年，罗克珊·香特（Roxanne Shanté）穿着达珀·丹设计的服装。
迈克尔·奥克斯档案/盖蒂图片社。

与此同时，或许出人意料的是，20世纪80年代，工作室工艺运动实际上变成了一桩稳赚不赔的买卖。自从韦伯在1940年创办"美国之家"以来，工作室工艺运动的作品一直是人们可以在商店里买到的东西，而且价格十分便宜。尽管这场运动仍旧标榜其艺术地位，但终究只有少数交易商试图在画廊中出售运动的作品，其中就包括"物品：美国"展的联合策展人李·诺德斯，以及先锋派人士海伦·德鲁特（Helen Drutt），她于1973年在费城建立了自己的第一座画廊。直到20世纪80年代，才涌现出更多的交易商，开始在塑造这个领域的过程中发挥关键作用。这十年见证了大量新画廊的诞生，它们通常专注于某个单一的领域。德鲁特展示过好几种手工艺媒介，但她对前卫风格的珠宝尤为倡导，那些珠宝大多是从欧洲引进的。陶瓷业的领军人物是加思·克拉克（Garth Clark），一名口齿伶俐的南非人，他还自封为该领域的历史学家。在他的学术研究和销售课程中，他对陶瓷艺术的发展历程作出了严谨的描述，遂有了工作室工艺运动的第一部权威真经。[29]20世纪80年代末，富有的金融家彼得·约瑟夫（Peter Joseph）果断地跨入了工作室工艺运动的家具领域。在纽约一处陈设精美（且价格不菲）的展馆里，他把几位有天分的手艺人捧上了崇高的神坛，还经常把展出的作品收为己有。[30]渐渐地，市面上出现了足够多的画廊，工作室工艺运动也有了自己的艺术展览会，名为SOFA（雕塑品的功能性艺术），1993年，它在芝加哥的一家酒店里开业，随后搬去了场地更大的纽约海军码头。

最初几年，SOFA展览会的主要亮点就是吹制玻璃。这种手工艺媒介取得了最大的商业成功，它最适合20世纪80年代所谓的景观文化，市场身价也最高。吹制热玻璃的挑战难度和费用相当惊人，部分原因在于建造和持续操作熔炉的高昂成本。尽管如此，工作室工艺运动的玻璃艺术家们在1964年赴俄亥俄州的托莱多（Toledo）第一次齐集后，相关的知识、生产能力迅速扩散开来。曾经规模庞大的美国工业的残余——如托莱多的利比（Libbey）、西弗吉尼亚的布伦科（Blenko）和纽约州北部的康宁（Corning）等公司——构成了支持力量的重要来源。美国的玻璃制造业也通过意大利、捷克斯洛伐克的工匠引进了相关的专业技术，为此，他们宽容地忽视了长期以来的商业保密传统。20世纪80年代，玻璃制造业已经成熟，成为一个有强大的国际联系和内部同志情谊的行当。对于那些没有自己的独立工作室的人来说，身边可以利用的"热玻璃作坊"［比如布鲁克林的"都市玻璃屋"（UrbanGlass）］，使他们能在获得支持的群体环境中创作作品。在这些"热玻璃作坊"中进行玻璃吹制，无异于某种独特的表演，它需要许多只手协同工作，伴随着热量、风险、速度的增加，将戏剧性烘托至高潮。这种戏剧特质吸引了一群健康的收藏家，他们资助组建了一个专业的画廊网络，其中成立时间最早也最重要的是哈巴塔特（Habatat，1971年在底特律成立）和赫勒（Heller，1974年在纽约成立）。

皮尔查克玻璃学校（Pilchuck Glass School）的故事，能够最充分地反映玻璃行业的命运转折。该学校成立于1971年，坐落在西雅图郊外。刚组建时，它的身上或多或少有社区的影子。在学校成立后的第一个多雨之夏，首批入驻的艺术家坚持在恶劣的条件下生活和工作。他们确实成功地造出了一座能工作的火炉，制作了一批批瓶壁厚实、带有滴状斑点的花瓶，在他们中的大多数人看来，这标志着他们技术的专业程度。他们还利用当时新兴的艺术媒介——视频——开展了一些疯狂的实验，在树林里制作装置和"偶发事件"。这群人的领袖是一个名叫戴尔·奇胡利（Dale Chihuly）的年轻人，他雄心勃勃，留着一头蓬松的鬈发。奇胡利担心这个团体过于关注生活方式，而忽略了艺术创作，于是他很快将这个地方的嬉皮能量转向了更正统的方向。参与者露丝·雷克尔（Ruth Reichl）回忆道："这是一场斗争，在一部分人眼中，皮尔查克学校要成为玻璃吹制工艺的中心，但是在另一部分人眼中，学校要成为可以在森林中安居的地方。"[31]

1977 年，转折点出现了，资金筹集和建筑开发成为新的焦点。帐篷和自建的小屋被规范的建筑取代，带有滴状斑点的玻璃瓶被技艺精巧的杰作取代。1980 年，奇胡利已经因为受伤而退居二线，但随着他开始组织工匠团队，借他人之力实现自己的愿景，这次变故似乎让他焕发了更大的创造力。他的作品变得越发华丽，让人联想起威尼斯的巴洛克风格、19 世纪的新艺术主义或者电影特效。他还将继续在威尼斯等地开展规模庞大的露天项目，铺陈自己那些风格鲜明的、诱人的各式雕塑，就像用数不胜数的超大尺寸的热带花卉，去填充植物园的展示空间。许多博物馆喜欢把他那些奢靡华丽、引人注目的枝形吊灯装在门厅里。花园和大厅正是摆放奇胡利作品的合适位置，因为很难就这些作品给出明确的定义。那是装饰品吗？是雕塑吗？是别的什么吗？布鲁斯·梅特卡夫（Bruce Metcalf）、珍妮特·库普鲁斯（Janet Koplos）曾在《匠作》（*Makers*）杂志上撰文回顾工作室工艺运动的历史全貌，对此他们指出："当奇胡利开始筹划他的巡回展览和庞大的公共项目时，将他的作品视为任何一种手工艺或艺术都变得不再可能，它业已变成了一种平易近人的大众娱乐。"[32]

对于工作室工艺运动来说，这一切是否真是一件好事，尚且存在争议。奇胡利的突出地位以及运动期间玻璃作品的普遍流行，确实戏剧性地提升了运动的形象。这或许有助于为其他手工艺领域——如木材加工和金属加工——的发展廓清道路，它们由此获得了专属的媒介组织、出版物和有奉献精神的收藏家团体。博物馆正在搜罗藏品，书籍正在出版。最重要的是，现在至少有了一些独立的制作者，可以在不依赖教师薪资的情况下，过上体面的生活。韦伯在所有这些方面设定的最初目标都实现了。幸运的是，她活到了 1979 年，刚好看到成功的浪潮逐渐到达顶峰。当然随着资金的涌入，工作室工艺运动的一些东西可能被淹没了。但凡形成市场，就有赢家和输家，竞争进入了之前不存在的领域。人们开始带着某种怀旧情绪，回忆运动早期纯粹的实验活动和社区建设。

这里还有一个长期以来令人感到懊丧的问题：尽管运动已取得了上述一切成就，它仍旧是一种自我封闭且不无边缘化的现象。特别是美术世界几乎不曾受到工作室工艺运动的半点影响。这种隔阂的产生，并不是因为美术世界对曾经地位较低的手工艺持有古老的偏见——20 世纪 80 年代，几乎任何东西都可以被当作艺术来把玩——而是因为这场运动已经被它的受众定义了。它是在向一群被束缚的观众、一群受限制的选民，讲述自己的故事。这种边缘化引发了持续的不满情绪，部分原因是钱。当代艺术市场正在膨胀,其作品售价远远高于工作室工艺运动的最昂贵的玻璃作品。除此之外,参与这场运动的工匠真正想要的还是尊重。即使这个时代已经不乏尊重的声音,但对于他们而言,这依然是杯水车薪。

撇开地位问题不谈,20世纪80年代,工作室工艺运动发展得很理想,而且希望在接下来的十年中继续获得力量。但是要说真正赚到钱的手工艺,绝对是在迈克尔·J.杜佩(Michael J. Dupey)、戴维·格林(David Green)和玛莎·克斯特拉(Martha Kostyra)这样的人士手中。上述名字可能听起来耳生,但下面这三家公司可能就很熟悉了:迈克尔斯(Michael's)、霍比罗比(Hobby Lobby)和玛莎·斯图亚特(Martha Stewart)。这三家公司今天的市值累计高达数十亿美元。它们都在20世纪80年代经历了起飞时刻。它们证明手工艺依然可以成为美国的经济引擎——尽管也许不是以人们期望的方式。

杜佩和格林都是具有创业精神的竞争者,他们为世界带来了"工艺美术运动超市"。他们的某些背景是相似的:杜佩来自达拉斯,而格林在俄克拉何马州西北方向约200英里的阿尔图斯(Altus)长大。两个人都在20世纪70年代初开设了自己的第一家门店。杜佩的父亲很富有,拥有一家家庭连锁商店(碰巧是以本·富兰克林的名字命名的),而格林则是一名贫穷牧师的儿子。在他的情人执笔的自传中,格林将自己描述为"为了支付午餐券的费用,在自助餐厅洗碗的孩子"。这部自传强烈呼应了19世纪的白手起家者的故事。自从在当地的一家百货商店找到工作,他再也没有回头："我开始看到，在零售业这行，天空才是极限。你总是可以开更多的店，或者扩大现有的店面。路没有尽头。我发现这让人心潮澎湃。"在他看来，甚至以每条一美元的价格向移民工人出售毯子，也是一种刺激。他感觉到，销售业余制作的手工艺品是一个机会，于是他开始做生意，开了第一家霍比罗比手工艺品公司。在他最先买进的货物的清单上，有当地一家脑瘫中心的住院医生们组装的相框，以及嬉皮士们制作的珠子项链。后来他还记得，嬉皮士们从垃圾箱里一个接一个地捡珠子，而后在商店里把珠子穿成项链的画面。格林笃信宗教，他声称，自己做生意的首要原则就是按照上帝的法则行事。他引用过《传道书》中的一句话："凡你手所当做的事，要尽力去做。"[33]

当格林正在践行霍雷肖·阿尔杰（Horatio Alger）笔下的穷孩子的成功神话时，杜佩也在达拉斯建立了迈克尔斯连锁店。首先，他把父亲的一家店改造成了专业的手工艺品商店，接着是一步步地扩张，直到在得克萨斯州拥有 11 家分店。这一模式是从沃尔玛等"大卖场"式的巨型零售商那里借鉴而来的，沃尔玛曾经沿着郊区地带，一路扩张到美国各地。格林很快采取了同样的策略，储备了令人眼花缭乱的商品：喷胶枪、无酸剪贴纸簿、锯齿剪刀、橡皮图章和美国国旗，每一种商品都涵盖了"小、中、大"三种型号。[34] 两位企业家都十分关注潮流动向，会据此迅速撤销原先的产品线。鉴于他们卖场的建筑（平平无奇）、工作岗位的质量（乏善可陈）、产品的性质（由"血汗工厂"批量生产），格林、杜佩的超级商场的例子证明了手工艺可以补救一切。但消费者并不这么看。迈克尔斯和霍比罗比两家公司，都将郊区的中产阶级女性作为主要客户群体。理由很简单：你可以改善自己的家庭，享受生活，学习技艺，从手工制作中感受到自豪感。为此，你只要买我们的东西就足够了。

杜佩和格林最终还是分道扬镳了。1983 年，迈克尔斯被一家多元化经营的大公司收购，并以每股 2.5 美元的价格在纳斯达克证券交易所上市——这是美国第一家上市交易的手工艺品公司。杜佩则创立了一个新品牌——MJ 设计。可惜新公司日后被迫宣告破产，好在他的老公司依然兴旺发达，如今的迈克尔斯公司在全国有 1250 多家分店。格林通过保持公司为家族所有，避免了管理上的复杂性。2012 年，他质疑刚刚通过的《平价医疗法案》(Affordable Care Act)，理由是该法案为堕胎服务提供资金，与他的宗教信仰相冲突。就像他所谓的工艺美术运动超市，是工艺美术运动事实上的对立面一样，这种保守的立场，也使他沦为可能与手工艺联系起来的进步主义政治的对立面。当然这是一个有关视角的问题。不管怎么说，知道霍比罗比公司的美国人，要比知道雕塑陶瓷的美国人多得多。

如果格林当真认为自己有一个意识形态上的对手，那么这个对手不是先锋派艺术家，不是反主流文化主义者，不是手工艺改革者，也不是女权主义者，而是玛莎·斯图亚特。在格林的自传中，他特别提到斯图亚特是一位"室内装修大师"，而且给他的公司制造了"负面宣传"。[35] 可以肯定，任何人都不想与斯图亚特为敌。斯图亚特（她结婚后的名字）可能比美国近代手工艺史上的任何一个人都吸引了更多的新闻评论，其中的大部分半是玩笑半是严肃。1982 年，斯图亚特开始打造自己的品牌，出版了一本名为《娱乐》（*Entertaining*）的畅销书。这是酝酿一种前所未有的文化现象的第一步。接着，斯图亚特旗下的跨平台组织便迎来了惊人的大爆发，她的成功甚至超过了当年的艾琳·奥斯本·韦伯。其间，斯图亚特又出版了多本书和一份杂志，制作了一档电视节目，筹划生产了家居卖场中的各色商品和一系列房屋涂料。最后，她甚至在1997年推出了一种名叫"网站"的新奇事物。

与此同时，她一直保持着令人着迷的一丝不苟的生活方式，这被她的媒体帝国记录了下来。1995年的《纽约杂志》发表了记者芭芭拉·利珀特（Barbara Lippert）的一篇人物专访，封面上的文章标题让人过目难忘——《她是玛莎·斯图亚特，而你不是》（SHE'S MARTHA STEWART, AND YOU'RE NOT）。文章把人们的注意力吸引到了斯图亚特身上，据称，她具有"将几个世纪以来单调乏味的日常活动，转变为卓越商机的特殊天赋……她的标准极其苛细，以至于她说的几乎每一句话听上去都很滑稽"。看看她的每月工作计划："清理独木舟，种植旱金莲，开始挖掘新路。"[36] 在一本名为《玛莎·斯图亚特还活着吗？》（*Is Martha Stewart Living?*）的滑稽仿作中，几位共同执笔的作者承认，很难做到让书中的情节像真实的事迹那样有趣。在1999年举办的一场美国研究会议上，竟然出现了一个专门讨论她的座谈小组，由此引发了一连串围绕子虚乌有的"玛莎·斯图亚特研究"的笑话。

2003年，斯图亚特被指控犯有内幕交易罪，一切一度烟消云散。那场幸灾乐祸的暴风雪，其强度令人目眩，还带有强烈的性别歧视色彩——终于，这位"一旦厨房门关上，就变得冷漠专横的超级完美主义者"，得到了她应有的惩罚。根据一位女性主义媒体学者的研究，针对斯图亚特的这篇报道的篇幅，大约是安然公司（Enron）名誉扫地的首席执行官肯尼斯·莱（Kenneth Lay）相关报道的 200 倍，大约是唐纳德·特朗普的 3 倍，当时特朗普正在宣传他的新电视节目《学徒》（The Apprentice）。[37] 不过在短暂的监狱服刑后，她重返工作岗位，至今仍是公司的负责人。

那么，玛莎·斯图亚特的事迹意味着什么呢？当然，她已经证明了手工艺伦理和利润动机是可以共存的。这两项原则在她的毕生履历中得到了充分的体现：从股票经纪人到餐饮承办商，再到企业大亨，她仍旧是摆弄喷胶枪的能手。正如霍比罗比公司的戴维·格林所认识到的，斯图亚特还激发了人们对手工艺的渴望，这让预先包装的仅供业余玩玩的工具包，看起来变得完全不够用了。这与专业主义的理念并不完全相同，因为斯图亚特将相同的方法应用于每个项目。她是一个能同时胜任多项任务的人，但不是专家，她传递的信息与其说关乎技艺，不如说关乎满足感：简单地说，做好一件事的重要性在于靠自己、为自己。

然而斯图亚特的普通消费者实际上并没有跟随她的脚步，这是真正有趣的地方。利珀特就在《纽约杂志》的那篇文章中写道，斯图亚特的品牌取得辉煌成绩的原因"并不在于如何去做，其实关键在于它能在多大程度上跨越已经精疲力尽，以至于躺平的市场"[38]。对此，流行文化评论家卡拉尔·安·马林（Karal Ann Marling）表示同意，她如此描述玛莎·斯图亚特写作的一本圣诞生活指南：里面有"关于如何去做的详细说明和作品完工之后的华美照片——姜饼屋、灌木修剪法、用自制刀具雕琢的饼干、彩绘的树木、用购物袋做成的镀金包装纸——可是这些成果，你和我都无法完全复制"。[39]

早在19世纪，凯瑟琳·比彻笔下的那一类家庭生活指南，已经创造了一座同样高耸的期望之山，它太过险峻，只有精力最充沛的人才会去攀登。[40]20世纪50年代，关于改装车和自制时装的杂志，无疑也成堆地摞在美国的车库和垃圾房里，也许有人读过它们的有用建议，但绝少有人去尝试。斯图亚特和前辈们的不同之处在于，她根据客户在追求工艺成就方面一再望而却步的趋势，有意识地作出了调整。她的主要客户是大量步入职场的第一代女性上班族，她们顾此失彼，在家庭生活的布料上留下了一个窟窿，而她明确表示，要为她们填补这个窟窿。[41]在1995年的一次电视采访中，她被指控"兜售完美主义"，这是一套不切实际的标准。她回答道："做梦对我来说是一件极好的事情……想象、梦幻、愿望。我认为这些才是生活真正的组成部分。"[42]这是一种典型的斯图亚特式的优雅表达，但她还在暗示另一些相当复杂的意蕴：在后现代的今天，手工艺作为一种理念，比作为一种现实，更具有可行性。虽然曾经属于日常活动范畴的它，已经变得不那么常见，但它依然在传播，公众依然将他们对家庭生活、自豪感、渴望的种种联想，附着在它的身上。

这么说起来，玛莎·斯图亚特版的"生活"，最好被看作一面擦得很亮的游乐园的镜子，它被举起来，折射出这个国家实际上已经与它的工匠历史失去了联系。不过，并非所有美国人都喜欢这个想法。事实上，有些人想做的不仅是联系过去，他们还想爬进去，待上一会儿。斯图亚特对传统的喜爱，就是这种趋势的反映之一，《草原上的小屋》（Little House on the Prairie，1974 年至 1983 年播出）和《老房子》（This Old House，1979 年首次播出）等电视节目也是如此。然而，一种比这激烈得多的回归历史的逃避主义版本是业余爱好者的历史重演，这种方式在 20 世纪 80 年代风靡一时。这与前几十年的复古主义之风全然不同。毋庸置疑，像保罗·里维尔、贝琪·罗斯这样的伟人，仍然受到尊敬。（在一项针对高中生的调查中，这两位革命时代的工匠被认为是美国历史上除了总统，最受认可的人物。）[43] 但与标准的圣徒传记笔法一起出现的，是对过往岁月的日常生活的关注，是对考古研究的精确性的重视。

正是在美国建国 200 周年的庆祝活动期间，历史重演的活动开始流行起来。1973 年，在波士顿倾茶事件 200 周年纪念日的当天，一群人登上了港口的一艘帆船，将一些板条箱倒入水中，引发了 20 000 名围观者的欢呼。然后，在标志性的 1976 年到来之际，美国各地的城镇都召集了重新组建的民兵组织，举办了模拟的战斗。华盛顿跨过特拉华河、里维尔策马奔腾的画面，都在舞台上得以重现。纪念品的交易十分活跃，其中可以看到由伦敦铸造厂制作的完整尺寸的自由钟的复制品。在美国报纸的版面上出现了诙谐的一幕，查理·布朗（Charlie Brown）的小妹妹莎莉登场，售卖"部队在福吉谷（Valley Forge）午休时，互相投掷的雪球的复制品"。[44]

对于大多数美国人来说，建国 200 周年的狂热来了，又去了。但对于少数人来说，这激发了他们对历史的毕生兴趣。有人认为，1986 年，全国大约已有 50 000 名态度认真的历史重演者，当时最流行的表演是对美国内战战役的再创作。这一活动在美国有悠久的历史，至少可以追溯到1878年，在当年的新泽西州，一个团的内战老兵集体上演了一场模拟战斗。但是在建国200周年庆典结束后，重演活动被赋予了严肃的全新面貌，尤其是在那些自称"硬核"的人当中。这些狂热者以其充分的准备和体验派的表演方法而闻名——俨然全身心沉浸其中。有时他们会选择一名特定的士兵来刻画，那名士兵可能是某一个家族的祖先。通常他们还会自己制作装备，并为此磨炼出了一系列手工技能。业余爱好者还从被称为军中小贩（sutlers，指代军用供应商的过时术语）的专业供应商那里购买物品，他们的专业程度高、生产规模小，类似于现实中19世纪的手工艺作坊。

一名重演者需要许多装备，不仅是制服或其他合适的衣服，还有内衣、靴子、帽子、士兵行囊、弹药盒、水壶，当然还少不了一把枪。很少有重演者——即使是最铁杆的重演者——能够自己制造枪支。（讽刺的是，这些物品并非产自美国，它们主要购买自意大利的专业工匠生产商。）不过，他们确实自己缝制衣服，自己生产弹药（只有火药，没有炮弹），自己准备军用硬饼干，那是一种用干面粉烘焙的饼干，是内战晚餐中令人大倒胃口的主菜。在一次重演活动中，他们就睡在地上，夜里互相抱着取暖，力争把那段经历的每个细节都呈现出来。尽管如此，所有这些对真实性的强调，都可以被视为重演者在参与一种后现代行为模式的体现，他们沉浸在一部平淡无奇的小说中，无法自拔。"演员试图愚弄观众，让观众们以为，重演者就是他所扮演的那个人，"一本流行的指南手册针对这种爱好分析道，"换言之，重演者也在试图愚弄自己。"[45] 托尼·霍维茨（Tony Horwitz）写过一本关于重演者的书，名为《阁楼上的联盟军》（*Confederates in the Attic*），书中描述了一个决定扮演战争寡妇的女人。她给自己缝制的全套古装多达七层，配上了束腰和箍裙。"这听起来可能很傻，"她说道，"但我真的很想哀悼死去的南方军战士。"[46]

斯匡托（弗兰克·希克斯饰）、飞鹰酋长（厄尔·米尔斯饰）、卡弗州长（罗伯特·M. 巴特利特博士饰）重演了 1620 年在普利茅斯种植园签署条约的一幕，1971 年。
《波士顿环球报》／盖蒂图片社。

在肯·伯恩斯（Ken Burns）的多集纪录片（1990）和电影《荣耀》（1989）、《葛底斯堡》（1993）的鼓励下，重演南北战争的风潮在 20 世纪 90 年代中期达到顶峰，这两部电影都是起用重演者作为临时演员拍摄的。1998 年，为纪念葛底斯堡战役 135 周年举办的一场活动，是历史上规模最大的一次重演，大约有

20 000 人参加。这一刻发生时，霍维茨正在开展研究，他随即提出了自己的理论：所有这些壮观的历史演出，实际上都是另一种政治手段。他在这些历史演出中发现了"对南方邦联越发坚定的、带有意识形态色彩的追忆"，发现了对南方白人身份的坚守和对战后重建时期挥之不去的怨恨，或许还有种族主义立场。这就解释了重演者们何以为了这一爱好，甘心投入时间和费用。（一位售卖叛军货物的商贩曾经承认："南方邦联的好东西可不便宜。"）他们对真实性的狂热，其实是对挫败感的代偿，否则这种情绪将无处排解，这是一种为其他美国人否定的信念建立合法性的方式。时至今日，为历史重演活动提供美国南方邦联的战旗——"星杠旗"的一家主要供应商，仍然将其地址写作"卡特斯维尔（Cartersville），（被占领的）佐治亚州"[47]。

话虽如此，但是自 20 世纪 90 年代以来，重演美国内战的流行程度有所下降，部分原因是人们对这段争吵不休的历史重新展开了批判性的审视。正如来自克利夫兰的退休机械师、历史重演者托马斯·唐斯（Thomas Downes）在 2018 年辩解的那样："直到最近的五年到十年，战争的社会原因都与我们的所作所为无关。我们向战士致敬。这并不是说'我是种族主义者，我想美化奴隶制'。这里没有人真正思考过南方开战的社会原因。"他认为大家的认识已经变了，但不管怎么说，他还是出现在了战场上。考虑到他和他的同伴们，为他们的追求付出的一切，也许这并不那么令人惊讶。正如他的一位战友笑着说："没有这身制服，我们只是一帮中年笨蛋。"[48]

历史重演会用到的另一个术语是"活生生的历史"。这是一个恰当的术语,完美地抓住了历史重演把过去——连同其所有的问题和可能性——带到现在的方式。这一切都在1970年11月26日上演,25名美国原住民登上了"五月花二号"(*Mayflower II*),一艘350年前将白人殖民者带到新英格兰的航船的复制品。他们肯定不是以重演者的身份出现在那里。那是一场抗议,是红色力量运动中最早发生的抗议之一。当大多数美国人都在庆祝感恩节时,这个组织却宣布将这一天设为全国哀悼日。他们的领袖瓦姆苏塔·(弗兰克)·詹姆斯 [Wamsutta (Frank) James],在17世纪的万帕诺亚格人(Wampanoag)酋长马萨索伊特(Massasoit)的雕像的注视下,宣读了一篇演讲词。瓦姆苏塔最初是为周年纪念日的公民晚宴准备的文本,但是当活动的主办者回顾那段历史时,他们感到震惊,而后便撤回了邀请。在某种程度上,他想说的是:"历史想让我们相信,印第安人是野蛮、不识字、未开化的动物。这是一部由有组织有纪律的人民撰写的历史,然而它却试图告诉世人,我们是一帮无组织无纪律的实体。让我们记住,印第安人和白人一样都是人。印第安人感到痛苦,受到伤害,开始防卫,拥有梦想,承受悲剧和失败,忍受孤独,需要哭,也需要笑。"

从那以后,每年11月的第四个星期四,成为原住民的全国哀悼日。这场一年一度的庆典提醒人们,长久以来流传的有关感恩节的故事——定居者和万帕诺亚格人之间的轻松自如的友谊——只是自私的神话,而且过去的暴力行径仍然需要得到更多的追认。原住民在重温自己的传统方面,已经有了很长时间的经验。现在他们开始更加积极地反对自己被他人代表的方式。这场争论的一条导火索就在附近：一座活生生的历史博物馆——普利茅斯种植园，在那里，游客被邀请"回到过去"，体验"五月花"号航海家和他们的直接继任者建造的定居点。这场再造历史的实验开启于1947年，当时殖民复兴风格即将落幕，正是把这些勇敢的"朝圣者"（Pilgrims，时人总是这样称呼那些移民）塑造成战后美国郊区模范的好时候。

起初，普利茅斯种植园并不比威廉斯堡殖民地更关心真实性的问题。蜡像和包括装扮成"红脸"乡下人的白人在内的表演者，一道营造了主题公园的氛围。铺设了牡蛎壳的高雅走道纵横交错。在这场再造历史的活动中，人们在园内描绘了一些特定的殖民者，根据他们的后代捐赠钱款的多少，把他们当年居住的建筑复原得大小不一。[49] 但是在1969年，在解释的问题上发生了一场革命。人类学家詹姆斯·迪茨（James Deetz）敦促博物馆接受了一个再造历史的新方案，它要比当前的版本高明得多。贝壳走道和蜡像被搬走了。以考古证据为基础，定居者的家园逐渐得到重建。最重要的是，与万帕诺亚格人的对话显然早该进行了。[50]

这场对话的直接成果，最初被称为阿尔冈琴夏季营地（Algonquian Summer Camp，今天是万帕诺亚格人的家园），它于1973年在普利茅斯种植园开幕。这是一处小型定居点，有棚屋式的避难所，还有一片玉米地。20世纪90年代，关于这个地方的历史有了新的解释，它成为一个名叫霍巴莫克（Hobbamock）的历史人物的定居地，他曾担任马萨索伊特的顾问，是欧洲定居者与当地原住民的中间人、翻译。如今，这里有三座令人印象深刻的建筑，包括一座"努什威图"（*nush wetu*），即长屋。就连地里种植的作物都是 17 世纪的特定品种。虽然普利茅斯种植园附近的白人殖民地雇用了翻译人员，安排他们以第一人称描述定居者（甚至采用了接近 17 世纪的口音和语言模式），原住民的翻译人员却仍以第三人称正常讲话。在某种程度上，这是一个务实的决定；翻译人员温和地向游客指出，既然他们在扮演角色，那么就需要用一种完全不同的语言来讲话。[51] 这也使他们能够描述历史上的帕图塞特（Patuxet，万帕诺亚格人对该地的称呼）与当下生活之间的明确关系。这么做的结果是引发了一场关于继承遗产和数典忘祖的细致讨论。

类似的方法也被用于指导该地的手工艺工作，包括广泛的技术门类：坑烧陶器、捻绳和织席，制革，加工贝壳串珠，以及使用烧制、雕刻相结合的手法制作"米舒"（mishoons），也即独木舟。翻译人员会仔细解释在复兴的工艺流程中，哪些环节是传统的，哪些不是传统的；真实性是一个具有指导意义的关注点，但在这个问题上，人们却不可避免地作出了妥协。例如，黏土可能是用手从地里挖出来的，也可能不是；贝壳串珠可以用弓钻或机械钻穿孔；造船用的树是用锯子伐倒的，而不是用控制得当的火焰烧倒的。现场制作当然是一种教育公众的手段，但它对万帕诺亚格人本身，也起到了同等重要的作用。"这是在恢复我们的文化，保持我们的身份，"博物馆的首席翻译达利斯·库姆斯（Darius Coombes）谈道，他从 20 世纪 90 年代起，就一直在那里工作，"我想对所有原住民说：'抓住你能抓住的，重振你能重振的。如此一来，你就能更好地与自己和谐共处，更好地了解自己的为人。'"[52]

普利茅斯种植园并不是与世隔绝的乌托邦。与殖民地时期的威廉斯堡等历史遗迹一样，这座博物馆的参观人数从 20 世纪 80 年代中期达到峰值开始，一路稳步下降。近年来，它备受管理层与劳工关系的困扰，大约一半的员工成立了一个隶属美国汽车工人联合会的工会，以抗议低工资和恶劣的工作条件。[53] 一种现实主义——对传统实践的亦步亦趋，另一种现实主义——现代美国生活的实例，两者之间必须达成平衡。要拉近与往昔峥嵘岁月的距离，手工艺的历史重现依然是手段之一，但这肯定不是一件容易的事。

随着复兴历史上手工艺的类似努力在全国其他地方的原住民中展开，建立判断真伪的标准一直是一个挑战。这个故事有一个引人入胜的章节，那就是 1990 年，由国会议员本·奈特马·坎贝尔（Ben Nighthorse Campbell）等人共同提交的《印第安工艺美术法案》（Indian Arts and Crafts Act），坎贝尔是立法机构的第一位原住民代表，也是一位银匠。这项法案强化了 20 世纪 30 年代通过的另一项立法，现在国家将正式承认那些"经营印第安人制作的手工艺正品"的企业，并授权印第安工艺美术委员会（Indian Arts and Crafts Board）对造假者采取法律行动。行动的主要目标是菲律宾等国的大规模制造商，他们用廉价的仿冒陶器、克奇纳（kachina）娃娃、珠饰和其他产品，席卷了美国市场，让原住民手工艺者难以招架。

《印第安工艺美术法案》在两党的支持下轻松通过，一名代表称它是"一项基本没有争议的立法"[54]。但问题马上就出现了。到底谁是"真正的印第安人"？许多人认为自己是印第安人，但从没有得到部落的正式承认。这可能是因为他们无法记录自己的基因血统——纸面记录可以追溯到 19 世纪的人口普查数据，但其中疑云重重；又或者因为他们的部落碰巧在身份认同的问题上，与美国政府意见冲突。还有一些原住民，只是单纯地本着自己的原则，拒绝承认政府有权规范他们的种族。（毕竟这种情况不会发生在任何其他美国群体身上。）在现实操作中，这项法律也给每个主权部落造成了负担，它要求各部落认证自己的艺术家、工匠，但他们可能缺少足够的基础设施。

在乔治·H. W. 布什总统签署该法案，使之成为法律仅仅两天后，俄克拉何马州的一家博物馆就暂时关闭了，因为它无法核实馆内收藏的许多手工艺术品的法律地位，也不确定它们是否会引发诉讼。工匠们被取消了在展览、商业画廊和博览会上展示其作品的邀请，除非他们能证明，自己的血统身份有足够的"血量"（"blood quantum"）作为凭据。艺术家赫丽亚·琴哈娜金妮（Hulleah Tsinhnahjinnie）是塞米诺尔人、克里克人、纳瓦霍人的后裔，她是众多发出抗议声音的人之一。她评论道，核实种族血统是否纯正的工作，让她联想起了"犹太人手臂上的文身数字"[55]。讽刺的是，若是根据该法案的规定，年轻时的本·奈特马·坎贝尔是没有资格出售银饰的，因为他一直到转向政坛前不久，才被证明是北夏延人（Northern Cheyenne）的部落成员。[56]

在这种情况下，全球化的生产和本地的真实性之间的矛盾，造成了一种困境。如果原住民手工艺者想要得到保护，对原住民身份的某些定义确实是必要的。自 1972 年以来，阿拉斯加一直在实施一个名为"银手"的项目，为因纽皮克人（Inupiaq）的象牙雕刻、海达人（Haida）的篮子和其他地区原住民的手工艺品提供认证。这场维护广告公信的战役，同样是基于对祖先的狭隘定义，也同样面临着由此产生的所有潜在的排斥问题。即便如此，根据人类学家艾米丽·摩尔（Emily Moore）的说法，该州的大多数原住民工匠依然支持这项计划。这或许是可以理解的，因为（截至2001年）有多达75%的零售产品，虽然挂着"阿拉斯加原住民制作"的名头进行营销，但实际上是从远东和其他地方进口的。[57]

全球主义将这个问题推到了美国的家门口，印第安人并不是独自面对这个问题。这些东西从何处来？到底是谁做的？制作者过着怎样的生活？处在这种愚昧的状态下，一个人怎样才能有道德地生活呢？这些问题不容易回答。但至少有越来越多的人开始追问了。

"还有什么比'血汗工厂'像吸血鬼一样重生，更能说明我们这个勇敢的'后工业'新世界的到来吗？"[58] 一名活动人士在经历了近年来最恐怖的新闻事件引发的动荡之后，如此写道。1995年，毗邻洛杉矶的艾尔蒙地（El Monte）的警方发现，数十名泰国制衣工人被紧锁的门和带刺的铁丝网囚禁了起来。他们被人贩子带来美国，而后被告知，他们需要通过工作来支付路费。但是随着时间的推移，他们的债务只会增加，因为他们需要为围墙内的基本必需品支付高得离谱的费用。与此同时，他们被要求每天在缝纫机上工作17个小时。骇人听闻的是，此类事件还会一再地在美国发生：19世纪早期奴隶制的恐怖气氛，如今在郊区重现了。

20 世纪 90 年代，艾尔蒙地案只是备受瞩目的若干条关于"血汗工厂"的头条新闻之一，它之所以不同寻常，仅仅是因为它发生在美国的土地上。1996 年，悉尼·尚伯格（Sydney Schanberg）在《生活》（*Life*）杂志上发表了一篇文章，揭露了耐克和其他运动品牌出售巴基斯坦儿童制造的足球的事实，而这些儿童的工资只有每小时 6 美分。就像在艾尔蒙地那样，这点微薄的工资还要被用来抵销一笔欺诈性的债务，这些未成年工人也因而陷入了永久的劳役。非但如此，他们还要忍受惩戒性的殴打和不卫生的生活条件。"为了写这个故事，我几乎走遍了第三世界的所有地方，"尚伯格写道，"巴西、泰国，还有中美洲。"[59] "血汗工厂"是一种全球流行病，美国公司是这些工厂最好的客户。

为了回应这些大白于天下的丑恶现象，一场抗议运动席卷了全国的大学校园。它始于北卡罗来纳州杜克大学一群学生的一次静坐示威，他们呼吁，学校与依靠"血汗工厂"的劳动力生产校服的所有制造商终止合同。当时，杜克大学每年可以卖出价值 2500 万美元的品牌商品，这要归功于该校篮球队的广受欢迎。抗议奏效了。一年之后，杜克大学的行政部门签署了一项新的伦理政策。那时，一个名为"学生反对'血汗工厂'联合会"（United Students Against Sweatshops）的组织，已经在全国各地成立了分支机构，在各自的学校提出了类似的要求，推动了制造业企业提高透明度。在耶鲁大学，一群学生举办了一场编织活动，以提高公众的认识。[60]

公司听到了抗议并作出了回应——提出了反驳意见。公司们声称，供应链太过复杂，根本不可能进行有效的监管，但这种说法并不令人信服。一个更有说服力的辩护理由来自包括保罗·克鲁格曼（Paul Krugman）在内的主流经济学家，对此他写道："低工资的坏工作，总比没有工作好。"这并不代表他对贫困人口的经历麻木不仁。他举了一个例子，菲律宾有一座垃圾场，当地家庭从有毒的废物中挑选了可供出售的废金属。他指出，这些工人愿意从事此类工作，而不是传统的自给自足的农业。克鲁格曼还列举了更广泛的事例，来说明"血汗工厂"和其他剥削劳工的行为，是经济发展之路上的必要步骤。美国本身就有过这样的经历，在20世纪后期更是如此，因为整个世界都转变成了一个竞争激烈的市场。在这种背景下，贫穷的国家能做到的最好的事情，就是降低劳动力的成本。阻止这些国家利用这一优势，无异于剥夺了它们唯一拥有的发展机会。克鲁格曼认为，这种困境"并不是什么令人愉快的景象，但不管那些国家的动机有多么恶劣，其结果是让数亿人从赤贫转向了尽管糟糕却在明显好转的状态"[61]。

从那时起，人权活动人士和克鲁格曼等新自由主义者之间的意志之争，就拉开了帷幕。像乐施会（Oxfam）这样的非政府组织，已经与越来越多的国际工会运动合作，试图实施工厂检查计划，促进薪酬发放的性别平等，并推进其他目标的实现。[62] 可是，恶劣的工作条件至今仍在世界范围内存在。将道德标准施加给全球制造业的努力，强烈地呼应了工艺美术运动、世界工艺理事会的早期运动宗旨，但它不得不与完全属于不同等量级的敌对秩序作斗争。"血汗工厂"不只在制衣行业很普遍，它们出现在任何无法负担自动化成本的生产部门，甚至包括计算机和电子设备制造等行业。这些高科技产品都是手工组装的,自从 20 世纪八九十年代家用电脑产量大爆发,硅片、电路板首次实现大规模生产以来,情况一直如此。[63]"要理解电子工业很简单,"商业分析师路易斯·海曼(Louis Hyman)评论道,"每次有人说'机器人',你就简单地想象成一个有色人种的女人。"[64]

随着千禧年的到来,在这个充满对抗的背景下,美国的手工艺再次开始转型。出现了两种彼此重叠的新趋势:手工行动主义和创客运动。两者都建立在个人责任的理想基础上,那一直是这个国家手工艺文化的一个标志。然而在现实中,作为对后工业主义和技术变革的回应,各国都引入了强烈的集体行动精神。它们最好被看作一枚硬币的两面。它们都试图在手工艺中寻求一种可能,去改变美国人看待世界的方式。于是往事重演了。

2003 年,纺织艺术家、活动家贝琪·格里尔(Betsy Greer)创造了"手工行动主义"一词。作为一种理念,它有悠久的历史背景,其灵感来自废奴主义者组织的缝纫妇女会、女性参政主义者的抗议,以及 20 世纪 70 年代的女性主义运动。这一现象的主要例证之一是文学先锋(avant la lettre)组织,它于 1985 年在旧金山成立。当时,政治活动组织者克里夫·琼斯(Cleve Jones)参加了纪念哈维·米尔克(Harvey Milk)的烛光仪式。米尔克是该州第一位公开同性恋身份的民选官员,7 年前被前同事刺杀。自那以后,城里死了太多的人。艾滋病在那里和全国各地的同性恋群体中肆虐。由于政府对这场灾难保持沉默,琼斯等活动人士主动站了出来,试图提高公众的关注度。那天晚上,他和一个朋友邀请参加守夜活动的人制作了一批标志，献给他们身边死于这场疾病的人们，并把那些标志挂在墙上。琼斯站在他们做的东西后面，自言自语道："那看起来像一床被子。"

"艾滋病纪念拼布"（AIDS Memorial Quilt）项目——正式名称叫作"姓名工程"（NAMES Project）——就此诞生，它产生自琼斯的构想，并且在最初的几年里由琼斯领导。琼斯提出了一个简单有力的想法。那些失去所爱之人的人们，可以制作一个 3 英尺长、6 英尺宽的纺织布板，用来纪念那个人。然后这些布板会被缝合在一起，形成 12 英尺见方的更大的布块，这些布块可以单独呈现，也可以在拼成更大的网格之后呈现。1987 年，他们已经制作了足够多的布板——将近 2000 块——可以覆盖国家广场上相当大的一片地方。这是第一次，之后他还会去首都举办活动，每一次活动的拼布都做得更大，以纪念更多的逝者。今天，他们已经制作了大约 50 000 块布板，总面积超过 100 万平方英尺。

艺术史学者茱莉亚·布莱恩-威尔逊（Julia Bryan-Wilson）在对艾滋病拼布的权威性研究中注意到，每一幅布板大小都与坟墓一致，当把整幅布块摆出来时，会使人想到一片巨大的墓地。[65] 她还指出，从技术上讲，这根本就不是一床被子，因为它没有棉絮（介于顶部和衬垫之间的一种保暖填料）。许多布板上没有任何刺绣、名字、附图，是用喷漆或白板笔来标记的。还有一些是缝制的，但只是以最基本的方式缝制，也许只需要去一趟工艺美术运动的作品超市就能搞定。

艾滋病拼布让人看了心酸，但它从一开始就饱受争议。在华

国家广场上的"艾滋病纪念拼布",1987年。
杰弗里·马科维茨(Jeffrey Markowitz),西格玛图片社/
盖蒂图片社。

盛顿的一场演讲中,一名憎恶同性恋的抗议者站在附近,举着写了"BURN THE FAG BLANKET"(烧掉基佬的毯子)的牌子。更有理由抗议的是女性主义者,她们不禁注意到,一项传统上与女性有关的技艺,正被主要由男同性恋者组成的运动攫取。非裔美国人是受艾滋病影响最大的人口群体,可是这里没有足够的布板代表他们，这引发了人们对该项目的社区拓展策略的质疑。但最尖锐的批评来自同性恋活动人士的社区本身。许多与"行动起来"（ACT UP）——要求就艾滋病危机采取行动的主要组织——有联系的人，都觉得这种拼布代表了过分顺从的态度。这真的是一种合适的方式吗？它能够代表一场如此惨痛的悲剧吗？考虑到让政府关注这场危机是多么困难，采取更具对抗性的姿态难道不是更合适吗？布莱恩-威尔逊就曾写道："艾滋病拼布"的手工制作方式，确实使它能够被广大民众接受，帮助它吸引了广泛的关注，同时也把它"与倒退、浪漫化、徒劳无益的其他领域联系在了一起"[66]。

  21世纪初，当手工行动主义刚刚发出运动的嚆矢时，人们也问出了类似的问题。格里尔发表了一份宣言，称"手工行动主义关心的是提高人们的意识，一针一线地创造更美好的世界"[67]。另一名早期的参与者凯特·马萨（Cat Mazza）表示："当你决定做某样东西，而不是买它的时候"，手工行动主义就产生了。[68] 正如上述解释所暗示的那样，这个术语被人们用来涵盖相当广泛的实际行动。其中最被广泛认可的例子，可能就要数"纱线轰炸"活动了。2005年，达拉斯的"尼塔"（"Knitta"）组织率先发起了这一活动，组织成员给公共空间的某样物品（门把手、停车计时器、树干）套上了手工编织的彩色护套。此处（就像手工行动主义的很多别的方面一样）借用的来自涂鸦文化的"轰炸"一词，带有反语的意味。这个组织的姿态显然是非暴力的，意在将温暖、个性、温馨引入公共领域。事实上，它已经被用于明确的反军国主义目的，就像丹麦艺术家玛丽安·约根森（Marianne

Jørgenson）在 2006 年的一个项目中所做的那样。当时她请自己的在线社区成员编织粉红色的方形小布板，再把它们寄给自己。她把布板全都缝在一起，做成一块阿富汗毛毯，后来扔在了哥本哈根展出的一辆军用坦克上，坦克的大炮上悬挂了一颗绒球。

约根森发起的联合创作的成果，几乎立刻就被当局没收了，但它的照片还在互联网上疯传，使其迅速成为手工行动主义的图标。它也暴露了这种现象的一点矛盾之处：坚持手工制作，但又完全依赖于数字工具。[69] 大多数手工行动主义的活动在网上开展，而不是面对面进行，比如通过主流社交媒体和类似"缠结"（Ravelry，成立于 2007 年）之类的网站，这是一个关于编织图案和编织项目的重要网站。一些手工行动主义者并不把这看作一种冲突，他们反而赞扬手工编织和电脑计算之间共同的历史渊源，或者更抽象地说，是文本与纺织品之间的深层联系。[70]

2003 年，凯特·马萨发起了一场由手工行动主义者参与的抗议，抗议对象是"血汗工厂"的劳动剥削，她利用自己的网站"微抗议"（microRevolt），组织了来自超过 25 个国家的业余编织爱好者，制作了一个巨大的彩色条形图样——那是耐克的企业标志。原图的平滑曲线为笨拙的块状图像所取代，表明这是一张质量较差的数字图像。在马萨眼中，这是一份精心制作的手工请愿书，每块布都代表一个人的签名。（马萨原本打算把完整的图样送去耐克总部，但最终决定把它留在身边。）这个项目间接地让人想起了《独立宣言》——文件底部的那些漂亮的书法，而让人们一下子想起了艾滋病拼布，它有着类似的协作式网格结构。2007 年，马萨一度受邀参加艺术与设计博物馆举办的一场名为

"激进的蕾丝与颠覆性的针织"（Radical Lace and Subversive Knitting）的展览，届时将展出这面旗帜。这座博物馆即韦伯在纽约建立的原当代手工艺博物馆，它现在变更了馆名，更加名副其实了。未承想，馆长在最后一刻取消了马萨的作品展示，因为它"在其他作品中看起来太过于'时髦'了"，对此她颇感困惑。虽然有些失望，但有一点让马萨很感兴趣，博物馆竟然"想当然地认为，这面旗帜追求的是某种高质量的艺术，而这从来都不是作品的本意"[71]。

这一事件确实很有启发性，它表明，业余和专业的手工艺之间的长期分歧尚未消弭。手工行动主义有意打破这种分裂，继承20世纪70年代女性运动的未竟事业。它常常被视为更广泛的第三波女性主义浪潮的一部分，与政治意味不甚明显但仍有助于促进性别平等的手工艺运用联系在一起。这方面的一个突出人物是黛比·斯托勒（Debbie Stoller），她是1993年创刊的杂志《半身像》（Bust）的联合创始人。斯托勒仿佛是投身于亚文化的玛莎·斯图亚特，她的标志性理论是"女孩子气的女性主义"（"girly feminism"）。她从讽刺的角度利用了性别刻板印象，而不是将其视为彻头彻尾的倒行逆施，一概拒之门外。这涉及编织和其他形式的针线活儿。"身为女性主义者，我们在想，与其对这些技艺关上门，不如赞扬它们。"1997年，该杂志开设了一个名为"她手很巧"（She's Crafty）的新专栏，主要介绍一些伴有插科打诨的"自己动手"项目（会给出小贴士，教你制作装性玩具的盒子、使用双关语的十字绣读本、供婴儿吮吸的奶嘴）。专栏还就如何通过手工艺品生意创业增收提出了建议，鼓励读者"按自己的方式创造生活"[72]。

在新千年的早期，多个平台在全国各地涌现，以帮助新一代的"手工客"（"crafters"）达成自我实现的目标。有些是面向社区建设的，如2000年在纽约市成立的手工艺教派（Church of Craft），尽管取了这样的名字，它其实是一个世俗的组织，致力于把"对手工艺的强烈热爱带给所有寻求它的人"[73]。其他组织则更为商业化，比如2003年在芝加哥成立的叛逆者手工艺博览会（Renegade Craft Fair），又如2005年成立的在线卖家易集（Etsy）。这些组织的自我定位是凭借企业家的创业精神谋求权利。然而不出所料的是，随着成功一同到来的还有争议。2015年，一位名叫格蕾丝·杜布希（Grace Dobush）的卖家关闭了自己的易集账户，发布了一篇广为流传的帖子，描述了她感受到的公司的虚伪之举。讨人开心的廉价手工制品被大量生产出来，充斥了网站，而易集没有采取任何措施阻止这种情况的发生。一个名为"惋惜"（Regretsy）的网站成立了，旨在点名揭露假冒伪劣产品的生产商，但无济于事。杜布希声称，为了竞争，手工制作者正在将价格降低到不可持续的水平，获得实际收益的可能性正变得越来越小。唯一赚钱的人是"血汗工厂"的老板和易集的股东——2013年，该网站的销售额为13.5亿美元，赚取了约4700万美元的交易费用。这个人们心中的草根市场以其庞大的规模，不但抑制了"自己动手"领域的发展，而且使之趋于同质化。就连被认为是独立创意灵魂之堡垒的叛逆者手工艺博览会，也开始变得像是易集的主页了。"这简直无聊得让人难以置信，"杜布希写道，"地球能承受多少件花里胡哨的几何形状的珠宝？"[74]

早在易集出现紧急情况之前，斯托勒就已经在以"缝出一片

凯丽·雅诺夫（Callie Janoff），手工艺教派的联合创始人之一。
凯丽·雅诺夫提供。

天"（Stitch'n Bitch）为标语，推广自己的品牌了，这个名字是斯托勒从她在布鲁克林帮助建立的一个编织圈子中借用的。她出版了一系列讲述编织图样的书籍，笔调积极乐观，这些书更新了传统图样，以服务于"自己动手"理念下的"手工客"亚文化。其中的第一本书是在2003年出版的，谈到了许多岁月静好的作品项目（羊毛手套、猫床），但也有一些作品看上去面目狰狞，比如一件带有超大头骨图样的毛衣。其中一款作品名为"官方凯蒂维尔帽"（Official Kittyville Hat）［由费城一位名叫凯蒂·施密特（Kitty Schmidt）的编织工设计］，帽子上的图样碰巧与后来手工行动主义运动的图腾——粉色的猫咪帽（Pussyhat）——惊人的相似，后者在 2017 年初成为抗议特朗普政府的活动象征。猫咪帽由洛杉矶活动人士克丽斯塔·苏（Krista Suh）、杰娜·茨韦曼（Jayna Zweiman）设计，它被发布到互联网上，供任何人参照图样自行制作。此前，特朗普的竞选团队曾经推出一款带有"MAKE AMERICA GREAT AGAIN"（让美国再次伟大）字样的红色棒球帽，猫咪帽是对红色棒球帽的巧妙回击。这两顶帽子完美地捕捉到了那一历史时刻：对于左翼来说，是基于手工制作的具有讽刺意味的身份政治；对于右翼来说，是代表大规模生产的沙文主义。

在猫咪帽出现之前，有人可能会认为，手工行动主义从一开始就计划不周。如果说，艾滋病拼布在许多活动人士眼中，尚且代表了一种过分顺从的态度的话，那么扔上坦克的罩子和抗议时用的毯子，就更不可能给当权者造成麻烦了。然而，在 2017 年 1 月的女性游行中，当成千上万顶帽子映入眼帘时，那种景象宛如一种过目难忘的团结宣言——尤其是帽子各不相同，是在美国各地的家庭里手工制作的，使得这一幕更加令人赞叹。诚然，手工行动主义有意向平凡的琐事暗送秋波，但它也得到了一些关键力量的推动。手工制作需要个体的投入，而大规模生产和数字通信完全不需要。即使在社会干预无处不在的今天，这仍然是事实。手工艺与人类的时间、努力、技艺有着不可分割的联系。仅仅因为这个原因，它就将始终保持影响政治的潜力。它永远不会被彻底取代。

当真永远不会被取代吗？在新千年的头几年中，技术专家一度对此表示怀疑。随着美国人一头扎进屏幕的浅滩，另一片前沿地带已经渐入视野：家庭手工制造的数字化前景。未来主义者相信，这是普通人很快就能做到的事情。只要有一套基本的工具——最重要的是 3D 打印机——各家各户就能变成一座工厂。由此造成的影响将是惊人的。经济会以一种卡尔·马克思和威廉·莫里斯无法预测的方式被重塑。今天的消费者将掌握生产资料。

事实上，消费者将不再是消费者。人们不买东西，而是自己制造，需要的时候再回收它们，将它们变成新的东西。届时，大规模定制将成为潮流，每个人都能打造独一无二的个性化作品，从而形成一个更加多元化的环境。社会将享受定制工艺的好处，同时还不用花钱。历史本身将周而复始，回归原点，因为家庭会再次成为生产单位，就像 18 世纪那样。虚拟公会将会成立，汇集知识和设计。[75] 最激动人心之处在于，这些工具已经出现了，而且已经被当作工业环境中的快速成型机来使用了。一旦这些生产工具进入大众市场——这似乎是不可避免的——一个美好的新世界就会迎来黎明。

这些都是创客运动背后的乌托邦原则，它与手工行动主义同步发展，在很多方面都是后者的自然对应物。两者之间存在强烈的性别差异：如果说，手工行动主义借鉴了女性主义的先例，那么创客运动则继承了《大众机械》杂志和改装车等"专为男孩设计的玩具"的遗产，以及斯图亚特·布兰德在《全球目录》中推广的理念。但手工行动主义与创客运动之间也有许多共同点。两者都反映了民主化的冲动，将个人制作定位为一种解放力量和一种取代大众消费的方式。两者都同样接受模拟化和数字化，认为它们不仅彼此兼容，而且相互授权。

创客运动的第一位著名发言人，是一位麻省理工学院的教授，名叫尼尔·格申菲尔德（Neal Gershenfeld），他是一位有天赋的作家和演说家，能够让深奥的技术问题变得通俗易懂。他的工作前提是数据和物质正在变得可以互换。2001年，他创建了一个名为"比特与原子中心"（Center for Bits and Atoms）的研究小组，小组旨在解决的核心问题反映在了一门课程上，叫"如何制作（几乎）任何东西"。这门课成为第一家微观装配实验室（Fab Labs）的基础（fab 是 fabrication 的缩写，不过格申菲尔德显然不介意这个词的含义）。2003年，他启动了微观装配实验室的一个国际试点工程，选择了一些可能受益于制造能力的地点：波士顿的一个低收入社区，印度、哥斯达黎加、加纳的农村社区，挪威的萨米人（Sami）聚居地。每处设施都配备了激光切割机、铣床、3D 打印机，以及其他工具和相关软件，设施成本约为20 000 美元。这是一种巧妙的推广模式，通过将尖端技术放置在资金不足的地区，扭转了常见的全球主义潮流。

这个试点工程与格申菲尔德另一项研究的假设是一致的，即地理上的边缘地区将从数字化制造中受益最大。这在美国可能只是一件新鲜事，但是在其他地方，却可能改变人们的生活。或许，这甚至可以解决劳动力全球化的问题，是一个可以解决保

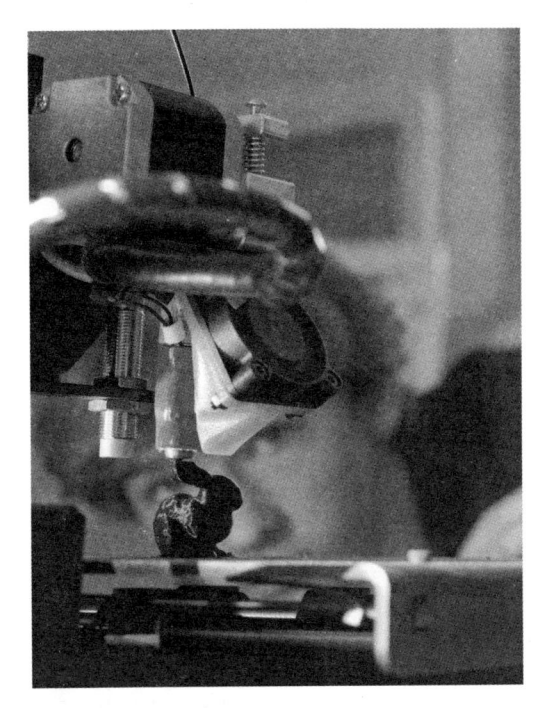

法国塞利昂比尔（Cely-en-Biere）的微观装配实验室，2014年。
安迪亚（Andia），环球影像集团/盖蒂图片社。

罗·克鲁格曼等人思考过的可怕伦理困境的变量。有了微观装配实验室，人们可以掌控自己的经济命运。眼看一群印度纺织工人要求扫描并打印他们用于制作奇坎卡里（chikan，一种当地刺绣技术）的印版，格申菲尔德非常高兴——这是局外人可能从未考虑过的，也无法事先预测的应用方向。虽然那一刻他意识到，要使微观装配实验室变得经济实惠是不可能的，但他坚信，成本肯定会下降，计算能力却会提升，全世界的人都会看到它的益处。[76]

实际发生的事情并没有那么令人兴奋，尽管它仍然相当引人注目。创客运动未能跳出收入不平等的轨道，它也不曾对一切如常的消费主义造成破坏。麻省理工学院资助的微观装配实验室和其他创客空间数量激增。大学和一些城市图书馆都对它们敞开了大门，希望这能帮助抵消预期中的传统图书流通量的下降。创客运动依然保持了自力更生的心态，大家在困难面前满怀热情，逢山开路、遇水架桥。在《匠造》（Make）杂志的赞助下召开的创客盛典（Maker Faires），始于2006年，它的名字拼写是对古老手工艺的一种致敬。作为业余同好聚会和贸易博览会的混合体，它是一种间歇举办的活动。奥巴马总统在任期间，美国政府对这场盛会产生过短暂的兴趣。2014年，他的政府在白宫举办了一场创客盛典，并于2016年宣布设立全国创客周（National Week of Making）。

不过在大多数情况下，数字化制造是在现有的生产场所进行的，它并非激进的自主创新，而是对现有工具的延伸。一些消减技术（Subtractive techniques），包括计算机控制的切割机和3D打印，几乎已经成为普遍应用的原型制作工具，用于建筑、医学和设计。[20世纪60年代，工作室工艺运动中最重要的家具制造商温德尔·卡塞尔（Wendell Castle），在80多岁时，给自己装了一只机械雕刻的手臂，用它做了许多了不起的事情。]主要是商业力量拥抱数字化制造的力量。随着数字化工具的改进，它变得对用户更加友好，功能也越发强大，像技术工坊（TechShop）、欧特克（Autodesk）这样的公司，试图通过在付费的基础上，向公众开放中心供其使用，以此来获利。其他公司，如奥瑟（Othr）和沙浦维（Shapeways），已经尝试过销售3D打印产品的各种商业模式，它们的运营依然建立在由制造商而非公民制作产品的假设之上。

事情就这样结束了,至少目前来看是这样。格申菲尔德在 2012 年承认,3D 打印的热潮是一场"奇怪的革命,它的发起更多是由它的观察者,而不是它的实践者所宣告的"[77]。女权主义者也对创客运动提出了批评,尤其是黛比·查克拉(Debbie Chachra),她将其描述为白人男性特权的又一座堡垒:"做东西不是什么反抗运动,也不是生机勃勃的个体在反抗体制。虽然其中发生了从企业向个体的转变(需要注意的是,这些个体是在不同公司的支持下售卖不同的产品),但大体而言,它不过是以略微不同的形式,重新诠释了人们熟悉的价值观。"[78] 这里还有一个非常重要的有关可持续性的问题。虽然数字化制造会降低浪费、运输成本的想法得到了大力推广,但迄今为止,它只是把更多的东西放进了一个本已过载的世界而已。

如果说,手工行动主义和创客运动都没能完全实现其倡导者的抱负的话,那也许是他们的抱负太大了。二者都试图解决长期困扰手工艺的某些问题:一方面是文化刻板印象将手工艺与业余主义联系在了一起,另一方面是经济效率的低下。这些棘手的问题,不可能在一代人的时间内得到解决。但是颠覆旧规则、重写新规则的尝试,本身就是有价值的。因为人们已经意识到,手工艺可以在纯粹的反主流文化主义之外扮演重要角色。假如不是手工行动主义公然赋予了手工制作政治化色彩,假如没有创客运动的技术扩张,手工艺在美国的处境将远不如现在这么乐观。它给予这个国家的承诺不亚于一场救赎——尽管这一承诺毫无疑问将难以兑现。

## 第九章　手工艺能拯救美国吗？

2018年7月，美国第一个手工艺研究方向的硕士学位项目开启了第一学年的学习。讨论环节由客座讲师丽萨·杰瑞特（Lisa Jarrett）主持，其部分内容是头脑风暴，部分内容是灵魂探索。杰瑞特只是简单地请项目组成员开始提问，无论他们的头脑里蹦出什么，就这样一直问下去，直到问题的总数达到100个。杰瑞特把他们提出的每一个问题都写了下来。[1]

课程结束时，学生们已经仔细思考过一些基本问题：什么是手工艺？历史是什么？他们谈到了运用范围：是否存在糟糕的手工艺？业余爱好适合用来做什么？他们提出了政治问题：每一个问题都有美国式的解决方案吗？是什么给了我们谈论自己没有经历过的事情的权利？他们想知道自己的角色：成为盟友意味着什么？是什么让我们认为任何人都可以成为权威？所有问题都是好问题。但是几天后，当我去上这门课时，我看到了挂在墙上的手写的问题清单，它们都被写在一张用胶带粘起来的长卷纸上，其中序号为54的那个问题尤其独特，读起来犹如黄钟大吕般振聋发聩：手工艺能拯救美国吗？

对我而言，这是一个看起来极不寻常的问题。一部分原因是，它想当然地认为美国需要拯救。我想知道，拿什么来拯救？靠谁来拯救？还有一部分原因是，这个问题以前被问过很多次，虽然从没有像这次一样直截了当。在美国历史上，手工艺常常被视为一种救赎的手段。早在革命期间，工匠的身份就与反抗暴政的事业紧密相连。回望19世纪，当白手起家者的神话上升为这个国家的意识形态时，手工艺也被视为受压迫者的盾牌、非裔美国人提高教育水平的工具，以及更广泛的社会改革的手段。工艺美术运动将手工艺视为一层保护罩，一座对抗工业主义的堡垒，而进步主义者则更积极地将之理解为一种同化移民的方法。20世纪20年代至30年代，殖民复兴风格主义者把手工艺想象成了一条通道，借此引领我们回到更早更真实的美国。第二次世界大战结束后，它再次被人想起，这次是作为让人沮丧的从众心理下的替代选择。起初，在它的激发下，人们本能地尝试与工业展开合作，在此之后，它又发展成为一种前卫艺术。反主流文化社区在美国遍地开花，每一座社区都用自己的方式表达了同一种观点，即事情完全可以是另一种样子。出于同样的目的，民权活动家、美洲原住民领袖和女性主义者也向手工艺传统提出了要求，将手工制作的节奏与通往自由和平等的漫漫长路交织在了一起。

20世纪80年代，手工艺激进的那一面似乎已经变得迟钝，就像被过度使用了一样。它最引人注目的作用是作为一种商业主张。但随着千禧年的到来，手工行动主义和创客运动开始再次怀着对可能性的感知，投入了手工艺的领域。接下来还会发生什么，由谁来决定？显然，这个问题不会只有一个答案。手工艺在美国的角色一直是多重的，不同的制作者群体之间有着深刻的视角差异。不过在这个政治冲突异常激烈的年代,手工艺似乎确实有可能再次为"拯救美国"尽一份力。那些经常使手工艺陷入内部分裂的品质——它与生计、自豪感和日常经验的联系——恰恰可能帮助我们,跨越在其他问题上看似牢不可破的意识形态界限。手工艺也许会重新获得它在这个国家的中心地位,而不会沦为战场的侧翼。它甚至可能将自己从种族主义、仇外心理、性别歧视中解放出来,这三股逆流曾经在美国历史上写下了极其悲惨的一页。

也许所有这些听起来都像是毫无根据的乐观主义,诚然,美国的手工艺也让一些乌托邦空想家失望过。然而人们有充分的理由认为,一个团结一致的时刻终将到来。越来越多的人意识到,手工艺是一项共襄盛举的事业,是一个由各种背景的美国人协力书写的故事。我写这本书就是基于这一信条。我试图强调手工艺的无处不在,它触碰过多少人的生活,它对美国的自我意识构建的重要性。但书写历史总归有第二个理由:借助它来思考当前的问题。弗雷德里克·道格拉斯(Frederick Douglass)说过:"只有当过去可以被我们利用,以应对现在和未来时,我们才需要它。"[2] 因此就让我们再来回顾一下美国的手工艺经验吧,这一次要着眼于今时今朝。

我们可以从当前的手工艺经济与殖民地时代盛行的手工艺经济之间惊人的相似之处开始。17 世纪至 18 世纪,手工艺还不是一项承载着对立身份人群的社会事业。它是一种完成任务的方式,那些能够完成任务的人,会得到与其能力相称的尊重。在各种各样的原住民群体中，手工艺永远在复杂的保留技艺之列，用于维持他们的自给自足。在殖民地的人口构成中，工匠阶级是擎起社会大厦的主要支柱，这一点从来无人质疑。然而随着大规模生产的开始，这种稳定的结构开始破裂。内战结束后，它已然摇摇欲坠，进入 20 世纪，它几乎完全崩溃了。手工艺从来不曾消失：在业余爱好中，在受到保护的各个族群（原住民、非裔美国人和其他族群）的传统中，在美术实践中，在定制奢侈品的交易中，以及在别的许多情况下，它仍然扮演着重要的角色。可是相较于工业化之前的处境而言，它显然被边缘化了，以至于它的文化影响力往往停留在对局外人地位的声援上。

如今，事情又回到了原点。一方面，原住民群体正在成功地提高人们的认识，使他们看到强加给原住民的刻板印象以及盗用原住民手工艺成果的破坏性后果。与此同时，他们还在掌握了经济和文化主权的前提下，着手实践手工艺。更广泛地说，手艺人的工作方式正在悄然发生变革，这导致了美国各地小商店数量的激增。与殖民地时代的乡村工匠一样，这些企业在保持高度灵活性的同时，也依赖专业技艺。消费品，如奶酪、面包、威士忌、啤酒；工程产品，如自行车和照明器械；家居用品，如服装、纺织品、餐具。所有这些领域的创业者，都在寻找成功的机会。[3]一些拥有极其强大的手工艺传统的地区，像阿巴拉契亚山区和西南部等地，便依靠此类遗产实现了经济增长。一些制作者坚持传统，而另一些人则创造了更多的实验性作品——人们彼此之间可以互相学习。我住在纽约市，我最亲密的朋友中有一位编织工、一位剧院服装设计师、几位家具设计师和陶艺家、一位平面设计师/鸡尾酒大师，还有一位为商店橱窗陈列提供超精细道具的制造商。他们都是个体经营者。没有人会说这是一件容易的事，但他们都非常擅长自己的工作，而且他们的工作有稳定的市场需求。

这些手艺人和其他像他们一样的人，是如何为自己凿出一片天地的呢？对于他们中的许多人来说，答案是技术。创客运动的核心观点，即模拟手工艺可以与数字工具有效地结合在一起，已经被证明是绝对正确的，尽管不一定采用其支持者最初设想的方式。真正的变革性影响并未出现在微制造领域，3D 打印机没有出现在每一个家庭当中。相反，这种影响来自分销网络，它们以令人难以置信的速度，将信息、设备、产品抛向四周。现在，有抱负的创客通过观看在线视频来学习技艺。《全球目录》承诺的口号"走近工具"，业已在 50 年后成为普遍的现实，而且几乎被认为是理所当然的。不管你需要的设备是多么鲜为人知，它都可以在几天之内被送到你的家门口。社交媒体极大地加快了"创客to 创客"（maker-to-maker）的网络化发展进程，为日益多样化的社区提供了高质量的服务，这种服务与战后的数十年间，各类会议、杂志曾经提供的服务别无二致。萨拉·马里奇（Sarah Marriage）是巴尔的摩一家女性主义木工中心——"我们自己的工作坊"（A Workshop of Our Own）——的创始人之一。她讲道："今天，即使一个女人是她工作场所中唯一的女性，她也依然有办法见到其他女人，她们也是她们工作场所中唯一的女性。"

更重要的是，直接营销的成本已经大幅下降。一些创客能够在借助数字平台独家销售的同时，继续维持全职业务——没有广告费用，没有中介机构从中抽取佣金。在客户方面，由于可以远距离购买订购的产品，潜在的客户群得以扩大。从几百英里外的家具制造商那里订购一套定制的餐具，如今成为可能。如果你想要一双手工制作的鞋子，最好还是用手测量一下脚的大小，但确实有一些鞋匠愿意在扫描完每只脚的轮廓，得出若干尺寸数据，最后用智能手机拍摄视频，然后再开始工作。不过需要承认的是，这些服务让买家付出了高昂的费用，对于制造商来说，谨慎的规模化管理依然是生存的必要条件。大规模生产的工厂和手工艺工作室都有问题，而且两者的问题相互映照。前者为了实现效率，只得以质量为代价，后者则正好相反。但是在中间地带，有可能达到某种微妙的平衡。

我经常穿一家名为罗利牛仔布工作坊（Raleigh Denim Workshop）的公司生产的牛仔裤，2007 年，维克托·利特维年科（Victor Lytvinenko）和萨拉·雅伯勒（Sarah Yarborough）创立了这家公司。历史上，北卡罗来纳州的罗利曾是一处服装生产中心，可是在 20 世纪后期席卷南方纺织业的去工业化浪潮中，当地大多数工厂关停了。该地区仍然有许多技艺娴熟的工匠在寻找工作，专业缝纫机和其他设备都在闲置。利特维年科和雅伯勒利用当地的资源，创建了自己的公司，如今，公司生产的牛仔布通过公司在全国各地的门店和零售商对外销售。罗利牛仔布工作坊所做的一切，都是为了在规模方面找到一个"最佳击球点"。它只有一处工作空间，但足够容纳 30 名左右的员工。员工按工资而不是按件数计酬，以鼓励他们保持工作的高质量。公司采购原材料（最重要的是从附近的各家工厂购买面料）的数量，既要在公司负担得起的限度内达到最大，又要在公司能够规定、检查每一笔订单完成质量的限度内达到最小。[4]

北卡罗来纳州罗利市的罗利牛仔布工作坊。
维克托·利特维年科和罗利牛仔布工作坊提供。

类似这样的企业，在全国各地都可以找到。再举一个例子，在曼哈顿，有家公司名为"来吧霓虹灯"（Let There Be Neon），作为一家为商店、酒吧、酒店、夜总会以及其他任何打电话来的人制作标牌的公司，它已经活跃了四十年之久。鉴于这一工作的性质——大多数订单只是为了得到一块牌匾——是以手工方式打造店铺，就很有意义了。多年来，这门生意确实发生了变化，例如，现在的设计、客户沟通，大多采用了数字化的形式；但另一方面，弯曲玻璃的工作，仍旧是按照几代人传承下来的方式进行的。公司的老板杰夫·弗里德曼（Jeff Friedman）表示，他们面临着一个不同寻常的挑战——大多数人甚至没有意识到霓虹灯是手工制品。客户有时候"搞不明白,为什么他不能过一两天就下楼去,把采用了他想要的颜色、尺寸的定制标牌,从我们的货架上取下来。我认为,这是我们这个即时社会的直接后果之一"。

这些手工艺企业家会告诉你,在现实中,手工艺依然有很大的经济发展空间。短期内,罗利牛仔布工作坊不会与李维斯公司竞争。许多美国新兴的手工艺企业——手工酿酒厂和文身店如今似乎无处不在——都是精品企业,地处中产阶级社区。在店铺的门脸上贴些金字,在天花板上挂些爱迪生时代的灯泡,这些都很容易,但要建立一处真正富有创意的空间,可就难多了。同样,当代的工匠们仍然非常容易受到经济周期的影响。数字销售平台不像大型企业雇主那样提供庇护性保护;工匠们必须在所谓零工经济(gig economy)的不可预测的环境中工作,既享有高度的自主权,也面临很高的风险。从这个意义上说,这种新兴的手工艺经济是脆弱的。当然,同样的情况也真实地发生在 18 世纪。那时,美国早期的殖民者还不懂得我们口中的"不稳定无产者"(precariat)这个词,但他们很快就领会了这个词背后的深意。

在这里,美国的手工艺史又给我们上了一堂警示课。看到工匠们再次生意兴旺是一件好事,但看到"白手起家者"的神话——它事实上是由本杰明·富兰克林最早提出,继而在整个 19 世纪流传开来的——重新生效,则令人沮丧。马修·克劳福德(Matthew Crawford)的《摩托车修理店的未来工作哲学》(*Shop Class as Soulcraft*)受到读者的热捧,最近,埃里克·戈杰斯

(Eric Gorges)的《工匠的遗产》(*A Craftsman's Legacy*)也加入了畅销的行列,此类书籍的标题让白手起家的说辞又一次流行起来。克劳福德和戈杰斯都会修理摩托车,而摩托车是美式自由的经典象征,两人都认为,自己是逃离了非人性化白领生活的"齿轮迷"("gearheads")。克劳福德认为,在车库里,"人们会觉得自己像一个人,而不是机器上的一个齿轮"。戈杰斯也写道:"手艺人为了企及完美而'战斗'。我有意识地使用这个词,因为这委实是一场战斗;这是一场混乱而勇敢的斗争,我们每个人都注定会输……要赢得战争,你必须接受战斗中的失败。"[5] 这种大男子主义的神气活现,忽略了手工艺人真正赖以发达的广阔背景——对于新人来说,那就是哈雷-戴维森和其他公司的高管、营销人员和其他文案人员,如果没有他们,摩托车修理店就没有东西可修了。如果我们不小心,可能会发现自己又回到朗费罗诗中的那棵枝繁叶茂的栗子树下,宣告某种新型乡村铁匠的自由,而我们本应将手工艺视为一条伟大的纽带。

克劳福德和戈杰斯拥护的那种无拘无束的个人主义,一直是一种未被承认的特权表达。弗雷德里克·道格拉斯确实有效地利用了"自力更生者"的理想,但他也清楚地意识到,系统的不公正不能仅靠个人的献身来解决。然而不幸的是,集体行动从来不是美国手工艺的真正力量。工会运动过去是(而且依然是)技术工人团结一致的最佳方式,但长期以来,它一直与其他形式的手工艺隔绝,同时也受困于内部的种族主义、本土主义、性别歧视等问题。到头来,这些将非裔美国人、移民、女性——她们本应是有价值的参与者——排除在外的本能反应,不过是在自毁长城罢了。

没必要一直这样。手工艺具有以工作坊为共同基础，将来自不同背景的人们聚集在一起的潜力。这也是美国各地正在发生的事情。很明显，被后工业时代的衰退所蹂躏的地区，恰恰是最丰饶的沃土，那里的房地产不仅廉价，而且附带了适合打造工作坊的空间，目前正被制造商们重新占领。费城的肯辛顿和菲什敦（Fishtown）社区（一个世纪之前曾是美国最高产的纺织业重镇）就在见证手工制作的复兴，老旧工厂被改造成了多功能的手工工作室，比如环球染料厂（Globe Dye Works）和梅肯工作室（MaKen Studios）。[6] 同样，底特律正在转变为美国最具创造力、最激动人心的地区之一。城市制造业联盟（Urban Manufacturing Alliance）曾对美国一些城市的小批量生产行业进行了研究，根据它的数据，制造业的雇佣人数在底特律高居第二名（第一名是医疗保健行业），而且就平均水平而言，制造业的薪酬位列第一。机械制造企业、音响设备制造企业、皮革服装制造企业、艺术家工作室等，各自为这座城市的不同社区注入了活力。研究还表明，小企业面临的最大问题之一是寻找合格的新员工。即使是在拥有深厚制造业传统的底特律，技艺娴熟的工匠实际上也供小于求。

底特律设计师克里斯·申克的工作室展示了这种可能性。从附近的克兰布鲁克学院毕业后，他在自己的家中开了一间工作室，他的家坐落在底特律的孟加拉城，这是一个因孟加拉国移民人口众多而得名的街区。在他那栋小房子的不同房间里，他开始利用回收的废旧零件，加上泡沫、金属箔和树脂，制作非同寻常的家具。廉价材料经他之手，展现了惊人的效果。"我总是开着门，"他谈道，"人们可以随时走进来。有时候他们会留下来。"路人偶尔的参与，最终演化为全面的合作，孟加拉城当地的妇女、室内装潢师、有经验的汽车焊工和艺术生全都参与了进来。任务是分工完成的，就像在19世纪的作坊里似的，工作室里士气高昂，每个人都作出了贡献，这两点同样让人梦回当年。渐渐地，申克的事业收获了成功，他得以买下一处闲置的模具工厂，把它改造成了一间可供使用的工作坊。他和他的团队在那里制作的家具价格昂贵，通过画廊展览和直接委托的方式对外销售。他的成功之路十分独特，难以复制。即使如此，他也证明了，最初在工艺美术运动中发展起来的那套商业模式，在21世纪仍然有效：高端手工艺不只是为艺术而艺术，它可以充当支持整个社区的一种手段。

巧合的是，以底特律为中心舞台的，还有另一种不那么让人钦佩的当代现象：手工洗白（craftwashing）。这个词来源于早些时候的新词"生态漂绿"（greenwashing），指的是一家公司虽然表现出了生态意识，但并没有真正致力于可持续发展。与之相似的是，在手工洗白现象中，一家公司往往在广告中投放手工劳作的形象，却继续使用大规模生产甚至"血汗工厂"的技术。闪诺乐（Shinola）是一家销售手表、自行车和其他产品的公司，作为一家来自汽车城底特律的制造商，它斗志昂扬、自力更生，业已有效地建立了自家的品牌。然而，2016年，联邦贸易委员会（Federal Trade Commission）对该公司下达指示，要求它停止在手表广告中使用"制造美国之地"的标语,改用更加诚实的语言——"在底特律制造,使用进口的瑞士零部件"。[7]

更多的主流公司也狡猾地利用了手工艺的修辞。2011年,吉普为其新推出的大切诺基汽车推出了一则电视广告,主要是由展示工匠如何工作的档案影像组成。在这段蒙太奇的画面中,一个男性的声音说道:"这一直是一个建筑者和工匠的国家。对这里的男人和女人来说,直针的绗缝和干净的焊接关乎他们个人的自豪感。他们制造了摩天大楼和轧棉机。柯尔特左轮手枪、四轮驱动的吉普汽车——这些东西使我们成为自己。作为一个民族,只有当我们做出好东西时,我们才可以说自己干得漂亮,否则一切便无从谈起。"广告的高潮是新款吉普汽车的魅力镜头,在画外音的描述中,这款车"在美国这片土地上被雕刻、冲压、切割和锻造"。这是一串有趣的组合,蕴含了亲近手工艺的情绪、彻头彻尾的欺骗(它并不像小型SUV那样经过大量切割的工序)以及挥舞旗帜的民族主义。如果回望20世纪早期,这些现象在埃尔伯特·哈伯德、华莱士·纳廷等企业家的矫揉造作中,都有明显的先例可循。其实,手工艺具有内在的诚实,一件制作精良的物品本身就充当了见证,证明了制造者的技艺。但是这种真实性很容易被利用。星巴克的广告词是"手工制作的茶饮料",麦当劳则将其"巨无霸"汉堡描述为具有"手工制作的独一无二的口味"。[8]在纽约,我甚至曾经看到过一条"手工公寓"的横幅广告。

看起来,手工洗白的问题不太可能在短期内消失。只要工匠依然受到尊重,其他人就会试图利用这种威望,在榨取手工艺文化的价值的同时,也确认了手工艺文化的重要地位。认识到这种现象的存在是重要的第一步，在这里，在线工具又一次提供了帮助。约翰·迪尔（John Deere）制造公司经营时间最久的工厂之一位于艾奥瓦州的奥塔姆瓦（Ottumwa），距离阿马纳定居点不远。这座占地 120 万平方英尺的工厂生产干草压捆机、风桨和割草机。一段关于奥塔姆瓦工厂的宣传视频宣称："在这些门的后面，最富激情、技艺高超的手艺人，致力于建造流芳千古的佳作。"一群技术人员面对着摄像机，每一个人都宣布："我制造了它，我在使用它。"约翰·迪尔公司自认为有资格这么做的借口是，公司的这批工人也兼有农民的身份，很明显，这是对昔日农村自耕农经济的一种刻意的回响。

然而，"玻璃门"招聘网站上的留言评论，讲述了一个不同的故事，该网站给了员工机会，可以报告自己的工作经历。如果说，"玻璃门"对于考虑工作的未来员工有用，那么对于研究人员来说，它就更是一座成色十足的金矿了，可以与前文中斯塔兹·特克尔的经典著作《工作中》媲美。当然，就像任何未经核实的在线消息来源一样，我们应该谨慎对待从该网站获取的资料。但你一定会对奥塔姆瓦工厂感到好奇，因为那里的一位工人写道："约翰·迪尔公司只关心领取固定薪资的员工，而不关心实际生产拖拉机的人……越来越多的伤病正在发生，因为那里的人们不仅扬扬自得，而且因为工作得太辛苦而疲惫不堪。"另一位评论者留下了一些"给管理层的建议：把你的员工当成有意义的人来对待吧，别再那么贪婪了"。[9] 最近在奥塔姆瓦工厂爆发的一连串工会运动，与 19 世纪末发生的劳资冲突遥相呼应，运动的目标甚至包括支持一名真正的社会主义者在 2018 年竞选艾奥瓦州州长（尽管她最后没能获胜）。[10] 说这些的关键不是要指出约翰·迪尔公司的虚伪，而是提请各方认识到，我们有更好的工具应给予关注，可以在任何可能的地方提升透明度，推动问责制。

说到关注，手工艺作为一种放慢脚步与我们周围的世界加强联系的方式，近来也成为人们关注的焦点。（我参与了那次谈话，那是我上一本书的主题。）[11] 经济价值从产品到服务，再到体验的转变，在20世纪80年代开始加速，信息技术极大地加速了这种转变。这可能被认为是一件好事——一条既能保持资本主义需要的经济增长，又不会给地球带来越发繁重的物质负担的良策。它也可能被看作一场危机，在这场危机中，人们拥有的设备饱和却永不餍足，还在分心劳神地追逐新的东西。2019年秋季，微软公司宣布推出《我的世界：地球》（*Minecraft Earth*），这是以构建世界为主题的视频游戏《我的世界》（*Minecraft*）（全球每月有超过1亿人玩这款游戏）的增强现实版本。游戏用户在界面里构建的对象，似乎居住在现实世界的空间中。现在，玩家可以透过智能手机屏幕，制作一个虚拟木桶，然后看着它在街上滚来滚去，消失在视线之外。有谁知道，去年一年，"我的世界"的玩家制作的木桶，比现实中的箍桶匠制作的木桶多多少倍？箍桶匠可没有魔法按钮可按，他们必须经过多年的训练，才能学会这门巧妙的艺术。即使这种人机互动技术继续发展下去，也很难想象它会发展成熟，变为可应用的社会基础设施。事实上，看看发生在一些林木繁茂的公园里的景象吧，市民们把手机指向稀薄的空气，摆弄着只有他们能看到的幻象，这是与外界隔绝的完美隐喻。

在把手工艺置于舞台框架的中心位置之后，我们得到了一幅迥然不同的画面。无论是作为偶一为之的"数码排毒"（"digital detox"）①，还是作为一剂更加雄心勃勃的解毒剂，试图治愈我们这个时代因为缺乏人际联系而导致的膝跳反应式的本能政治，手工制造都提供了另外一种路径。这给手工艺改革的计划带来了新的转机。它也反映了在工艺美术运动、20 世纪 60 年代的反主流文化，甚至是 20 世纪早期的童子军运动中间次第相传，最后递到我们手上的遗产。所有这些运动的一条核心原则——过程比产品更重要，再次作为焕发新生的一种手段，被人们拥抱。人们受到感召的本能，可能仅仅在他们参加晚间陶艺班，或者收看电视真人秀节目《吹来吹去》（*Blown Away*）的时候才会有所体现。这个节目讲述了技艺娴熟的吹玻璃工之间的激烈竞争。

对于那些想要在"重新融入传统生活"问题上态度更加认真的人来说，为期一周的七叶树集会（Buckeye Gathering）正等着他们，自 2010 年以来，该集会一直在加利福尼亚州北部举办。与会者将学习各种手工艺，如编织、锻造和木雕，有时还会使用手工制作的石器，尝一尝自给自足但没有风险的生活的滋味。"我们所提供的东西，并非一直被称为原始技术、祖先艺术、荒野生存技巧或者地球生存技能，"该组织指出，"有一段时间，这就是我们简单的生活。"第一次七叶树集会是在 Ya-Ka-Ama（字面意思即"我们的土地"）举办的，由卡沙亚·波莫人（Kashaya Pomo）负责管理，那里传授的许多技能都汲取自美洲原住民文

---

① "数码排毒"指去没有网络和电子产品的地方，暂时摆脱对科技产品的依赖。——译者注

化——这是对童子军和嬉皮士的另一种呼应,二者均高度尊重原住民。

随着可持续发展成为日益紧迫的问题,对传统生活方式的尊重也变得更加紧迫。作为同一个社会的成员,我们迫切需要改变自己与环境的关系,而原住民常常被视为与自然平衡共处的典范。地方主义显然构成了一部分答案。我们至少可以为自己生产一些产品,就像人们刚开始种植食物时那样,并肩协作,在紧密的、特定的地理网络中劳动。蒂姆·杰克逊(Tim Jackson)在其研究报告《无增长的繁荣》(*Prosperity Without Growth*)中写道:我们需要携起手来,共同开展"低碳经济活动,使参与其间的人们以对人类繁荣有意义的方式作出贡献"。为附近的顾客服务的手工艺工作坊,是这幅图景的重要组成部分,但是单凭它们自己,根本无力避免气候变化的影响。问题还是在于规模。杰克逊谈道,当地的企业也许相当于"一种灰姑娘经济,被忽视在了消费社会的边缘"[12]。

在经济上,工匠很难与大规模生产竞争,在生态上,他们更是处在不利的境地。佛蒙特州陶工工作室制作一个餐盘的碳排放量,很可能比中国大型工厂制作一个餐盘高得多。因为通常而言,中国工厂在材料采购、能源消耗、产品配送方面的效率要高得多。的确,一件做工精良的产品更有可能被它的主人珍视,因此它也更容易被保存,而不是被丢弃——这一点经常被用来为奢侈品交易辩护。但不幸的是,从大局来看,这种考虑微不足道。一方面,工业正在步步紧逼地摧毁这个星球;另一方面,只有工业化的规模经济,才能提供真正的解决方案。

2007 年，设计师凯利·科布（Kelly Cobb）完成了一个名为"百里装"（100-Mile Suit）的投机项目，用戏剧化的方式突显了这道难题到底有多么令人生畏。科布试图利用费城当地可用的材料和技术，从零开始，制作一套男性服装。这个项目最后吸纳了 20 多位工匠参与，他们纺羊毛，再将羊毛织成布料，用木头、骨头雕刻纽扣，用鞣制的皮革制作皮带、鞋面，甚至编织袜子和内衣。项目总共花费了大约 500 个小时，据科布估计，最终约有 92% 的工作量是在本地完成的（只有线芯和橡胶鞋底是例外）。"如果我们为此努力干上一年半，"她表示，"我认为，我们可以抹去这 8%。"[13]

　　尽管"百里装"令人印象深刻，但它本身就证明了自己的不切实际。即使每一位参与的工匠只拿到最低工资，整个班底的直接生产成本也接近 4000 美元。这让它很难成为一种可行的商业模式。不过我们还可以用另一种方式来看待科布的项目。它可以被看作对一套衣服的"真实"价值的计算——假如有一天，我们不可持续的全球交易网络不复存在，它将花费几何。这里的有趣之处，不在于它建立了一种为美国提供服装的新方式——不是说我们都应该开始亲手雕琢自己的纽扣，或者穿上手工编织的内衣；而是说，它让人们注意到日常使用的快时尚产品涉及的知识和材料，注意到这些东西倘若置换起来有多么复杂。科布和她的团队开展的这项研究，具有一种深层次的修辞力量，这源于实用主义和理想主义的合二为———种属于现代手工艺的标志性的结合。

　　2013 年拉纳广场（Rana Plaza）的灾难发生后，快时尚面对的质疑变得越发尖锐。在那场灾难中，孟加拉国一家 8 层楼高的制衣厂倒塌，造成 1134 人死亡，约 2500 人受伤——这是一个世纪前的三角衬衫厂（Triangle Shirtwaist Factory）火灾的悲剧重演。[14] 当我们在计算全球化经济的成本和收益时，当年曾经推动着进步主义者前进，激励着艾琳·奥斯本·韦伯在 1964 年创立世界工艺理事会的道德良知，理应在计算中占有一席之地。气候危机这一紧迫议题也是如此，从根本上说，它是对智慧和意志的考验：政府和企业是否会在公民的施压之下，决定采取行动。在这种背景下，实用性和象征主义在手工艺内部的长期融合，可谓一笔巨大的财富。气候活动人士经常说，我们应该"相信科学"，他们是对的。但是对于许多人来说，他们可能更容易信任匠人。用手做东西需要专心致志、全神贯注。它可以提高人们对周围环境和造成环境的系统的认识。这一信条激励了工艺美术运动中的改革家，以及"二战"结束后的"设计师-工匠"理念的支持者，今天它也依然有效。如果可以认为，手工艺在对抗气候变化的斗争中确实发挥了作用，那么这种作用就是它不是要在字面上重塑世界，而是要鼓励人们在物质上给予关注、担当责任。

就在这本书即将出版之际，随着 2019 年暴发的疫情打乱了生活和经济的节奏，手工艺的这种内在潜力又具有了新的迫切意义。在这个极度黑暗的时刻，手工艺是为数不多的亮点之一。美国疾病控制与预防中心呼吁所有美国人戴上口罩，却没有说明这些口罩来自哪里。医疗专业人员的用品缺口已经快到了危险的地步。因此人们必须自己制作，无论能做成什么样子。在人们的记忆中，这是政府第一次明确地告诉它的公民：动手去做吧。

就像得到了提示一样，有用的小贴士开始在网上激增：最简单的缝纫图案，连新手都能掌握；关于面料选择的建议（枕套和法兰绒睡衣似乎都是不错的选择）；关于口罩正确贴合的建议（鼻子、嘴巴的上方和下巴的下方）。社交媒体上到处都是晒照的展示者，他们戴着自己手工制作的口罩，口罩上的图案通常很花哨，从他们的神情中可以读出同等的焦虑和骄傲。这仅仅是这个陷入停摆的国家开始转向手工艺的其中一种方式，一切仿佛是出于古老的本能。这也是临时家庭教育方法的重要组成部分［为《纽约客》供稿的漫画家艾米丽·弗雷克（Emily Flake）曾经设想过完美的父母："这就是我们利用纸板重建布朗克斯动物园的方法！"］，对于那些突然有了大量自由时间的人们来说，这也是一种消磨时间和抵御幽居病的方法。编织、钩边、绗缝、珠宝制作，这些手工活儿连同其他活动一道，帮助美国悄无声息地关起门来，度过了危机。

上述的事态发展，惊人地呼应了手工艺在早先的国家创伤记忆中发挥的作用：内战期间，人们为士兵编织衣物；随着"二战"打响，人们自己动手，建造防空洞。《全球目录》的口号"走近工具"，如今又变得贴近现实起来。以前主要用于教学目的的微观装配实验室，突然变成了紧急状况下的补给站。在旧金山湾区，有一个名叫丹尼·比斯利（Danny Beesley）的人，组织大家参与到分布式的手工制作中来，为一线工人和卫生专业人员提供个人防护装备（PPE）。在他的帮助下，已经有（截至我撰写本书时）超过 15 000 个布制口罩、15 万个面罩、700 件隔离服，以及其他为数众多的抗疫用品被制作出来。口罩是用激光切割机制作的,用的材料来自一场取消的马拉松比赛中未经使用的 T 恤衫;面罩是用可口可乐公司捐赠的塑料薄板制成的,由各个小组分散制作,每组包括 4 名工人。在这种环境下,去中心化不再是一种经济劣势,而是一个生死攸关的问题,因为保持社交距离已经变得极其重要。比斯利与当地医务人员密切合作,这样一来,就可以批量交付预先通过的设计,将产品直接送到医院门口。他说,他从这次经历中学到了必须牢记的教训:美国在面对疫情时的手足无措,是一场更加严峻的重病的一种症状——"这个国家无力生产它所消费的东西"。

斯蒂芬妮·西茹科(Stephanie Syjuco),一位在疫情期间,在自己的工作室手工制作了数百个防护口罩的旧金山艺术家,表达了与之相关的担忧。经她指出后,人们才意识到,有多少个应急口罩是借助志愿者之力制作完成的,而且志愿者多为女性。在这个生产网络的内部,铆工罗茜的形象再一次得到广泛传播,同时伴随着那个鼓舞人心的口号——"我们能做到!"不过西茹科也指出,娜奥米·帕克——罗茜的原型——至少因为她在战时的关键服务而获得了报酬。"我绝对不是说,在全球疫情大流行期间,每个人都应该停止向他人提供免费的东西,"西茹科谈道,"事情远非如此:当我们的政府辜负了我们时,我们应该尽可能多地自我动员起来,创建相互支持的组织系统和沟通网络。但是我们不应该在庆祝这项工作卓有成效的同时,忘记了对当前的政治架构的批判,正是这种政治架构将我们置于这种境地。"

这里确实有我们都应该牢记的教训。在疫情流行之前,美国所有的自我对话似乎都与分裂和冲突有关。然而在危机期间,许多人表达了一种憧憬，他们希望共同的、痛苦的疫情经历，有助于这个国家重新找回团结意识。也许我们会看到一线希望：在我们的生产和消费之间，实现更好的平衡；减少对从环保角度上说不可持续的商品链的依赖；有能力在自己的社区，培育和制作更多为我们所需的东西。

这些目标指明了手工艺还将在美国生活中继续发挥的重要作用。

得益于我们的财富和地理位置，美国人没有受到（有些人会说，只是视而不见罢了）气候变化的严重影响。即便如此，我们所有人其实都面临着这个问题。这一事实——我们爱护环境的集体责任——指向了手工艺的核心作用：在这个国家的整个历史进程中，它一直伫立在个人与社区的交会处。个人主义是美国思想中最有力的潮流之一，它是从勇敢的移民、边疆拓荒者和富有创造力的企业家那里代代相传的遗产。手工艺经常被定位为这种独立精神的典型表现。保罗·里维尔的银器店；女裁缝伊丽莎白·凯克利的白宫之旅，以及评论家罗斯·斯利夫卡（Rose Slivka）对这位艺术家兼工匠的赞扬，都让我们看到了这种活力的显现。但是同样常见的是，手工艺也被理解为共同记忆的内在结构，是每一代人都可以从中汲取营养的传统源泉。最引人注目的是，手工艺标志着这两种信条的交集。想想那些位于个体和群体之间的十字路口的非凡作品：朱利安、玛丽亚·马丁内斯夫妇和侬贝永的陶罐；爱丽丝·保罗缝制的代表美国女性的旗帜；帕特洛奇诺·巴雷拉的宗教木雕；肯尼斯·日置川源太郎被关押在拘留营时，设法用废料和灌木拼凑起来的橱柜。诸如此类的手工艺品——它们在美国历史上数不胜数——正是女性主义的战斗口号"个人即政治"的证据。这个等式足够简单直接，但每个制作者都必须用自己的方式去解决这个问题。

手工艺表达个人与社区之间关系的方式一直都在变化，这是因为个体、群体身份的概念一直都在变化。今天，有关这些问题的争议，在激烈的程度上，丝毫不亚于独立战争、南北战争或民权运动时期。在其中一种世界观中，刻板的定义占了主导地位：人们是本地人还是外国人，是男性还是女性，是黑人还是白人，是异性恋还是同性恋；我们需要建立明确的边界，并对边界进行有力的监管；倘若失去了这些固定自我的锚，我们就将在汹涌的文化汪洋中随波逐流。另一种相反的观点认为，身份是流动的、交叉的，它由许多灵活的部分共同组成；性别和种族不存在剑拔弩张的二元格局，甚至不存在高下立判的光谱序列，二者是一片完全开放、值得探索的广阔天地；边界非但不是必要的保护措施，反而是制约相互理解的障碍。这种莽撞的观点对抗会让人感觉，二者似乎没有任何共同点。然而在这两种观点之下，手工艺全都同样适用。无论你去美国的哪个地方，城市还是乡村，南方还是北方，红州还是蓝州，你都会发现手工制作者以及他们周围提供支持的社区。在这种普遍性中暗藏着巨大的潜力。手工艺可以是一种将互不交流的人们联系起来的方式。它是一份邀请函，邀请大家彼此尊重。

2015年，为了纪念美国内战结束150周年，艺术家索尼娅·克拉克创造了一则美丽的比喻，来表达团结一致、直面美国历史的意义。这件名为《解开》（*Unraveling*）的再简单不过的作品，却引起了再强烈不过的共鸣。克拉克在画廊的墙上挂了一面出于商业用途制作的南方邦联的战旗，而后邀请公众上前，帮她把战旗一根线接一根线地拆掉。首演过后，她又重新上演了好几次。用手指拆解纺织品是一项艰巨的工作，而那些选择参与的人往往会惊讶于解开它的难度。就这样，克拉克利用布料的物质特性，给我们简单地上了一课，这一幕明确地象征着在美国克服种族主义的困难。她还借此呼应了当年"自由绗缝的蜜蜂"的经历，那段往事就像任何手工劳动的共同经历一样，为团结创造了机会。对于像克拉克这样的非裔美国女性来说，即使是在相对安全的艺术博物馆里，要做出这种举动，也着实面临着一定的风险。然而这件作品的大胆之处不仅体现在物质上，它还在所有与之相关的人们心中触发了一种感情。"让我感到好奇的是，有人会说我很勇敢，"克拉克谈道，"而我告诉他们：你就站在我身边。我们都很勇敢。"

旗帜确实是强有力的事物。贝琪·罗斯在位于费城的自己的室内装潢店制作旗帜时，它是如此；康斯坦丝·凯里·哈里森和亲戚们在内战打响之际制作第一面邦联战旗时，它也是如此。在我们身处的互联网时代，情况依然如此。虽然只是由区区织物制成，它们却异常坚韧；我们一直把它们高举在脑海里，作为各种象征。不过，正如克拉克所指出的，南方邦联战旗的力量绝不会一直延续下去。这只是复杂的历史中的一段插曲。事实上，她还通过改造（而非拆解）另一面旗帜，引起了人们的关注：那是一面"休战之旗"（*Flag of Truce*），白色的旗帜上只有几道红色的条纹。旗帜的原件（一小块布，也许是用擦碟子的抹布做成的）在 1865 年南北战争结束时，出现在了阿波马托克斯法院（Appomattox Court House）里。在和约签署后的某一时刻，这面旗帜被切成了碎片，今天作为文物被保存在各座博物馆。几乎没有人记得"休战之旗"，但时至今日战旗仍旧留在我们的脑海中，这本身就表明了那段历史的混乱。"把我们的国家团结在一起的那面旗帜被拆毁和遗忘了，"克拉克表示，"把我们分开的那面旗帜却存活在所有人的想象之中。"

索尼娅·克拉克制作的"休战之旗"，2019 年。南方邦联军队在弗吉尼亚的阿波马托克斯投降时使用的纺织品，1865 年。
艺术家本人提供。

回望过去的几个世纪，美国的手工艺发展经验在许多方面揭示了我们自身。但如果说它也提供了一则教训，那便是我们全都身处其中。这段历史告诉我们，要拒绝或则个人主义，或则唯社区论的错误选择，要看到这两种似乎截然对立的价值观在手工艺内部的独特联系。恰恰是技艺的传承，使得新的实验成为可能。正是受益于传统的根基，手工制作者才得以在个人层面上蓬勃发展。每一件手工艺品都反映了独一无二的制作者的能力与视野，同时也是对其他制作者的一种回馈，一种可以往前追溯到许多代人的回馈。最重要的是，它体现了宽容的价值。在《工作中》一书中，斯塔兹·特克尔采访了一位名叫尼克·林赛（Nick Lindsay）的木匠商人。对方谈起，从1755年起，他的家族一直在从事这门手艺。他从13岁就开始了自己的买卖。在他的职业生涯中，他见证了来自工厂制造的越来越大的压力，这迫使像他这样的工匠在干活儿的时候，手脚必须更加麻利。在理想情况下，瓦片应该以90度的角度分毫不差地放置。他解释道："也就是完全笔直地摆放在那里，看见了吗？我们做到过吗？没有。"事实上，总是会有一点误差，大概有1/64英寸的误差。"一位工匠的生活，"林赛表示，"无非妥协而已。"[15] 手工艺这件事，不仅关乎追求完美，同时也关乎与可能发生的事情达成公道的和解。那么手工艺能拯救美国吗？也许是这样吧，但前提是我们都支持这一想法：从我们共同的过去中，我们将创造出所能创造的最好的未来。

# 致　谢

手工艺的古老一如群山，手工艺研究的新颖却宛若婴孩。20世纪90年代，很少有人认为这样一个领域可能（或者应该）存在。我很幸运能够和小爱德华·S.（内德）·库克［Edward S. (Ned) Cooke Jr.］一起学习，对于他来说，手工艺研究不仅是可能的存在，而且已经成为日常的实践。他敏锐地看到，专注于手工艺，可以将人类经验的许多不同方面结合在一起——政治和经济，艺术和设计，技术和科学——同时也是在关注那些被边缘化的创造力形式。当我开始动笔写作本书的时候，内德是我咨询的第一个人。那些早期的对话，对本书的结构、范围产生了决定性的影响，每一页都能感受到他的影响。

塔尼娅·哈罗德（Tanya Harrod）也是如此，她的《20世纪英国的手工艺》(The Crafts in Britain in Twentieth Century) 一书，仍然构成了该领域学术研究的黄金标准。2008年，塔尼娅、内德和我共同创办了《现代手工艺杂志》(Journal of Modern Craft)。［自那以后，艾丽莎·奥瑟（Elissa Auther）、斯蒂芬·诺特（Stephen Knott）、珍妮·索尔金（Jenni Sorkin）以及许多评论编辑纷纷加入了本刊的编辑团队。］你会注意到，在本书的尾注中，有许多处引用自《现代手工艺杂志》。出版刊物是我在这个蒸蒸日上的领域中找到正确航向的方式之一，看到年轻学者在我们的页面上发表文章，我特别开心。

福雷斯特·佩尔苏（Forrest Pelsue）是这些富有朝气的杰出人才中的一员，他还担任了本书的研究助理。福雷斯特的主要身份是法国手工艺史领域的专家，但他带着非凡的技巧和机敏，投身于专属美国的文献汪洋，钩沉了无数原始资料和二手资料，由此帮助我构建了这本书的基础。我对她感激不尽，我确信她的职业前景一片光明。

接下来，我要感谢布鲁姆斯伯里（Bloomsbury）文化圈的团队，他们鼓励我采用一种视野开阔的写作手法：撰写一部以手工艺为核心的美国历史著作。本书的编辑本·海曼（Ben Hyman）在成书的整个过程中，始终高屋建瓴地给予我支持，同样这样做的还有编辑助理摩根·琼斯（Morgan Jones）、高级制作编辑芭芭拉·达科（Barbara Darko）、高级公关罗西·马霍特（Rosie Mahorter）、文字编辑詹娜·多兰（Jenna Dolan）、校对员塔尼娅·海因里奇（Tanya Heinrich）和索引编辑"斯人"（This Person）。

在写作本书的同时，我也为水晶桥美国艺术博物馆（Crystal Bridges Museum of American Art）举办了一场相关的展览。筹备这个名为"锻造美国"的项目，也是一个构筑理想的平行思维的过程。我非常感谢出色的合作策展人珍·帕吉特（Jen Padgett），以及桑迪·爱德华兹（Sandy Edwards）、伯尼·赫尔曼（Bernie Herman）、安雅·蒙蒂尔（Anya Montiel）、瑟夫·罗德尼（Seph Rodney）和珍妮·索尔金，他们都曾协助我厘清了我在书中探讨的某些观点。

我把这本书献给我的双胞胎兄弟彼得·亚当森（Peter Adamson），伙计，他真的值得我这么做。他不仅是一位优秀的历史学家（在哲学史领域），也是第一个阅读手稿并提出许多改进建议的人。

本书的各个章节也从亚伦·比尔（Aaron Beale）、萨拉·卡特（Sarah Carter）、梅根·多尔蒂（Meghan Doherty）、亚历珊德拉·雅克佩蒂·哈特（Alexandra Jacopetti Hart）、乔伊斯·科兹洛夫（Joyce Kozloff）、布莱恩·朗（Brian Lang）、伊桑·拉瑟（Ethan Lasser）、约翰·卢卡维奇（John Lukavic）、马克·麦克唐纳（Mark McDonald）、乔纳森·普劳恩（Jonathan Prown）和詹妮弗·罗伯茨（Jennifer Roberts）的建议和评论中受益。我还要感谢在有关阿马纳定居点的章节中鼎力相助的阿马纳遗产协会（Amana Heritage Society）和阿比盖尔·福斯特纳（Abigail Foerstner），以及许多照片版权持有人，他们准许我在本书的这些页面中复制了他们的图像。

阿什维尔的手工艺中心通过它的手工艺研究基金，为本书提供了主要的支持，正如此前它也为我早先的其他工作提供支持一样（包括《现代手工艺杂志》的创刊）。一言以蔽之，如果没有这个组织极其慷慨且极富洞见的赞助，当下的手工艺研究领域将只是其自身之影。这本书能与他们联系在一起，着实是一种荣誉。

最后，也是最重要的，我要感谢我的妻子妮古拉（Nicola）。在我撰写本书的时候，每当我结束了一天的写作，她就会出现在我的面前。于是我总是很快乐。

# 注　释

## 序言

1. James Baldwin, "A Talk to Teachers," *Saturday Review*, December 21, 1963, 42-44.
2. 关于这些联系的讨论，请参阅我以前的著作，*Thinking Through Craft*（Oxford：Berg Publishers, 2007）和 *The Invention of Craft*（London：Bloomsbury, 2013）。

## 第一章　工匠共和国

1. Ethan Lasser, "Selling Silver: The Business of Copley's Paul Revere," *American Art* 26, no. 3（Fall 2012）: 26-43.
2. Jane Kamensky, *A Revolution in Color: The World of John Singleton Copley*（New York：W. W. Norton, 2016）.
3. 科普利的话引用自苏珊·拉泽（Susan Rather）的文章，"Carpenter, Tailor, Shoemaker, Artist: Copley and Portrait Painting Around 1770," *Art Bulletin* 79, no. 2（June 1997）: 269.
4. Robert Martello, *Midnight Ride, Industrial Dawn: Paul Revere and the Growth of American Enterprise*（Baltimore：Johns Hopkins University Press, 2010）, 92.
5. Gary J. Kornblith, "The Artisanal Response to Capitalist Transformation," *Journal of the Early Republic* 10, no. 3（Autumn 1990）: 320.
6. Tyler Ambrose, *City of Dreams: The 400-Year Epic History of Immigrant New York*（Boston：Mariner Books, 2016）, 54.
7. David Jaffee, *A New Nation of Goods: The Material Culture of Early America*

（Philadelphia: University of Pennsylvania Press, 2011), 21. 另请参见 Charles Hummel, *Hammer in Hand: The Dominy Craftsmen of East Hampton, New York* （Charlottesville: University Press of Virginia, 1976）.

8. Noah Webster, *Sketches of American Policy* (Hartford, CT: printed by Hudson and Goodwin, 1785).

9. Christine Daniels, "Wanted: A Blacksmith Who Understands Plantation Work; Artisans in Maryland, 1700-1810," *William and Mary Quarterly* 50, no. 4 (October 1993): 743-67. TK add citations for other crafts TK.

10. Paul B. Henslie, "Time, Work, and Social Context in New England," *New England Quarterly* 65, no. 4 (December 1992): 531-59.

11. Richard K. MacMaster, "Philadelphia Merchants, Backcountry Shopkeepers, and Town-Making Fever," *Pennsylvania History* 81, no. 3 (Summer 2014): 342-63.

12. Richard J. Orli, "The Identity of the 1608 Jamestown Craftsmen," *Polish American Studies* 65, no. 2 (Autumn 2008): 17-26.

13. 1600年，万帕诺亚格人被认为大约有12 000人。1675—1676年的梅塔卡姆（Metacom）之战（也被称为菲利普国王之战）结束时，他们的人数已不到这个数字的10%，罪魁祸首是持续肆虐的流行病。今天，4000~5000万帕诺亚格人居住在马萨诸塞州及其周边各州。

14. 在这里，我要感谢万帕诺亚格艺术家乔纳森·佩里（Jonathan Perry），感谢他对历史上美洲原住民手工艺的深刻洞察。

15. Pierre-François-Xavier de Charlevoix, *A Voyage to North-America*, vol. 1 (Dublin: John Exshaw and James Potts, 1766).

16. Katharine Vickers Kirakosian, "Curious Monuments of the Simplest Kind: Shell Midden Archaeology in Massachusetts," doctoral diss., 2014, University of Massachusetts, Amherst.

17. 引用自 Nancy Shoemaker, *A Strange Likeness: Becoming Red and White in Eighteenth-Century North America* (Oxford: Oxford University Press, 2004), 65.

18. Jeffrey Ostler, *Surviving Genocide: Native Nations and the United States from the American Revolution to Bleeding Kansas* (New Haven, CT: Yale University Press, 2019), 11.

19. John Lawson, *History of North Carolina* (London: W. Taylor and F. Baker, 1714), 205-6. 另请参见 Lynn Ceci, "The Value of Wampum Among the New York

Iroquois," *Journal of Anthropological Research* 38, no. 1 (Spring 1982): 97-107. 劳森评论道,贝壳串珠是美洲原住民的"财神(就像金钱对于我们的意义一样),它可以诱惑、说服他们去做任何事情,除了不把孩子送去做奴隶,他们可以为了它放弃拥有的一切"(206)。

20. James Adair, *The History of the American Indians* (London: Edward and Charles Dilly, 1775), 170.
21. Vivien Green Fryd, "Rereading the Indian in Benjamin West's *Death of General Wolfe*," *American Art* 9, no. 1 (Spring 1995): 72-85.
22. John Galt, *The Life, Studies, and Works of Benjamin West* (1816; repr., London: T. Cadell and W. Davies, 1820), 18.
23. Benjamin Franklin, *Remarks Concerning the Savages of North America* (Passy, France: printed by the author, 1784).
24. Mark Twain, "The Late Benjamin Franklin," *Galaxy*, July 1870, 138-40.
25. 关于富兰克林伪造身份的一生,参见 Jill Lepore, *The Story of America: Essays on Origins* (Princeton, NJ: Princeton University Press, 2013), 44ff.
26. Simon Newman, "Benjamin Franklin and the Leather-Apron Men: The Politics of Class in Eighteenth-Century Philadelphia," *Journal of American Studies* 43, no. 2 (August 2009): 161-75.
27. Benjamin Franklin, *A Modest Enquiry into the Nature and Necessity of a Paper Currency* (Philadelphia, 1729).
28. Gordon S. Wood, *The Americanization of Benjamin Franklin* (New York: Penguin, 2003); Ralph Frasca, "From Apprentice to Journeyman to Partner: Benjamin Franklin's Workers and the Growth of the Early American Printing Trade," *Pennsylvania Magazine of History and Biography* 14, no. 2 (April 1990): 229-48; Allan Kulikoff, "Silence Dogood and the Leather-Apron Men," *Pennsylvania History* 81, no. 3 (Summer 2014): 364-74.
29. James H. Hutson, "An Investigation of the Inarticulate: Philadelphia's White Oaks," *William and Mary Quarterly* 28, no. 1 (January 1971): 3-25.
30. James Hawkes, *A Retrospect of the Boston Tea-Party* (New York: S. S. Bliss, 1834), 38, 92.
31. *Rivington's Gazetteer*, April 25, 1774, 引用自 Carl Lotus Becker, *The History of Political Parties in the Province of New York, 1760-1776* (Madison: University of

Wisconsin, 1907), 110.

32. Sean Wilentz, *Chants Democratic* (1984; repr., Oxford: Oxford University Press, 1984; 2004 edition).

33. Charles Olton, "Philadelphia's Mechanics in the First Decade of Revolution 1765-1775," *Journal of American History* 59, no. 2 (September 1972): 311-26: 314. 另请参见 Charles Olton, *Artisans for Independence: Philadelphia Mechanics and the American Revolution* (Syracuse, NY: Syracuse University Press, 1975).

34. Edward S. Cooke Jr., *Inventing Boston: Design, Production, and Consumption* (New Haven, CT: Yale University Press, 2019), 61.

35. Christine Daniels, "From Father to Son," in Howard Rock, Paul Gilje, and Robert Asher, eds., *American Artisans: Crafting Social Identity, 1750-1850* (Baltimore: Johns Hopkins University Press, 1995).

36. Mary Ann Clawson, *Constructing Brotherhood: Class, Gender, and Fraternalism* (Princeton, NJ: Princeton University Press, 2014); Steven C. Bullock, "The Revolutionary Transformation of American Freemasonry, 1752-1792," *William and Mary Quarterly* 47, no. 3 (July 1990): 347-69.

37. Maurice Wallace, "'Are We Men?': Prince Hall, Martin Delany, and the Masculine Ideal in Black Freemasonry, 1775-1865," *American Literary History* 9, no. 3 (Autumn 1997): 396-424.

38. Theda Skocpol, Ariane Liazos, and Marshall Ganz, *What a Mighty Power We Can Be: African American Fraternal Groups and the Struggle for Racial Equality* (Princeton, NJ: Princeton University Press, 2006).

39. 这些引用的内容来自1792年和1794年,霍尔在他的非洲分会发表的演讲,或者说"指控"。

40. James Sidbury, "Slave Artisans in Richmond, Virginia, 1780-1810," in Rock, Gilje, and Asher, *American Artisans*, 55. 福特的话引用自 Mary Ferrari, "Obliged to Earn Subsistence for Themselves: Women Artisans in Charleston, South Carolina, 1763-1808," *South Carolina Historical Magazine* 106, no. 4 (October 2005): 243.

41. Jared Hardesty, "'The Negro at the Gate': Enslaved Labor in Eighteenth-Century Boston," *New England Quarterly* 87, no. 1 (March 2014): 72-98.

42. 这句名言改编自 Virginia Woolf's *A Room of One's Own* (1929): "I would venture to guess that Anon., who wrote so many poems without signing them, was often a woman."

它还曾被一本流传甚广的有关美国女性民间艺术的书用作标题,即 Mirra Bank, *Anonymous Was a Woman* (New York: St. Martin's Press, 1979)。

43. 迪克曼的刺绣样本,是美国国家历史博物馆——坐落在华盛顿特区,是史密森学会下属的一家博物馆——收藏的标注时间最早的刺绣样本。

44. Laurel Thatcher Ulrich, "Furniture as Social History: Gender, Property, and Memory in the Decorative Arts," *American Furniture* (Chipstone Foundation) (1995).

45. *Virginia Gazette*, February 27, 1772. 转载于 Nancy Woloch, ed., *Early American Women: A Documentary History* (1997; repr., Boston: McGraw-Hill, 2013), 64. "修女画""德累斯顿刺绣"都是蕾丝花边的一种制作工艺。

46. Monique Bourque, "Women and Work in the Philadelphia Almshouse, 1790–1840," *Journal of the Early Republic* 32, no. 3 (Fall 2012): 383–413; Laurel Thatcher Ulrich, "Wheels, Looms, and the Gender Division of Labor in Eighteenth-Century New England," *New England Quarterly* 55, no. 1 (January 1998): 3–38.

47. Marla R. Miller, *The Needle's Eye: Women and Work in the Age of Revolution* (Amherst: University of Massachusetts Press, 2006).

48. 这段材料转载于《波士顿新闻快报》(*Boston News-Letter*),但最初发表于 1766 年 3 月 12 日。参见 Laurel Thatcher Ulrich, "Daughters of Liberty: Religious Women in Revolutionary New England," in Ronald Hoffman and Peter J. Albert, eds., *Women in the Age of the American Revolution* (Charlottesville: University of Virginia Press, 1989).

49. Marla R. Miller, *Betsy Ross and the Making of America* (New York: Henry Holt, 2010), 181.

50. 一些最有说服力的证据表明,星条旗最初的设计者是律师兼纺织品商人弗朗西斯·霍普金森(Francis Hopkinson),他曾参与海军物资(包括旗帜)的征用工作,还设计过货币和印章。考虑到自己的这些服务,他建议当局送他"桶装一夸脱公共葡萄酒",作为适当的报酬,但是遭到了拒绝。原因正如财政委员会(Treasury Board)解释的那样,霍普金森"并非在那些新奇创意的问题上唯一被咨询的人"。Miller, *Betsy Ross and the Making of America*, 180.

51. Ronald Schultz, "Small Producer Thought in Early America, Part I: Philadelphia Artisans and Price Control," *Pennsylvania History* 54, no. 2 (April 1987): 115–47.

52. Barbara M. Tucker, "The Merchant, the Manufacturer, and the Factory Manager: The Case of Samuel Slater," *Business History Review* 55, no. 3 (Autumn 1981): 297–313.

53. 引用自 Bruce Laurie, *Artisans into Workers: Labor in Nineteenth-Century America* (New York: Noonday Press, 1989), 30.
54. Alan Dawley, *Class and Community: The Industrial Revolution in Lynn* (Cambridge, MA: Harvard University Press, 1976); Mary H. Blewett, "Work, Gender and the Artisan Tradition in New England Shoemaking, 1780-1860," *Journal of Social History* 17, no. 2 (Winter 1983): 221-48.
55. Tench Coxe, "Sketches on the Subject of American Manufacture" (1787), in Coxe, *A View of the United States of America* (Philadelphia: printed for W. Hall and Wrigley & Berriman, 1794).
56. Ruth Bogin, "Petitioning and the New Moral Economy of Post-Revolutionary America," *William and Mary Quarterly* 45, no. 3 (July 1988): 391-425.
57. Charles G. Steffen, "Changes in the Organization of Artisan Production in Baltimore, 1790 to 1820," *William and Mary Quarterly* 36, no. 1 (January 1979): 101-17.
58. Sharon V. Salinger, "Artisans, Journeymen, and the Transformation of Labor in Late Eighteenth-Century Philadelphia," *William and Mary Quarterly* 40, no. 1 (January 1983): 62-84.
59. 引用自 Paul B. Henslie, "Time, Work, and Social Context in New England," *New England Quarterly* 65, no. 4 (December 1992): 531-59.
60. Thomas Jefferson, *Notes on Virginia* (1781), Query XIX: Manufactures.
61. William Duane, "Politics for Mechanics, Part I," *Aurora*, January 29, 1807; Duane, "Politics for Mechanics, Part IV," *Aurora*, February 7, 1807; Andrew Shankman, "A New Thing on Earth: Alexander Hamilton, Pro-Manufacturing Republicans, and the Democratization of American Political Economy," *Journal of the Early Republic* 23, no. 3 (Autumn 2003): 340. 另请参见 Allan C. Clark, "William Duane," *Records of the Columbia Historical Society* 9 (1906): 14-62; Ronald Schultz, "Small Producer Thought in Early America," *Pennsylvania History* 54, no. 3 (July 1987).

## 第二章 白手起家的国家

1. James W. C. Pennington, *A Textbook of the Origin and History of the Colored People* (Hartford, CT: L. Skinner, 1841). 潘宁顿曾就读于耶鲁大学神学院,但不被允许获得学位。有关潘宁顿的完整传记,参见 Christopher L. Webber, *American to the Backbone* (New York: Pegasus Books, 2011)。

2. James W. C. Pennington, *The Fugitive Blacksmith, or, Events in the History of James W. C. Pennington* (London: Charles Gilpin, 1849), iv, vii.
3. Pennington, *The Fugitive Blacksmith*, 7.
4. Pennington, *The Fugitive Blacksmith*, 20.
5. Pennington, *The Fugitive Blacksmith*, 8.
6. Pennington, *The Fugitive Blacksmith*, 79-80.
7. James W. C. Pennington, *A Two Years' Absence, or, A Farewell Sermon* (Hartford, CT: H. T. Wells, 1845), 4, 8.
8. William and Ellen Craft, *Running a Thousand Miles for Freedom* (London: William Tweedie, 1860).
9. Douglas R. Egerton, "Slaves to the Marketplace: Economic Liberty and Black Rebelliousness in the Atlantic," *Journal of the Early Republic* 26, no. 4 (Winter 2006): 633.
10. Douglas Egerton, *Gabriel's Rebellion: The Virginia Slave Conspiracies of 1800 and 1802* (Chapel Hill: University of North Carolina Press, 1993).
11. Ethan J. Kytle and Blain Roberts, *Denmark Vesey's Garden: Slavery and Memory in the Cradle of the Confederacy* (New York: New Press, 2018).
12. *Baltimore Afro-American*, April 26, 1930, 6.
13. John Hope Franklin, "James Boon, Free Negro Artisan," *Journal of Negro History* 30, no. 2 (April 1945): 150-80; Catherine Bishir, "James Boon," in *North Carolina Architects and Builders: A Biographical Dictionary* (Chapel Hill: University of North Carolina Press, 1990).
14. Tiya Miles, *The House on Diamond Hill: A Cherokee Plantation Story* (Chapel Hill: University of North Carolina Press, 2010).
15. Loren Schweninger, "John Carruthers Stanly and the Anomaly of Black Slaveholding," *North Carolina Historical Review* 67, no. 2 (April 1990): 159-92.
16. Stephen F. Miller, "Recollections of Newbern Fifty Years Ago," in *Our Living and Our Dead* (1874). 另请参见 Catherine Bishir, *Crafting Lives: African American Artisans in New Bern, North Carolina, 1770-1900* (Chapel Hill: University of North Carolina Press, 2013).
17. Sidbury, "Slave Artisans in Richmond, Virginia, 1780-1810," in Rock, Gilje, and Asher, *American Artisans*, 61.

18. Patricia Phillips Marshall and Jo Ramsay Leimenstoll, *Thomas Day: Master Craftsman and Free Man of Color* (Chapel Hill: University of North Carolina Press, 2002).
19. Jonathan Prown, "The Furniture of Thomas Day: A Reevaluation," *Winterthur Portfolio* 33, no. 4 (Winter 1998): 215–29.
20. Ann Senefeld, "Henry Boyd: Former Slave and Cincinnati Entrepreneur," *Digging Cincinnati History* (online resource), February 6, 2014; Juliet Walker, "Racism, Slavery, and Free Enterprise: Black Entrepreneurship in the United States before the Civil War," *Business History Review* 60, no. 3 (Autumn 1986): 343–82.
21. Catherine Bishir, "Black Builders in Antebellum North Carolina," *North Carolina Historical Review* 61, no. 4 (October 1984): 423–61.
22. John Hope Franklin, "The Free Negro in the Economic Life of Ante-Bellum North Carolina, part 1," *North Carolina Historical Review* 19, no. 3 (July 1942): 251.
23. Michele Gillespie, "Artisan Accommodation to the Slave South: The Case of William Talmage," *Georgia Historical Quarterly* 81, no. 2 (Summer 1997): 265–86; Michele Gillespie, *Free Labor in an Unfree World: White Artisans in Slaveholding Georgia, 1789–1860* (Athens: University of Georgia, 2004).
24. Alexis de Tocqueville, *Democracy in America*, vol. 1 (1835), part 4, chap. 18.
25. 引用自 Bess Beatty, "I Can't Get My Bored on Them Old Lomes: Female Textile Workers in the Antebellum South," in Susanna Delfino and Michele Gillespie, eds., *Neither Lady nor Slave: Working Women of the Old South* (Chapel Hill: University of North Carolina Press, 2002), 250.
26. Edward Jay Pershey, "Lowell and the Industrial City in Nineteenth-Century America," *OAH Magazine of History* 5, no. 2 (Fall 1990): 5–10.
27. Joshua B. Freeman, *Behemoth: A History of the Factory and the Making of the Modern World* (New York: W. W. Norton, 2018), 60.
28. Paul B. Henslie, "Time, Work, and Social Context in New England," *New England Quarterly* 65, no. 4 (December 1992): 557.
29. Ethelinda, "Prejudice Against Labour," in *Mind Amongst the Spindles: A Selection from the Lowell Offering* (London: Charles Knight, 1845), 73–83.
30. 引用自 William Scoresby, *American Factories and their Female Operatives* (Boston: William D. Ticknor, 1845), 21.
31. James Bessen, "Technology and Learning by Factory Workers: The Stretch-out at

Lowell, 1842," *Journal of Economic History* 63, no. 1 (March 2003): 33-64.

32. 转载于 Woloch, *Early American Women*, 64.

33. George Fitzhugh, *Cannibals All! Or, Slaves Without Masters* (1857), 32.

34. Tyler Anbinder, *City of Dreams: The 400-Year Epic History of Immigrant New York* (Boston: Mariner Books, 2016), 160.

35. Jane Gaskell, "Conceptions of Skill and the Work of Women: Some Historical and Political Issues," *Atlantis* 8, no. 2 (1983): 11-25.

36. Frederick Jackson Turner, "The Significance of the Frontier in American History," *Annual Report of the American Historical Association* (1893), 197-227.

37. Tocqueville, *Democracy in America*, vol. 1, part 4, chap. 18. 另一位来自欧洲的旅行者弗朗西斯·格兰德(Francis Grund)对此表示赞同："在这个世界上,也许再没有人会像美利坚合众国的居民那样,把商业视为愉悦,把工业视为乐趣了。积极的工作不仅是他们幸福的主要来源,而且是他们国家伟大的基础,那种没有工作的日子,他们笃定是过不下去的。" Grund, *The Americans in their Moral, Social, and Political Positions* (Boston: Marsh, Capen and Lyon, 1837), 202.

38. 这幅画的一个版本目前仍藏于宾夕法尼亚美术学院(Pennsylvania Academy of the Fine Arts),另一个版本则藏于波士顿美术博物馆((Museum of Fine Arts, Boston)。

39. 参见帕特里克·里昂的叙述,他曾遭受重罚,在费城的监狱里被关了3个月,当局只是模糊地怀疑,他可能与宾夕法尼亚银行抢劫案有关。(Philadelphia: Frances and Robert Bailey, 1799), 3. 另请参见 Laura Rigal, *The American Manufactory: Art, Labor, and the World of Things in the Early Republic* (Princeton, NJ: Princeton University Press, 1998), chap. 6.

40. *The Narrative of Patrick Lyon*, 8.

41. William Dunlap, *History of the Rise and Progress of the Arts of Design in the United States* (New York: George P. Scott and Co., 1834), 2:375.

42. Howard Rock, "All Her Sons Join as One Social Band," in Rock, Gilje, and Asher, *American Artisans*, 185, 169.

43. 从1815年到1860年,内陆航运的成本下降了95%。

44. Sean Wilentz, *Chants Democratic* (1984; repr., Oxford: Oxford University Press, a 2004), 104.

45. Wilentz, *Chants Democratic*, 94.

46. 引用自 Peter Kenny and Michael K. Brown et al., *Duncan Phyfe: Master Cabinetmaker*

of New York (New York: Metropolitan Museum of Art, 2010), 36.

47. Alexander Rose, *American Rifle: A Biography* (New York: Delacorte Press, 2008).

48. Robert Hounshell, *From the American System to Mass Production, 1800-1832: The Development of Manufacturing Technology in the United States* (Baltimore: Johns Hopkins University Press, 1984), chap. 1.

49. David Jaffee, *A New Nation of Goods: The Material Culture of Early America* (Philadelphia: University of Pennsylvania Press, 2011), 178.

50. De Tocqueville, *Democracy in America*, vol. 2, chap. 11. 在19世纪的美国,手表的制造和修理是一个新兴的行业,零件的大规模生产也在不断推动它的发展。Alexis McCrossen, "The 'Very Delicate Construction' of Pocket Watches and Time Consciousness in the Nineteenth Century United States," *Winterthur Portfolio* 44, no. 1 (Spring 2010): 1-30.

51. 1897年,一位名叫詹姆斯·尼姆罗尔(James Nimroll)的与会者回忆起了这些细节。引用自 Ron Grossman, "How Andrew Jackson's Inauguration Day Went Off the Rails," *Chicago Tribune*, January 13, 2017.

52. Benjamin Caldwell, "Tennessee Silversmiths," *Tennessee Historical Quarterly* 74, no. 1 (Spring 2015): 2-21.

53. Thomas Hunt, *The Book of Wealth* (New York: Ezra Collier, 1836), 23. 诚然,一些社会批评家还是提出了这方面的反对意见,其中就包括先验主义作家奥列斯特斯·布朗森(Orestes Brownson):"有一点事实是确凿的,没有一个出身贫寒的人,是通过他的工资,以纯粹的技工身份,上升到富有阶层的。他也许确实变得富有了,但那并不是依靠他的体力劳动。" Brownson, "The Laboring Classes," *Boston Quarterly Review* (1840).

54. John Frost, *Self-Made Men of America* (New York: W. H. Graham, 1848), iii, 126.

55. James McClelland, "Losing Grip: Emerson, Leroux and the Work of Identity," *Journal of American Studies* 39, no. 2 (August 2005): 241.

56. Ava Baron, "Masculinity, the Embodied Male Worker, and the Historian's Gaze," *International Labor and Working-Class History* 69 (Spring 2006): 143-160: 147. 另请参见 Michael Kimmel, *Manhood in America: A Cultural History*, 2nd ed. (Oxford: Oxford University Press, 2006).

57. "Mr. Clay's Speech, in Defence of the American System, Against the British Colonial System," 刊载于 *Nile's Register*, March 3, 1832, 11.

58. 对此，历史学家吉尔·莱波雷（Jill Lepore）评论道："在美国政治中，再没有比这个话题更老掉牙的了，任何其他策略都不曾像这样充斥着陈词滥调。"Lepore, "Man of the People," in Lepore, *The Story of America: Essays on Origins* (Princeton, NJ: Princeton University Press, 2012), 152–57.

59. Warren E. Roberts and Ada L. K. Newton, "The Tools Used in Building Log Houses in Indiana," *Material Culture* 33, no. 1 (Spring 2001): 8–45; W. Stephen McBride, "A Village Blacksmith in the Antebellum South," *Southeastern Archaeology* 6, no. 2 (Winter 1987): 79–92.

60. Edwin T. Freedley, *Leading Pursuits and Leading Men* (1854; repr., Philadelphia: Edward Young, 1856), 61, 408.

61. E. H. Chapin, "The Printing Press in the Age of Steam and Electricity," 1855; 引用自 Ronald J. Zboray, "Antebellum Reading and the Ironies of Technological Innovation," *American Quarterly* 40, no. 1 (March 1988): 68.

62. Charles Seymour, *Self-Made Men* (New York: Harper and Brothers, 1858), 429, 41.

63. Elihu Burritt, *Sparks from the Anvil* (London: Charles Gilpin, 1847), 58–59, 73–74.

64. 这家布莱兹（Brades）企业的印章上刻着 WHS 的字样，这反映了它最初的公司名称——威廉亨特父子公司（William Hunt and Sons）。但技工们却说，字样的意思其实是"要么努力工作，要么挨饿"（"Work Hard or Starve."）。

65. Elihu Burritt, *Walks in the Black Country and Its Green Border-Land* (London: Sampson Low, Son, and Marston, 1868).

66. Merle E. Curti, "Henry Wadsworth Longfellow and Elihu Burritt," *American Literature* 7, no. 3 (November 1935): 315–28.

67. 还有一些候选者，也被认为是《乡村铁匠》这首诗的灵感来源，其中包括一个名叫德克斯特·普拉特（Dexter Pratt）的当地人，他的房子仍坐落在剑桥市的布拉特尔街（Brattle Street）54 号。内战期间，这栋房子属于玛丽·沃克（Mary Walker）一家，1848 年，她从北卡罗来纳州的奴隶制枷锁下逃离。

68. Henry David Longfellow, "The Village Blacksmith," 最先刊载于 *The Knickerbocker*（November 1840），后来转载于 Longfellow, *Ballads and Other Poems* (Cambridge, MA: John Owen, 1841). 诗中提到的那棵马栗树在 1879 年被砍倒，木头被用来做成了扶手椅。那把椅子今天依然摆放在马萨诸塞州剑桥市的朗费罗故居，那是一处国家历史遗址。

69. 引用自 Jill Anderson, "'Be Up and Doing': Henry Wadsworth Longfellow and Poetic

Labor," *Journal of American Studies* 37, no. 1（April 2003）: 1.

70. Ralph Waldo Emerson, *Nature*（Boston: James Munroe, 1836）.

71. Kathryn Schulz, "Pond Scum," *New Yorker*, October 19, 2015.

72. 这不是想象出来的情景。许多新英格兰的印第安人靠制作、贩卖篮子,勉强维持生计。康涅狄格州的一位部长曾回忆起一个名叫安妮·万姆皮(Anne Wampy)的佩科特族妇女,她是制作夹板篮子的好手,有的篮子只有半品脱那么小,有的篮子则有六夸脱那么大:"她的肩膀上背着一捆篮子,大得几乎把她都遮住了。"后来,万姆皮在佩科特族传教士威廉·阿皮斯(William Apess)的劝说下,皈依了基督教。John Avery, *History of the Town of of Ledyard*（Norwich, CT: Noyes and Davis, 1901）, 259.

73. Kevin MacDonnell, "Collecting Henry David Thoreau," *Antiquarian Booksellers' Association*（online resource）.

74. 引用自 Joshua Kotin, *Utopias of One*（Princeton, NJ: Princeton University Press, 2018）, 18.

75. Henry David Thoreau, journal entry, April 23, 1857. In Bradford Torrey, ed., *The Writings of Henry David Thoreau: Journal*（Cambridge, MA: RiversidePress, 1906）, 9: 335.

76. Margaret Fuller Ossoli, *Woman in the Nineteenth Century*（New York: Greeley and McElrath, 1845）. 在一段令人惊讶、富有远见的文字中,她评论道:无论如何,两性各自都不是铁板一块的,因为二者"彼此永远地交融了。流体硬化为固体,固体溶化为流体。世上没有完全阳刚的男人,也没有完全阴柔的女人"。

77. Gregory L. Kaster, "Labour's True Man: Organised Workingmen and the Language of Manliness in the USA, 1827–1877," *Gender and History* 13, no. 1（April 2001）: 24–64.

78. William Alcott, *The Young Wife, or, Duties of Woman in the Marriage Relation*（Boston: G. W. Light, 1837）, 129–34.

79. 姐妹俩后来合写了一本书,*The American Woman's Home, or, Principles of Domestic Science*（New York: J. B. Ford, 1869）,该书特别重视美国本土的新技术。哈里特·比彻·斯托还为"白手起家者"这一题材作出了自己的贡献:*Lives and Deeds of the Self-Made Men*（Hartford, CT: Worthington, Dustin and Co., 1872）.

80. Catharine Beecher, *A Treatise on Domestic Economy*（Boston: Marsh, Capen, Lyon and Webb, 1841）.

81. Ellen Lindsay, "Patchwork," *Godey's Lady's Book and Magazine* 55, no. 2 (February 1857): 166.
82. Nancy F. Cott, *The Bonds of Womanhood: "Woman's Sphere" in New England, 1780–1835* (New Haven, CT: Yale University Press, 1977).
83. Frances Trollope, *Domestic Manners of the Americans* (London: Gilbert and Rivington, 1832), 17.
84. Wright to Lafayette, February 11, 1822, 引用自 Lloyd S. Kramer, *Lafayette in Two Worlds: Public Cultures and Personal Identities in an Age of Revolutions* (Chapel Hill: University of North Carolina Press, 1996), 158.
85. Frances Wright, *Views of Society and Manners in America* (New York: Bliss and White, 1821), 193, 285.
86. Gail Bederman, "Revisiting Nashoba: Slavery, Utopia, and Frances Wright in America, 1818–1826," *American Literary History* 17, no. 3 (Autumn 2005): 438–59.
87. Chris Jennings, *Paradise Now: The Story of American Utopianism* (New York: Random House, 2016), 128.
88. Teju Cole, "The White-Savior Industrial Complex," *Atlantic*, March 21, 2012.
89. Fanny Wright, *Fanny Wright Unmasked by Her Own Pen: Explanatory Notes, Respecting the Nature and Objects of the Institution of Nashoba* (New York, 1830); Frances Trollope, *Domestic Manners of the Americans* (London: Gilbert and Rivington, 1832).
90. George Henry Evans, *Working Men's Advocate*, May 8, 1830; 引用自 Edward Pessen, "The Workingmen's Movement of the Jacksonian Era," *Mississippi Valley Historical Review* 43, no. 3 (December 1956): 428–43.
91. 参见弗朗西丝·莱特在纽约科学大厅(Hall of Science)的落成典礼上发表的演讲,1829年4月26日。收入 Frances Wright, *Course of Popular Lectures* (New York: The Free Enquirer, 1829), 204, 224.
92. 引用自 Wilentz, *Chants Democratic*, 132.
93. Frederick Douglass, *Narrative of the Life of Frederick Douglass, An American Slave, Written by Himself* (Boston: Anti-Slavery Society, 1845).
94. Frederick Douglass, "Learn Trades or Starve," *Frederick Douglass' Paper* 6, no. 11 (March 4, 1853).

## 第三章　要么学手艺,要么死

1. Herman Melville, *Moby-Dick* (1851), chap. 47.
2. Nancy Shoemaker, *Native American Whalemen and the World* (Chapel Hill: University of North Carolina Press, 2015).
3. 关于来自爱荷华州迪比克市(Dubuque)的士兵的研究,参见 Russell L. Johnson, *Warriors into Workers: The Civil War and the Formation of the Urban-Industrial Society in a Northern City* (New York: Fordham University Press, 2003), 147, 247, 250.
4. 引用自 Jeanne Boydston, *Home and Work: Housework, Wages, and the Ideology of Labor in the Early Republic* (Oxford: Oxford University Press, 1990), 107.
5. "The Sewing Machine and Its Merits," *Godey's Lady's Book and Magazine* 60, no. 4 (April 1860): 369.
6. Ava Baron and Susan Klepp, "'If I Didn't Have My Sewing Machine...': Women and Sewing Machine Technology," in Joan Jensen and Sue Davidson, eds., *A Needle, A Bobbin, A Strike* (Philadelphia: Temple University Press, 1984).
7. Lisa Tendrich Frank, *The World of the Civil War: A Daily Life Encyclopedia*, vol. 1 (Santa Barbara: Greenwood, 2015), 143.
8. Willard Glazier, *Three Years in the Federal Calvary* (New York: R. H. Ferguson and Company, 1874), 116; 引用自 Dean Nelson, "Right Nice Little Houses: Impermanent Camp Architecture of the American Civil War," *Perspectives in Vernacular Architecture* 1 (1982): 83.
9. 引用自 Tyler Ambrose, *City of Dreams: The 400-Year Epic History of Immigrant New York* (Boston: Mariner Books, 2016), 257.
10. 引用自 Marc Leepson, *Flag: An American Biography* (New York: St. Martin's, Griffin, 2006), 95.
11. Woden Teachout, *Capture the Flag: A Political History of American Patriotism* (New York: Basic Books, 2009), 86, 95.
12. *Diary of Caroline Cowles Richards, 1852–1872* (Rochester, NY: 1908), 65, 70.
13. Barbara Brackman, *Facts and Fabrications: Unraveling the History of Quilts and Slavery* (Lafayette, CA: C&T Publishing, 2006). 杰奎琳·托宾(Jacqueline Tobin)和雷蒙德·多巴德(Raymond Dobard)帮助传播了"地下铁路"的被子神话,参见两人合著的 *Hidden in Plain View: A Secret Story of Quilts and the Underground Railroad* (New

York: Anchor Books, 2000)。他们声称从唯一的知情人那里得知了被子背后的密码,此人就是查尔斯顿的棉被制造商奥泽拉·迈克丹尼尔·威廉姆斯(Ozella McDaniel Williams)。

14. 引用自 James H. Brewer, *The Confederate Negro: Virginia's Craftsmen and Military Laborers, 1861-1865* (Durham, NC: Duke University Press, 1969), 23.

15. Vincent Colyer, *Report on the Services Rendered by the Freed People to the United States Army, in North Carolina* (New York: printed by the author, 1864), 6.

16. 引用自 Brewer, *The Confederate Negro*, 14.

17. Elizabeth Keckley, *Behind the Scenes, or, Thirty Years a Slave and Four Years in the White House* (New York: G. W. Carleton and Co., 1868). 另请参见 Janaka B. Lewis, "Elizabeth Keckley and Freedom's Labor," *African American Review* 49, no. 1 (Spring 2016): 5-17; and Xiomara Santamarina, *Belabored Professions: Narratives of African American Working Womanhood* (Chapel Hill: University of North Carolina Press, 2005), 148.

18. Jill Beute Koverman, "The Ceramic Works of David Drake," *American Ceramic Circle Journal* 13 (2005): 83-98. 另请参见 Jill Beute Koverman, *I Made This Jar: The Life and Works of the Enslaved African-American Potter, Dave* (Columbia: McKissick Museum/University of South Carolina, 1998); and Aaron de Groft, "Eloquent Vessels/Poetics of Power: The Heroic Stoneware of Dave the Potter," *Winterthur Portfolio* 33, no. 4 (Winter 1998): 249-60.

19. Henry Louis Gates Jr., *Stony the Road: Reconstruction, White Supremacy, and the Rise of Jim Crow* (New York: Penguin, 2019).

20. Martin Ruef and Ben Fletcher, "Legacies of American Slavery: Status Attainment Among Southern Blacks after Emancipation," *Social Forces* 82, no. 2 (December 2003): 445-80.

21. James W. C. Pennington, *A Textbook of the Origin and History of the Colored People* (Hartford, CT: L. Skinner, 1841).

22. Sarah Anne Carter, *Object Lessons: How Nineteenth-Century Americans Learned to Make Sense of the Material World* (Oxford: Oxford University Press, 2018).

23. W. E. B. Du Bois, *The Souls of Black Folk* (Chicago: A. C. McClurg and Co., 1903).

24. 引用自 Sarah Robbins, "Gendering the Debate over African Americans' Education in

the 1880s," *Legacy* 19, no. 1 (2002): 82.
25. 引用自 Robert Francis Engs, *Educating the Disenfranchised and Disinherited: Samuel Chapman Armstrong and the Hampton Institute*, 1839–1893 (Knoxville: University of Tennessee Press, 1999), 76.
26. 引用自 Edith Armstrong Talbot, *Samuel Chapman Armstrong: A Biographical Study* (New York: Doubleday, Page and Co., 1904), 155.
27. Booker T. Washington, *Up from Slavery* (New York: Doubleday, Page and Co., 1906), 5, 18.
28. 引用自 Jacqueline Fear-Segal, "Nineteenth-Century Indian Education: Universalism versus Evolutionism," *Journal of American Studies* (August 1999): 323.
29. Manning Marable, "The Politics of Illusion in the New South," *Black Scholar* 8, no. 7 (May 1977): 13–24.
30. Ellen Weiss, "Tuskegee: Landscape in Black and White," *Winterthur Portfolio* 36, no. 1 (Spring 2001): 19–37.
31. Mark Bauerlein, "Booker T. Washington and W. E. B. Du Bois: The Origins of a Bitter Intellectual Battle," *Journal of Blacks in Higher Education* 46 (Winter 2004/5): 106–14.
32. W. E. B. Du Bois, "The Hampton Idea," 1906; in Du Bois, *The Education of Black People: Ten Critiques* (New York: Monthly Press, 1973), 25–26.
33. Du Bois, *The Souls of Black Folk*.
34. Stokely Carmichael and Charles V. Hamilton, *Black Power: The Politics of Liberation in America* (New York: Random House, 1967).
35. James D. Anderson, *The Education of Blacks in the South* (Chapel Hill: University of North Carolina Press, 1988), 73.
36. Christopher Alan Bracey, *Saviors or Sellouts: The Promise and Peril of Black Conservatism* (Boston: Beacon Press, 2008).
37. *The Negro Artisan* (Atlanta, GA: Atlanta University, 1904), 32.
38. Carter G. Woodson, *The Mis-Education of the Negro* (1933); Leslie Pinckney Hill, "Negro Ideals: Their Effect and Their Embarrassments," *Journal of Race evelopment* 6, no. 1 (July 1915): 91–103, 96.
39. Mark Twain and Charles Dudley Warner, *The Gilded Age: A Tale of Today* (Hartford, CT: American Publishing Company, 1873).

40. "Centennial Pictures, No. 2," *American Farmer* 5 (October 1876): 355.
41. Bruno Giberti, *Designing the Centennial: A History of the 1876 International Exhibition in Philadelphia* (Lexington: University Press of Kentucky, 2002).
42. Susan N. Carter, "Ceramic Art at the Exhibition," *Appletons' Journal* 1, no. 1 (July 1876): 74–77.
43. "The Sheet-Metal Pavilion at the Centennial," *Manufacturer and Builder*, July 1876, 169; Pamela Hemenway Simpson, *Cheap, Quick & Easy: Imitative Architectural Materials, 1870–1930* (Knoxville: University of Tennessee Press, 1999), 30.
44. "The Centennial Exposition," *Manufacturer and Builder*, September 1876, 148–49.
45. William Dean Howells, "The Sennight of the Centennial," *Atlantic Monthly* 1, no. 38 (July 1876): 96.
46. The *Weekly Clarion* (Jackson, MS), May 3, 1876; Jack Noe, "'Everybody Is Centennializing': White Southerners and the 1876 Centennial," *American Nineteenth Century History* 17, no. 3 (September 2016): 327, 339.
47. 引用自 Jennifer Pitman, "China's Presence at the Centennial Exhibition, Philadelphia, 1876," *Studies in the Decorative Arts* 10, no. 1 (Fall/Winter 2002/3): 53. 这位为《美国建筑师与建筑新闻》撰稿的作者，还表达了一种认为中国工匠缺乏创造力的观点，这种偏见在当时的美国正变得越来越普遍。
48. William H. Rideing, "At the Exhibition: A Few Curiosities," *Appleton's Journal*, June 3, 1876, 723.
49. Abigail Carroll, "Of Kettles and Cranes: Colonial Revival Kitchens and the Performance of National Identity," *Winterthur Portfolio* 43, no. 4 (Winter 2009): 355.
50. Philip Foner, "The French Trade Union Delegation to the Philadelphia Centennial Exposition, 1876," *Science and Society* 40, no. 3 (Fall 1976): 257–87.
51. Mary Frances Cordato, "Toward a New Century: Women and the Philadelphia Centennial Exhibition, 1876," *Pennsylvania Magazine of History and Biography* 107, no. 1 (January 1983): 113–35.
52. "Women's Pavilion," *Pennsylvania School Journal* 25 (August 1876): 58.
53. "The Exposition," *New Century for Women* 1 (May 13, 1876): 1.
54. Elizabeth Cady Stanton, 引用自 Judith Paine, "The Women's Pavilion of 1876," *Feminist Art Journal* 4, no. 4 (Winter 1975/76).
55. Robert Davis, "Emma Allison, A 'Lady Engineer,'" *New Inquiry*, July 20, 2017.

56. "The Centennial Exposition," *Manufacturer and Builder*, September 1876, 148.
57. Susanna W. Gold, "The Death of Cleopatra, The Birth of Freedom: Edmonia Lewis at the New World's Fair," *Biography* 35, no. 2 (Spring 2012): 317-41.
58. Rebecca Bedell and Margaret Samu, "The Butter Sculpture of Caroline Shawk Brooks," in Maureen Daly Goggin and Beth Fowkes Tobin, eds. , *Women and Things, 1750-1950* (Burlington, VT: Ashgate, 2009). 另请参见 Pamela H. Simpson, "A Vernacular Recipe for Sculpture: Butter, Sugar, and Corn," *American Art* 24, no. 1 (Spring 2010): 23-26; and Pamela H. Simpson, *Corn Palaces and Butter Queens: A History of Crop Art and Dairy Sculpture* (Minneapolis: University of Minnesota Press, 2012).
59. 引用自 Giberti, *Designing the Centennial*, 53. 另请参见 Tony Bennett, "The Exhibitionary Complex," *New Formations* 4 (Spring 1988): 73-102.
60. Philip Foner, "Black Participation in the Centennial of 1876," *Phylon* 34, no. 4 (Winter 1978): 289.
61. Shari Michelle Huhndorf, *Going Native: Indians in the American Cultural Imagination* (Ithaca, NY: Cornell University Press, 2001), 30.
62. "The Centennial Exposition: US Government Building," *Pennsylvania School Journal* 25, no. 1 (July 1876): 4.
63. "The Centennial Exposition: Exhibit of the Bureau of Education," *Pennsylvania School Journal* 25, no. 6 (December 1876): 239.
64. 引用自 John Ehle, *Trail of Tears: The Rise and Fall of the Cherokee Nation* (New York: Doubleday, 1988), 254.
65. "Letter from Sarah Winnemucca, an Educated Pah-ute Woman," in Helen Hunt Jackson, *A Century of Dishonor* (New York: Harper and Brothers, 1881).
66. Sarah Winnemucca, *Life Among the Paiutes: Their Wrongs and Claims* (Boston: Cupples, Upham and Co. , 1883), 48.
67. "Princess Winnemucca on the Treatment of the Indians," *Evening Transcript*, May 3, 1883, 2; 引用自 Carolyn Sorisio, "Playing the Indian Princess? Sarah Winnemucca's Newspaper Career and Performance of American Indian Identities," *Studies in American Indian Literatures* 23, no. 1 (Spring 2011): 3.
68. Cari M. Carpenter and Carolyn Sorisio, eds. , *The Newspaper Warrior: Sarah Winnemucca Hopkins's Campaign for American Indian Rights* (Lincoln: University of

Nebraska Press, 2015).

69. "An Indian School," *Silver State*, October 22, 1885, 3; 转载于 Carpenter and Sorisio, *The Newspaper Warrior*, 256.

70. Richard H. Pratt, *Battlefield and Classroom: Four Decades with the American Indian, 1867-1904* (New Haven, CT: Yale University Press, 1964), 335. 另请参见 Hayes Peter Mauro, *The Art of Americanization at the Carlisle Indian School* (Albuquerque: University of New Mexico Press, 2011).

71. Merrill Gates, "Land and Law as Agents in Educating Indians," address delivered at the American Social Science Association, Saratoga, NY, September 11, 1885; Gates, address to the Thirteenth Annual Meeting of the Lake Mohonk Conference of Friends of the Indian, 1895.

72. This passage is indebted to conversations with the Denver Art Museum curator John Lukavic and the Native American artist Gregg Deal, whose satirical artworks include a performance piece called *The Last American Indian on Earth*. 这一段文字源于我与丹佛艺术博物馆(Denver Art Museum)策展人约翰·卢卡维奇(John Lukavic)、美洲原住民艺术家格雷格·迪尔(Gregg Deal)的对话。在迪尔的讽刺艺术作品中,就有一件名为《地球上最后的美洲印第安人》(*The Last American Indians on Earth*)的表演艺术作品。

73. Luther Standing Bear, *Land of the Spotted Eagle* (New York: Houghton Mifflin, 1933).

## 第四章 一个日趋完美的联盟

1. Chris Jennings, *Paradise Now: The Story of American Utopianism* (New York: Random House, 2016).

2. 引用自 Glendyne R. Wergland, *One Shaker Life: Isaac Newton Youngs, 1793-1865* (Amherst: University of Massachusetts Press, 2006).

3. Henry Daily, journal entry, March 16, 1883; 引用自 David Marisch, "And Shall Thy Flowers Cease to Bloom? The Shakers' Struggle to Preserve Pleasant Hill, 1862-1910," *Register of the Kentucky Historical Society* 109, no. 1 (Winter 2011): 14.

4. Janneken Smucker, *Amish Quilts: Crafting an American Icon* (Baltimore: Johns Hopkins University Press, 2013).

5. "The Inspirationists," *San Francisco Chronicle*, August 5, 1888, 2.

6. "Communism in Iowa: Life in the Colony of True Inspirationists," *Chicago Daily Tribune*, May 2, 1891.
7. Bertha M. H. Shambaugh, *Amana: The Community of True Inspiration* (Iowa City: State Historical Society of Iowa, 1908), 178, 180, 187. 另请参见 Abigail Foerstner, *Picturing Utopia: Bertha Shambaugh and the Amana Photographers* (Iowa City: University of Iowa Press, 2000).
8. Wendy Kaplan, *The Arts and Crafts Movement in Europe and America, 1880–1920: Design for the Modern World* (Los Angeles: Los Angeles County Museum of Art, 2004); Karen Livingstone and Linda Parry, eds., *International Arts and Crafts* (London: Victoria and Albert Museum, 2005).
9. William Morris, "The Revival of Handicraft," *Fortnightly Review*, November 1888.
10. Nancy Owen, "Marketing Rookwood Pottery: Culture and Consumption," *Studies in the Decorative Arts* 4, no. 2 (Spring/Summer 1997): 2, 8.
11. 引用自 Paul Evans, ed., *Adelaide Alsop Robineau: Glory in Porcelain* (Syracuse, NY: Syracuse University Press, 1981), 107. 另请参见 Thomas Piché Jr. and Julia A. Monti, eds., *Only an Artist: Adelaide Alsop Robineau, American Studio Potter* (Syracuse, NY: Everson Museum of Art, 2006).
12. Charles Fergus Binns, "Pottery in America," *American Magazine of Art* 7, no. 4 (February 1916): 137.
13. Adelaide Alsop Robineau, editorial, *Keramic Studio* 18, no. 11 (March 1917): 175.
14. 引用自 Amelia Peck and Carol Irish, *Candace Wheeler: The Art and Enterprise of American Design, 1875–1900* (New York: Metropolitan Museum of Art, 2001), 6.
15. 引用自 Virginia Gunn, "The Art Needlework Movement: An Experiment in Self-Help for Middle-Class Women, 1870–1900," *Clothing and Textiles Research Journal* 10, no. 3 (Spring 1992): 54–63; Peck and Irish, *Candace Wheeler*, 26.
16. 引用自 Randy Kennedy, "The Gilded Age Glows Again at the Park Avenue Armory's Veterans Room," *New York Times*, March 6, 2016.
17. Gunn, "The Art Needlework Movement," 58.
18. Gunn, "The Art Needlework Movement," 58; Jeanne Madeline Weimann, *The Fair Women: The Story of the Women's Building at the World's Columbian Exposition* (Chicago: Chicago Reader, 1981).
19. Candace Wheeler, *How to Make Rugs* (New York: Doubleday, 1900).

20. Madeline Yale Wynne, "How to Make Rugs," review, *House Beautiful* 14 (1903): 162.
21. Candace Wheeler, *Principles of Home Decoration* (New York: Doubleday, 1903), 8.
22. 引用自 Mark Alan Hewitt, *Gustav Stickley's Craftsman Farms: The Quest for an Arts and Crafts Utopia* (Syracuse, NY: Syracuse University Press, 2001), 30.
23. A[lgie] M. Simons, "The Economic Foundation of the Arts," *Craftsman* 1 (March 1902): 41.
24. Gustav Stickley, "Thoughts Occasioned by an Anniversary: A Plea for a Democratic Art," *Craftsman* 7, no. 1 (October 1904): 43.
25. Gustav Stickley, "Als Ik Kan," *Craftsman* 11, no. 1 (October 1906): 128.
26. Eileen Boris, *Art and Labor: Ruskin, Morris, and the Craftsman Ideal in America* (Philadelphia: Temple University Press, 1986), 76.
27. 引用自 Barry Sanders, *A Complex Fate: Gustav Stickley and the Craftsman Movement* (New York: John Wiley and Sons, 2006).
28. Raymond Riordan, "A New Idea in State Schools," *The Craftsman*, April 1, 1913.
29. Emily Marshall Orr, "The Craftsman Building: Gustav Stickley's 'Home' in New York City," *Journal of Modern Craft* 10, no. 3 (November 2017): 273-91.
30. 引用自 Eileen Boris, "Dreams of Brotherhood and Beauty: The Social Ideas of the Arts and Crafts Movement," in Wendy Kaplan, ed., *The Art that Is Life: The Arts and Crafts Movement in America, 1875-1920* (Boston: Museum of Fine Arts, 1987), 219.
31. Kaplan, *The Art that Is Life*, page 316.
32. Elbert Hubbard, "A Little Journey to Tuskegee," *Philistine*, July 1904, 44.
33. Edward S. Cooke Jr., "Scandinavian Modern Furniture in the Arts and Crafts Period: The Collaboration of the Greenes and the Halls," *American Furniture* (Chipstone Foundation) (1993).
34. Nancy Green, *Byrdcliffe: An American Arts and Crafts Colony* (Ithaca, NY: Herbert F. Johnson Museum, 2004).
35. Mary Ware Dennett, "The Arts and Crafts: An Outlook," *Handicraft* 2 (April 1903): 5-8; Mary Ware Dennett, "Aesthetics and Ethics," *Handicraft* 1, no. 2 (May 1902): 29-33. 丹尼特出版于1915年的《生活的性别方面》(*The Sex Side of Life*)一书,在今天几乎已经不为人知,但在当时,它是对影响女性的诸多社会问题的一次极其坦率、进步的探索。她继续秉持激进主义的立场,直到20世纪20年代,最终被指控

犯下了猥亵罪。讽刺作家 H. L. 门肯(H. L. Mencken)为她辩护,称批评她的保守派人士是一些"卑鄙小人"。

36. Thorstein Veblen, "Arts and Crafts," in Veblen, *Essays in Our Changing Order* (Piscataway, NJ: Transaction Publishers, 1954).

37. Mary Harris Jones, *Autobiography of Mother Jones* (Chicago: Charles Kerr, 1925); Elliot Gorn, *Mother Jones: The Most Dangerous Woman in America* (New York: Hill and Wang, 2001).

38. Jones, *Autobiography of Mother Jones*.

39. Walter Licht, *Industrializing America: The Nineteenth Century* (Baltimore: Johns Hopkins University Press, 1995), 173.

40. Ileen A. DeVault, *United Apart: Gender and the Rise of Craft Unionism* (Ithaca, NY: Cornell University Press, 2004); Mark Walker, "Aristocracies of Labor: Craft Unionism, Immigration, and Working-Class Households in West Oakland, California," *Historical Archaeology* 42, no. 1 (2008): 108–32.

41. Samuel Gompers, *Seventy Years of Life and Labor* (New York: E. P. Dutton, 1925), 17.

42. Eugene Debs, *The Call*, June 16, 1918.

43. Frederick Winslow Taylor, *Shop Management* (1903), 转载于 Taylor, *Scientific Management* (New York: Harper and Row, 2011), 63. 另请参见 Joshua B. Freeman, *Behemoth: A History of the Factory and the Making of the Modern World* (New York: W. W. Norton, 2018), 90, 107.

44. Jill Lepore, "Not So Fast," *New Yorker*, October 12, 2009.

45. 引用自 Martha Banta, *Taylored Lives: Narrative Productions in the Age of Taylor, Veblen, and Ford* (Chicago: University of Chicago Press, 1993), 118.

46. Harry Braverman, *Labor and Monopoly Capitalism: The Degradation of Work in the Twentieth Century* (New York: Monthly Review Press, 1974), 67.

47. Braverman, *Labor and Monopoly Capitalism*, 318.

48. Julian Street, *Abroad at Home* (New York: The Century Co., 1914), 93.

49. Thorstein Veblen, *The Instinct of Workmanship* (New York: Macmillan, 1914), 270.

50. Henry Ford, *My Life and Work* (New York: Doubleday, Page and Company, 1923), 24.

51. 引用自 David Montgomery, *The Fall of the House of Labor: The Workplace, the State,*

and American Labor Activism, 1865-1925 (Cambridge, UK: Cambridge University Press 1987), 14.

52. Jennifer Gilley and Stephen Burnett, "Deconstructing and Reconstructing Pittsburgh's Man of Steel," *Journal of American Folklore* 111, no. 442 (Autumn 1998): 392-408.

53. Jane Addams, *Twenty Years at Hull-House* (1910; repr., New York: Signet, 1999), 65.

54. Addams, *Twenty Years at Hull-House*, 39.

55. Rick A. Lopez, "Forging a Mexican National Identity in Chicago: Mexican Migrants and Hull-House," in Cheryl R. Ganz and Margaret Strobel, eds., *Pots of Promise: Mexicans and Pottery at Hull-House, 1920-40* (Urbana and Chicago: University of Illinois Press, 2004).

56. Ellen Gates Starr, "Art and Labor," in Starr, *Hull-House Maps and Papers* (Boston: Thomas Y. Crowell and Co., 1895).

57. Nonie Gadsden, *Art and Reform: Sara Galner, the Saturday Evening Girls, and the Paul Revere Pottery* (Boston: Museum of Fine Arts, 2007).

58. 引用自 Kaplan, *The Art that Is Life*, 247.

59. *Amana Visitor's Guide* 2018 (Amana, Iowa: Amana Colonies, 2018); 有关惠而浦公司的雇员对装配工一职的评论, 可查看 Amana, IA, indeed.com.

## 第五章 美式工艺

1. "Literary Clubland: The Cliff Dwellers of Chicago," *Bookman* 28 (1909): 542-48. 这个团体于 1907 年首次聚会, 当时它的名字是阁楼俱乐部(Attic Club), 1909 年, 它正式更名为"悬崖居民"。直到 1984 年, 它才接纳女性加入。另请参见 Judith Barter and Andrew Walker, *Window on the West: Chicago and the Art of the New Frontier 1890-1940* (Chicago: Art Institute of Chicago, 2003).

2. Van Wyck Brooks, "On Creating a Usable Past," *The Dial*, April 11, 1918, 337-41.

3. "Indian Blankets, Baskets, and Bowls," *Craftsman*, February 1, 1910, 588-90; Gustav Stickley, "The Colorado Desert and California," *Craftsman*, June 1, 1904.

4. Charles Eastman (Ohiyesa), *Indian Boyhood* (New York: McClure Phillips, 1902), v.

5. Laura Graves, *Thomas Varker Keam: Indian Trader* (Norman: University of Oklahoma Press, 1998).

6. Zena Pearlstone, "Hopi Doll Look-Alikes: An Extended Definition of Inauthenticity,"

*American Indian Quarterly* 35, no. 4 (Fall 2011): 579-608.

7. 引用自 Robert Fay Schrader, *The Indian Arts and Crafts Board: An Aspect of New Deal Indian Policy* (Albuquerque: University of New Mexico Press, 1983), 4.

8. Edwin L. Wade, *The Arts of the North American Indian: Native Traditions in Evolution* (New York: Hudson Hills Press/Philbrook Art Center, 1986), 180-84; Barbara Kramer, *Nampeyo and Her Pottery* (Albuquerque: University of New Mexico Press, 1996).

9. Otis Mason, *Women's Share in Primitive Culture* (New York: D. Appleton and Company, 1899), 92.

10. Lea McChesney, "Producing Generations in Clay: Kinship, Markets, and Hopi Pottery," *Expedition* 36, no. 1 (1994).

11. Gail Tremblay, "Cultural Survival and Innovation: Native American Aesthetics," in Janet Kardon, ed., *Revivals: Diverse Traditions* (New York: American Craft Museum, 1994).

12. Wade, *The Arts of the North American Indian*, 251.

13. Alice Lee Mariott, *María: The Potter of San Ildefonso* (Norman: University of Oklahoma Press, 1948). 此处的评论引用自 Barbara Babcock, "Mudwomen and Whitemen: A Meditation on Pueblo Potteries and the Politics of Representation," in Katharine Martinez and Kenneth Ames, eds., *The Material Culture of Gender, The Gender of Material Culture* (Winterthur, DE: Winterthur Museum/University Press of New England, 1997).

14. Susan Peterson, *The Living Tradition of Maria Martinez* (Tokyo: Kodansha, 1977), 71, 99.

15. Charles Frederick Harder, "Some Queer Laborers," *Craftsman* 10, no. 6 (September 1906): 752; Henrietta Lidchi, *Surviving Desires: Making and Selling Native Jewellery in the American Southwest* (Norman: University of Oklahoma Press, 2015), 19. 尽管"苗条的银匠"的形象被用来代表纳瓦霍银器的祖源,但他本人其实只是一条手工艺传承链上的接受者而已。有人认为,他是由他的哥哥 Atsidii Sáni("老史密斯")训练出来的,Atsidii 是一位铁匠,他又是跟随一位墨西哥金属工人学来的本事。

16. *Low Country Gullah Culture* (Atlanta, GA: National Park Service, Southeast Regional Office, 2005), 64. 公路的标志是 1997 年设置的。

17. Wilbur Cross, *Gullah Culture in America* (Westport, CT: Prager, 2008).
18. John Michael Vlach, "Keeping on Keeping On: African American Craft During the Era of Revivals," in Kardon, *Revivals*.
19. 引用自 Laura E. Weber, "The House That Bullard Built," *Minnesota History* 59, no. 2 (Summer 2004): 62–71.
20. Andrew Nelson Lytle, "The Hind Tit," in *I'll Take My Stand: The South and the Agrarian Tradition, by Twelve Southerners* (1930; repr., Baton Rouge: Louisiana State University Press, 2006), 234.
21. John Gould Fletcher, "Education, Past and Present," in *I'll Take My Stand*, 121, 93.
22. Frank Lawrence Owlsey, "The Irrepressible Conflict," in *I'll Take My Stand*, 62.
23. Susan V. Donaldson, introduction to *I'll Take My Stand*, xl.
24. Horace Kephart, *Our Southern Highlanders* (New York: Outing Publishing Company, 1913), chap. 1.
25. Frances Goodrich, *Allanstand Cottage Industries* (New York: Woman's Board of Home Missions, 1909), 11.
26. Frances Goodrich, *Mountain Homespun* (New Haven, CT: Yale University Press, 1931).
27. William G. Frost, "Berea College," *Berea Quarterly* 1 (May 1895): 24. See Shannon Wilson, "Lincoln's Sons and Daughters," in Wilson and Kenneth Noe, eds., *The Civil War in Appalachia: Collected Essays* (Knoxville: University of Tennessee Press, 1997).
28. 引用自 Philis Alvic, *Weavers of the Southern Highlands* (Louisville: University of Kentucky Press, 2003), 5.
29. 引用自 Garry Barker, *The Handcraft Revival in Southern Appalachia, 1930–1990* (Knoxville: University of Tennessee Press, 1991), 5.
30. John C. Campbell, *The Southern Highlander and His Homelander* (New York: Russell Sage Foundation, 1921), xxi, 129.
31. David Whisnant, *All That Is Native and Fine: The Politics of Culture in an American Region* (Chapel Hill: University of North Carolina Press, 1983).
32. Lucy Morgan, *A Gift from the Hills* (Chapel Hill: University of North Carolina Press, 1971), chap. 9. 在这次访问之前,摩根曾与沃斯特一道,在芝加哥学习编织技术,他每年都会回到彭兰德手工艺学校教书,直到1949年去世。伍迪是一位技艺娴

熟的编织工、染工,她还通过阿兰斯丹德实业公司出售自己的作品。

33. Allen H. Eaton, "Mountain Handicrafts: What They Mean to Our Home Life and to the Life of Our Country," *Mountain Life and Work*, July 1926.
34. Allen H. Eaton, *Handicrafts of the Southern Highlands* (1937; repr., New York: Dover, 1973), 123.
35. Eaton, *Handicrafts of the Southern Highlands*, 115, 133.
36. Eaton, *Handicrafts of the Southern Highlands*, 21.
37. Henry Chapman Mercer, *The Tools of the Nation-Maker: A Descriptive Catalogue of Objects in the Museum of the Historical Society of Bucks County, Penna.* (Doylestown, PA: Historical Society of Bucks County, 1897), 1.
38. Mercer, *The Tools of the Nation-Maker*, 1, 6, 25.
39. 引用自 Linda F. Dyke, *Henry Chapman Mercer: An Annotated Chronology* (Doylestown, PA: Bucks County Historical Society, 2009), 17.
40. Benjamin H. Barnes, *The Moravian Pottery: Memories of Forty-Six Years* (Doylestown, PA: Bucks County Historical Society, 1970), 7.
41. Steven Conn, "Henry Chapman Mercer and the Search for American History," *Pennsylvania Magazine of History and Biography* 116, no. 3 (July 1992): 330.
42. Clifford Warren Ashley, "The Blubber Hunters, Part 1," *Harper's Weekly*, May 1906.
43. 引用自 Nicole Jeri Williams, "Whalecraft: Clifford Warren Ashley and Whaling Craft Culture in Industrial New Bedford," *Journal of Modern Craft* 11, no. 3 (November 2018).
44. 引用自 C. B. Hosmer Jr., *Preservation Comes of Age: From Williamsburg to the National Trust* (Charlottesville: University of Virginia Press, 1981), 94. 另请参见 Michael Kammen, *Mystic Chords of Memory: The Transformation of Tradition in American Culture* (New York: Alfred A. Knopf, 1991), 353.
45. 引用自 Karen Lucic, "Charles Sheeler and Henry Ford: A Craft Heritage for the Machine Age," *Bulletin of the Detroit Institute of Arts* 65, no. 1 (1989): 42.
46. William Goodwin, "The Restoration of Colonial Williamsburg," *Phi Beta Kappa Key* 7, no. 8 (May 1930): 514–20.
47. Michael Wallace, "Visiting the Past: History Museums in the United States," in Phyllis K. Leffler and Joseph Brent, eds., *Public History Readings* (Malabar, FL: Krieger Publishing, 1992).

48. Thomas Jefferson Wertenbaker, "The Restoring of Colonial Williamsburg," *North Carolina Historical Review* 27, no. 2 (April 1950): 218-32.
49. William De Matteo, *The Silversmith in Eighteenth-Century Williamsburg: An Account of His Life and Times, and of His Craft* (Williamsburg, VA: Colonial Williamsburg, 1956).
50. Mary Scott Rollins, "Furnishings in the Williamsburg Spirit," *Better Homes and Gardens*, September 1937, 30-31, 86-87.
51. Charles Alan Watkins, "The Tea Table's Tale: Authenticity and Colonial Williamsburg's Early Furniture Reproduction Program," *West 86th* 21, no. 2 (Fall/Winter 2014): 155-91.
52. Alfred C. Bossom, "Colonial Williamsburg: How Americans Handle a Restoration," *Journal of the Royal Society of Arts* 90, no. 4621 (September 4, 1942): 634-44.
53. Robert de Forest, "Address on the Opening of the American Wing," *Metropolitan Museum of Art Bulletin* 19, no. 12 (December 1924): 288.
54. Robert de Forest, "The American Wing and the Nation's Business," *American Magazine of Art* 21, no. 9 (September 1930): 537.
55. Thomas Denenberg, *Wallace Nutting and the Invention of Old America* (New Haven, CT: Yale University Press/Wadsworth Atheneum Museum of Art, 2003), 131.
56. 引用自 Gary Gertsle, *American Crucible: Race and Nation in the Twentieth Century* (Princeton, NJ: Princeton University Press, 2001), 51.
57. 引用自 Jeffrey E. Mirel, *Patriotic Pluralism: Americanization, Education and European Immigrants* (Cambridge, MA: Harvard University Press, 2010), 68.
58. Carol Troyen, "The Incomparable Max: Maxim Karolik and the Taste for American Art," *American Art* 7, no. 3 (Summer 1993): 64-87.
59. Albert Sack, *Fine Points of Furniture: Early American* (New York: Crown Publishers, 1950).
60. Erica Lome, "American by Design: Isaac Kaplan's Furniture for the Colonial Revival," *American Furniture* (Chipstone Foundation) (2017).
61. Bruce Hatton Boyer, "Creating the Thorne Rooms," in *Miniature Rooms: The Thorne Rooms at the Art Institute of Chicago* (Chicago: Art Institute of Chicago, 1983), 19.
62. Kate White, "The Pageant Is the Thing: The Contradictions of Women's Clubs and Civic Education During the Americanization Era," *College English* 77, no. 6 (July

2015）: 512-29.
63. Annelise K. Madsen, "Columbia and Her Foot Soldiers: Civic Art and the Demand for Change at the 1913 Suffrage Pageant-Procession," *Winterthur Portfolio* 48, no. 4 (Winter 2014): 283-310.
64. "The Women's Party and the Press," *Suffragist* 7, no. 37 (September 13, 1919): 7.
65. Marc Leepson, *Flag: An American Biography* (New York: Macmillan, 1907).
66. 引用自 Mary Simonson, *Body Knowledge: Performance, Intermediality, and American Entertainment at the Turn of the Twentieth Century* (Oxford: Oxford University Press, 2013), 52.
67. Rose Moss Scott, *Illinois State History: Daughters of the American Revolution* (Danville: Illinois Printing Company, 1929), 152.
68. Ernest Thomson Seton, *The Birch-Bark Roll of the Woodcraft Indians* (New York: Doubleday, Page and Co., 1907).
69. *Scouting for Girls* (New York: Girl Scouts, 1920), 284. 另请参见 Philip Deloria, *Playing Indian* (New Haven, CT: Yale University Press, 1998), 109.
70. 引用自 Ginger Wadsworth, *First Girl Scout: The Life of Juliette Gordon Low* (New York: Clarion Books, 2012), 104.
71. Rebekah E. Revzin, "American Girlhood in the Early Twentieth Century: The Ideology of Girl Scout Literature, 1913-1930," *Library Quarterly* 68, no. 3 (July 1998): 261-75.
72. Juliette Gordon Low, *How Girls Can Help Their Country* (New York: Girl Scouts Inc., 1917), 9-10.
73. 引用自 Wendy A. Cooper, "A Historic Event: The 1929 Girl Scouts Loan Exhibition," *American Art Journal* 12, no. 1 (Winter 1980): 30.

## 第六章　制造战争

1. "美国艺术新视野"展览的新闻标题。Museum of Modern Art, New York, 1936.
2. Russell Vernon Hunter, "Concerning Patrocinio Barela," in Francis V. O'Connor, ed., *Art for the Millions: Essays from the 1930s by Artists and Administrators of the WPA Federal Art Project* (Greenwich, CT: New York Graphic Society, 1973), 96.
3. Stephanie Lewthwaite, *A Contested Art: Modernity and Mestizaje in New Mexico* (Norman: University of Oklahoma Press, 2015); Edward Gonzales and David L. Witt,

Spirit Ascendant: The Art and Life of Patrociño Barela (Santa Fe, NM: Red Crane Books, 1996); Tey Marianna Nunn, Sin Nombre: Hispana and Hispano Artists of the New Deal Era (Albuquerque: University of New Mexico Press, 2001).

4. Lois Palken Rudnick, *Mabel Dodge Luhan: New Woman, New Worlds* (Albuquerque: University of New Mexico Press, 1984), 182.

5. "A Tastemaker and Her Rediscovered Treasures," *Antiques*, April 17, 2017; Lois Palken Rudnick, *Utopian Vistas: The Mabel Dodge Luhan House and the American Counterculture* (Albuquerque: University of New Mexico Press, 1996).

6. Mary Austin, *The Basket Woman: A Book of Indian Tales for Children* (Boston: Houghton Mifflin, 1904), 47.

7. 引用自 Rudnick, *Mabel Dodge Luhan*, 180.

8. Mary Austin, *Everyman's Genius* (Indianapolis, IN: Bobbs-Merrill, 1923), 12, 23.

9. Stuart Chase, *Mexico: A Study of Two Americas* (New York: Macmillan, 1931). 另请参见 Wendy Kaplan, *Found in Translation: Design in California and Mexico, 1915–1985* (Los Angeles: Los Angeles County Museum of Art/Prestel, 2018).

10. "重要的形式"(*significant form*)一词是由克莱夫·贝尔(Clive Bell)创造的,而后又由罗杰·弗莱(Roger Fry)加以发展,他们都是布卢姆斯伯里文化圈(Bloomsbury Group)的成员。参见 Bell, *Art* (New York: Frederick A. Stokes, 1914); and Christopher Reed, ed., *A Roger Fry Reader* (Chicago: University of Chicago Press, 1996). 另请参见 Glenn Adamson, Martina Droth, and Simon Olding, eds., *Things of Beauty Growing: British Studio Pottery* (New Haven, CT: Yale University Press, 2017); and Kim Brandt, *Kingdom of Beauty: Mingei and the Politics of Folk Art in Imperial Japan* (Chapel Hill, NC: Duke University Press, 2007).

11. 引用自 Wendy Jeffers, "Holger Cahill and American Art," *Archives of American Art Journal* 31, no. 4 (1991): 5.

12. John Cotton Dana, "The Gloom of the Museum," *Newarker* 2, no. 12 (October 1913): 392.

13. Ezra Shales, *Made in Newark: Cultivating Industrial Arts and Civic Identity in the Progressive Era* (New Brunswick, NJ: Rivergate/Rutgers University Press, 2010), 181; Ezra Shales, "Mass Production as an Academic Imaginary," *Journal of Modern Craft* 6, no. 3 (November 2013): 267–74.

14. Holger Cahill, introduction to *New Horizons in American Art* (New York: Museum of

Modern Art, 1936), 19.

15. Dana, "The Gloom of the Museum," 399.
16. Alfred H. Barr Jr. , letter to the editor, *College Art Journal* 10, no. 11 (Autumn 1950): 57.
17. Gordon Mackintosh Smith, 引用自 Stephen Bowe and Peter Richmond, *Selling Shaker: The Commodification of Shaker Design in the Twentieth Century* (Liverpool: Liverpool University Press, 2007), 11.
18. Cahill, introduction to *New Horizons in American Art*, 24. 这些水彩画现在收藏于美国国家艺术馆。参见 Virginia Tuttle Clayton, ed. , *Drawing on America's Past: Folk Art, Modernism, and the Index of American Design* (Washington, D. C. : National Gallery of Art, 2002).
19. Holger Cahill, *The Shadow of My Hand* (New York: Harcourt, Brace and Company, 1956), 48.
20. 这座机场从未成为现实, 因为珍珠港遭到袭击以后, 金银岛变成了一座军事基地。
21. Paul Conant, "The Golden Gate Exposition," *ALA Bulletin* 33, no. 3 (March 1939): 190; Robert W. Rydell, *World of Fairs: The Century-of-Progress Expositions* (Chicago: University of Chicago Press, 1993), 130.
22. 华莱士的崭露头角颇具讽刺意味。他虽然是一位受过传统训练的雕刻师, 但已经信仰了基督教, 在政府的资助促使他重返艺术之前, 他实际上曾经参与过在阿拉斯加摧毁图腾柱的活动。Alison K. Hoagland, "Totem Poles and Plank Houses: Reconstructing Native Culture in Southeast Alaska," *Perspectives in Vernacular Architecture* 6 (1997): 181.
23. Robert Fay Schrader, *The Indian Arts and Crafts Board: An Aspect of New Deal Indian Policy* (Albuquerque: University of New Mexico Press, 1983), 190.
24. D'Harnoncourt, paraphrased in Kathleen McLaughlin, "Coast Fair Draws More Than Chicago," *New York Times*, February 22, 1939.
25. 引用自 Emily Navratil, "Native American Chic: The Marketing of Native Americans in New York Between the World Wars," doctoral diss. , City University of New York, 2015, 192.
26. *Official Guide Book, Golden Gate International Exposition* (1939), 57, 62.
27. Alexa Winton, "Color and Personality: Dorothy Liebes and American Design," *Archives of American Art Journal* 48, no. 1-2 (Spring 2009): 4-17.

28. Dorothy Liebes, "Weaving Materials, Old and New," *Craft Horizons* 2, no. 1（May 1942）: 5.
29. Dorothy Liebes, "Tomorrow's Weaving," *Woman's Day*, April 1944, 32.
30. Maurice Sterne, "Workshops," in *Official Catalogue: Golden Gate Exposition*（San Francisco: Golden Gate International Exposition, 1939）, 23.
31. Alexa Winton, "None of Us Is Sentimental About the Hand: Dorothy Liebes, Handweaving, and Design for Industry," *Journal of Modern Craft* 4, no. 3（November 2011）: 251-68. 另请参见 Virginia G. Troy, "Textiles as the Face of Modernity: Artistry and Industry in Mid-Century America," *Textile History* 50, no. 1（2019）: 23-40.
32. Navratil, "Native American Chic," 213.
33. René d'Harnoncourt and Frederic H. Douglas, *Indian Art of the United States*（New York: Museum of Modern Art, 1941）, 8, 9, 197.
34. *Fred Kabotie, Hopi Indian Artist*（Flagstaff: Museum of Northern Arizona, 1977）, 71; 引用自 Navratil, "Native American Chic," 228.
35. 感谢历史学家安雅·蒙蒂埃尔（Anya Montiel）与我们分享了她对印第安庭院的研究。
36. 引用自 *Booming Out: Mohawk Ironworkers Build New York*（Washington, D. C.: National Museum of the American Indian, 2002）.
37. Oliver La Farge, "The Indian as Artist," *New York Times*, January 26, 1941.
38. "The Museum of Modern Art Appoints René d'Harnoncourt Director of a New Department," press release, 1944.
39. Eliot Noyes, *Organic Design in Home Furnishings*（New York: Museum of Modern Art, 1941）, 4, 5.
40. James C. Kimble and Lester C. Olson, "Visual Rhetoric Representing Rosie the Riveter," *Rhetoric and Public Affairs* 9, no. 4（Winter 2006）: 533-69.
41. The original painting, now in the Crystal Bridges Museum of American Art, Bentonville, Arkansas, was at one time owned by the Chicago Pneumatic Tool Company and displayed in its New York offices next to examples of the riveting gun shown in the image. 原画作现藏于阿肯色州本顿维尔（Bentonville）的水晶桥美国艺术博物馆（Crystal Bridges Museum of American Art），曾为芝加哥气动工具公司（Chicago Pneumatic Tool Company）所有，陈列在该公司的纽约办公室内，旁边就是画中所示的气动铆枪的

样品。
42. Sherna Gluck, *Rosie the Riveter Revisited* (Boston: Twayne Publishers, 1987), 12.
43. Maureen Honey, *Creating Rosie the Riveter* (Amherst: University of Massachusetts Press, 1985), 128, 129; Winifred Raushenbush, *How to Dress in Wartime* (New York: Coward-McCann, 1942), xi.
44. Kazuhiro Mishina, "Learning by New Experiences: Revisiting the Flying Fortress Learning Curve," in Naomi Lamoreaux, Daniel M. G. Raff, and Peter Temin, eds., *Learning by Doing in Markets, Firms, and Countries* (Chicago: University of Chicago Press, 1999), 168.
45. Lola Weixel, interviewed in *The Life and Times of Rosie the Riveter*, dir. Connie Field (1980).
46. 引用自 Gluck, *Rosie the Riveter Revisited*, 22-49.
47. Philip W. Nyden, "Evolution of Black Political Influence in American Trade Unions," *Journal of Black Studies* 13, no. 4 (June 1983): 385; Robert J. Norell, "Caste in Steel: Jim Crow Careers in Birmingham, Alabama," *Journal of American History* 73, no. 3 (December 1986): 669-94.
48. Josh Sides, "Battle on the Home Front: African American Shipyard Workers in World War II Los Angeles," *California History* 75, no. 3 (Fall 1996): 251.
49. Elizabeth McDougal, "Negro Youth Plans Its Future," *Journal of Negro Education* 10, no. 2 (April 1941): 223-29.
50. *American Negro Exposition, 1863-1940: Official Program and Guide Book* (Chicago, 1940).
51. 引用自 Margalit Fox, obituary for Ruth Clement Bond, *New York Times*, November 13, 2005.
52. April Kingsley, "Ruth Clement Bond and the TVA Quilts," in Kardon, *Revivals*; Angelik Vizcarrondo-Laboy, "Fabric of Change: The Quilt Art of Ruth Clement Bond," in *Views* (New York: Museum of Arts and Design, 2017).
53. Philip Scranton and Walter Licht, *Work Sights: Industrial Philadelphia, 1850-1950* (Philadelphia: Temple University Press, 1986), 244.
54. Robert C. Weaver, "The Employment of the Negro in War Industries," *Journal of Negro Education* 12, no. 3 (Summer 1943): 386-96.
55. 引用自 Rawn James Jr., *Double V: How Wars, Protest and Harry Truman Desegregated*

America's Military (New York: Bloomsbury, 2013), 148–49.
56. Philip Scranton and Walter Licht, *Work Sights: Industrial Philadelphia, 1850–1950* (Philadelphia: Temple University Press, 1986).
57. Robert C. Weaver, "Negro Employment in the Aircraft Industry," *Quarterly Journal of Economics* 59, no. 4 (August 1945): 623.
58. 引用自 Sides, "Battle on the Home Front," 263.
59. Quintard Taylor, "The Great Migration: The Afro-American Communities of Seattle and Portland During the 1940s," *Arizona and the West* 23, no. 2 (Summer 1981): 109–26.
60. Maya Angelou, *I Know Why the Caged Bird Sings* (New York: Random House, 1969), chap. 27.
61. Allen H. Eaton, *Handicrafts of New England* (New York: Harper and Brothers, 1949).
62. Allen H. Eaton, *Beauty Behind Barbed Wire* (New York: Harper and Brothers, 1952).
63. Eaton, *Beauty Behind Barbed Wire*. 另请参见 Delphine Hirasuna, *The Art of Gaman: Arts and Crafts from the Japanese American Internment Camps, 1942–46* (Berkeley, CA: Ten Speed Press, 2005).
64. 引用自 Robert J. Maeda, "Isamu Noguchi: 5-7-A, Poston, Arizona," in Erica Harth, ed., *Last Witnesses: Reflections on the Wartime Internment of Japanese Americans* (New York: Palgrave MacMillan, 2003), 154, 158.
65. Isamu Noguchi, "I Become a Nisei," unpublished manuscript, 1942.
66. Oral history interview with Mira Nakashima, March 11, 2010, Archives of American Art, Smithsonian Institution, Washington, D. C.; "Gentaro Kenneth Hikogawa," *Densho Encyclopedia* (online resource).
67. 引用自 Jane E. Dusselier, *Artifacts of Loss: Crafting Survival in Japanese American Concentration Camps* (New Brunswick, NJ: Rutgers University Press, 2008).
68. Richard Rhodes, *The Making of the Atomic Bomb* (New York: Simon and Schuster, 1986).
69. Maj. Nathaniel Saltonstall, "Why Crafts in the Army," *Craft Horizons* 4, no. 11 (November 1945): 8.
70. "Do It Yourself!," *Good Housekeeping* 116, no. 4 (April 1943): 116.
71. "Craftsmen and the War," *Craft Horizons* 2, no. 2 (May 1943): 12.

72. 参见新闻稿 *Occupational Therapy: Its Function and Purpose*, Museum of Modern Art, New York, 1943.

73. "Vanderbilt Webb Weds Miss Osborn," *New York Times*, September 12, 1942.

74. Aileen Osborn Webb, *Almost a Century: Memoirs of Aileen Osborn Webb*, typescript c. 1977 (Archives of American Art, Smithsonian Institution, Washington, D. C., and Archives of American Craft Council, Minneapolis), 73. 参见 Ellen Paul Denker, "Aileen Osborn Webb and the Origins of Craft's Infrastructure," *Journal of Modern Craft* 6, no. 1 (March 2013): 11-34.

75. "Do You Know Our Name?," [*Craft Horizons*] 1, no. 1 (1941): 4.

76. Holger Cahill, "Unity," [*Craft Horizons*] 1, no. 1 (1941): 25.

77. 引用自 Suzanne Mettler, *Soldiers to Citizens: The G. I. Bill and the Making of the Greatest Generation* (Oxford: Oxford University Press, 2005), 7.

78. Mettler, *Soldiers to Citizens*, 11.

79. Ira Katznelson, *When Affirmative Action Was White* (New York: W. W. Norton, 2006).

80. 参见 Jennifer Scanlan and Ezra Shales, "Pathmakers: Women in Art, Craft and Design, Mid-Century and Today," special issue, *Journal of Modern Craft* 8, no. 2 (July 2015).

81. *Textiles U. S. A.* (New York: Museum of Modern Art, 1956), 4, 6.

82. Dorothy Giles, "The Craftsman in America," in *Designer Craftsmen U. S. A.* (Brooklyn, NY: Brooklyn Museum and the American Craftsmen's Educational Council, 1953), 13.

83. Ed Rossbach, oral history interview (Berkeley: Bancroft Library, University of California at Berkeley, 1983), 57.

84. Arthur Hald, "Half Truths About American Design," *Design Quarterly* 29 (1954): 5-6.

## 第七章　独立宣言

1. 引用自 Oren Arnold and Eleanor Gianelli, "Their Hobbies Built a Home," *Better Homes and Gardens*, February 1950, 41-42, 142-45. 威尔伯·霍夫日后成为成功的精神病学家，另外有记录显示，艾达·露西尔曾是当地一所高中的毕业演讲者，她的演讲主题是"世界尚未完成"（"The World Is Unfinished"）。

2. Albert Roland, "Do-It-Yourself: A Walden for the Millions?," *American Quarterly* 10, no. 2 (Summer 1958): 154.
3. Amy Bix, "Creating 'Chicks Who Fix': Women, Tool Knowledge, and Home Repair, 1920-2007," *Women's Studies Quarterly* 37, no. 1-2 (Spring/Summer 2009): 38-60; Carolyn Goldstein, *Do It Yourself: Home Improvement in 20th Century America* (New York: Princeton Architectural Press, 1998).
4. "The Home that Millions Want: The Popular Mechanics Build-It-Yourself House," *Popular Mechanics*, April 1947, 105-11.
5. Stephen Knott, *Amateur Craft: History and Theory* (London: Bloomsbury, 2015).
6. Richard Harris, *Building a Market: The Rise of the Home Improvement Industry, 1914-1960* (Chicago: University of Chicago Press, 2012), 319, 321, 326.
7. Roland, "Do-It-Yourself: A Walden for the Millions," 155; Sarah A. Lichtman, "Do-It-Yourself Security: Safety, Gender, and the Home Fallout Shelter in Cold War America," *Journal of Design History* 19, no. 1 (Spring 2006): 39-55.
8. Oliver J. Curtis, "Nominal Versus Actual: A History of the 2x4," *Harvard Design Magazine* 45 (Spring/Summer 2018).
9. Ronald E. Spreng, "They Didn't Just Grow There: Building Water Towers in the Postwar Era," *Minnesota History* 53, no. 4 (Winter 1992): 130-41.
10. Lee Loevinger, "Handicraft and Handcuffs: The Anatomy of an Industry," *Law and Contemporary Problems* 12, no. 1 (Winter 1947): 49.
11. Margaret Mead, "The Pattern of Leisure in Contemporary American Culture," *Annals of the American Academy of Political and Social Science* 313 (September 1957): 11-15. 另请参见 Margaret Mead, "Work, Leisure, and Creativity," *Daedalus* 89, no. 1 (Winter 1960): 13-23.
12. Patrick D. Hazard, "Leisure for What?" *Clearing House* 32, no. 9 (May 1958): 565.
13. Theodor W. Adorno, "Free Time," in *The Culture Industry* (New York: Routledge Classics, 2001).
14. David Riesman, with Nathan Glazer and Reuel Denney, *The Lonely Crowd: A Study of the Changing American Character* (New Haven, CT: Yale University Press, 1950).
15. Edward Throm, ed., *Fifty Years of Popular Mechanics, 1902-1952* (New York: Simon and Schuster, 1952).
16. Donald P. Costello, "The Language of 'The Catcher in the Rye,'" *American Speech*

34, no. 3 (October 1959): 173.

17. June Diemer, "Good Buy, Mr. Chips?," *High School Journal* 42, no. 2 (November 1958): 46.

18. H. H. Remmers and D. H. Radler, "Teenage Attitudes," *Scientific American* 198, no. 6 (June 1958): 25, 26.

19. Kelly Schrum, *Some Wore Bobby Sox: The Emergence of Teenage Girls' Culture, 1920-1945* (New York: Palgrave Macmillan, 2004).

20. 引用自 Eileen Margerum, "The Sewing Needle as Magic Wand: Selling Sewing Lessons to American Girls After the Second World War," in Barbara Burman, ed., *The Culture of Sewing: Gender, Consumption and Home Dressmaking* (Oxford: Berg Publishers, 1999).

21. Meyer Berger, "Zoot Suit Originated in Georgia," *New York Times*, June 11, 1943.

22. Stuart Cosgrove, "The Zoot Suit and Style Warfare," in Angela McRobbie, ed., *Zoot Suits and Second-Hand Dresses* (London: Macmillan, 1989).

23. "Girl Who Couldn't Sew Booms Into Business with Circle Skirt," *Toledo Blade*, February 23, 1953, 26.

24. "How to dress as if money were no object," *Ebony*, ad copy, December 1959, 158.

25. Jennifer Le Zotte, *From Goodwill to Grunge Book: A History of Secondhand Styles and Alternative Economies* (Durham: University of North Carolina Press, 2017), 134.

26. Ronald Green, *Innovation, Imitation, and Resisting Manipulation: The First Twenty Years of American Teenagers, 1941-1961* (PhD diss., University of Oklahoma, 1988), 162-63.

27. 引用自 Gene Balsley, "The Hot-Rod Culture," *American Quarterly* 2, no. 4 (Winter 1950): 356.

28. H. F. Moorhouse, *Driving Ambition: Social Analysis of the American Hot Rod Enthusiasm* (Manchester, UK: Manchester University Press, 1991), 38.

29. David N. Lucsko, *The Business of Speed: The Hot Rod Industry in America, 1915-1990* (Baltimore: Johns Hopkins University Press, 2008). 涡轮增压器向发动机喷射压缩空气,以提升发动机的工作效率和动力。

30. Thomas K. Wolfe, "There Goes (Varoom! Varoom!) That Kandy Kolored (Thphhhhh!) Tangerine-Flake Streamline Baby (Rahghhh!) Around the Bend (Brummmmmmmmmmmmmm...)," *Esquire*, November 1, 1963.

31. William White, "Problems of a Hot-Rod Lexicographer," *American Speech* 30, no. 3 (October 1955): 239.
32. 引用自 Janicemarie Allard Holtz, "The Low-Riders: Portrait of an Urban Youth Subculture," *Youth and Society* (June 1, 1975): 497.
33. David William Foster, *Picturing the Barrio* (Pittsburgh, PA: University of Pittsburgh Press, 2017), 117.
34. Eric Avila, *The Folklore of the Freeway: Race and Revolt in the Modernist City*, (Minneapolis: University of Minnesota Press, 2014).
35. 参见 Janet Koplos and Bruce Metcalf, *Makers: A History of the Studio Craft Movement* (Chapel Hill: University of North Carolina Press, 2010).
36. Jade Snow Wong, *Fifth Chinese Daughter* (1945; repr., Seattle: University of Washington Press, 1989), 582.
37. 引用自 Barry Harwood, *From the Village to Vogue: The Modernist Jewelry of Art Smith* (Brooklyn, NY: Brooklyn Museum, 2008), 5.
38. 引用自 Jayne Linderman, "Loloma: Stone, Bone, Silver, and Gold," *Craft Horizons* 34, no. 1 (February 1974): 24.
39. Marguerite Wildenhain, "The Socio-Economic Outlook," *Asilomar Conference Proceedings* (American Craftsmen's Council, Asilomar, CA) (1957): 18.
40. Rose Slivka, "The New Ceramic Presence," *Craft Horizons* 21, no. 4 (July/August 1961): 31-37.
41. Barbara Rose, "Crafts Ain't What They Used to Be," *New York Magazine*, June 19, 1972, 72-73.
42. Lee Nordness and Margaret Phillips, performance lecture, 1971, Lee Nordness Papers, Archives of American Art, Smithsonian Institution.
43. Louise Bourgeois, "The Fabric of Construction," *Craft Horizons* 29, no. 2 (March/April 1969): 32. 另请参见 Elissa Auther, *String, Felt, Thread: The Hierarchy of Art and Craft in American Art* (Minneapolis: University of Minnesota Press, 2009).
44. F. Carlton Ball, "The Socio-Economic Outlook" *Asilomar Conference Proceedings*, 14.
45. Aileen Osborn Webb, "Craftsmen Today," *Asilomar Conference Proceedings*, 5.
46. "The Relation of the Past to the Demands of the Present" panel discussion, *World Craft Council Proceedings* World Crafts Council, New York, 1964); 转载于 Glenn Adamson, ed., *The Craft Reader* (Oxford: Berg, 2010), 203.

47. Rosa Parks, *My Story* (New York: Dial Books, 1992).
48. 引用自 Donnie Williams and Wayne Greenhaw, *The Thunder of Angels: The Montgomery Bus Boycott and the People Who Broke the Back of Jim Crow* (Chicago: Chicago Review Press, 2005), 48.
49. 引用自 Kenneth Torquil MacLean, "Origins of the Southern Civil Rights Movement: Myles Horton and the Highlander Folk School," *Phi Beta Kappan* 47, no. 9 (May 1966): 487.
50. Martin Luther King Jr., "A Look to the Future," 1957, in *Papers of Martin Luther King, Jr.*, vol. 4 (Berkeley: University of California Press, 2000).
51. James B. Jacobs and Ellen Peters, "Labor Racketeering: The Mafia and the Unions," *Crime and Justice* 30 (2003): 229–82.
52. Barbara S. Griffith, *The Crisis of American Labor: Operation Dixie and the Defeat of the CIO* (Philadelphia: Temple University Press, 1988).
53. Michelle Haberland, *Striking Beauties: Women Apparel Workers in the U. S. South, 1930–2000* (Athens: University of Georgia Press, 2015).
54. 引用自 Jack Barbash, "Union Interests in Apprenticeship and Other Training Forms," *Journal of Human Resources* 3, no. 1 (Winter 1968): 82, 84.
55. James Baldwin, "Interview on Race in America," *Esquire*, July 1968.
56. 引用自 Philip W. Nyden, "Evolution of Black Political Influence in American Trade Unions," *Journal of Black Studies* 13, no. 4 (June 1983): 379–98.
57. Aldo A. Lauria-Santiago, "Puerto Rican Workers and the Struggle for Decent Lives in New York City," in Joshua Freeman, ed., *City of Workers, City of Struggle* (New York: Columbia University Press, 2019).
58. 引用自 Nancy Callahan, *The Freedom Quilting Bee: Folk Art and the Civil Rights Movement* (Tuscaloosa: University of Alabama Press, 2005).
59. Rita Reif, "The Freedom Quilting Bee: A Cooperative Step Out of Poverty," *New York Times*, July 9, 1968, 34.
60. 引用自 William Arnett et al., *Gee's Bend: The Women and Their Quilts* (Atlanta, GA: Tinwood Books, 2003), 366. 另请参见 Anna Chave, "Dis/Cover/Ing the Quilt's of Gee's Bend, Alabama," *Journal of Modern Craft* 1, no. 2 (July 2008): 221–53.
61. Paul Fryman, *Black and Blue: African Americans, the Labor Movement, and the Decline*

of the Democratic Party (Princeton, NJ: Princeton University Press, 2008), 1, 5.

62. John P. Hoerr, *And the Wolf Finally Came: The Decline of the American Steel Industry* (Pittsburgh, PA: University of Pittsburgh Press, 1988).

63. Jack Barbash, "Union Interests in Apprenticeship and Other Training Forms," *Journal of Human Resources* 3, no. 1 (Winter, 1968): 73.

64. Joshua B. Freeman, "Hard Hats: Construction Workers, Manliness, and the 1970 Pro-war Demonstrations," *Journal of Social History* 26 (1993): 725–45; Julia Bryan Wilson, *Art Workers: Radical Practice in the Vietnam War Era* (Berkeley: University of California Press, 2009), 111; Woden Teachout, *Capture the Flag: A Political History of American Patriotism* (New York: Basic Books, 2009), 195–96.

65. Rachel Carson, *Silent Spring* (Boston: Houghton Mifflin, 1962).

66. Edith Fowke and Joe Glazer, *Songs of Work and Protest* (New York: Dover Publications, 1973). 这本书是 1960 年出版的《工作与自由之歌》(*Songs of Work and Freedom*) 一书的再版。

67. Art Boericke and Barry Shapiro, *Handmade Houses: A Guide to the Woodbutcher's Art* (San Francisco: Scrimshaw Press, 1973).

68. Peter Rabbit [Peter Douthit], *Drop City* (New York: Olympia Press, 1971), 20.

69. Lloyd Kahn, *Domebook One* (Los Gatos, CA: Pacific Domes, 1970), 15.

70. Amy Azzarito, "Libre, Colorado, and the Hand-Built Home," in Elissa Auther and Adam Lerner, eds., *West of Center: Art and the Countercultural Experiment in America, 1965–1977* (Minneapolis: University of Minnesota Press, 2012), 99.

71. Robert M. Pirsig, *Zen and the Art of Motorcycle Maintenance* (New York: Bantam, 1974); John Jerome, *Truck: On Rebuilding a Pickup, and Other Post-Technological Adventures* (Boston: Houghton Mifflin, 1977), 1.

72. 这段话出自彼得·舒曼笔下,引用自面包和木偶剧院的官方网站。另请参见 John Bell, "The End of 'Our Domestic Resurrection Circus': Bread and Puppet Theater and Counterculture Performance in the 1990s," *The Drama Review* 43, no. 3 (Autumn 1999): 62–80.

73. Judson Jerome, *Families of Eden: Communes and the New Anarchism* (New York: Seabury Press, 1974).

74. Paul H. Wild, "Flower Power: A Student's Guide to Pre-Hippie Transcendentalism," *English Journal* 58, no. 1 (January 1969): 62. 怀尔德(Wild)还写道:"梭罗就像嬉

皮士一样，懂得如何让自己意乱神迷，只有在梭罗那里，才可以只借助纯净的空气便心生陶醉。"

75. Jared M. Phillips, "Hipbillies and Hillbillies: Back-to-the-Landers in the Arkansas Ozarks during the 1970s," *Arkansas Historical Quarterly* 75, no. 2（Summer 2016）: 91.

76. Eliot Wigginton, ed., *The Foxfire Book*（Garden City, NY: Doubleday, 1972）, 12.

77. Pamela Wood, ed., *The Salt Book*（Garden City, NY: Doubleday, 1977）, ix.

78. 引用自 Glenn Adamson, "Seeker," in Karen Patterson, ed., *Lenore Tawney: Mirror of the Universe*（Sheboygan, WI: John Michael Kohler Art Center/University of Chicago Press, 2019）.

79. Alexandra Jacopetti, *Native Funk and Flash: An Emerging Folk Art*（San Francisco, CA: Scrimshaw Press, 1974）, 12.

80. M. C. Richards, *Centering in Pottery, Poetry and the Person*（Wesleyan, CT: Wesleyan University Press, 1962）, 15. 另请参见 Jenni Sorkin, *Live Form: Women, Ceramics, and Community*（Chicago: University of Chicago Press, 2016）.

81. Ram Dass [Richard Alpert], *Be Here Now*（San Cristobal, NM: Lama Foundation, 1971）, 5, 54.

82. Jacopetti, *Native Funk and Flash*, 5; Julia Bryan Wilson, *Fray: Art and Textile Politics*（Chicago: University of Chicago Press, 2017）, 54.

83. Sherry L. Smith, *Hippies, Indians, and the Fight for Red Power*（Oxford: Oxford University Press, 2012）, 5, 143. 另请参见 Philip Deloria, *Playing Indian*（New Haven, CT: Yale University Press, 1998）.

84. 引用自 Fred Turner, *From Counterculture to Cyberculture: Stewart Brand, the Whole Earth Network, and the Rise of Digital Utopianism*（Chicago: University of Chicago Press, 2006）, 59.

85. Tom Wolfe, *The Electric Kool-Aid Acid Test*（New York: Farrar, Straus and Giroux, 1968）, 4.

86. "A Sculptor's Manual," *Whole Earth Catalog*, Fall 1968, 30. 另请参见 Andrew Kirk, *Counterculture Green: The Whole Earth Catalog and American Environmentalism*（Lawrence: University Press of Kansas, 2007）; and Caroline Maniaque-Benton, ed., *Whole Earth Field Guide*（Cambridge, MA: MIT Press, 2016）.

87. Turner, *From Counterculture to Cyberculture*.

88. Simon Sadler,"Design's Ecological Operating Environments," in Kjetil Fallan, ed., *The Culture of Nature in the History of Design* (London: Routledge, 2019), 20.
89. *Whole Earth Catalog: Production in the Desert* (1971), cover. 这句口号出自《全球目录》的编辑弗雷德·理查德森(Fred Richardson)之手。
90. *The Last Whole Earth Catalog* (1972), 14.

## 第八章　剪切加粘贴

1. Georgina Garcia interviewed by Judy Silberstein, *Heresies* 1, no. 4 (Winter 1977/78): 73.
2. Howardena Pindell, "Afro-Carolinian Gullah Basket Making," *Heresies* 1, no. 4 (Winter 1977/78): 22.
3. Melissa Meyer and Miriam Schapiro, "Waste Not/Want Not: Femmage," *Heresies* 1, no. 4 (Winter 1977/78): 66-69. 这个词是"女性"(*feminine*)、"敬意"(*homage*)、"拼贴"(*collage*)三者的合成词。
4. Madeleine Burnside, "Weaving," *Heresies* 1, no. 4 (Winter 1977/78): 27.
5. Lucy Lippard, "Making Something from Nothing," *Heresies* 1, no. 4 (Winter 1977/78): 64.
6. Amelia Jones, *Sexual Politics: Judy Chicago's Dinner Party in Feminist Art History* (Los Angeles: Armand Hammer Museum of Art/University of California Press, 1996).
7. Anna Katz, ed., *With Pleasure: Pattern and Decoration in American Art, 1972-1985* (Los Angeles: Museum of Contemporary Art/Yale University Press, 2019).
8. Joyce Kozloff, "Thoughts on My Art," in *Name Book 1* (Chicago: N.A.M.E. Gallery, 1977), 68.
9. Smucker, *Amish Quilts*, 105-12.
10. 为了制作它们,林戈尔德(Ringgold)首先与她的母亲合作,她的母亲是一位白手起家的女装设计师,年轻时还曾是国际女装工人工会的劳工活动家。Melanee Harvey, "Faith Ringgold, Who I Am and Why," *International Review of African American Art* (2013), online resource.
11. Elaine Hedges, "Quilts and Women's Culture," *Radical Teacher* 4 (March 1977): 7-10; Melody Graulich and Mara Witzling, "The Freedom to Say What She Pleases: A Conversation with Faith Ringgold," *NWSA Journal* (National Women's Studies Association) 6, no. 1 (Spring 1994): 14. 另请参见 Patricia Mainardi, *Quilts, the*

Great American Art（San Pedro, CA: Miles and Weir, 1978）。

12. 参见对鲁比·内尔·赛尔斯的口述历史采访,由约瑟夫·莫斯尼尔(Joseph Mosnier)在佐治亚州的亚特兰大进行。April 25, 2011, Civil Rights History Project, Library of Congress, Washington, D. C. 关于反主流文化中的女性,参见 Gretchen Lemke-Santangelo, *Daughters of Aquarius: Women of the Sixties Counterculture* (Lawrence: University of Kansas Press, 2009)。

13. Cindy Decker, 引用自 Rebecca E. Klatch, "The Formation of Feminist Consciousness Among Left-and Right-Wing Activists of the 1960s," *Gender and Society* 15, no. 6 (December 2001): 798. 另请参见 Robin Morgan's essay "Goodbye to All That," 首次出版于 1970 年, 而后被广泛转载。

14. Patricia Mainardi, "The Politics of Housework," in *Sisterhood Is Powerful: An Anthology of Writings from the Women's Liberation Movement* (New York: Random House, 1970)。

15. Pat Sweeney, "Wages for Housework: The Strategy for Women's Liberation," *Heresies* 1 (1977): 4.

16. Dorothy Sue Cobble, "A Spontaneous Loss of Enthusiasm: Workplace Feminism and the Transformation of Women's Service Jobs in the 1970s," *International Labor and Working-Class History* 56 (Fall 1999): 23–44.

17. Studs Terkel, *Working* (New York: Pantheon Books, 1974), xiv, 222, 717.

18. 引用自 Hoerr, *And the Wolf Finally Came*. 另请参见 Ruth Milkman, *Farewell to the Factory: Auto Workers in the Late Twentieth Century* (Berkeley: University of California Press, 2008)。

19. Barry Bluestone and Bennett Harrison, *The Deindustrialization of America: Plant Closings, Community Abandonment, and the Dismantling of Basic Industry* (New York: Basic Books, 1982). 另请参见 Joshua B. Freeman, *Behemoth: A History of the Factory and the Making of the Modern World* (New York: W. W. Norton, 2018)。

20. R. Buckminster Fuller, "Accommodating Human Unsettlement," *Town Planning Review* 49, no. 1 (January 1978): 53.

21. Jack Metzgar, *Striking Steel: Solidarity Remembered* (Philadelphia: Temple University Press, 2011), 119.

22. Irwin M. Marcus, "The Deindustrialization of America: Homestead, a Case Study," *Pennsylvania History* 52, no. 3 (July 1985): 173.

23. Barry Bluestone, "Deindustrialization and Unemployment," *Review of Black Political Economy* 12, no. 3 (March 1983): 27.
24. 引用自 Jefferson Cowie and Joseph Heathcott, eds., *Beyond the Ruins: The Meanings of Deindustrialization* (Ithaca, NY: Industrial Labor Relations Press, 2003), 2.
25. Steven High, "Beyond Aesthetics: Visibility and Invisibility in the Aftermath of Deindustrialization," *International Labor and Working-Class History* 84 (Fall 2013): 140-53.
26. Mike Wallace, "Industrial Museums and the History of Deindustrialization," *Public Historian* 9, no. 1 (Winter 1987): 9-19.
27. Ezra Shales, *The Shape of Craft* (London: Reaktion, 2017), 74.
28. Tom Wolfe, *Bonfire of the Vanities* (New York: Farrar, Straus and Giroux, 1987), 58.
29. Garth Clark, "Voulkos's Dilemma: Toward a Ceramic Canon," in John Pagliaro, ed., *Shards: Garth Clark on Ceramic Art* (New York: D.A.P./Ceramic Arts Foundation, 2003).
30. Edward S. Cooke Jr., "Wood in the 1980s: Expansion or Commodification?," in Davira Taragin et al., *Contemporary Crafts and the Saxe Collection* (New York: Hudson Hills, 1993), 148-61.
31. 引用自 Tina Oldknow, *Pilchuck: A Glass School* (Seattle: Pilchuck Glass School/University of Washington Press, 1996), 105.
32. Janet Koplos and Bruce Metcalf, *Makers: A History of the Studio Craft Movement* (Chapel Hill: University of North Carolina Press, 2010), 411.
33. David Green with Dean Merrill, *More than a Hobby* (Nashville: Nelson Business, 1995), 5, 7, 13.
34. Green and Merrill, *More than a Hobby*, 18.
35. Green and Merrill, *More than a Hobby*, 24.
36. 引用自 Barbara Lippert, "Our Martha, Ourselves," *New York Magazine*, May 15, 1995.
37. Carol A. Stabile, "Getting What She Deserved: The News Media, Martha Stewart, and Masculine Domination," *Feminist Media Studies* 4, no. 3 (2004): 315-32. 作为复出活动的一部分,斯图亚特主持了《学徒》的一档衍生节目。
38. Lippert, "Our Martha, Ourselves."
39. Karal Ann Marling, "The Revenge of Mrs. Santa Claus, or, Martha Stewart Does

Christmas," *American Studies* 42, no. 2 (Summer 2001): 135.

40. Sarah A. Leavitt, *From Catharine Beecher to Martha Stewart: A Cultural History of Domestic Advice* (Chapel Hill: University of North Carolina Press, 2002).

41. Shirley Teresa Wajda, "Kmartha," *American Studies* 42, no. 2 (Summer 2001): 73.

42. 玛莎·斯图亚特接受查理·罗斯(Charlie Rose)的采访, PBS, July 26, 1995.

43. Michael Frisch, "American History and the Structures of Collective Memory: A Modest Exercise in Empirical Iconography," *Journal of American History* 75 (March 1989): 1130-55.

44. David Lowenthal, "The Bicentennial Landscape: A Mirror Held Up to the Past," *Geographical Review* 67, no. 3 (July 1977): 253-67. 另请参见 M. J. Rymsza Pawloska, *History Comes Alive: Public History and Popular Culture in the 1970s* (Chapel Hill: University of North Carolina Press, 2017), chap. 5.

45. R. Lee Hadden, *Reliving the Civil War: A Reenactor's Handbook* (Mechanicsburg, PA: Stackpole Books, 1996), 36.

46. Tony Horwitz, *Confederates in the Attic: Dispatches from the Unfinished Civil War* (New York: Vintage, 1998), 143.

47. Southern Pride Flag Company website.

48. 引用自 Bryn Stole, "The Decline of the Civil War Re-enactor," *New York Times*, July 28, 2018.

49. Jeremy Dupertuis Bangs, "The Hypothetical Nature of Architecture in Plimoth Plantation's Pilgrim Village," *Museum History Journal* 8, no. 2 (July 2015): 119-46.

50. Scott Magelssen, "Recreation and Re-Creation: On-Site Historical Reenactment as Historiographic Operation at Plimoth Plantation," *Journal of Dramatic Theory and Criticism* (Fall 2002): 107-26.

51. 事实上,万帕诺亚格语是在被强迫同化的过程中被摧毁的,好在近来它又被一位名叫杰茜·利特尔·多伊·贝尔德(Jessie Little Doe Baird)的女子复兴了。她因为自己的工作而赢得了麦克阿瑟基金会(MacArthur Foundation)的"天才奖",这是一个极不寻常的例子,一种业已消亡的语言竟然在日常生活中被重新使用了。参见 Jessie Little Doe Baird and Jason Baird, "Statement of Practice," *Journal of Modern Craft* 13, no. 1 (March 2020).

52. 引用自 Lisa Blee and Jean O'Brien, *Monumental Mobility: The Memory Work of*

*Massasoit*（Chapel Hill：University of North Carolina Press，2019），147.
53. Michael Hare，"Hard Times at Plimoth Plantation," *Outline*，November 21，2017.
54. Rep. Robert Kastenmeier，引用自 Jon Keith Parsley，"Regulation of Counterfeit Indian Arts and Crafts：An Analysis of the Indian Arts and Crafts Act of 1990," *American Indian Law Review* 18，no. 2（1993）：497.
55. Hulleah Tsinhnahjinnie，"Proving Nothing," *Crossroads* 5（August 1993）：13.
56. William J. Hapiuk Jr.，"Of Kitsch and Kachinas：A Critical Analysis of the Indian Arts and Crafts Act of 1990," *Stanford Law Review* 53，no. 4（April 2001）：1011，1013. 另请参见 Gail Sheffield，*The Arbitrary Indian：The Indian Arts and Crafts Act of 1990*（Norman：University of Oklahoma Press，1997）.
57. Emily Moore，"The Silver Hand：Authenticating the Alaska Native Art，Craft，and Body," *Journal of Modern Craft* 1，no. 2（July 2008）：199.
58. Steve Fraser，"Abolish Sweatshops Now!" *New Labor Forum* 4（Spring/Summer 1999）：33.
59. Sydney Schanberg，"Six Cents an Hour," *Life*，March 28，1996.
60. Peter Dreier，"The Campus Anti-Sweatshop Movement," *American Prospect*（September/October 1999）；Naomi Wolf，*No Logo：Taking Aim at the Brand Bullies*（New York：Picador，1999），487.
61. Paul Krugman，"In Praise of Cheap Labor," *Slate*，March 21，1997.
62. Tim Connor，"Time to Scale Up Cooperation：Trade Unions，NGOs，and the International Anti-Sweatshop Movement," *Development in Practice* 14（2004）：61–70.
63. Andrew Ross，"Sweated Labor in Cyberspace," *New Labor Forum* 4（Spring/Summer 1999）：51.
64. Louis Hyman，*Temp：The Real Story of What Happened to Your Salary，Benefits，and Job Security*（New York：Penguin，2019），213.
65. Julia Bryan-Wilson，*Fray：Art + Textile Politics*（Chicago：University of Chicago Press，2017）.
66. Bryan-Wilson，*Fray*，201.
67. Betsy Greer et al.，"The Craftivism Manifesto," craftivism. com.
68. Cat Mazza，"Little Tools，Big Tools," *microRevolt*（blog），January 18，2006.
69. Alla Myzelev，"Creating Digital Materiality：Third-Wave Feminism，Public Art，and Yarn Bombing," *Material Culture* 47，no. 1（Spring 2015）：58–78.

70. Sadie Plant, *Zeroes + Ones* (New York: Doubleday, 2007).
71. "The Politics of Craft, a Roundtable," *Modern Painters*, February 2008; 转载于 Glenn Adamson, *The Craft Reader* (Oxford: Berg Publishers, 2010), 625.
72. Laurie Henzel and Debbie Stoller, *The Bust DIY Guide to Life* (New York: Stewart, Tabori and Chang, 2011), 16. 另请参见 Jack Bratich and Heidi Brush, "Fabricating Activism: Craft-Work, Popular Culture, and Gender," *Utopian Studies* 22, no. 2 (2011): 241.
73. Tina Kelley, "Of Spindles and Spirituality," *New York Times*, September 20, 2003.
74. Grace Dobush, "How Etsy Alienated Its Crafters and Lost Its Soul," *Wired*, February 19, 2015. 另请参见 Faythe Levine, *Handmade Nation: The Rise of DIY, Art, Craft and Design* (New York: Princeton Architectural Press, 2008).
75. Leonardo Bonanni and Amanda Parkes, "Virtual Guilds: Collective Intelligence and the Future of Craft," *Journal of Modern Craft* 3, no. 2 (July 2010): 179–90.
76. Neal Gershenfeld, *Fab: The Coming Revolution on Your Desktop* (New York: Basic Books, 2005), 12.
77. Neal Gershenfeld, "How to Make Almost Anything," *Foreign Affairs* 91, no. 6 (November/December 2016): 44.
78. Debbie Chachra, "Why I Am Not a Maker," *Atlantic*, January 23, 2015.

## 第九章　手工艺能拯救美国吗？

1. 这项有关批判性和历史性的手工艺研究的硕士项目,在北卡罗来纳州的沃伦·威尔逊学院(Warren Wilson College)得以开展,由纳米塔·威格斯(Namita Wiggers)领导。下文引用的名单是由这些学生和教师共同汇编的: Pheonix Booth, Darrah Bowden, Nick Falduto, Samantha Gale, Michael Hatch, Matt Haugh, Lisa Jarrett, Sarah Kelly, Matt Lambert, Ben Lignel, Kelly Malec-Kosak, Sydney Maresca, Kat St. Aubin, Linda Sandino, and Namita Wiggers.
2. Frederick Douglass, "What to the Slave is the Fourth of July?" (speech, first delivered at Corinthian Hall, Rochester, New York, July 5, 1852).
3. Richard Ocejo, *Masters of Craft: Old Jobs in the New Urban Economy* (Princeton, NJ: Princeton University Press, 2017).
4. Victor Lytvinenko, "Made in North Carolina: Skill Versus Scale in a Modern Jeans Workshop," *Journal of Modern Craft* 4, no. 3 (November 2011): 317–26.

5. Matthew Crawford, *Shop Class as Soulcraft* (New York: Penguin, 2009), 53; Eric Gorges, *A Craftsman's Legacy: Why Working with Our Hands Gives Us Meaning* (Chapel Hill, NC: Algonquin Books, 2019), 5, 7. 戈杰斯还把自己的房子描述为"学习如何建造和修理东西的新兵训练营"(18)。
6. Michelle Millar Fisher, "Making Space(s) for Craft," in Glenn Adamson, ed., *Craft Capital: Philadelphia's Cultures of Making* (Philadelphia: CraftNOW/Schiffer, 2019).
7. Roberta Naas, "FTC Rules Shinola Can No Longer Claim Watches Are 'Made in America,'" *Forbes*, June 20, 2016.
8. Simon Bronner, *Making Tradition: On Craft in American Consciousness* (Lexington: University Press of Kentucky, 2011), 150. 另请参见 Anthea Black and Nicole Burisch, "From Craftivism to Craftwashing," in Black and Burisch, eds., *The New Politics of the Handmade: Craft, Art and Design* (London: Bloomsbury, 2020).
9. 这些引文摘自2018年发表在"玻璃门"网站上的评论,作者是约翰·迪尔公司奥塔姆瓦工厂的一些员工。
10. Nicolás Medina Mora and Rebecca Zweig, "Socialism Comes to Iowa," *The Nation*, December 20, 2017.
11. Glenn Adamson, *Fewer Better Things: The Hidden Wisdom of Objects* (New York: Bloomsbury, 2018).
12. Tim Jackson, *Prosperity Without Growth: Economics for a Finite Planet* (London: Earthscan, 2009), 130–31.
13. 引用自 Paul Adams, "100-Mile Suit Wears Its Origins on Its Sleeve," *Wired*, April 2, 2007.
14. Dana Thomas, *Fashionopolis: The Price of Fast Fashion and the Future of Clothes* (New York: Penguin, 2019).
15. Terkel, *Working*, 671.